Schorner / Busche

Behördenhandbuch Schießanlagen

Titelempfehlungen des Verlages (im Buchhandel erhältlich):

- ISBN 9783963940248 Waffenrecht: Praxiskommentar Hauptband
- ISBN 9783963940606 Das Waffenrecht im Polizeidienst
- ISBN 9783963940620 Waffenrecht im Kommunalen Ordnungsdienst
- ISBN 9783940723529 Vorbereitung Waffensachkundeprüfung
- ISBN 9783940723727 Waffensachkunde kompakt
- ISBN 9783963944048 Waffenrecht und Waffenkunde für die Jagd
- ISBN 9783963940538 Handbuch zum Waffenrecht für Jäger
- ISBN 9783940723314 Basiswissen Bewachungsgewerbe
- ISBN 9783963940811 Aufbewahrung & Transport von Waffen
- ISBN 9783963940316 Fachkundeprüfung Waffenhandel

Gerhard Schorner / André Busche

Behördenhandbuch Prüfung, Genehmigung und Betrieb von Schießanlagen

Bibliographische Information der Deutschen Nationalbibliothek

Die Deutsche Nationalbibliothek verzeichnet diese Publikation in der Deutschen Nationalbibliographie; detaillierte bibliographische Daten sind im Internet über http://dnb.d-nb.de abrufbar.

Verlag: Juristischer Fachverlag Busche, Gneisenaustraße 1, 24105 Kiel
Tel. 0431 5301000 e-Mail: verlag@abmc.de

Alle Hinweise und Angaben in diesem Buch wurden vom Autor sorgfältig recherchiert. Trotzdem kann keine Gewähr für die Richtigkeit der Angaben gegeben werden.

Die Informationen zu Recht und verwandten Themen dienen der allgemeinen Information und nicht der Beratung im Falle eines individuellen rechtlichen Anliegens. Verwenden Sie daher die hier bereitgestellten Informationen niemals als alleinige Quelle für rechtsbezogene Entscheidungen und ziehen Sie weitere Informationsquellen hinzu.

Redaktioneller Stand: Februar 2026

10. Auflage

ISBN-13: 978-3-940723-08-6

Bitte beachten: Im Internet erhalten Sie unter der Adresse

http://www.bookupdate.de

bei Bedarf umfassende Aktualisierungen zu diesem Buch!

Anregungen zum Buch werden unter **ab@abmc.de** gern entgegengenommen.

Inhaltsverzeichnis

Abkürzungsverzeichnis

A	......	*Abschnitt (in einer Anlage des WaffG)*
aF	......	*alter Fassung; Rechtslage vor 6.7.2017*
AG	......	*Amtsgericht*
AWaffV	......	*Allgemeine Waffengesetz-Verordnung*
BAFA	......	*Bundesamt für Wirtschaft und Ausfuhrkontrolle*
BeschG	......	*Beschussgesetz*
BeschussV	......	*Beschussverordnung*
BGB	......	*Bürgerliches Gesetzbuch*
BGH	......	*Bundesgerichtshof*
BJagdG	......	*Bundesjagdgesetz*
BKA	......	*Bundeskriminalamt*
BR-Drs.	......	*Bundesratsdrucksache*
BT-Drs.	......	*Bundestagsdrucksache*
BVA	......	*Bundesverwaltungsamt*
BVerfG	......	*Bundesverfassungsgericht*
BVerwG	......	*Bundesverwaltungsgericht*
CIP	......	*Commission Internationale Permanente pour l'Epreuve des Armes à Feu Portatives*
EN	......	*Europäische Norm*
Fn.	......	*Fußnote*
GG	......	*Grundgesetz*
idF	......	*in der Fassung (vom)*
idR	......	*in der Regel*
IPSC	......	*International Practical Shooting Confederation*
iVm	......	*in Verbindung mit*
KrWaffKontrG	......	*Gesetz über die Kontrolle von Kriegswaffen*
LG	......	*Landgericht*
LKA	......	*Landeskriminalamt*
mVa	......	*mit Verweis auf*
OLG	......	*Oberlandesgericht*
OVG	......	*Oberverwaltungsgericht*
Rn.	......	*Randnummer*
SprengG	......	*Gesetz über explosionsgefährliche Stoffe (Sprengstoffgesetz)*
StGB	......	*Strafgesetzbuch*
StPO	......	*Strafprozessordnung*
UA	......	*Unterabschnitt (in einer Anlage des WaffG)*
UVV	......	*Unfallverhütungsvorschrift*
VG	......	*Verwaltungsgericht*
VGH	......	*Verwaltungsgerichtshof*
VO	......	*Verordnung*
VwVfG	......	*Verwaltungsverfahrensgesetz*
WaffG	......	*Waffengesetz*
WaffRÄndG	......	*Waffenrechtsänderungsgesetz*
WaffRG	......	*Waffenregistergesetz*
WaffVwV	......	*Allgemeine Verwaltungsvorschrift zum WaffG*
WBK	......	*Waffenbesitzkarte*
WS	......	*Waffenschein*
zB	......	*zum Beispiel*

Vorbemerkungen der Autoren

Kapitel 5 bis 7: Bearbeiter Gerhard Schorner

Die hier beschriebenen grundsätzlichen und allgemeinen Rechtsgrundlagen, Planungs- und Betriebshinweise für Schießanlagen sollen Mitarbeiterinnen und Mitarbeitern der Bau- und Waffenrechtsbehörde, die im Genehmigungs- und Überprüfungsverfahren mit Schießanlagen befasst sind, in die Lage versetzen, Rechtskenntnisse in diesem Bereich zu vertiefen, Fachbegriffe zu erlernen, die in Gutachten verwendet werden, und Sachzusammenhänge zu erkennen, die in diesem Tätigkeitsbereich zu beachten sind. Weil Waffenrechts- und Baubehörden gleichermaßen mit der Prüfung und Genehmigung befasst sein können, werden die Autoren den unterschiedlichen Vorkenntnissen im Bereich Waffenrecht und -technik bzw. der Architektur Rechnung tragen. Dieses gilt insbesondere für waffenrechtliche Bestimmungen, sicherheitsrelevante Bauteile, Ausrüstungen oder Auflagen.

Diese Hinweise sollen dazu beitragen, den Prüfungsaufwand durch einen Schießstandsachverständigen zu verringern und dadurch die für den Betreiber anfallenden Kosten zu senken, wenn die Behörde die ihr nach § 27 WaffG übertragene Aufgabe der Überprüfung von Schießanlagen in eigener Zuständigkeit durchführt.

Sie können aber die durch das Waffenrecht bereits bei der Planung vorgesehene Beteiligung durch einen Schießstandsachverständigen grundsätzlich nicht ersetzen, auch wenn eine Anlage nach diesen von mir zusammengestellten, erarbeiteten und hier vorgestellten allgemeinen Grundlagen genehmigt, errichtet und betrieben wird.

Alle hier gegebenen Hinweise sind meine persönliche Meinung und meine Auslegung der entsprechenden gesetzlichen Rechtsgrundlagen und Richtlinien auf der ich meine schieß- und sicherheitstechnischen Gutachten nach bestem Wissen begründe. Ich behalte mir auch ausdrücklich vor, aufgrund besonderer Umstände oder örtlichen Gegebenheiten von diesen hier dargestellten allgemeinen Planungsgrundsätzen und Betriebshinweisen im gesetzlich zulässigen Rahmen abzuweichen. Es besteht deshalb kein Rechtsanspruch darauf, dass andere Schießstandsachverständige sich meiner Meinung in jedem Falle anschließen. Die in diesem Buch genannten Produktnamen sind lediglich Hinweise. Sie stellen keine Empfehlungen des Verfassers dar.

Gerhard Schorner

Anerkannter Schießstandsachverständiger

Vorbemerkungen der Autoren

Kapitel 1 bis 4: Bearbeiter André Busche

Komplexität und Beschleunigung des Lebens schlagen sich in Zahl und Umfang der Gesetze nieder. Auch das Waffenrecht entwickelt sich im Laufe der Jahrzehnte, insbesondere aber seit Anfang der 2000er Jahre rasant. Während die Waffengesetze von 1928 und 1938 mit etwas mehr als 30 Paragraphen den Umgang mit Waffen im Grunde umfassend regelten und letztlich bis 1968 in Kraft waren, stellt das heutige Waffenrecht, das in der großen Form zahlreiche damalige Regelungen beibehält, die Betroffenen vor oftmals kaum lösbare Aufgaben. Die These, dass die Kunst der Gesetzgebung sich umgekehrt proportional zur Zahl der gesetzlichen Regelungen verhält, die in einer Legislaturperiode in Kraft gesetzt werden, wird in diesem Zusammenhang gern bemüht – insbesondere das WaffG scheint bei allem dem Gesetzgeber unterstelltem guten Willen zunehmend komplexer und für die Betroffenen zunehmend schwerer verständlich oder praktisch umsetzbar zu werden.

Diese Auflage des Behördenhandbuchs enthält die thematisch einschlägigen Auszüge aus dem Band 1 meines mehrbändigen Praxiskommentars zum Waffenrecht. Dieser enthält eine umfassende Einführung in das aktuelle Waffengesetz und dazu grundlegende Darstellungen des Beschuss- und Kriegswaffenrechts.

Kenntnisse der Waffen- und Munitionskunde, insbesondere zu den Funktionsweisen der verschiedenen Waffenarten und den ballistischen Eigenschaften der Munitionsarten, sind eine wichtige Voraussetzung, um die Eignung der Maßnahmen in Schießstätten praxisgerecht zu beurteilen.

Danken möchte ich an dieser Stelle, stellvertretend für viele weitere Begleiter, die mich über die Jahre in Praxis und Lehre durch intensive Diskussionen und stetes Ringen um die „objektive Wahrheit“ tatkräftig unterstützen, meinen Kollegen PHK Gerhard Schorner, EPHK Olaf Weddern und KHK Olaf März sowie PD Eberhard Becker für den intensiven und, trotz Härte in der Sache, stest konstruktiven Austausch und Abgleich. Danken möchte ich auch den Hörerinnen und Hörern meiner Vorlesungen und Lehrveranstaltungen an der Christian-Albrechts-Universität zu Kiel und im Fachbereich Polizei der Fachhochschule für Verwaltung und Dienstleistung Schleswig-Holstein, deren Fragen und Anregungen für Antworten sorgen, die sich auch in diesem Buch finden.

André Busche

Öffentlich bestellter und vereidigter Sachverständiger (IHK)

Literaturverzeichnis

Bruckner, Bruno:
Faustfeuerwaffen; Verlag J. Neumann-Neudamm, 1983

Busche, André:
Waffenrecht; Juristischer Fachverlag Busche, 2025[13]

Fischer, Thomas:
Strafgesetzbuch und Nebengesetze; C. H. Beck, 2023[70]

Gade, Gunther Dietrich:
Basiswissen Waffenrecht; Kohlhammer, 2021[5]

Gade, Gunther Dietrich:
Waffengesetz; C. H. Beck, 2022[3]

Gerlemann, J. / Heinrich, N. / Heinrich, B. / Papsthart, C.:
Waffenrecht; C. H. Beck, 2022[11]

Lampel, Walter:
Waffenlexikon; BLV, 1994[10]

Ostgathe, Dirk:
Waffenrecht kompakt; Boorberg-Verlag, 2009[4]

Potrykus, Gerhard:
Waffengesetz; Verlag C. H. Beck 1959
Waffenrecht; Verlag C. H. Beck 1973

RUAG Ammotec:
Wiederladen; 2002[9]

Wirnsberger, Gerhard:
Beschusszeichen; DWJ-Verlag, 2003[3]

Abbildungen in diesem Buch erfolgen mit freundlicher Genehmigung von BRÜGGER + THOMET, Thun, C.G.HAENEL GmbH, Suhl, C. J. Herbertz GmbH, Solingen, CARL WALTHER, Arnsberg, Carl Zeiss Sports Optics GmbH, Wetzlar, Haendler & Natermann Sport GmbH, Hann. Münden, HECKLER & KOCH, Oberndorf aN, IGB Austria, Ebenthal, RUAG AMMOTEC, Fürth und SIG SAUER, Eckernförde. Dank gilt darüber hinaus der Bundesdruckerei und dem BMI sowie der id pool GmbH sowie den Firmen, die bei einzelnen Abbildungen genannt sind.

1 Waffengesetz (WaffG)

1.1 Grundlagen

Das Waffengesetz regelt den Umgang mit Waffen[1] oder Munition, je nach Art oder Verwendung, durch Freistellung, Verbot oder Erlaubnisvorbehalt. Zentraler Begriff ist das „Bedürfnis" – nur wer ein besonders anzuerkennendes Interesse in wirtschaftlicher oder persönlicher Hinsicht glaubhaft machen kann, erhält in der Regel die Erlaubnis zum Umgang. Die Intention des Gesetzgebers ist, „so wenig Waffen wie möglich ins Volk" gelangen zu lassen.[2] Erteilung und Bestehen der Erlaubnis sind an weitere Voraussetzungen geknüpft, etwa körperlich-geistige Eigenschaften des Erlaubnisinhabers. So soll sichergestellt werden, dass legaler Waffenbesitz keine Gefahr für die Allgemeinheit darstellt. Entfällt eine Voraussetzung nach Erteilung der Erlaubnis, ist diese zu widerrufen. Einige Waffenarten sind erlaubnisfrei – Personen, in deren Hand auch diese Gegenstände Schaden anrichten könnten, kann selbst Umgang mit diesen Gegenständen untersagt werden.[3]

1.2 Systematik

Das **Waffengesetz** (WaffG) regelt gemäß § 1 Abs. 1 WaffG den Umgang mit Waffen oder Munition.[4] **Der Staat schützt** mit den darin enthaltenen Regelungen **die Allgemeinheit vor missbräuchlichem Umgang** mit Waffen und Munition **in ausreichendem Maße**.[5] Das WaffG ist nicht anzuwenden Kriegswaffen im Sinne des **Kriegswaffenkontrollgesetzes** (KrWaffKontrG).

§ 1 WaffG enthält die wesentlichen Gedanken zur Struktur des Gesetzes:

- **Zweckbestimmungen**

---

[1] *Zum Begriff der Waffe Kapitel 1.3.1.1, zu Munition Kapitel 1.3.3.1*

[2] *BVerwG 1 C 5.99 (13. Juli 1999) nach BVerwG 1 C 115.64 (4. Nov. 1965)*

[3] *Waffenverbot im Einzelfall § 41 WaffG, vertiefend Kapitel 1.8.6*

[4] *Das Gesetz regelt über den Wortlaut des § 1 Abs. 1 WaffG hinaus den Umgang mit Messern, die keine Waffe oder Munition sind, zB durch Verbote für das Führen von Einhandmessern oder „langen" Küchenmessern. Eine Nennung im Gesetz außerhalb der Anlage 1 macht diese Messer nicht zu Waffen im Sinne des WaffG.*

[5] *BVerfG 2 BvR 1645/10, Beschluss vom 23. Januar 2013*

- Regelung des Umgangs mit Waffen oder Munition
    - Berücksichtigung von Sicherheitsbelangen
- **Begriffsbestimmungen**
    - Waffe
    - Umgang

Ergänzend enthält **Anlage 1 WaffG Begriffsbestimmungen**.

§ 2 WaffG ergänzt die Ausführungen zur Struktur in § 1 WaffG durch Regelungen zum dort definierten Begriff des Umgangs, indem

- Mindestalter,
- Erlaubnisvorbehalte und
- Verbote sowie
- Ausnahmen von den vorgenannten Regelungen

festgesetzt werden, die ihrerseits durch nachfolgende Regelungen (zum Mindestalter etwa aus §§ 3, 13, 20 oder 27 WaffG) aufgehoben werden können oder durch die **Waffenliste** (**Anlage 2 WaffG**) ausgestaltet werden.

Das **Beschussgesetz** (BeschG) enthält Vorschriften zur Prüfung und Zulassung von Schusswaffen oder Munition. Es wurde im Zuge der Neuordnung des Waffengesetzes zum Jahre 2003 geschaffen und fasst zunächst die in dem davor gültigen Waffengesetz und seinen Verordnungen enthaltenen technischen Vorschriften für Waffen und Munition zusammen. Es steht gleichberechtigt neben dem Waffengesetz und weicht in einigen Begriffen von diesem ab, was in der Praxis zu beachten ist.

Durch Verordnungsermächtigungen wird das Gesetz von Detailregelungen, etwa den geforderten Sicherheitsnormen für Waffenschränke, entlastet. Der Gesetzgeber kann gemäß Artikel 80 des Grundgesetzes die Exekutive (die ausführende Gewalt, beispielsweise das Bundesministerium des Innern) ermächtigen, zur Ergänzung und zur Ausführung eines Gesetzes **Rechtsverordnungen** zu erlassen, die ebenso wie Gesetze allgemein verbindliche Rechtsvorschriften darstellen. Dabei ist stets zu beachten, dass zentrale Regelungen durch das Gesetz und nicht durch eine Verordnungsermächtigung geregelt werden müssen, damit der Kern der Regelung der Kontrolle des Gesetzgebers unterworfen bleibt, während Details (zum Beispiel Anforderungen an die Sicherheitsstufen von Waffenbehältern oder zum Umgang mit unbrauchbar gemachten Schusswaffen im Altbesitz) in einer Verordnung festgelegt werden können, in ihrer Gestaltungstiefe eine gesetzliche Regelung aber nur ergänzen („Wesentlichkeitsprinzip"). Verordnungsermächtigungen sehen in Einzelfällen vor, dass zumindest der Bundesrat seine Zustimmung zu einer Rechtsverordnung bzw. einzelnen

Regelungen einer Rechtsverordnung geben muss, damit diese in Kraft treten kann. Dies ist in der Verordnungsermächtigung explizit zu regeln.

Die **Allgemeine Waffengesetz-Verordnung** (AWaffV) ergänzt das Waffengesetz, die **Beschussverordnung** (BeschussV) das Beschussgesetz.

Die **Allgemeine Verwaltungsvorschrift zum Waffengesetz**, kurz „WaffVwV", bindet lediglich die zuständigen Behörden zur Durchführung des Waffengesetzes (Waffenbehörden) bei Auslegung und Anwendung des Waffengesetzes, wenn die Vorschriften des Gesetzes bestimmte Einzelfälle nicht im Detail erfassen.[6] Die WaffVwV hat keine Gesetzeskraft und keine Bindungswirkung für Betroffene oder die Gerichtsbarkeit.

Ergänzt wird die Anwendung des Waffengesetzes durch das **Gesetz über das Nationale Waffenregister** (WaffRG, „WaffenRegisterGesetz"). Vorschriften der Europäischen Union verpflichten alle Mitgliedsstaaten zur Errichtung und Führung eines solchen Registers. Zweck des Waffenregisters ist die Registrierung der Waffen und wesentlichen Teile, die einer Anzeigepflicht unterfallen. Das sind Schusswaffen, deren Erwerb oder Besitz der Erlaubnis bedürfen, sowie unbrauchbar gemachte Schusswaffen. Darüber hinaus werden weitere Daten erhoben, erfasst und weitergegeben, etwa erlassene Verbote für den Umgang mit Waffen durch bestimmte Personen.

Zu beachten ist neben den Freistellungen für Behörden nach § 55 WaffG die **Verordnung über die Freistellung von Behörden, Dienststellen und Gerichten des Bundes von waffenrechtlichen Vorschriften** (Waffengesetz-Bund-Freistellungsverordnung, WaffGBundFreistV). Fehlt es an einer entsprechenden Landesverordnung, ist eine Freistellung der Angehörigen oder Beauftragten dieser Behörden von den Regeln des WaffG nicht gegeben.

Kriegswaffen unterfallen dem **Kriegswaffenkontrollgesetz** (KrWaffKontrG) als Spezialgesetz. Gemäß § 57 WaffG ist das WaffG auf „Kriegswaffen im Sinne des KrWaffKontrG" nicht anzuwenden. Erst nach Verlust der

---

[6] *Ein bekanntes Beispiel ist die von der WaffVwV gelieferte Erläuterung zum erlaubnisfreien Transport von Schusswaffen, etwa durch Sportschützen, wonach eine Schusswaffe dann nicht zugriffsbereit ist, wenn sie „nicht in weniger als drei Sekunden und mit weniger als drei Handgriffen in Anschlag gebracht werden" kann; damit ergänzt WaffVwV Nr. 12.3.3.2 die Definition des Begriffs „zugriffsbereit" in der Anlage 1 Abschnitt 2 Nr. 13 WaffG, die bereits dort den Begriff „unmittelbar" verwendet, ohne aber eine nähere Bestimmung hinsichtlich Zeit- und Handhabungsaufwand vorzunehmen, die in der Praxis entscheidend sein kann.*

Kriegswaffeneigenschaft, zB durch Unbrauchbarmachung oder die Streichung einer Kriegswaffenart aus der **Kriegswaffenliste** (Anlage des KrWaffKontrG, kurz „KWL") ist das WaffG auf einen solchen Gegenstand anwendbar.

1.3 Waffen und Munition

1.3.1 Begriffliche Vorbemerkungen

1.3.1.1 Der Begriff der Waffe im WaffG

Wenn in den nachfolgenden Kapiteln von **Waffen** die Rede ist, ist stets darauf zu achten, welche **Art** von Waffe von einer Regelung erfasst wird. So kann von Waffen allgemein die Rede sein, womit sämtliche Waffen gemäß der Definition in § 1 Abs. 2, 4 WaffG in Verbindung mit der Anlage 1 WaffG erfasst sind. In diesem Zusammenhang wird auch die Formulierung „Waffe im Sinne des WaffG" verwendet, womit eben dieses Unterfallen unter den Waffenbegriff nach § 1 Abs. 2 WaffG gemeint ist.

Der **Waffenbegriff** wird in Kapitel 1.3.2 ausführlich erläutert.

1.3.1.2 Der Begriff der Schusswaffe

Regelt eine Vorschrift den Umgang mit **Schusswaffen**, bezieht sich diese Regelung zunächst ausschließlich auf Schusswaffen, nicht aber auf sonstige Waffen. Der **Begriff** „Schusswaffe" ist durch Anlage 1 A1 UA1 Nr. 1.1 WaffG definiert und orientiert sich an **Zweckbestimmung** (etwa zu Sport und Spiel, Signalgebung, Jagd, etc.) und **Funktionsprinzip** („Geschoss wird durch einen Lauf getrieben"). Hier besteht die Schwierigkeit darin, die Verwendung des Begriffs „Schusswaffe" in den Regelungen des Gesetzes stets auf seinen Anwendungsbereich zu prüfen. So gibt es den Schusswaffen gleichgestellte Gegenstände, auf die das Waffengesetz vollumfänglich anzuwenden ist wie auf tatsächliche Schusswaffen, obwohl sie per definitionem keine Schusswaffen sind (mangels eines Geschosses beispielweise die sogenannten „Gasrevolver"), und für die unter Umständen besondere Regelungen gelten (etwa zur Befreiung von der Erwerbs- und Besitzerlaubnispflicht). Andere Gegenstände sind dagegen nur den Schusswaffen gleichgestellt, für die sie bestimmt sind, solange das Gesetz nichts anderes bestimmt, etwa die Schalldämpfer oder die wesentlichen Teile.

Der **Schusswaffenbegriff** wird in Kapitel 1.3.2.1 ausführlich erläutert, ebenso die Arten der Schusswaffen in den darauffolgenden Kapiteln.

1.3.1.3 Der Begriff der Bestimmung

Bei der Prüfung der (Zweck-) **Bestimmung** eines Gegenstandes ist grundsätzlich auf den **Herstellerwillen** abzustellen, soweit er sich aus der Bauart des Gegenstandes ableiten lässt.[7] Auch die Benennung, die Darstellung der bezweckten Verwendung oder die Bewerbung eines Gegenstandes kann für die Feststellung einer Bestimmung herangezogen werden. Dabei ist aber von dem ursprünglichen Herstellerwillen nur auszugehen, solange Bauart oder Konstruktion nicht offenkundig eine davon abweichende Verwendung belegen und es sich bei dem behaupteten Bestimmungszweck nicht um eine bloße Schutzbehauptung handelt, um waffenrechtliche Verbote zu umgehen. Die „bloße subjektive Zweckbestimmung des Herstellers kann" nach Aussage des Gesetzgebers „für die waffenrechtliche Einordnung eines Gegenstandes nicht ausschlaggebend" sein.[8]

Dies ist insbesondere bei der Anwendung von Verboten zu beachten, die solche Gegenstände betreffen, die aufgrund ihrer Konstruktion zwar in der Praxis wie Waffen im Sinne des WaffG eingesetzt werden könnten, gleichwohl aber auch einem anderen Zweck dienen könnten, der nicht dem Waffengesetz unterfällt. Lehrbeispiel dazu ist ein Urteil des Bundesverwaltungsgerichts, das als „Jagdlampen-Set"-Urteil[9] klare Regelungen zur Einordnung von Gegenständen schuf.

---

[7] *WaffVwV zu Anlage 1 A1 UA 1 Nr. 1.1*

[8] *Gegenäußerung der Bundesregierung zum 3. WaffRÄndG (BT-Drs. 19/13839 vom 9. Oktober 2019, Anlage 4, S. 142, „zu Artikel 1 Nr. 26"); die auf die Bestimmung von Nachtzielgeräten bezogene Aussage gilt für jegliche Erforschung der Bestimmung eines Gegenstandes.*

[9] *BVerwG 6 C 21.08, Urteil vom 24. Juni 2009; das Gericht stellte bei seinem Urteil deutlich auf die herstellerseitige Bestimmung ab, wonach das Jagdlampenset zwar durchaus mithilfe einer beigelegten Montagevorrichtung zum Anleuchten eines Ziels an einer Schusswaffe befestigt werden könnte, aber die als „Jagdlampe" bezeichnete Beleuchtungseinrichtung weder durch ihre Konstruktion noch durch ihre Bauart ausschließlich zum Schusswaffenzubehör bestimmt ist; in diesem Falle gälte das tatsächliche, durch das Gesetz missbilligte Verwenden als verbotene Handlung, die dabei verwendete Jagdlampe würde dadurch aber nicht zu einer (verbotenen) Waffe; zugleich unterstrich dieses Urteil die Begrenzung der Zuständigkeit des BKA auf die Beurteilung von Gegenständen bezüglich ihres Verbotenseins; die Beurteilung von Verhaltensweisen oder Handlungsformen beim Umgang mit Waffen fällt nicht in die Zuständigkeit des BKA.*

Ist aus Bezeichnung oder Bewerbung eines Gegenstandes durch den Hersteller oder Vertreiber eine ausdrückliche und ausschließliche Bestimmung als Waffe im Sinne des WaffG offenkundig („**Single-Use**"), etwa durch die Benennung eines Nachtsichtvorsatzgerätes als „Nachtvisier für Jagdwaffen", ist der Gegenstand Waffe im Sinne des WaffG, da er zwar anderen Zwecken dienen könnte, durch den Hersteller aber zur Verwendung an einer Waffe bestimmt ist, insbesondere durch die gewählte Konstruktion oder Bauart. Im vorliegenden Beispiel sind Nachtsichtvorsatzgeräte, die ausschließlich zur Verwendung an Schusswaffen bestimmt sind, nicht nur als Waffen im Sinne des WaffG eingestuft, sondern unterliegen darüber hinaus einem Verbot zum Umgang, ausgenommen der Umgang durch Inhaber einer Erlaubnis nach § 21 WaffG (Händler/Hersteller) und durch Jäger.

Neben diesen für ausdrücklich und ausschließlich für Schusswaffen bestimmten Zielhilfen gibt es aber auch Nachtsichtvorsatzgeräte, die zwar an dem Zielfernrohr einer Schusswaffe befestigt werden könnten, durch den Hersteller aber nicht ausdrücklich und ausschließlich für diesen Zweck am Markt angeboten werden, sondern allgemein als ein Hilfsgerät für die Beobachtung bei Dunkelheit, das beispielsweise auf Ferngläsern montiert werden kann. In diesem Falle liegt keine ausschließliche Zweckbestimmung des Gegenstandes vor, so dass dieser als „**Dual-Use**"-Gerät bezeichnete Gegenstand mangels einer Bestimmung zur Waffe durch den Hersteller nicht als Waffe im Sinne des WaffG einzustufen ist.

Zu beachten ist, dass ein tatsächliches Verwenden des Gegenstandes zu einer nach Waffengesetz verbotenen Handlung gleichwohl strafbar wäre. Denn zu beachten ist in diesem Falle der Status des betroffenen Gegenstandes im Moment der Verwendung, in diesem Falle die Montage an einer Schusswaffe. Zwar behält dieses Nachtsichtvorsatzgerät seinen „Dual-Use"-Status bei und wird nicht zu einer Waffe, auch wenn der Verwender dieses Gerät wie ein solches Nachtsichtvorsatzgerät einsetzt, das im Falle einer tatsächlichen Bestimmung zum Einsatz an einer Waffe eine verbotene Waffe ist. Aber der Verwender stellt den „Dual-Use"-Gegenstand in einen *unzulässigen Verwendungszusammenhang*[10], und eben diese Verwendung missbilligt der Gesetzgeber durch die Verbotsnorm ausdrücklich, nämlich den Umgang mit einer Schusswaffe mit einem daran montierten Nachtsichtvorsatzgerät. Somit wäre dieser Umgang mit dem Nachtsichtvorsatzgerät zwar nicht als Erwerb und Besitz einer Waffe ohne Erlaubnis strafbar

---

[10] BVerwG 6 C 21.08, Rn. 21

und damit der Gegenstand auch keine verbotene Waffe, aber in summarischer Betrachtung ein Verstoß gegen ein waffengesetzliches Verbot, nämlich der strafbedrohte Umgang mit einer Schusswaffe mit Nachtzielgerät.[11]

Im Falle von **Alltagsgegenständen**, die lediglich durch eine Kombination der Gegenstände ohne technische Veränderung der verwendeten Komponenten als Waffe im strafrechtlichen Sinne eingesetzt werden könnten, ist eine technische Veränderung Voraussetzung für eine Einstufung als Waffe im Sinne des WaffG.[12] Auch hier sind der Gegenstand als solcher und sein ursprünglich durch den Hersteller bestimmter Zweck maßgebend.

Ob ein Gegenstand, der keine Waffe im Sinne des WaffG ist, durch den Verwender objektiv zu einer Waffe **umbestimmt** werden kann, ist zumindest diskussionswürdig. Voraussetzung dafür ist aber aus hiesiger Sicht stets eine Bearbeitung des Gegenstandes durch technische Verfahren mit der Absicht, die Beschaffenheit des Gegenstandes, insbesondere seine Verwendbarkeit zu einem aus seinem Wesen oder seiner Anwendung ableitbaren Zweck, in Bezug auf seine Form, Abmessungen, Montagemöglichkeit, Material oder Funktionsweise dauerhaft zu ändern und so den Gegenstand dazu zu bestimmen, eine Funktion zu erfüllen, die er zuvor nicht hatte und die ihn zu einer Waffe im Sinne des WaffG macht.

Eine klare **Grenze** setzt dabei Anlage 2 A2 UA1 Satz 3 WaffG, wonach, wenn eine Waffe umgearbeitet worden ist, die Erlaubnispflicht für diesen Gegenstand unverändert bleibt und sich nach der Erlaubnispflicht jener Waffe richtet, aus der er entstanden ist. Diese Spezialregelung bezieht sich nur auf die Erlaubnispflicht, nicht aber auf Verbote – ein Gegenstand kann durch Umbau von Verbotsmerkmalen befreit werden, die Erlaubnispflicht der Ursprungs-Waffe bestünde aber für die neu hergestellte Waffe fort.

---

[11] Im Falle des Jägers, den § 40 Abs. 3 WaffG von dem Verbot des Umgangs mit Nachtsichtaufsatz- und -vorsatzgeräten ausnimmt, wäre die Verwendung nicht verboten; für das „Dual-Use"-Gerät benötigt der Jäger auch dann keine Erwerbs- oder Besitzerlaubnis in Form einer Waffenbesitzkarte, wenn dieses „Dual-Use"-Gerät an der Waffe montiert ist.

[12] BKA-Feststellungsbescheid SO11 – 5164.01-Z-384 stuft einen in ein Taschentuch eingeknoteten Golfball nicht als Waffe im Sinne des WaffG ein, da die Gegenstände lediglich kombiniert, nicht aber technisch verändert oder umgestaltet wurden; die Verknotung stellt keine technische Veränderung dar; als Beispiel für eine die Einordnung als Waffe begründende Umgestaltung siehe BKA-Feststellungsbescheid SO11 – 5164.01-Z-252 („selbstgebauter Totschläger")

1.3.2 Waffe (§ 1 Abs. 2)

Bei der Beurteilung eines Sachverhalts ist zunächst zu klären, ob der betroffene Gegenstand nach § 1 Abs. 2 WaffG **Waffe** im Sinne des WaffG ist, also dem **Waffenbegriff** unterfällt. Eingeschränkt wird die Zuordnung durch § 57 WaffG, der zur Kriegsführung bestimmte Waffen (**Kriegswaffen**) ausschließlich den Vorschriften des Kriegswaffenkontrollgesetzes unterwirft.

Neben **Schusswaffen und ihren wesentlichen Teilen** sowie den Schusswaffen **gleichgestellten Gegenständen** (zB Armbrust, Schussapparate, Schalldämpfer) können **tragbare Gegenstände**, die **geeignet** sind, die Angriffs- oder Abwehrfähigkeit von Menschen zu beseitigen oder herabzusetzen, eine **Waffe** sein. Das gilt zum einen für solche tragbaren **Gegenstände**, die **ihrem Wesen nach dazu bestimmt** sind, die Angriffs- oder Abwehrfähigkeit eines Menschen zu beseitigen oder herabzusetzen (zB Hieb- und Stoßwaffen wie Schlagstock, Kampfmesser oder Tonfa, aber auch ein Reizstoffsprühgerät). Zum anderen fallen unter den Waffenbegriff **tragbare Gegenstände**, die zwar **nicht dazu bestimmt, aber** durch Beschaffenheit, Handhabung oder Wirkungsweise **dazu geeignet sind**, die Angriffs- oder Abwehrfähigkeit eines Menschen zu beseitigen oder herabzusetzen, allerdings **nur dann**, **wenn** sie **im Waffengesetz in Anlage 1 A1 UA2 Nr. 2 WaffG ausdrücklich genannt** werden (zB **Faustmesser** des Kürschners).

Das **Einhandmesser**, in § 42a WaffG genannt und zugleich definiert wird, fällt beispielsweise in seiner Grundform nicht unter den Waffenbegriff, da es nicht in der Anlage 1 WaffG aufgeführt ist. Entscheidend ist, ob der Hersteller oder auch der Händler, der das Messer anbietet, es ausdrücklich als Waffe im Sinne von „Gegenstand zur Herabsetzung der Angriffs- oder Abwehrfähigkeit eines Menschen" bezeichnet (Prospekt, Annonce etc.) oder sich diese Fähigkeit aus der Art oder Konstruktion des Gegenstandes ergibt („ihrem Wesen nach dazu bestimmt"). Unerheblich ist hier, ob der Hersteller die offenkundige Bestimmung als Waffe verneint, worüber abschließend das BKA als zuständige Behörde gemäß § 2 Abs. 5 WaffG eine Entscheidung zu treffen hat.[13] Nicht jedes **Messer** ist Waffe im Sinne des WaffG.

Zu Waffen werden durch Nennung im Gesetz auch solche Messer, die ihrem Wesen nach oder nach dem Willen des Herstellers ursprünglich nicht dazu bestimmt sind, Waffe zu sein, aber (wie jeder schwere, scharfe oder spitze Gegenstand) dazu benutzt werden können, die Angriffs- oder

---

[13] *Zur Zuständigkeit des BKA vertiefend Kapitel 1.4.2.5*

Abwehrfähigkeit eines Menschen zu beseitigen oder auch nur herabzusetzen. Um dem Bestimmtheitsgebot zu genügen und dem Bürger auf diese Weise eine klare Orientierung zu ermöglichen, werden zB Messer, die durch das Gesetz zu Waffen erklärt werden, obwohl es sich ausweislich der Bestimmung durch den Hersteller lediglich um Werkzeuge handelt, in Anlage 1 A1 UA2 Nr. 2.1 WaffG abschließend aufgelistet.

Der **Waffenbegriff** nach § 1 Abs. 2 WaffG erstreckt sich damit auf

- **Schusswaffen**[14] und ihnen **gleichgestellte Gegenstände**[15] (Nr. 1) und
- **tragbare Gegenstände**, die die **Angriffs- oder Verteidigungsfähigkeit eines Menschen** herabsetzen oder beseitigen können und dazu
  - bestimmt sind (Nr. 2 Buchst. a) oder,
  - ohne dazu bestimmt zu sein, im Gesetz genannt sind (Nr. 2 Buchst. b).

Systematisch korrespondieren **§ 1 Abs. 2 WaffG** und **Anlage 1 A1** wie folgt:

Nr. 1	↔	**UA1**
Nr. 2 Buchst. a	↔	**UA2 Nr. 1**
Nr. 2 Buchst. b	↔	**UA2 Nr. 2**

Dem **Munitionsbegriff** des Waffengesetzes unterfallen Gegenstände nach Anlage 1 A1 **UA3 Nr. 1** WaffG.[16]

Der **Erlaubnispflicht** unterfallen alle Waffen nach Anlage 1 A1 UA1 Nr. 1 bis 4.3 sowie die für diese bestimmte Munition,[17] wobei Ausnahmen von diesen Erlaubnispflichten insbesondere in der Anlage 2 vorgesehen sind.

---

[14] *Zum Schusswaffenbegriff ausführlich Kapitel 1.3.2.1*

[15] *Zur Gleichstellung mit Schusswaffen siehe Kapitel 1.3.2.3*

[16] *Ausführliche Informationen zu Munition bietet Kapitel 1.3.3; zwar wird Munition in Anlage 2 A1 WaffG im Kanon der „Verbotenen Waffen“ genannt, ist aber nicht Waffe im Sinne des WaffG; zu beachten ist stets, dass der Munitionsbegriff sich nicht auf Geschosse erstreckt, diese aber Verboten unterfallen können.*

[17] *§ 2 Abs. 2 WaffG in Verbindung mit Anlage 2 A2 UA1 Satz 1 WaffG*

1.3.2.1 Schusswaffenbegriff (Nr. 1.1)

Schusswaffen sind nach Anlage 1 A1 UA1 Nr. 1.1 WaffG Gegenstände, die

- zum **Angriff**[18] oder zur **Verteidigung**[19], zur **Signalgebung**, zur **Jagd**, zur **Distanzinjektion**, zur **Markierung**, zum **Sport** oder zum **Spiel** bestimmt sind und
- bei denen **Geschosse** durch einen **Lauf** getrieben werden.

Schusswaffen werden rechtlich nach Waffenart und Kaliber unterschieden. Als **Kaliber** wird die Innenweite des Laufes bezeichnet. Einzelne Kaliberangaben beziehen sich auf die Abstände der Felder oder der Züge zueinander, geben somit nicht immer den Durchmesser des Geschosses an. Zusätze zur Kaliberangaben beschreiben besondere Patronenlagerformen.

Für die Einordnung als Schusswaffen müssen keine „heißen Gase" das Geschoss durch den Lauf treiben – auch Federdruck- oder Druckluftwaffen sind Schusswaffen, womit sich der Schusswaffenbegriff auf Paintball-, Gotcha- und Softair- (Airsoft-) Waffen grundsätzlich erstreckt.

Werkzeuge, die Munition abschießen, beispielsweise **Bolzensetzgeräte** oder Geräte, die zu **Schlachtzwecken** bestimmt sind, unterliegen dem Schusswaffenbegriff nicht, wenn sie anderen als den in Anlage 1 A1 UA 1 Nr. 1.1 WaffG genannten Zwecken dienen und besonderen Vorschriften für Maschinen unterfallen. Für das tatbestandsmäßige Abschießen von **Munition** ist es unerheblich, ob es sich dabei um Patronenmunition (mit Geschossen) oder Kartuschenmunition („Platzpatronen") handelt.

Blasrohre sind Schusswaffen, da die Definition lediglich das Treiben eines Geschosses[20] durch einen Lauf im Sinne eines rohrförmigen Gegenstandes

---

[18] Begriff „Angriff" setzt mind. eine Rechtsgutsbedrohung voraus; der nicht jagdliche Schuss auf Tiere ist zB bei Schlachtung kein Angriff (siehe Begriff "Schlachtzwecke" in Anlage 1 A1 UA1 Nr. 1.2.2 als nicht in Nr. 1.1 genannter Zweck).

[19] Bestimmung zum Einsatz gegen Menschen (dagegen einschränkend § 1 Abs. 2 Nr. 2 WaffG: „von Menschen") hier nicht gefordert; Schusswaffen können auch solche sein, die zum Angriff auf oder zur Verteidigung gegen Tiere bestimmt sind (so auch Gade zum Schusswaffengriff zu Anlage 1, Rn. 3a).

[20] Zum Begriff des Geschosses siehe Anlage 1 A1 UA3 Nr. 3 WaffG

ausreichender Festigkeit zur Führung[21] fordert.[22] **Bogen** (Sportbogen) und **Armbrust** sind keine Schusswaffen im Sinne des WaffG; die Armbrust ist aber durch Gleichstellung[23] mit Schusswaffen dem WaffG unterworfen, während der Bogen mangels einer entsprechenden Gleichstellung[24] nicht erfasst wird. Eine Armbrust ist Waffe, allerdings nicht Schusswaffe im Sinne des WaffG. Der Gleichstellung können auch **Schussapparate** unterfallen.

Die Einordnung als Schusswaffe fordert eine Konstruktion (Lauf zur Führung von Geschossen), Methode (Geschoss durch Lauf drängen) und eine Bestimmung (in Nr. 1.1 genannte Zwecke). So können zB für den Schießsport bestimmte **Kanonen** Schusswaffen im Sinne des WaffG sein, da eine „**Tragbarkeit**" für die Einstufung als Schusswaffe nicht vorausgesetzt wird.

Gegenstände zum Abschießen von Signalmunition sind Schusswaffen im Sinne des WaffG, auch wenn es sich nur um ein Rohr mit integrierter Auslösevorrichtung handelt. Der Schusswaffenbegriff ist vollumfänglich erfüllt, wenn Bestimmung (Signalgebung) und Lauf[25] gegeben sind.

Schusswaffen verfügen über einen Lauf, durch den ein Geschoss hindurchgetrieben wird. Ist ein laufähnlicher Gegenstand dagegen so konstruiert, dass durch Laufsperren ein Geschoss nicht durch den Lauf getrieben werden kann, handelt es sich lediglich um einen Gegenstand, der nicht Schusswaffe ist, aber diesen gleichgestellt und damit Waffe im Sinne des WaffG

---

[21] *Definition des Laufes aus Anlage 1 A1 UA1 Nr. 1.3.1*

[22] *Durch die Ausnahme von den Vorschriften des WaffG gemäß Anlage 2 A3 UA2 Nr. 2 WaffG sind, abgesehen von § 42a WaffG, die Vorschriften des WaffG und damit auch die Einordnung des Blasrohrs als „Schusswaffe" gemäß § 1 Abs. 4 WaffG und der Definition in Anlage 1 WaffG nicht anwendbar; dass Anlage 2 A3 UA2 Nr. 2 WaffG das Blasrohr als Beispiel für eine Gruppe von „Schusswaffen" benennt, ist offenbar dem nicht logischen Aufbau des WaffG geschuldet.*

[23] *Nähere Ausführungen dazu im Kapitel 1.3.2.3 ab Seite 36; durch die Gleichstellung sind Vorschriften für Schusswaffen auch auf die Armbrust anzuwenden, auch wenn sie keine Schusswaffe im Sinne des WaffG ist und durch die Gleichstellung auch nicht Schusswaffe iSd WaffG wird.*

[24] *Es mangelt beim Bogen, anders als bei der Armbrust, an einer Sperrvorrichtung zur Speicherung der durch Muskelkraft eingebrachten Energie.*

[25] *Definition in Anlage 1: Länge, auf der das Geschoss ein gewisses Maß an Führung erfährt, mindestens zwei Innendurchmesser des Rohres; Kunststoff kann die geforderte ausreichende Festigkeit besitzen.*

ist, wenn er zu den in der Definition der Schusswaffe genannten Zwecken Munition abschießen kann. Diese ist insbesondere zu beachten bei der Einordnung der sogenannten „Gaspistolen" (SRS-Waffen), aus denen nur Kartuschenmunition verschossen werden kann, wobei der Lauf nur von Schmauchpartikeln durchlaufen werden soll (auch verbotene Kleinstschrote könnten verschossen werden), die aber nicht unter den Begriff „Geschoss" nach Anlage 1 A1 UA3 WaffG im Sinne eines festen Körpers fallen.

1.3.2.2 Arten von Schusswaffen (Nr. 2)

Anlage 1 A1 UA1 Nr. 2 WaffG führt abschließend die Arten von Schusswaffen, zwischen denen waffenrechtlich differenziert wird. Die Zuordnung zu einer Art ist etwa notwendig, wenn Vorschriften sich auf bestimmte Arten von Schusswaffen beziehen. Ergänzt wird die Aufzählung durch Ausführungen zu Revolvern.

1.3.2.2.1 Feuerwaffe (Nr. 2.1)

Das **Waffengesetz** definiert eine **Feuerwaffe** als Schusswaffe, bei der ein Geschoss mittels ***heißer Gase***[26] durch oder aus einem Lauf getrieben wird.[27]

Das **Beschussgesetz** (BeschG) erweitert den Begriff der Feuerwaffe um Geräte zum Abschießen von Munition oder hülsenlosen Treibladungen, bei denen kein Geschoss durch den Lauf getrieben wird.[28] Dadurch fallen beschussrechtlich auch sogenannte **SRS-Waffen** (**S**chreckschuss-, **R**eizstoff-, **S**ignalwaffen, umgangssprachlich auch als **Gaspistole** oder **Gasrevolver** bezeichnet) unter den Begriff der Feuerwaffe; waffenrechtlich sind es in der Regel lediglich den Schusswaffen **gleichgestellte tragbare Gegenstände**, da sie zwar zum Abschießen von Munition bestimmt sind, bei denen aber eben kein Geschoss durch einen Lauf getrieben wird oder werden kann.[29]

Als „**Handfeuerwaffen**" bezeichnet man sowohl Lang- als auch Kurzwaffen. **Handfeuerwaffen** sind alle **tragbaren Schusswaffen**. Kurzwaffen, in der Regel einhändig verwendbar, werden differenzierend auch als

---

[26] *Eine chem. Reaktion unter hohem Druck führt zu schneller, starker Erhitzung*

[27] *Anlage 1 A1 UA1 Nr. 2.1 WaffG*

[28] *§ 2 Abs. 1 BeschG*

[29] *Anlage 1 A1 UA1 Nr. 1.2.1 WaffG; siehe Kapitel 1.3.2.3.1*

Faustfeuerwaffen bezeichnet. Der Begriff „**tragbar**" bezieht sich nicht allein auf das Gewicht des Gegenstandes oder die Fähigkeit eines durchschnittlich kräftigen Menschen, diesen Gegenstand „tragen" zu können im Sinne von „heben und wegtragen", sondern setzt voraus, dass dieser Gegenstand dazu bestimmt ist, üblicherweise von einer Person getragen und bei der bestimmungsgemäßen Verwendung in der Hand gehalten zu werden.[30]

1.3.2.2.2 Automatische Schusswaffe (Nr. 2.2)

Automatische Waffen sorgen ohne einen zusätzlich erforderlichen Handgriff dafür, dass die Waffe nach dem Schuss wieder schussbereit ist. In der Regel sorgen der Rückstoß oder der am Lauf abgenommene und zurückgeführte Gasdruck nach Schussabgabe für die Repetierbewegung des Verschlusses, wobei eine neue Patrone in das Patronenlager eingeführt wird, ausgenommen bei Waffen mit zuschießendem Verschluss. Automatische Waffen sind vorwiegend im militärischen und sportlichen Bereich anzutreffen. Unterschieden werden Vollautomaten und Halbautomaten.

Vollautomaten sind nach der Betätigung des Abzugs nach Schussabgabe wieder schussbereit und der nächste Schuss wird ohne Unterbrechung ausgelöst, bis sich der Finger vom Abzug löst oder der Patronenvorrat aufgebraucht ist. In Abgrenzung zum Vollautomaten sind **Halbautomaten** nach Betätigung des Abzugs nach Schussabgabe wieder schussbereit, zur erneuten Schussabgabe bedarf es aber einer erneuten Abzugsbetätigung.

Double-Action-Revolver sind keine halbautomatischen Schusswaffen.[31]

Das WaffG 2002 ersetzte den Begriff „**Selbstladewaffe**" durch „automatische Schusswaffe". Davor waren Selbstladewaffen „Schusswaffen, bei denen nach dem ersten Schuss lediglich durch Betätigen des Abzuges weitere Schüsse aus demselben Lauf abgegeben werden können." Dagegen beschreibt die aktuelle Definition **automatische Schusswaffen** als solche „Schusswaffen, die nach Abgabe eines Schusses selbsttätig erneut schussbereit werden und bei denen aus demselben Lauf durch einmalige Betätigung des Abzuges oder einer anderen Schussauslösevorrichtung mehrere Schüsse abgegeben werden können (**Vollautomaten**) oder durch einmalige

---

[30] *WaffVwV zu Anlage 1 A1 UA1 Nr. 1.2*

[31] *Anlage 1 A1 UA1 Nr. 2.2 Satz 4 WaffG; siehe Kapitel 1.3.2.2.10*

Betätigung des Abzuges oder einer anderen Schussauslösevorrichtung jeweils nur ein Schuss abgegeben werden kann (**Halbautomaten**)."

Die Begriffe „Selbstladewaffe" und „(halb-)automatische Schusswaffe" sind nicht bedeutungsgleich, weshalb der Begriff „Selbstladewaffe" nicht mehr verwendet werden sollte. Dies gilt insbesondere, weil das WaffG vor 2003 Double-Action-Revolver ausdrücklich zu den Selbstladewaffen zählte.[32]

1.3.2.2.3 Repetierwaffe (Nr. 2.3)

Repetierwaffen[33] können Munition in einem Magazin aufnehmen, aus dem diese Munition durch einen händisch betätigten Mechanismus in das Patronenlager bewegt wird. Das Magazin ist fest in der Waffe verbaut oder als ohne Werkzeug entnehmbares Wechselmagazin ausgeführt.

Repetierbüchsen gelten im Vergleich zu automatischen Waffen als präziser. Zudem sind automatische Waffen im Bereich der Jagd vielerorts, insbesondere in traditionsbewussten Kreisen der Jägerschaft, nicht gern gesehen. Auch hinsichtlich der Sicherheit bieten Repetierer einen Vorteil – der Schütze entscheidet selbst, wann die Waffe wieder schussbereit ist. Bei einer automatischen Waffe nimmt die Waffe dem Schützen diese Entscheidung ab und wird ohne dessen Zutun wieder schussbereit.

Revolver erfüllen nicht vollständig die gesetzliche Definition nach Nr. 2.3, kommen konstruktiv und von der Handhabung dieser aber am nächsten.[34]

1.3.2.2.4 Einzelladerwaffe (Nr. 2.4)

Einzellader verfügen nicht über eine Vorrichtung, die eine automatische oder manuelle Zuführung von Munition aus einem Magazin, einer Trommel oder einem Gurt in das Patronenlager ermöglicht. Der Verschluss muss händisch geöffnet, die Patrone eingelegt und dann verriegelt werden.

---

[32] *WaffVwV 1994, Nr. 1.5 zu § 1 Abs. 5 WaffG aF*

[33] *Der Begriff „Mehrlader" für Repetierwaffen ist untauglich, da auch automatische Waffen Mehrlader sind; § 3 BeschussV verwendet den Begriff „Mehrladewaffe"*

[34] *Vertiefend Kapitel 1.3.2.2.10*

Doppelflinte und Drilling sind Einzellader im Sinne des WaffG, da aus jedem Rohr nur ein einziger Schuss abgegeben werden kann und dann per Hand nachgeladen werden muss. Gleiches gilt für **Vorderladerwaffen.**[35]

Im Bereich der Langwaffen findet man Einzellader hauptsächlich im Bereich der Jagdwaffen und der Kleinkaliber-Matchbüchsen, bei den Kurzwaffen vereinzelt im Bereich der Matchpistolen zum Silhouettenschießen. Ein klassischer Einzel-, weil Vorderlader, ist der ein- oder zweiläufige **Terzerol**, eine besonders kleine Pistole.

Zur Abgrenzung gegenüber einer automatischen oder Repetierwaffe bedarf es immer einer Überprüfung der jeweiligen Waffe. Hat die Waffe einen Magazineinschub oder ein fest eingebautes, funktionsfähiges Kasten- oder Röhrenmagazin, handelt es sich nicht um einen Einzellader.

Zu beachten sind die Abgrenzungen zu ähnlich klingenden Begriffen:

- einläufig: Die Waffe verfügt nur über einen einzigen Lauf.
- mehrläufig: Die Waffe verfügt über mehr als einen Lauf.
- einschüssig: Die Waffe verfügt nur über einen einzigen Lauf, der vor dem nächsten Schuss von Hand geladen werden muss.
- mehrschüssig: Die Waffe kann mehr als einen Schuss abgeben, weil sie mit mehr als einer Patrone geladen werden kann; dabei kann sie über mehrere Läufe verfügen oder über einen Patronenvorrat, aus dem die Patrone in das Patronenlager geladen wird.

Einzelladerwaffen können sowohl einläufig wie auch mehrläufig sein, solange vor dem Schuss der jeweilige Lauf von Hand geladen werden muss. Das Gesetz sieht Beschränkungen vor, etwa die Erlaubnisfreistellung nach Anlage 2 A2 UA2 Nr. 1.5 WaffG auf einläufige Einzelladerwaffen, die sich an den vorgenannten Begriffen orientieren.

1.3.2.2.5 Langwaffe, Kurzwaffe (Nr. 2.5)

Langwaffen sind Schusswaffen, deren **Lauf und Verschluss** in geschlossener Stellung insgesamt **länger als 30 cm** sind und deren *kürzeste bestimmungsgemäß verwendbare*[36] **Gesamtlänge 60 cm überschreitet**. **Kurzwaffen** sind

[35] *WaffVwV zu Anlage 1 A1 UA1 Nr. 1.1*

[36] *Es ist die kürzeste Form zugrundezulegen, in die die betroffene Waffe ohne Nutzung von Werkzeugen unter Aufrechterhaltung der bestimmungsgemäßen*

alle anderen Schusswaffen, somit also Waffen, die **höchstens 60 cm** lang sind, oder deren **Lauf und Verschluss** in geschlossener Stellung eine Gesamtlänge von **höchstens 30 cm** haben. Entscheidend ist das Wort „und" in der Definition der Langwaffe – nur dann, wenn beide Bedingungen, Gesamtlänge der Waffe über 60 cm und Gesamtlänge von Lauf und Verschluss über 30 cm, erfüllt sind, handelt es sich um eine Langwaffe.

Langwaffen mit glattem Lauf werden als **Flinten** bezeichnet, solche mit gezogenem Lauf oder Polygonlauf als **Büchsen**. Mischformen mit Büchsen- und Flintenläufen werden **Kombinierte Waffen** genannt. **Pistolen** sind Kurzwaffen, bei denen Patronenlager und Lauf eine Einheit bilden. Bei einem **Revolver** sind Patronenlager und Lauf einzelne, nicht direkt miteinander verbundene Teile einer Waffe, wobei sich die Patronenlager in einer drehbaren Trommel befinden. Die Trommel erfüllt die Funktion eines Patronenlagers wie auch eines Magazins, ohne dadurch aber Magazin im Sinne des WaffG zu sein. Die Trommel ist als gesondert zu betrachtendes wesentliches Teil wie ein Patronen- oder Kartuschenlager zu behandeln.

Die Montage einer Waffe in einem **Anschlagschaft** („conversion kit") ändert nicht den Status der Waffe, an der der Schaft montiert ist, bezüglich ihrer Einstufung als Lang- oder Kurzwaffe. Der Anschlagschaft unterliegt nicht den Vorschriften des WaffG, wenn er nicht die Voraussetzungen erfüllt, wesentliches Teil zu sein. Letzteres würde in der Praxis voraussetzen, dass die Schäftung nicht allein die Außenform und damit die Handhabung der Waffe beeinflusst, was bei Anschlagschäften, insbesondere für Pistolen, nicht der Fall ist, da üblicherweise das Griffstück mit Abzugseinheit gegriffen wird (wie ohne einen an der Waffe montierten Anschlagschaft) und der Schlitten sich im Schaft frei bewegt.

1.3.2.2.6 Schreckschusswaffe (Nr. 2.6)

Eine Schreckschusswaffe verfügt über ein Kartuschenlager und ist zum Abschießen von Kartuschenmunition bestimmt. Verfügt diese Waffe über einen Lauf nach der Definition in Anlage 1 A1 UA1 Nr. 1.3.1.1 WaffG, handelt es sich um eine Schusswaffe. Ist dagegen nur ein Gaslauf zum Ableiten der Verbrennungsgase vorhanden, der nicht geeignet ist, dass Geschosse

---

Verwendungsfähigkeit gebracht werden kann, etwa durch Einklappen einer Schulterstütze, wenn mit dieser Waffe auch mit eingeklappter Schulterstütze mindestens ein Schuss abgegeben werden kann, die Waffe also weiterhin verwendbar ist.

durch ihn getrieben werden, handelt es sich um einen den Schusswaffen gleichgestellten Gegenstand nach Anlage 1 A1 UA1 Nr. 1.2.1 WaffG.

Schreckschusswaffen unterfallen als SRS-Waffen mit Bauartzulassung nach Anlage 2 A2 UA2, UA3 WaffG besonderen Regelungen, zB können bestimmte Arten des Umgangs erlaubnisfrei sein.[37] Grundsätzlich sind aber auch auf sie die Vorschriften des WaffG für Schusswaffen anzuwenden.

Auf Schreckschusswaffen ohne die Kennzeichnung „PTB im Kreis" oder eine andere erforderliche Kennzeichnung, die nach Anlage 2 A2 UA2 Nr. 1.3 WaffG gefordert wird, sind die Vorschriften für Schusswaffen im Sinne des WaffG vollumfänglich anzuwenden.

1.3.2.2.7 Reizstoffwaffe (Nr. 2.7)

Eine Reizstoffwaffe, die Schusswaffe im Sinne des WaffG ist, verfügt über ein Patronen- oder Kartuschenlager und ist zum Verschießen von Reiz- oder anderen Wirkstoffen bestimmt. Verfügt diese Waffe über einen Lauf nach der Definition in Anlage 1 A1 UA1 Nr. 1.3.1.1 WaffG, handelt es sich um eine Schusswaffe. Ist dagegen nur ein Gaslauf zum Ableiten der Verbrennungsgase vorhanden, der nicht geeignet ist, dass Geschosse durch ihn getrieben werden, sondern lediglich Gasschwaden und Schmauch, die nicht als „feste Körper" gelten, handelt es sich um einen den Schusswaffen gleichgestellten Gegenstand nach Anlage 1 A1 UA1 Nr. 1.2.1 WaffG.

Reizstoffwaffen unterfallen als SRS-Waffen mit Bauartzulassung nach Anlage 2 A2 UA2, UA3 WaffG besonderen Regelungen, zB für bestimmte Arten des Umgangs erlaubnisfrei gestellt sein.[38] Grundsätzlich sind aber auch auf sie die Vorschriften des WaffG für Schusswaffen anzuwenden.

Reizstoffwaffen ohne die Kennzeichnung „PTB im Kreis" oder eine andere Kennzeichnung, die nach Anlage 2 A2 UA2 Nr. 1.3 WaffG gefordert wird, sind vollumfänglich wie Schusswaffen im Sinne des WaffG zu behandeln.

1.3.2.2.8 Signalwaffe (Nr. 2.8)

Signalwaffen sind zum Verschießen pyrotechnischer Munition bestimmte

- Schusswaffen mit einem Patronen- oder Kartuschenlager oder

---

[37] *Vertiefende Informationen zu SRS-Waffen im Kapitel 1.6.2.1*

[38] *Vertiefende Informationen zu SRS-Waffen im Kapitel 1.6.2.1*

- tragbare Gegenstände nach Anlage 1 A1 UA1 Nr. 1.2.1 WaffG (den Schusswaffen gleichgestelltes Abschussgerät)

Der Begriff der Signalwaffe beschränkt sich nicht auf Schusswaffen. Auch Abschussgeräte (etwa SRS-Waffen) sind Signalwaffen im Sinne des WaffG.

Signalwaffen unterfallen als SRS-Waffen mit Bauartzulassung nach Anlage 2 A2 UA2, UA3 WaffG besonderen Regelungen, zB für bestimmte Arten des Umgangs erlaubnisfrei gestellt sein.[39] Grundsätzlich sind aber auch auf sie die Vorschriften des WaffG für Schusswaffen anzuwenden.

Signalwaffen ohne Kennzeichnung „PTB im Kreis" oder eine andere erforderliche Kennzeichnung Anlage 2 A2 UA2 Nr. 1.3 WaffG sind vollumfänglich wie Schusswaffen im Sinne des WaffG zu behandeln.

1.3.2.2.9 Druckluft-, Federdruck-, Kaltgaswaffe (Nr. 2.9)

Erläuterungen zu konstruktiven Merkmalen dieser Gruppe von Schusswaffen finden Sie in den entsprechenden Kapiteln ab Seite 97.

1.3.2.2.10 Revolver

Der Revolver ist nicht als eigenständige Art einer Schusswaffe in der Anlage 1 WaffG aufgeführt. Genannt wird nur der **Double-Action-Revolver**.[40] Seine Beschreibung in der Anlage 1 WaffG verwendet den gesetzlich nicht mehr[41] definierten Begriff **Trommel**. Beachten Sie die Bildtafel ab Seite 168.

Da das Gesetz an anderen Stellen den Begriff des Revolvers nicht verwendet, um den Umgang mit Waffen zu regeln, sondern zB von mehrschüssigen Kurzwaffen für Patronenmunition spricht, ist die fehlende Zuordnung kaum von praktischer Relevanz, da dieser Begriff auch Revolver umfasst. Lediglich bei einem Erwerb von Repetierlangwaffen wäre die Zuordnung von Revolvern als Revolvergewehr zu den Repetierwaffen von Bedeutung.

Hilfsweise kann die Einordnung einer Schusswaffe als Revolver dadurch geschehen, dass es sich dabei um eine Waffe handelt, die über mindestens

---

[39] *Vertiefende Informationen zu SRS-Waffen im Kapitel 1.6.2.1*

[40] *Anlage 1 A1 UA1 Nr. 2.2 Satz 5 WaffG*

[41] *§ 3 der DVO zum RWaffG 1938 zählte die Trommel zu den wesentlichen Teilen; da die Trommel das Patronenlager darstellt, das wesentliches Teil ist, wird die Trommel seit Inkrafttreten des BWaffG 1968 nicht gesondert im Gesetz genannt.*

ein Geschoss-, Patronen- oder Kartuschenlager verfügt, das in Form einer Bohrung (Kammer) in einer Trommel vorhanden ist. Die Trommel hat neben der Aufgabe des Lagers auch die Funktion eines Patronen- oder Geschossvorrats und ist in der Waffe drehbar auf einer Achse montiert. Die Achse ist so positioniert, dass die Trommel durch Betätigung des Schützen so bewegt werden kann, dass vor Abgabe des Schusses ein Geschoss in einer Kammer so vor den Lauf gebracht wird, dass eine Schussabgabe möglich ist. Dazu ist es in der Regel erforderlich, dass die Mittelachsen der Innendurchmesser von Lauf und Kammer bei unendlicher Länge gleich sind.

Revolver erfüllen die Definitionen der Einzellader- und Repetierwaffen nicht vollständig. Bezüglich der mechanischen Abläufe wäre, müsste eine Zuordnung zu einer der vorgenannten Arten von Schusswaffen erfolgen, die Einordnung als Repetierwaffe naheliegend. Revolver sind bei strenger Auslegung nur Lang- bzw. Kurzwaffe oder Feuerwaffe als Art einer Waffe. Zu unterscheiden sind Perkussionsrevolver (Vorderlader mit Zündhütchenzündung) und Revolver für Patronen- bzw. Kartuschenmunition.

1.3.2.3 Den Schusswaffen gleichgestellte Gegenstände

Bestimmte Gegenstände sind den Schusswaffen gleichgestellt. Somit sind grundsätzlich die waffenrechtlichen Vorschriften, die sich auf Schusswaffen beziehen, auch auf diese Gegenstände anwendbar. Die Gleichstellung kann sich sowohl aus der Anlage 1 WaffG als auch aus weiteren Normen ergeben. Es ist zwischen umfassender und beschränkter Gleichstellung zu unterscheiden sowie einer indirekten Gleichstellung, die sich aus der Systematik des Waffengesetzes und seiner Anlage nur mittelbar ergibt.

1.3.2.3.1 Unbeschränkte Gleichstellung nach Nr. 1.2

Die unbeschränkte Gleichstellung durch Anlage 1 A1 UA1 Nr. 1.2 WaffG bedeutet für die in diesem Kapitel aufgeführten Gegenstände, dass die Vorschriften, die für Schusswaffen gelten, auch auf diese Gegenstände anzuwenden sind, obwohl sie keine Schusswaffen im technischen Sinne nach Definition des WaffG sind. Damit ist beispielsweise auf das Verwenden der **Armbrust**, das nach der Definition der Anlage 1 A2 Nr. 7 WaffG kein Schießen im Sinne des WaffG ist, aber in seiner Wirkung dem Abschießen eines Geschosses aus einer Schusswaffe gleichkommt, das Waffengesetz vollumfänglich anzuwenden, so dass etwa die Bestimmungen für das **Schießen** nach § 10 Abs. 5 WaffG (Schießerlaubnis) oder das **Schießen auf**

Schießstätten nach § 27 WaffG auch bei Verwendung der Armbrust gelten.[42] Gleiches gilt für das Erfordernis einer Schießerlaubnis für das Abschießen von Kartuschen mit einer SRS-Waffe mit Zulassungszeichen „PTB im Kreis" außerhalb des eigenen befriedeten Besitztums oder einer Schießstätte.

Voraussetzung für die Gleichstellung ist die Tragbarkeit. Der Begriff **„tragbar"** bezieht sich dabei nicht allein auf das Gewicht des Gegenstandes oder die Fähigkeit eines durchschnittlich kräftigen Menschen, diesen Gegenstand „tragen" zu können im Sinne von „heben und wegtragen", sondern setzt voraus, dass dieser Gegenstand dazu bestimmt ist, von einer Person üblicherweise getragen und bei der Verwendung in der Hand gehalten zu werden.[43] Nicht tragbare Gegenstände wie fest installierte Selbstschussapparate in Obstplantagen werden nicht erfasst.

Zu beachten ist die klare Differenzierung der gleichgestellten Gegenstände, bezogen auf die Zweckbestimmung der Schusswaffen in Nr. 1.1. So müssen Gegenstände der Nr. 1.2.1 den gleichen Zwecken dienen wie Schusswaffen nach Nr. 1.1, während Gegenstände nach Nr. 1.2.2 ausdrücklich anderen Zwecken als den in Nr. 1.1 genannten dienen müssen. Nr. 1.2.3 macht keine diesbezüglichen Vorgaben, so dass eine Zweckbestimmung der hier erfassten Gegenstände weder erforderlich noch hinderlich ist.

1.3.2.3.2 Gegenstände zum Verschießen fester Körper (1.2.3)

Anlage 1 A1 UA1 Nr. 1.2.3 erfasst Gegenstände unabhängig von einer Zweckbestimmung. Voraussetzung für die Gleichstellung mit Schusswaffen und damit die Einstufung als Waffe ist für diese Gegenstandskategorie neben der Tragbarkeit das gezielte Verschießen fester Körper. Beispielabbildungen enthält die Bestimmungstafel auf Seite 180.

Da das WaffG Harpunen und Armbrüste explizit besonderen (befreienden) Regelungen unterwirft, es aber an einer gesetzlichen Definition der

---

[42] *WaffVwV zu Anlage 1 A1 UA1 Nr. 1.2.2, zu § 27, 27.1.1*

[43] *WaffVwV zu Anlage 1 A1 UA1 Nr. 1.2*

vorgenannten Waffen mangelt,[44] werden nachfolgend Armbrust, Pfeilabschussgerät und Harpunengerät ausführlich dargestellt.

1.3.2.3.2.1 Armbrust

Anlage 1 A1 UA1 Nr. 1.2.3 WaffG nennt die **Armbrust** als Beispiel für tragbare Gegenstände, die dazu bestimmt sind, feste Körper gezielt zu verschießen und bei denen die eingebrachte Antriebsenergie durch eine Sperrvorrichtung gespeichert werden kann. Das Einbringen der Energie kann dabei sowohl durch Muskelkraft erfolgen als auch durch eine andere Energiequelle. Auch andere Gegenstände, die diese Voraussetzungen erfüllen, können in diese Kategorie fallen, etwa **Harpunen**, die lediglich durch Muskelkraft gespannt werden.[45] Zu beachten ist aber, dass Ausnahmen des WaffG, die sich ausschließlich auf den Umgang mit Armbrüsten beziehen, auch nur auf diese anzuwenden sind, nicht aber auch andere Gegenstände, die der Nr. 1.2.3 unterfallen wie etwa Harpunen oder Pfeilabschussgeräte.

Die Armbrust gibt dem **Bolzen**, der mit ihr verschossen wird, nicht mittels eines Laufes Führung, sondern durch eine andere Konstruktion, die ein gezieltes Verschießen des Geschosses möglich macht, meist eine Schiene. Somit ist die Armbrust mangels eines Laufes nicht Schusswaffe im Sinne des WaffG. Anlage 1 A1 UA1 Nr. 1.2.3 WaffG stellt die Armbrust den Schusswaffen gleich, wenn die Antriebsenergie durch Muskelkraft oder eine andere Energiequelle eingebracht wird und mittels einer Sperrvorrichtung gespeichert werden kann, um ein gezieltes Verschießen zu ermöglichen.

Die klassische Armbrust, historisch auch als Armrust[46] bezeichnet, wurde nach dem Vorbild antiker Katapultwaffen auf Fahrgestellen zur leichten,

---

[44] *Gemäß § 2 Abs. 5 WaffG hat das BKA durch Feststellungsbescheide für die Praxis Definitionen für das Pfeilabschussgerät und die Armbrust geschaffen, auf die in den nachfolgenden Kapiteln hingewiesen wird.*

[45] *Zu Harpunen, die Munition zum Antrieb nutzen, Kapitel 1.3.2.3.2.3*

[46] *Siehe dazu Wendelin Boeheim „Handbuch der Waffenkunde" 1890; das „b" in dem Wort Armbrust ist im Zuge einer Änderung der Schreibweise um das Jahr 1600 dem Wort „Armrust" hinzugefügt worden, das sich aus den Worten „Arm" und „Rüstung" im Sinne einer „Armrüstung" zusammensetzte; die Kirche des 12. Jahrhunderts „verbot ihren Gebrauch als mörderisch unter Christen und gestattete ihn nur gegen Ungläubige"; die Armbrust galt zu jener Zeit als heimtückische*

tragbaren Fernwaffe zu Angriffszwecken weiterentwickelt. Sie besteht in der einfachsten Form aus einem Bogen, der aus Stahl oder einem anderen Material besteht, das gebogen werden kann, aber so elastisch ist, dass nach Freigabe die Bogenarme (die Teile des Bogens zu beiden Seiten des als Säule bezeichneten, meist aus Holz gefertigten Gestells, in dem sich auch die Abzugsvorrichtung befindet) in ihre ursprüngliche Form zurückschnellen. Dabei müssen die Bogenarme zwar elastisch sein, aber zum Biegen eine hohe Zuganstrengung erfordern. Die nicht dehnbare Sehne wird so in Richtung einer Aufnahmevorrichtung gezogen, dass dieser Zug, der auf die Enden des Bogens wirkt, an denen die Sehne befestigt wird, dadurch erhalten bleibt, dass die Sehne in dieser Aufnahmevorrichtung gehalten wird. Wird nun die Abzugsvorrichtung betätigt, wird die Sehne freigegeben und durch Entspannung der Wurfarme unmittelbar beschleunigt. Dabei nimmt die Sehne einen Bolzen mit. Dieser liegt meist auf einer Schiene und gleitet schienengeführt in Richtung der Sehnenbewegung.

Das Waffengesetz bleibt eine Definition der Armbrust schuldig. Somit ist hilfsweise auf die zuvor geschilderte, historisch belegbare Konstruktion abzustellen, die allgemein als Armbrust bezeichnet wird. Um dem Begriff der Armbrust zu unterfallen, bedarf es somit einer Konstruktion, bei der die Energie, die zum Antrieb des Geschosses von der Waffe auf das Geschoss übertragen werden soll, zunächst durch Muskelkraft oder eine andere Energiequelle[47] in die Konstruktion eingebracht wird. Dabei ist es unerheblich, ob die Kraft über einen direkten Zug an der Sehne, einen Spannhebel, Druckluft, elektrische Energie oder eine Kurbel eingebracht wird, solange die Energie in den Wurfarmen gespeichert wird.

Konstruktionen, die eine <u>elastische</u> Sehne zum Antrieb verwenden, in die die Antriebsenergie eingebracht und gespeichert werden kann, sind keine Armbrust, sondern zB ein Pfeilabschussgerät oder eine Harpune.[48]

Waffe; bekannt sind auch die als Schnepper, Kugelschnepper oder Balester bezeichneten leichten Armbrustvarianten, die kugelförmige Geschosse verwendeten.

[47] So BKA-FB SO 13-5164.01-Z-507 vom 2.12.2020; hier wird nur eine in den Wurfarmen der Konstruktion gespeicherte Energie gefordert.

[48] Nr. 1.2.3 erfasst auch bestimmte Harpunen, für die eine Freistellung nach Anlage 2 A3 UA1 gilt; vertiefend Kapitel 1.3.2.3.2.3

Zu beachten sind die Freistellungen der Armbrust[49] von bestimmten Vorschriften (Erwerb, Besitz, Führen, Herstellung, Handel, Verbringen, Mitnahme). Der **Gebrauch einer Armbrust** ist **kein Schießen**[50], da die Definition „Schießen" nach Anlage 1 A2 Nr. 7 WaffG die Verwendung einer Schusswaffe voraussetzt. Die Gleichstellung mit Schusswaffen durch Anlage 1 A1 UA1 Nr. 1.2.3 WaffG macht den gleichgestellten Gegenstand nicht zu einer Schusswaffe.[51] Gleichwohl sind die Vorschriften, die für Schusswaffen gelten, auf die nach Anlage 1 A1 UA1 Nr. 1.2 WaffG gleichgestellten Gegenstände vollumfänglich[52] anzuwenden. Somit gelten bei Verwendung einer Armbrust die Regelungen für das Schießen mit Schusswaffen auf Schießstätten im Sinne von § 27 WaffG sowie außerhalb einer Schießstätte das Erfordernis einer Schießerlaubnis.[53] Der Betrieb einer **Schießstätte für Armbrüste** bedarf der Erlaubnis nach § 27 WaffG.[54]

1.3.2.3.2.2 Pfeilabschussgerät

Das Pfeilabschussgerät ist durch Nennung in Anlage 1 A1 UA1 Nr. 1.2.3 WaffG Waffe im Sinne des WaffG.[55] Es ist den Schusswaffen vollumfänglich gleichgestellt. Somit unterliegen Pfeilabschussgeräte mangels gesetzlicher Ausnahmen insbesondere der Erlaubnispflicht für Erwerb und Besitz sowie das Führen, den Handel und die Herstellung. Vorschriften zur Aufbewahrung sowie zum erforderlichen Mindestalter gelten uneingeschränkt.

---

[49] *Anlage 2 A2 UA2 WaffG; die dort genannten Freistellungen sind ausdrücklich auf Armbrüste beschränkt und erstrecken sich nicht auf Pfeilabschussgeräte.*

[50] *so WaffVwV Anlage 1 A1 UA1 Nr. 1.2.2, A2 Nr. 7 WaffG*

[51] *Schleswig-Holsteinisches VG 7 A 137/06 Rn. 19, Urteil vom 17. Juni 2008, grundsätzlich anwendbar auf Armbrüste und wesentliche Teile*

[52] *VG Freiburg 3 K 857/08, Urteil vom 29. Juni 2009*

[53] *so WaffVwV 27.1.1, 27.4.2.3, Anlage 1 A1 UA1 Nr. 1.2.2, A2 Nr. 7*

[54] *VG Freiburg 3 K 857/08, Urteil vom 29. Juni 2009*

[55] *3. WaffRÄndG, Regelung trat am 1. September 2020 in Kraft*

Dem Begriff[56] des Pfeilabschussgerätes unterfallen Konstruktionen, bei denen ein hohler fester Körper so über ein Rohr geschoben wird, dass durch schlagartige Erhöhung des Drucks im Innern des Rohrs (zB durch Freisetzung von Druckluft oder durch Lösen einer gespannten Feder, wodurch ein Luftpolster mit Überdruck erzeugt wird) der auf das Rohr aufgeschobene Körper gezielt verschossen werden kann.

Eine Schwierigkeit für den Vollzug des Waffengesetzes ist die Identifikation eines Pfeilabschussgeräts. Da die vorstehend beschriebene Konstruktion äußerlich einer Druckluft- oder Federdruckwaffe ähneln kann, die nach Anlage 2 A2 UA2 Nr. 1.1 und 1.2 WaffG von der Erlaubnispflicht für Erwerb und Besitz ausgenommen wird, ist stets durch Überprüfung der Konstruktion und Funktionsweise festzustellen, um welche Art von Gegenstand es sich handelt. Gleiches gilt hinsichtlich einer Abgrenzung zu Harpunen.

Pfeilabschussgeräte sind erlaubnispflichtige Waffen und damit den Vorschriften zur sicheren Aufbewahrung vollumfänglich unterworfen.[57] Für die Erteilung einer waffenrechtlichen Erlaubnis sind die in § 4 WaffG geforderten Voraussetzungen vollumfänglich zu erfüllen, insbesondere ist der Nachweis der Sachkunde und eines Bedürfnisses erforderlich.

Der **Gebrauch eines Pfeilabschussgeräts** ist **kein Schießen**[58], da die Definition „Schießen" nach Anlage 1 A2 Nr. 7 WaffG die Verwendung einer Schusswaffe voraussetzt. Die Gleichstellung mit Schusswaffen durch Anlage 1 A1 UA1 Nr. 1.2.3 WaffG macht den gleichgestellten Gegenstand

---

[56] *BKA-FB SO 13-5164.01-Z-506 vom 2.12.2020; da das WaffG keine freistellenden Regelungen für Pfeilabschussgeräte enthält, ist eine abgrenzende Definition zu Armbrust oder Harpune nicht erforderlich.*

[57] *Da für eine Einstufung als Langwaffe die erforderliche Mindestlänge von mehr als 30 cm für Lauf und Verschluss in geschlossener Stellung nach Anlage 1 A1 UA1 Nr. 2.5 WaffG mangels entsprechender Bauteile an einem Pfeilabschussgerät nicht gegeben ist, sind die Vorschriften für die Aufbewahrung erlaubnispflichtiger Kurzwaffen auf Pfeilabschussgeräte anzuwenden, da alle Schusswaffen, die nicht Langwaffen sind, als Kurzwaffen anzusehen sind und durch die unbedingte Gleichstellung des Pfeilabschussgerätes mit Schusswaffen diese Regeln anzuwenden sind.*

[58] *Anlage 1 A2 Nr. 7 WaffG*

nicht zu einer Schusswaffe.[59] Gleichwohl sind die Vorschriften, die für Schusswaffen gelten, auf die nach Anlage 1 A1 UA1 Nr. 1.2 WaffG gleichgestellten Gegenstände vollumfänglich[60] anzuwenden. Somit gelten bei Verwendung eines Pfeilabschussgeräts die Regelungen für das Schießen mit Schusswaffen auf Schießstätten im Sinne von § 27 WaffG sowie außerhalb einer Schießstätte das Erfordernis einer Schießerlaubnis.[61]

Der Betrieb der **Schießstätte für Pfeilabschussgeräte** ist erlaubnispflichtig.[62]

1.3.2.3.2.3 Harpunengerät

Wie die Armbrust werden auch bestimmte **Harpunengeräte** von der Definition erfasst und Schusswaffen gleichgestellt, nämlich Modelle, bei denen keine Munition zum Antrieb verwendet wird. Da Harpunen keine praktische Deliktrelevanz besitzen, werden sie mit Ausnahme des Mindestalters und möglicher Waffenverbote für den Einzelfall gemäß Anlage 2 A3 UA1 WaffG von den Regelungen des WaffG ausgenommen.

Diese Ausnahme gilt allerdings nur, wenn zum Antrieb der Geschosse keine Munition im Sinne des WaffG verwendet wird, etwa im Falle einfacher Konstruktionen durch manuelles Spannen starker Gummibänder, die dann kraftschlüssig mit einem Harpunenpfeil verbunden werden und bei Freigabe der Pfeilhalterung diesen Pfeil beschleunigen und freigeben.

Erfolgt der Antrieb des Harpunenpfeils dagegen durch Nutzung von Kartuschenmunition, sind je nach Konstruktion auch Einordnungen als Schusswaffe (bei Vortrieb des festen Körpers in einem Lauf über eine Strecke von mindestens zwei Kalibermaßen) oder als den Schusswaffen gleichgestellter Gegenstand nach Anlage 1 A1 UA1 Nr. 1.2.1 oder 1.2.2 WaffG vorstellbar

---

[59] *Schleswig-Holsteinisches Verwaltungsgericht 7 A 137/06 Rn. 19, Urteil vom 17. Juni 2008, zur Gleichstellung von Schalldämpfern, anwendbar auch auf die Gleichstellung von Pfeilabschussgeräten*

[60] *VG Freiburg 3 K 857/08, Urteil vom 29. Juni 2009; aufgrund der entsprechenden Gleichstellung von Armbrust und Pfeilabschussgerät mit Schusswaffen ist dieses Urteil analog anzuwenden.*

[61] *so auch 27.1.1, Anlage 1 A2 Nr. 7 WaffVwV*

[62] *27.1.1, Anlage 1 A2 Nr. 7 WaffVwV zu § 27 WaffG, so auch VG Freiburg 3 K 857/08, Urteil vom 29. Juni 2009; aufgrund der Gleichstellung von Armbrust und Pfeilabschussgerät mit Schusswaffen ist dieses Urteil analog anzuwenden.*

– die jeweilige Bestimmung zu einem der in Anlage 1 A1 UA1 Nr. 1.1 WaffG genannten Zweck wäre, so legt es die Legaldefinition in Anlage 2 A2 UA1 WaffG nahe, die Sportausübung. Harpunen mit Munitionsantrieb unterfielen dann Vorschriften für die jeweils zutreffende Waffenart, die Freistellung nach Anlage 2 A3 UA1 WaffG würde in diesem Falle nicht greifen.

1.3.2.3.2.4 Weitere Regelungen

Der Umgang mit der Armbrust, Pfeilabschussgeräten und Harpunengeräten erfordert ein Mindestalter von 18 Jahren. Im Falle der Armbrust und des Pfeilabschussgeräts sind die Ausnahmen von diesem Alterserfordernis bei Umgang auf einer Schießstätte grundsätzlich anwendbar.

Die Gleichstellung der vorgenannten Gegenstände nach Nr. 1.2.3 mit einer Schusswaffe und somit die Einordnung als Waffe im Sinne des WaffG entfällt, wenn nur solche festen Körper bestimmungsgemäß verschossen werden, die mit elastischen Geschossspitzen (zB Gummisaugnapf) versehen sind, bei denen eine maximale Bewegungsenergie der Geschossspitzen je Flächeneinheit von 0,16 J/cm^2 nicht überschritten wird.[63] Dies gilt für die Armbrust wie auch für Harpunengeräte und Pfeilabschussgeräte.

1.3.2.3.2.5 Auswirkung der Gleichstellung nach Nr. 1.2

Durch die Gleichstellung mit Schusswaffen, ob beschränkt oder unbeschränkt, werden die in Anlage 1 A1 UA1 Nr. 1.2.1 bis 1.2.3 WaffG genannten Gegenstände nicht zu Schusswaffen. Vorschriften, die sich auf Schusswaffen beziehen, sind aber auf diese Gegenstände anzuwenden.

Die Gleichstellung gilt vollumfänglich für die **tragbaren Gegenstände nach Anlage 1 A1 UA1 Nr. 1.2**, die damit grundsätzlich auch der Erlaubnispflicht nach Anlage 2 A2 UA1 WaffG bezüglich des Umgangs unterliegen. Durch die Ausnahmeregelungen der Anlage 2 A2 UA2, 3, A3 WaffG werden beispielweise bauartgeprüfte **SRS-Waffen** (Nr. 1.3, 7.2) und **Armbrüste** (Nr. 1.10, Nr. 3.2, 4.2, 7.8) für bestimmte Umgangsarten freigestellt, während andere Umgangsarten weiterhin erlaubnispflichtig sind (etwa das Führen von SRS-Waffen, das eine Erlaubnis nach § 10 Abs. 4 WaffG erfordert). Das ebenfalls vollumfänglich gleichgestellte **Harpunengerät**, das keine Munition zum Antrieb verwendet, ist durch Anlage 2 A3 UA1 WaffG gänzlich von der Erlaubnispflicht für den Umgang ausgenommen, hier sind allein

[63] *Anlage 1 A1 UA1 Nr. 1.2.3 WaffG*

ein Mindestalterserfordernis und ein eventuell bestehendes Waffenverbot im Einzelfall nach § 41 WaffG zu beachten. Dagegen ist für den Umgang mit **Pfeilabschussgeräten** keine Ausnahme im Gesetz vorgesehen, auf sie ist das Waffengesetz vollumfänglich und uneingeschränkt anzuwenden.

Wenn das Gesetz einer Waffe das Attribut „**erlaubnispflichtig**" voranstellt, beispielsweise von „erlaubnispflichtigen Kurzwaffen" spricht, so wäre damit verkürzend in diesem Beispiel eine Kurzwaffe gemeint, die der Erlaubnispflicht zum Erwerb und Besitz unterliegt.[64] Um diese sperrige Formulierung nicht im gesamten Gesetzestext verwenden zu müssen, beschränkt sich der Wortlaut auf eine im Grunde unzutreffende Verkürzung, da auch eine nicht erlaubnispflichtige Waffe einzelnen Erlaubnispflichten unterfallen kann, beispielsweise die Druckluftwaffe, die nach Anlage 2 A2 UA2 Nr. 1.1 WaffG ohne Erlaubnis erworben und besessen, mangels weitergehender Freistellung aber ohne Erlaubnis weder geführt noch gehandelt oder hergestellt werden darf. Das ist insbesondere für die Aufbewahrung von Waffen von Bedeutung. Die einschlägige Regelung durch § 36 WaffG iVm § 13 AWaffV bezieht sich grundsätzlich auf jegliche Waffen und Munition, wovon Schusswaffen und ihnen gleichgestellte Gegenstände wie auch tragbare Gegenstände nach § 1 Abs. 2 WaffG erfasst werden. Lediglich Schusswaffen, die der Erlaubnispflicht zum Erwerb und Besitz unterliegen, sind besonders gesichert aufzubewahren.[65] Pfeilabschussgeräte sind erlaubnispflichtige Waffen und damit den Vorschriften zur sicheren Aufbewahrung vollumfänglich unterworfen.[66] SRS-Waffen und Armbrüste, also von der

---

[64] *Korrespondierend mit Erläuterung „erlaubnisfrei" in WaffVwV zu § 1, Nr. 1.2, 2. Absatz; zu unterscheiden ist aber im Kontext der Erlaubnisfreiheit zwischen „nicht der Erlaubnispflicht unterliegend" und der „Freistellung von der Erlaubnispflicht", siehe dazu beispielhaft § 13 Abs. 2 AWaffV: Hier wird ein verschlossenes Behältnis nur für solche Waffen gefordert, die von der Erlaubnispflicht freigestellt sind, während erlaubnisfreie Waffe im Sinne der „nicht der Erlaubnispflicht aus Anlage 2 A2 UA1 WaffG unterliegenden Waffen" bezüglich der Aufbewahrung nur entsprechend § 36 Abs. 1 Satz 1 WaffG gegen Wegnahme zu sichern sind.*

[65] *§ 13 Abs. 2 AWaffV*

[66] *Da für eine Einstufung als Langwaffe die erforderliche Mindestlänge von mehr als 30 cm für Lauf und Verschluss in geschlossener Stellung nach Anlage 1 A1 UA1 Nr. 2.5 WaffG mangels entsprechender Bauteile an einem Pfeilabschussgerät nicht gegeben ist, sind die Vorschriften für die Aufbewahrung erlaubnispflichtiger Kurzwaffen auf Pfeilabschussgeräte anzuwenden, da alle Schusswaffen, die nicht*

Erlaubnispflicht freigestellte Waffen, sind zwar in verschlossenen Behältnissen aufzubewahren, besonders qualifizierte Sicherheitsbehältnisse sind hier aber nicht erforderlich.[67] Sonstige Waffen, die von vornherein nicht der Erlaubnispflicht unterliegen (CS-Gas, Schlagstock, etc.) müssen gegen den Zugriff Unbefugter (etwa Minderjähriger) gesichert werden.

Die für den Sportschützen relevante Regelung zur **Erwerbsstreckung**[68], wonach innerhalb von sechs Monaten nicht mehr als zwei Schusswaffen erworben werden dürfen, lässt es zunächst notwendig erscheinen, dass auch der Erwerb von den Schusswaffen gleichgestellten Gegenständen wie SRS-Waffe oder Armbrust auf das Erwerbsstreckungsgebot anzurechnen ist. Durch die Erlaubnisfreiheit des Erwerbs dieser Gegenstände nach Anlage 2 WaffG erfolgt allerdings keine derartige Berücksichtigung, gleiches gilt für einen erlaubnisfreien Erwerb aufgrund einer Ausnahme nach § 12 Abs. 1 WaffG, zB zu Leihe oder Verwahrung. Auch erfasst das Erwerbsstreckungsgebot nur solche Waffen, die auf Grundlage des § 14 WaffG erworben wurden, also aufgrund eines nachgewiesenen Bedürfnisses als Sportschütze.

1.3.2.4 Sonstige Vorrichtungen für Schusswaffen (Nr. 4)

Während Abschussgeräte für Munition und feste Körper verschießende Geräte, die nicht Schusswaffen sind, ebenso wie wesentliche Teile von Schusswaffen und Schalldämpfer durch die Anlage 1 A1 UA1 Nr. 1.2 und 1.3 WaffG ausdrücklich den Schusswaffen gleichgestellt sind, findet sich bezüglich der **sonstigen Vorrichtungen für Schusswaffen** nach Anlage 1 A1 UA1 Nr. 4 WaffG keine derartige ausdrückliche Gleichstellung im Gesetzestext. Ohne diese ausdrückliche Gleichstellung ist aber die Voraussetzung dafür, diese Vorrichtungen mittels Gleichstellung als Waffen nach § 1 Abs. 2 Nr. 1 WaffG einzuordnen und vollumfänglich den Vorschriften des Waffengesetzes für Schusswaffen zu unterwerfen, grundsätzlich nicht gegeben. Da auch § 2 Abs. 3 WaffG nur den Umgang mit Waffen und

---

Langwaffen sind, als Kurzwaffen anzusehen sind und durch die unbedingte Gleichstellung des Pfeilabschussgerätes mit Schusswaffen diese Regeln anzuwenden sind.

[67] *Den Regelungen zur Aufbewahrung von Waffen, die von der Erlaubnispflicht freigestellt sind, unterliegen auch Salutwaffen (§ 39b Abs. 3 WaffG)*

[68] *§ 14 Abs. 3 Satz 2 WaffG*

Munition, nicht aber mit anderen Gegenständen verbietet, liegt vermeintlich eine Regelungslücke vor.[69]

Die in Anlage 1 A1 UA1 Nr. 4 WaffG beschriebenen Vorrichtungen für Schusswaffen sind fast vollständig in der Liste der „Verbotenen Waffen" in Anlage 2 A1 Nr. 1.2.4 WaffG aufgeführt. Der Wortlaut „für Schusswaffen bestimmte" unterstreicht, dass es sich bei diesen Gegenständen nicht um Schusswaffen oder wesentliche Teile von Schusswaffen handelt, sondern **Vorrichtungen für Schusswaffen.** Sie sind **Waffen im Sinne des WaffG**.[70] Für die Einordnung als Waffe ist es unerheblich, ob es sich bei der Schusswaffe, an der die Vorrichtung montiert werden soll, um eine verbotene, erlaubnispflichtige oder vom Gesetz freigestellte Schusswaffe handelt. Regelungen für die Waffe, an der die Vorrichtung verwendet werden soll oder wird, sind auf die Vorrichtung selbst nicht anzuwenden. Somit ist bei Erlaubnispflichten und Verboten allein auf die Regelung für die jeweilige Vorrichtung abzustellen.

Schon aus der Einbindung der genannten Vorrichtungen in die Liste der „Verbotenen Waffen" und dem Wortlaut von § 1 Abs. 4 WaffG, wonach der Waffenbegriff in der Anlage 1 WaffG „näher geregelt" wird, kann die Absicht des Gesetzgebers abgeleitet werden, dass diese Gegenstände Waffen im Sinne des WaffG sein sollen. Die Einordnung durch den Gesetzgeber ist aus der Erläuterung der WaffVwV zu Anlage 1 A1 UA1 Nr. 4 WaffG allerdings klar ersichtlich, in der wortwörtlich von einer Einordnung als **Waffe im Sinne des Waffengesetzes** die Rede ist. Obgleich die WaffVwV lediglich eine Erläuterung und Entscheidungsgrundlage für das Handeln der Waffenbehörden darstellt, die aber keinen Gesetzesrang hat, kann sie an dieser Stelle zur Einordnung sonstiger Vorrichtungen dienen.

Die Erlaubnispflicht gemäß § 2 Abs. 2 WaffG iVm Anlage 2 A2 UA1 Satz 1 bezieht sich nicht auf Magazine und Magazingehäuse[71], aber auf andere

---

[69] *Diese Lücke wäre durch explizite Gleichstellung von für Schusswaffen bestimmten Vorrichtungen als Nr. 1.2.4 in Anlage 1 A1 UA1 WaffG zu schließen.*

[70] *WaffVwV zu Anlage 1 A1 UA1 Nr. 4 WaffG*

[71] *Die im Wege des Gesetzgebungsverfahrens zunächst nicht an die Einordnung der Magazine als „sonstige Vorrichtungen" angepasste Erlaubnispflicht für die Nummern 1 bis 4 von Anlage 1 A1 UA1 WaffG wurde nach Hinweis des Verfassers und anderer Sachverständiger an die verantwortliche Stelle ohne weitere Begründung (korrekterweise) auf die Nummern 1 bis 4.3 beschränkt; ohne diese*

sonstige Vorrichtungen für Schusswaffen nach Anlage 1 A1 UA1 Nr. 1 bis 4.3. Liegt keine gesetzliche Freistellung nach § 12 WaffG oder Anlage 2 A2 oder A3 WaffG vor, bedarf es einer Erlaubnis zum Erwerb und Besitz der sonstigen Vorrichtungen für Schusswaffen nach den Nrn. 4.1 bis 4.3.[72]

1.3.2.4.1 Abgrenzung "Single-Use" / "Dual-Use"

Mit den Begriffen „Single-Use" und „Dual-Use" wird unterschieden:

- Für Schusswaffen ausdrücklich bestimmt durch den erklärten oder in ihrer Konstruktion, insbesondere durch eine Schusswaffen-typische Montagemöglichkeit ausgedrückten Herstellerwillen
- Für Schusswaffen nicht ausdrücklich bestimmt, aber an oder mit ihnen verwendbar, wodurch eine gesetzlich missbilligte Handlung (der Umgang mit einer an einer Schusswaffe montierten Vorrichtung, die zu einem Zweck genutzt werden kann, zu dem eine waffengesetzlich verbotene Waffe nach Anlage 2 A1 Nrn. 1.2.4.1 bis 1.2.4.3 WaffG bestimmt ist) vorgenommen werden könnte

Die waffenrechtliche Einordnung als „Dual-Use"-Gerät, das zwar an einer Waffe montiert werden könnte, dessen Hersteller es aber nicht ausdrücklich und ausschließlich für diesen Zweck bestimmt[73] hat, führt dazu, dass dieser Gegenstand nicht dem Waffengesetz unterfällt.[74] Selbst im Falle der

---

Umformulierung wären sämtliche Magazine ab dem 1. September 2020 der Erlaubnis- und damit der Eintragungspflicht in einer WBK unterworfen, was weder durch den Gesetzgeber beabsichtigt war noch hätte umgesetzt werden können; sonstige Befreiungen von der Erlaubnispflicht wären nicht vorhanden gewesen.

[72] Eine solche Ausnahme von der Erlaubnispflicht ist etwa für Nachtzielgeräte nicht gegeben und aus der Freistellung von dem Umgangsverbot für Jäger nach § 40 WaffG nicht ableitbar, die für Nachtsichtvorsatz- und Aufsatzgeräte lediglich eine Freistellung vom allgemeinen Verbot festlegt, nicht aber von der Erlaubnispflicht; beachten Sie bezüglich der Erlaubnispflicht die Ausführungen zur Unterscheidung zwischen „Single-Use"- und „Dual-Use"-Nachtsichtvorsatz- und Aufsatzgeräten in Kapitel 1.3.2.4.3, die insbesondere für den Umgang durch Jäger und Händler von Bedeutung ist.

[73] Zur Relevanz der „bloßen subjektiven Zweckbestimmung" durch den Hersteller beachten Sie die Ausführungen in Kapitel 1.3.1.3

[74] WaffVwV zu Anlage 2 A 1 Nr. 1.2.4; "alleinige Voraussetzung ist, dass das Gerät dazu bestimmt und geeignet ist, mit der Waffe verbunden zu werden."

tatsächlichen Verwendung eines „**Dual-Use**"-Geräts an einer Schusswaffe wäre nur die **Handlung** als solche, die durch das Verbot des Umgangs mit der entsprechenden „Single-Use"-Vorrichtung verhindert werden soll, als durch das Gesetz missbilligte Handlung strafbar, das „Dual-Use"-Gerät aber **keine Waffe** im Sinne des WaffG und diesem auch nicht unterworfen. Der Umgang mit dem „Dual-Use"-Gerät verwirklicht nur in fester Verbindung mit der Waffe (Zeitraum von Montage bis Demontage) die strafbare Handlung, während es, wenn es nicht an der Waffe montiert ist, gesetzlich irrelevant ist und Vorschriften zur Aufbewahrung nicht unterfällt.[75]

Das Bundesverwaltungsgericht entschied in einem Fall, was als „Jagdlampen-Urteil" bekannt geworden ist, richtungsweisend für zahllose ähnlich gelagerte Konstellationen im Sinne der grundgesetzlich garantierten Rechtssicherheit.[76] Es verneinte die Erstreckung des Verbots von Vorrichtungen, die für Waffen bestimmt sind, in Anlage 2 A1 WaffG auf solche Gegenstände, die an Waffen montiert werden könnten, aber weder durch ihre Konstruktion noch durch ihre Bauart ausschließlich zum Schusswaffenzubehör bestimmt sind, sondern bei denen es sich vielmehr um eine Verwendungsmöglichkeit handelt, die in der Praxis kaum auszuschließen ist. Somit ist ein Gegenstand nur dann verboten, wenn er durch den Hersteller ausschließlich dazu bestimmt ist, den vom Gesetzgeber missbilligten Zweck zu erfüllen. Andere Geräte, die diesen Zweck zwar erfüllen, bei denen diese Verwendung aber eher ein von ihrem herstellerseitig bestimmten Zweck abweichender Gebrauch ist, unterfallen nicht dem Verbot, hier würde einzig der Verwender aufgrund der Verwirklichung des gesetzlich missbilligten Handlungsunrechts strafbar sein.

Verfügt ein Gegenstand nur über eine waffentypische Befestigungsmöglichkeit, etwa zur Montage an einer Weaver- oder Picatinny-Schiene, oder ist

---

[75] *BKA-Feststellungsbescheid SO11 – 5164.01-Z-355*

[76] *BVerwG 6 C 21.08, Urteil vom 24. Juni 2009, „Jagdlampenset-Urteil"; das Gericht stellte bei seinem Urteil deutlich auf die herstellerseitige Bestimmung ab, wonach das Jagdlampenset zwar durchaus mithilfe einer beigelegten Montagevorrichtung zum Anleuchten eines Ziels an einer Schusswaffe befestigt werden könnte, aber die als „Jagdlampe" bezeichnete Beleuchtungseinrichtung weder durch ihre Konstruktion noch durch ihre Bauart ausschließlich zum Schusswaffenzubehör bestimmt ist, in diesem Falle gälte das tatsächliche durch das Gesetz missbilligte Verwenden als verbotene Handlung, die dabei verwendete Jagdlampe würde aber dadurch nicht verbotene Waffe im Sinne des WaffG.*

für die Montage an einem Zielfernrohr besonders vorgerichtet, ist dies ein Indiz für die Bestimmung des Gegenstandes für eine Schusswaffe und damit für die Einstufung als „Single-Use“-Gerät. Gleiches gilt für die Bewerbung eines Gegenstandes durch den Hersteller als ausschließlich für Schusswaffen bestimmtes **Zubehör**.

Ein „Single-Use“-Gerät ist auch Waffe im Sinne des WaffG und unterfällt dem Verbot, wenn es nicht mit der Schusswaffe verbunden ist oder mangels Energie oder montiertem Leuchtmittel nicht einsatzbereit ist. Lediglich ein Defekt, im Falle einer elektronischen Vorrichtung etwa ein Leitungsbruch, der mehr erfordert als das verwendungstypische Einlegen einer Batterie oder das Einsetzen eines Leuchtmittels („Glühbirnchen“, LED), befreit den Gegenstand von seiner Verbotseigenschaft und damit vom Verbot des Umgangs.[77] Für die **Einstufung** als Waffe ist ein Defekt unerheblich.

Unerheblich für eine Einstufung als „Single-Use“-Gerät ist, dass die Vorrichtung auch für nicht durch das Waffenrecht geregelte Aktivitäten verwendet werden könnte. Maßgeblich ist, dass die Vorrichtung durch ihre Konstruktion oder ihre Bauart ausschließlich zum Schusswaffenzubehör für Schusswaffen bestimmt[78] ist.

1.3.2.4.2 Abstrahlende Vorrichtungen (Nrn. 4.1, 4.2)

Für Schusswaffen bestimmte Vorrichtungen, die sichtbares Licht oder auch nicht sichtbare Strahlen abstrahlen, um ein Ziel zu markieren oder zu beleuchten, sind verboten. Die ursprünglich im militärischen Bereich verwendete Technik ist dabei in drei Formen dem Verbot unterworfen, wobei es sich hinsichtlich der Definitionen immer um eine Abstrahlung von Licht, das von der Waffe, an der die jeweilige Einrichtung montiert ist, in Schussrichtung abgestrahlt wird, da nur so der jeweils gesetzlich missbilligte Zweck erreicht wird. Voraussetzung für das Verbot ist in allen Fällen eine Bestimmung durch den Hersteller zu dem verbotenen Zweck, es muss sich also um ein „Single-Use“-Gerät handeln. Eine Montage oder Montagemöglichkeit an einer Schusswaffe wird durch das Gesetz nicht vorausgesetzt, gleichwohl ist in der Praxis davon auszugehen, dass sich die Bestimmung für eine Schusswaffe insbesondere durch eine lösbare Verbindung

---

[77] Verbotsbefreiung aufgrund des Defekts nach BGH 1 Str 35/17

[78] Beachten zur Thematik der Bestimmung Kapitel 1.3.1.3.

manifestiert, die bei einer Änderung der Richtung der Schusswaffe den Gegenstand mitbewegt.

1.3.2.4.2.1 Zielscheinwerfer

Zielscheinwerfer sind durch den Hersteller ausschließlich dazu bestimmt, an einer Schusswaffe montiert zu werden und das Ziel zu beleuchten. Dabei ist es für die Einstufung als Zielscheinwerfer unerheblich, ob es sich bei dem abgestrahlten Licht um Wellenlängen im sichtbaren oder im für den Menschen nicht sichtbaren Bereich (Infrarotstrahlung, „IR-Strahler") handelt. Entscheidend ist vielmehr, dass die Oberfläche des Ziels beleuchtet wird im Sinne eines Darstellens bei ungünstigen Lichtverhältnissen oder Dunkelheit, ohne einen besonderen Punkt im Sinne eines Laser- oder Zielpunktprojektors (siehe nachfolgendes Kapitel) zu markieren.

Verboten ist das Verwenden eines Leuchtmittels an einer Schusswaffe, um das Ziel einschließlich seiner näheren Umgebung für den Schützen „auszuleuchten". Dabei handelt es sich, in Abgrenzung zu den ebenfalls dem Verbot unterliegenden Lasern oder Zielpunktprojektoren, nicht um ein Beleuchten des tatsächlichen Zielpunktes, so dass es zur gezielten Schussabgabe zusätzlich einer Zielhilfe bedarf.

Eigentlicher Schutzzweck des Verbots ist das Unterbinden des Einsatzes von Lampen im Zuge der Wilderei. Allerdings bezieht sich das Verbot nur auf für die Befestigung an einer Schusswaffe und die Bestimmung des Gegenstandes zu diesem Zweck. Die für Jäger erlaubte Nutzung von Nachtsichtvorsatz- oder -aufsatzgeräten wird durch die nicht erfolgte Freistellung von Zielscheinwerfern, insbesondere von IR-Strahlern, konterkariert, da diese Strahler die Effektivität des Vorsatz- und Aufsatzgeräts deutlich steigern würden und die Ausleuchtung, zB einer Kirrung, mit einem nicht an der montierten IR-Strahler, der nicht zur Montage an einer Schusswaffe bestimmt ist, nicht gegen die waffenrechtlichen Verbote verstößt.[79]

1.3.2.4.2.2 Laser, Zielpunktprojektoren

Laser oder Zielpunktprojektoren zeigen dem Schützen punktförmig den theoretischen Treffpunkt des Geschosses auf der Oberfläche des Ziels an, ohne dass es dazu eines Zielvorgangs oder der Verwendung einer Visier- oder Zieleinrichtung bedarf. Dadurch stellen diese Vorrichtungen eine

---

[79] *Zu beachten wären in diesem Falle jagdrechtliche Verbote.*

deutlich größere Gefahr dar, wenn sie zu Angriffszwecken verwendet werden, da durch die deutlich schnellere Erfassung des tatsächlichen Zielpunktes auf dem Angegriffenen der Schütze quasi „aus der Hüfte" und gleichwohl „gezielt" schießt und somit sehr viel wahrscheinlicher trifft.

Die Formulierung „für den Schützen erkennbar" setzt nicht zwangsläufig die Verwendung von Licht im sichtbaren Bereich voraus. Da es an einem Zusatz wie „ohne weitere Hilfsmittel" oder „mit bloßem Auge" fehlt, kann aus hiesiger Sicht auch ein Laser im infraroten Bereich, der den Zielpunkt für das menschliche Auge unsichtbar auf das Ziel projiziert, dem Verbot unterfallen, da für einen Schützen, der im Moment der Zielsuche eine Nachtsichtbrille[80] trägt, dieser Zielpunkt erkennbar wäre. Eine Klarstellung wie zum vorstehenden Zielscheinwerfer bezüglich einer Erstreckung auf die Emission von sichtbarem und unsichtbarem Licht fehlt an dieser Stelle.

Ist ein solcher Gegenstand durch den Hersteller ausschließlich für die Verwendung an einer Schusswaffe bestimmt, unterfällt er dem Verbot. Ist dagegen zB ein handelsüblicher **Laserpointer** mit Klebeband an einer Schusswaffe befestigt, ohne dass der Laserpointer hinsichtlich seiner Konstruktion oder Eigenschaften modifiziert[81] wurde, handelt es sich dabei nur um die eigentliche missbilligte Handlung, nämlich das Markieren eines Ziels.

Nicht erfasst von Begriff und Verbot sind **Laserpatronen** und **Einsteck-Laser** (Kollimatoren), die mittels Leuchtpunkt den theoretischen Auftreffpunkt des Geschosses markieren. Da aus einer mehrläufigen Waffe auch dann geschossen werden könnte, während aus einem Lauf ein markierendes Licht

---

[80] *Da eine Nachtsichtbrille, die der Schütze an seinem Kopf befestigt, keine verbotene Waffe ist, wäre durch Kombination dieser Brille mit einem an der Waffe befestigten Zielpunktprojektor, der unsichtbares Licht abstrahlt, die gesetzliche missbilligte Handlung verwirklicht, ohne dass ein modifizierter „Alltagsgegenstand", der dem WaffG nicht unterfällt, verwendet wird; aus hiesiger Sicht fraglich, ob diese Konstellation im Lichte des Bestimmtheitsgebots strafbar wäre.*

[81] *Eine denkbare Modifikation wäre der Austausch des Tasters, der nur beim Drücken den Laserstrahl aktiviert, gegen einen Schalter, der nach diesem Umbau eine Erfassung des Ziels mit Hilfe eines dauerhaft abgestrahlten Laserlichts ermöglicht; gleiches gilt für eine Veränderung des Laserpointer-Gehäuses in der Art, dass durch eine besondere Formgebung eine für Schusswaffen-Anbauteile gebräuchliche Montagevorrichtung hergestellt wird; in beiden Beispielfällen wäre eine Umbestimmung erfolgt, da durch diese Veränderung des Laserpointers eine neue Verwendung beabsichtigt ist, womit bereits der Besitz verboten wäre.*

abgestrahlt wird, ist die Verwendung von Laserpatrone oder Einstecklaser nur bei entladener Waffe zulässig, um nicht den gesetzgeberisch missbilligten Zweck nach Anlage 2 A1 Nr. 1.2.4.1 WaffG zu verwirklichen.[82]

1.3.2.4.3 Sichtgebende Vorrichtungen (Nr. 4.3)

Anders als Vorrichtungen nach Nr. 4.1 und 4.2, die Licht abstrahlen, arbeiten die Vorrichtungen nach Nr. 4.3 ohne abgehende Strahlung, indem

- schwache Lichtimpulse durch elektronische Schaltungen bis zu 60.000fach verstärkt werden und für den Schützen elektronisch aufbereitet werden, ohne dass es dazu grundsätzlich einer künstlichen Lichtquelle bedürfen würde (**Restlichtverstärker**),
- **Licht** im Infrarot-Bereich (IR) sichtbar gemacht wird durch Wandlung des unsichtbaren in sichtbares Licht (**Bildwandler**), wobei das IR-Licht auch mittels zusätzlicher aktiver IR-Zielpunktprojektoren oder IR-Zielscheinwerfer auf das Zielobjekt gebracht werden kann, oder
- **Wärmestrahlung** eines Objekts durch elektronische Verfahren im Bereich des sichtbaren Lichts für den Schützen erkennbar **umgewandelt** wird (**Wärmebildwandler**), wobei Wärmeunterschiede (Körperwärme in Abgrenzung zur Wärme der umgebenden unbelebten Gegenstände) nicht nur bei Dunkelheit, sondern auch am Tage erkennbar werden.[83]

Alle unter Nr. 4.3 aufgeführten Varianten sichtgebender Vorrichtungen können sich eines dieser Verfahren bedienen.

Maßgebliche Eigenschaft für die Einordnung als Waffe im Sinne von Anlage 1 A1 UA1 Nr. 4.3 WaffG und als verbotene Waffe nach Anlage 2 A1 Nr. 1.2.4.3 WaffG ist die **Montagemöglichkeit**

- (direkt) an einer Schusswaffe oder

---

[82] *Insofern liegt hier ein Beispiel vor für einen Gegenstand, der weder Single-Use- noch Dual-Use-Gerät ist, gleichwohl aber, auch ohne dabei Waffe im Sinne des WaffG zu werden, waffenrechtlichen Verboten unterfallen kann; vertiefend dazu Kapitel 1.3.2.4.1, „Jagdlampenset-Urteil"*

[83] *Wärmebildwandler fallen unter Begriff und Verbot der Nachtsichtgeräte etc.; BKA-Feststellungsbescheid SO11 – 5164.01-Z-382*

- an einem Zielhilfsmittel (Zielfernrohr)

wenn die Vorrichtung durch den Hersteller ausschließlich zur Verwendung mit einer Schusswaffe bestimmt ist.[84]

1.3.2.4.3.1 Nachtsichtgeräte

Für Schusswaffen bestimmte Nachtsichtgeräte verfügen nicht über eine Vorrichtung zum gezielten Schuss. Es handelt sich dabei um Geräte aus dem vorwiegend militärischen Bereich, die zur Montage an Schusswaffen bestimmt sind. Da sie nicht über eine Zielhilfe verfügen, etwa in Gestalt eines Absehens, sind sie für die Jagd sehr viel weniger geeignet als Nachtzielgeräte.

1.3.2.4.3.2 Nachtzielgeräte

Ein Nachtzielgerät verfügt über eine in die Zieloptik vollständig integrierte Zielhilfe, idR ein Absehen („Fadenkreuz"). Somit kann ein Schütze mit einem Nachtzielgerät, ohne dass ein Vorsatz- oder aufsatzgerät erforderlich ist, nach einem der in Kapitel 1.3.2.4.3 dargestellten Verfahren ein Ziel erfassen, wobei dies auch bei Dunkelheit oder schlechten Lichtverhältnissen möglich ist, weil das Nachtzielgerät über eine elektronische Verstärkung oder Bildwandler-Einheit verfügt, die für das menschliche Auge unsichtbare Infrarot-Strahlung oder kaum noch sichtbare Licht-Impulse so aufbereitet, dass er das Ziel optisch erfassen kann und gezielt darauf schießen kann.

1.3.2.4.3.3 Nachtsichtvorsatz- und -aufsatzgeräte

Nachtsichtvorsatz- und -aufsatzgeräte (nachfolgend aus Gründen der Vereinfachung als **NVAG** abgekürzt) zählen zu den Nachtzielgeräten.[85] Anders als die Grundform des Nachtzielgeräts verfügen sie aber nicht über eine integrierte Zielhilfe, sondern nutzen eine an der Schusswaffe bereits montierte Zielhilfe, beispielsweise ein Zielfernrohr. Unterschieden wird zwischen Vorsatzgeräten, deren Montage am Objektiv (mündungsnahes Ende des Zielfernrohrs) erfolgt, und den Aufsatzgeräten, die am Okular (Schützenseite) montiert werden. Es bedarf somit bei Vorsatz- und Aufsatzgeräten stets einer Zielhilfe, an der das NVAG direkt befestigt wird, oder einer

---

[84] *BVerwG 6 C 21.08, Urteil vom 24. Juni 2013*

[85] *Anlage 1 A1 UA1 Nr. 4.3 Satz 2 WaffG*

Montage an der Schusswaffe, die das NVAG so positioniert, dass der Schütze das Ziel bei Blick durch Zielhilfe und NVAG anvisieren kann.

1.3.2.4.4 Magazine (Nr. 4.4)

Magazine sind für die Verwendung in Schusswaffen bestimmte Munitionsbehältnisse, die der Aufbewahrung und Zuführung von Patronen im Rahmen des Ladevorgangs dienen.[86] Sie bestehen aus Metall oder Kunststoff. Sie entstanden mit Entwicklung der Repetierwaffen im 19. Jahrhundert.

Die Kapazität[87] des Magazingehäuses ist das Maß für die **Kapazität des Magazins**, so dass Verkleben, Verstiften, Klotzen[88] oder ähnliche Maßnahmen, die die Aufnahmekapazität nur vorübergehend[89] verringern, ohne Einfluss auf die Feststellung der tatsächlichen Kapazität sind. Dabei ist auf die durch

---

[86] *Anlage 1 A1 UA1 Nr. 4.4 WaffG; als Ladevorgang gilt das Einführen der Patrone oder Kartusche in das Patronenlager;* ***Stangenmagazine*** *von SRS-Waffen, die unterhalb des Laufes parallel zu diesem durchgeschoben werden, sind lediglich Kartuschenlager, da sie nicht zur Aufnahme von Patronen bestimmt sind.*

[87] *Durch den Hersteller bestimmte Höchstanzahl und Art der Patronen*

[88] ***Verstiftung*** *bezeichnet das Einbringen eines Stahlstiftes in den Magazinkörper im Bereich des Feder, der den Arbeitsweg des Zubringerstücks so verkürzt, dass nur noch eine geringere Anzahl von Patronen geladen werden kann; bei der* ***Klotzung****, insbesondere eines Röhrenmagazins, wird ein Holzklotz in den Federbereich eingelegt, der wie bei einer Verstiftung den Arbeitsweg des Zubringerstücks verkürzt, wobei der Klotz nach Demontage des Magazins (Entfernung des Magazinbodens) mit allgemein gebräuchlichen Werkzeugen entnommen und die ursprüngliche Magazinkapazität wiederhergestellt ist.*

[89] *Wird das Magazingehäuse unter Einsatz technischer Verfahren und Werkzeuge so verändert, dass von einer Herstellung eines Magazingehäuses ausgegangen werden kann, etwa durch Veränderung der Innenabmessungen der Gehäusewandungen durch Anschweißen von Metall- oder Kunststoffplatten, was grundsätzlich den Einsatz nicht allgemein gebräuchlicher Werkzeuge voraussetzt und zu einer nicht bloß vorübergehenden Veränderung führt, und setzt derjenige, der dieses neue Magazin damit aus dem ursprünglichen Magazin hergestellt hat, eine Angabe zu Art und Anzahl der zu ladenden Munition als Beschriftung dazu, handelt es sich um Magazin und Magazingehäuse mit neuer Kapazität; die Beseitigung von Verbotsmerkmalen ist zulässig und durch die Bearbeitung des Ausgangsmaterial mit technischen Verfahren oder Werkzeugen kann ein Gegenstand einer neuen Bestimmung unterfallen, siehe dazu zusammenfassend auch Kapitel 1.3.1.3.*

den Hersteller des Magazins konstruktiv beabsichtigte Kapazität[90] abzustellen, somit wäre auch der Austausch des Zubringerstücks (Bestandteil des Magazins, der die Kraft der Feder auf die eingelegten Patronen überträgt) gegen ein die Kapazität einschränkendes Austauschteil ohne Einfluss.

Zu unterscheiden ist zwischen Wechselmagazinen und fest eingebauten Magazinen. **Magazine und Magazingehäuse** sind aufgrund der Nennung in Anlage 1 A1 UA1 Nr. 4 **Waffen im Sinne des WaffG**[91], unterliegen aber **nicht der Erlaubnispflicht**.[92] Gleiches gilt für fest eingebaute Magazine, auch wenn diese einer Schusswaffe entnommen worden sind und als funktionelle Einheit vorliegen.

Da Magazine **nicht der Erlaubnispflicht** unterfallen, bedarf der Umgang einschließlich der Bearbeitung, etwa zur Reduzierung der Magazinkapazität durch **Verkürzung des Magazingehäuses**,[93] sowie der Herstellung und des Handeltreibens **nicht einer Herstellungs- oder Handelserlaubnis**.

Auch das **Führen** eines Magazins ist **erlaubnisfrei**, somit sind **keine Vorschriften** bezüglich eines nicht zugriffsbereiten **Transports** zu beachten. Es muss lediglich vor Wegnahme oder Abhandenkommen gesichert werden.

---

[90] *Insbesondere bei fest eingebauten Röhrenmagazinen halbautomatischer Waffen ist bei der Überprüfung der Kapazität auf die durch den Hersteller vorgegebene Kaliberangabe abzustellen; die Hülsenlänge (zum Beispiel cal. 12/**76**) ist hier maßgebend, die bloße Möglichkeit zum Befüllen mit Patronen geringerer Abmessungen ist nicht zu berücksichtigen.*

[91] *WaffVwV zu Anlage 1 A1 UA1 Nr. 4 WaffG*

[92] *Anlage 2 A2 UA2 Satz 1 WaffG mit Beschränkung auf Anlage 1 A1 UA1 Nr. 1 bis 4.3 WaffG; auch Bearbeitung, Handel und Herstellung von Magazinen sind somit erlaubnisfrei, Verbote aber zu beachten.*

[93] *Damit ist es möglich, dass eine Person, der aufgrund der Regelungen zu Magazinen in § 58 Abs. 17 WaffG der Besitz eines dem Verbot unterfallenden Magazins oder Magazingehäuses gestattet ist, dieses von Verbotsmerkmalen befreien kann, indem sie das Magazingehäuse eigenhändig verkürzt und damit tatbestandlich bearbeitet; Dritten, etwa einem Büchsenmacher, ist dies nicht gestattet, da die Ausnahme vom Umgangsverbot für diesen Dritten nicht gilt und ihm damit der Erwerb verboten ist.*

Bestimmte Magazine und Magazingehäuse mit hoher Kapazität[94] unterfallen nach § 2 Abs. 3 WaffG iVm Anlage 2 WaffG einem nicht sanktionierten Umgangsverbot mit Ausnahme der Unbrauchbarmachung. § 58 Abs. 17 WaffG stellt Altbesitzer unter Umständen von diesem Verbot frei.[95] Diese Freistellung kann durch den Altbesitzer nicht auf Dritte übertragen werden, so dass diese Magazine nicht im Zuge der Leihe oder Verwahrung von einem Dritten erworben oder diesem überlassen werden dürfen.[96] Gleiches gilt für Besitzer von Schusswaffen, die nach § 2 Abs. 3 WaffG iVm Anlage 2 A1 Nr. 1.2.6 und 1.2.7 WaffG verboten sind, wenn § 58 Abs. 18 WaffG angewendet werden kann, hier ist ein Verleihen nicht zulässig.

Magazine sind **keine wesentlichen Teile** nach Anlage 1 A1 UA1 Nr. 1.3 WaffG und nicht den Waffen gleichgestellt, für die sie bestimmt sind. Magazine sind **Waffen im Sinne des WaffG**. Als Waffen im Sinne des WaffG sind die Vorschriften zum **Mindestalter**[97] sowie zur **Aufbewahrung**[98] auch

---

[94] *Auch als „hi-cap" für „high capacity" bezeichnet*

[95] *Wird ein Gegenstand, der dem waffengesetzlichen Verbot unterfällt, mitgeführt, ist es für den Fall einer Kontrolle ratsam, ein Dokument mitzuführen, aus dem die Befugnis zum Umgang mit diesem Magazin klar hervorgeht, etwa die Anzeige des Besitzes gemäß § 58 Abs. 17, 18 WaffG*

[96] *Gleiches gilt für den Umgang durch Erlaubnisinhaber nach § 21 WaffG oder § 26 WaffG, nur bei Vorliegen einer Ausnahmegenehmigung des BKA nach § 40 Abs. 4 WaffG sind Erwerb, Besitz oder Bearbeitung eines solchen Magazins gestattet. Ausgenommen wäre nur die Unbrauchbarmachung, deren Definition aber nicht die Verkürzung eines Magazingehäuses zum Zwecke der weiteren Verwendung umfasst; zur Unbrauchbarmachung ist vorhergehender Erwerb erforderlich.*

[97] *§ 2 Abs. 1 WaffG; erforderliches Mindestalter von 18 Jahren, Ausnahmen nach § 3 WaffG sind zu beachten; die Erlaubnis zum Umgang mit einer Schusswaffe durch Minderjährige gemäß § 27 Abs. 3, 4 WaffG erstreckt sich auch ohne eine Gleichstellung auf das dabei verwendete Magazin dieser Schusswaffe; dies gilt auch dann, wenn es zum Laden kurzfristig der Schusswaffe entnommen wurde.*

[98] *Die Befreiung der Person vom Verbot des Umgangs entlässt die Waffe nicht aus dem Status der verbotenen Waffe durch Nennung in Anlage 2 A1 WaffG; zur Aufbewahrung verbotener Magazine siehe Ergänzungsband zu Busche „Waffenrecht Praxiskommentar"; dort vertretene Auslegung bestätigt durch VG Düsseldorf 22 L 1895/24, Beschluss vom 18. September 2024, Rn. 69 ff.; zur Aufbewahrung verbotener Magazine auch VGH München 24 CS 24.1585, Beschluss vom 16. Dezember 2024.*

auf Magazine anzuwenden. Gleiches gilt für **Verbote**, im Falle der Magazine etwa Magazine hoher Kapazität, was insbesondere im Falle der **Leihe**[99] oder der Verwahrung zu beachten ist.

Der Umgang mit **Magazinen hoher Kapazität für Zentralfeuerpatronen** ist **verboten**.

Wechselmagazine[100] sind Magazine, die während ihrer Befüllung bestimmungsgemäß von der Schusswaffe getrennt werden. Die gebräuchlichste Form sind **Stangenmagazine**, die üblicherweise in den Griff einer Pistole eingeführt werden und deren Bodengruppe mit dem unteren Ende des Griffs bündig abschließt. Bei kompakt konstruierten Faustfeuerwaffen wird oft ein Teil der Auflagefläche für die den Griff umschließende Hand durch die Bodengruppe des Magazins dargestellt, die aus dem Griff herausragt. Ebenfalls als Stangenmagazine bezeichnet werden die Kartuschenhalter bestimmter kleinformatiger SRS-Waffen, die nicht in den Griff der Waffe eingeschoben, sondern unter dem Lauf parallel zur Laufseele durchgeschoben werden.

Als **Magazingehäuse**[101] gelten diejenigen Bestandteile von Wechselmagazinen, die dazu bestimmt sind, die Patronen aufzunehmen. Technisch drückt das von einer darunterliegenden Feder angetriebene Zubringerstück die auf ihm liegenden Patronen gegen die Magazinlippen, die auf der offenen Seite des Magazins verhindern, dass die Patronen in Druckrichtung des Zubringerstücks das Magazin verlassen. Waffenrechtlich ist davon auszugehen, dass das Zubringerstück nicht als Magazingehäuse anzusehen ist, sondern lediglich die Teile des Magazingehäuses, die dessen Ladekapazität physikalisch begrenzen. Aus dem Wortlaut der Anlage 1 WaffG wie aus dem Verbot von Magazingehäusen, die eine bestimmte Ladekapazität überschreiten, folgt, dass Magazingehäuse Waffen im Sinne der WaffG sind.

---

[99] *Das Überlassen verbotener Magazine, die vom befugten Besitzer aufgrund Ausnahmegenehmigung oder als Altbesitz nach § 58 Abs. 17 WaffG besessen und zum Schießen verwendet werden dürfen, ist bei Verleih oder Übergabe zur Verwahrung mit der für dieses Magazin bestimmten Schusswaffe nicht zulässig, da die Erlaubnisfreiheit für Erwerb und vorübergehenden Besitz nach § 12 Abs. 1 Nr. 1 WaffG zwar für die Waffe einschließlich Magazin gilt, diese Freistellung aber das Verbot zum Umgang mit dem Magazin auf Seiten des Entleihers nicht beseitigt.*

[100] *Anlage 1 A1 UA1 Nr. 4.4.2*

[101] *Anlage 1 A1 UA1 Nr. 4.4.3*

Fest eingebaute Magazine[102] sind häufig bei Repetierwaffen vorzufinden, werden aber auch in anderen Waffenarten verwendet. Sie müssen nicht aus der Waffe entfernt werden, um mit Munition gefüllt zu werden. Kastenmagazine werden durch Eindrücken von Patronen von oben (durch die Bahn des geöffneten Verschlusses) oder mithilfe von Ladestreifen befüllt, während Röhrenmagazine (meist unterhalb des Laufes angebracht) durch Nachschieben weiterer Patronen durch eine Ladeöffnung gefüllt werden. Fest eingebaute Magazine sind begrifflich von den Wechselmagazinen abgegrenzt und gesondert zu betrachten. Die in einer Waffe vorhandene Einhausung eines fest eingebauten Magazins gilt, auch wenn sie die Ladekapazität des fest eingebauten Magazins festlegt, nicht als Magazingehäuse im Sinne des WaffG, da der Begriff des Magazingehäuses nach der Definition in Anlage 1 A1 UA1 Nr. 4.4.3 an Wechselmagazine gebunden ist.

Da die Definition auf die Aufbewahrung und Zuführung von Patronen abstellt, werden die Magazine von **Salut- und SRS-Waffen** nicht von dem waffenrechtlichen Begriff des „Magazins" erfasst, da in diesen als Munitionsart nur Kartuschen („Hülsen mit Ladungen, die ein Geschoss nicht enthalten", Anlage 1 A1 UA3 Nr. 1.2 WaffG) aufbewahrt werden, nicht aber Patronen („Hülsen mit Ladungen, die ein Geschoss enthalten", Anlage 1 A1 UA3 Nr. 1.1 WaffG). Somit sind Vorschriften des WaffG auf Magazine, die für diese Waffen bestimmt sind, nicht anwendbar. Gleiches gilt für Zuführungseinrichtungen, die lediglich Geschosse bereitstellen.

Magazine von **unbrauchbar gemachten Schusswaffen** müssen nach der EU-Deaktivierungsrichtlinie 2015/2403 mit der Waffe fest verbunden[103] und dürfen damit nicht mehr entnehmbar sein. Bei einer unbrauchbar

---

[102] *Anlage 1 A1 UA1 Nr. 4.4.1; von einem* ***festen Einbau*** *ist auszugehen, wenn das Magazin nur durch Demontage der Waffe, insbesondere unter Einsatz von allgemein gebräuchlichen Werkzeugen, aus der Waffe entnommen werden kann.*

[103] *„**Fest verbunden**" sind Gegenstände, wenn die Verbindung nicht dazu bestimmt ist, vorübergehend oder endgültig durch Einsatz allgemein gebräuchlicher Werkzeuge oder manuell (insbesondere Verbindung durch Einschrauben) aufgehoben zu werden, ohne dass mindestens einer der zusammengefügten Gegenstände bei diesem Vorgang beschädigt wird; hier ist insbesondere an Verschweißungen (auch durch chemische Verfahren) oder Einpassungen bei sehr hohen Temperaturen zu denken, die aufgrund der Schrumpfung der bei Hitze ausgedehnten Werkstücke bei Normaltemperatur form- oder reibschlüssig verbunden werden, nicht aber an Verschraubungen oder einfache Verklebungen.*

gemachten Schusswaffe, die nicht die Anforderungen der EU-Deaktivierungsrichtlinie 2015/2403 erfüllt, aber durch Regelungen der A-WaffV als sogenannte „Alt-Deko“ besonderen Vorschriften unterworfen ist, ist ein Wechselmagazin in der Regel entnehmbar und voll funktionsfähig. Die Regelungen des WaffG, somit auch Verbote, sind mangels einer Gleichstellungsregelung auf das Magazin auch anzuwenden, wenn die Waffe, für die es bestimmt ist, erleichterten oder wegfallenden Regelungen unterworfen ist.[104]

Ladestreifen, die der Zuführung von Patronen in fest eingebaute Magazine dienen, sind keine Magazine im Sinne des WaffG und werden von dessen Regelungen nicht erfasst. Es handelt sich um eine Art von Hilfsgerät zur Einführung von Patronenmunition, die eigentliche Funktion des Magazins als funktionellem Bestandteil, der dem Patronenlager Patronen zuführt, wird von einem Ladestreifen nicht bewirkt. Insofern sind auch **Speedloader** für die schnelle Befüllung von Trommeln lediglich als Zubehör anzusehen, das nicht den Regelungen des WaffG unterfällt.

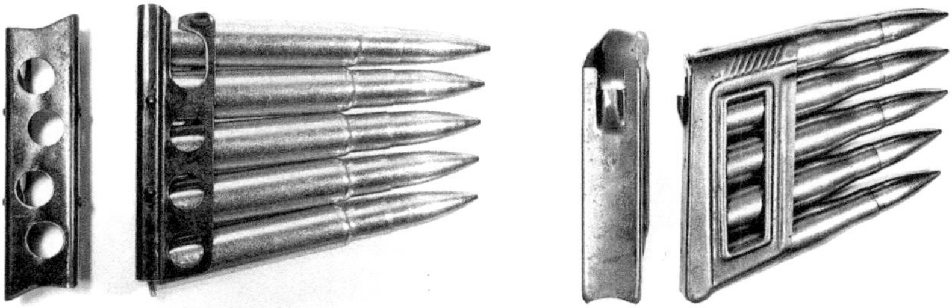

Abb. mit freundl. Genehmigung der Fa. Waffenhof Gurtner, Antiesenhofen (Österreich)

Zu unterscheiden sind **Ladestreifen** (Abbildung links) und **Laderahmen** (Abbildung rechts), die mit den Patronen in den Magazinschacht eingeführt werden und dort auch verbleiben. Sie dienen der Aufbewahrung und der Zuführung von Patronen. Der **Magazinschacht** ist eine Höhlung in der Waffe, der dazu bestimmt ist, Patronen aufzunehmen, die dem Ladevorgang direkt zugeführt werden sollen. Laderahmen haben die Aufgabe, in

---

[104] Strenge Auslegung aufgrund des präventiven Charakters des WaffG; anwendbar sind Regeln zur verbotsbefreienden Anmeldung eines verbotenen Magazins nach § 58 WaffG; auf Magazine von unbrauchbar gemachten Waffen, die nach § 2 Abs. 3 iVm Anlage 2 A1 WaffG verboten sind, sind die Regelungen zur Besitzstandswahrung in § 58 WaffG anwendbar.

einem Magazinschacht ohne entsprechende Aufnahmevorrichtung (somit ohne die Charakteristik eines fest eingebauten oder in die Waffe eingeführten Magazins) den Patronen, auf die die Kraft einer darunter befindlichen Feder wirkt, die erforderliche Führung zu geben, damit die Patrone aus dem Magazinschacht in den Verschlussweg und von dort in das Patronenlager gelangen kann. Diese Feder ist Bestandteil der Waffe und nicht mit dem Laderahmen verbunden. Bei einem Magazin im Sinne des WaffG sind alle funktionellen Elemente, die zur Zuführung von Patronen im Zuge des Repetiervorgangs erforderlich sind, notwendige und konstruktiv zusammenwirkenden Bestandteile des Magazins (Gehäuse mit Lippen zur Führung, Feder und darauf aufgesetzter Zubringer als Vortrieb). Dagegen ist eine Konstruktion, die sich zur Führung der Patronen eines entnehmbaren Laderahmens bedient, der keine mit ihm fest verbundene Feder zum Vortrieb der Patronen besitzt und ohne diese Feder keine Zuführung im Zuge des Ladevorgangs bewirken kann, kein Magazin im Sinne des WaffG, das im Sinne einer Ladevorrichtung gemäß EU-Feuerwaffenrichtlinie nicht nur den darin befindlichen Patronen Führung gibt, sondern auch deren Transport und damit eine Zuführung der Patronen im Zuge des Ladevorgangs bewirkt oder maßgeblich ermöglicht.[105] Die Definition des Magazins in Anlage 1 A1 UA1 Nr. 4.4 WaffG nennt die Eigenschaft „Behältnis", womit bei analoger Auslegung zum strafrechtlichen Begriff des Behältnisses eine Konstruktion beschrieben wird, die einen anderen Gegenstand als Raumgebilde umfasst, sofern dies konstruktiv möglich und beabsichtigt ist. Auch weist der bei der Definition des Magazingehäuses in Anlage 1 A1 UA1 Nr. 4.4.3 WaffG verwendete Begriff des „Gehäuses" auf eine Auslegung im Sinne einer *den Inhalt schützenden umgebenden Einhausung* hin. Da in der Definition in Anlage 1 A1 UA1 Nr. 4.4 WaffG nicht von einer *Vorrichtung* die Rede ist, erfüllt ein Laderahmen trotz funktioneller Eignung nicht die Voraussetzung zur Einordnung als Magazin im Sinne des WaffG, sondern ist vielmehr nur als *funktioneller Bestandteil* eines Magazins anzusehen. Mangels einer eigenständigen funktionellen Eignung als Magazin und auch mangels der Merkmale Behältnis oder Gehäuse wird ein Laderahmen somit nicht dem Magazinbegriff zu unterwerfen sein.

Für **Clips**, die randlose Patronen in der Trommel eines Revolvers festhalten, und für **Patronengurte** (Munitionsgurte) gelten die Ausführungen zu

[105] *So auch BT-Drs. 19/13839, S. 94, „zu Doppelbuchstabe ee"*

Laderahmen analog. Sie sind keine Magazine oder Waffen im Sinne des WaffG, womit das Waffengesetz auf diese Gegenstände nicht anzuwenden ist.

Bekannt sind Pistolenmodelle, die als **subkompakte Schusswaffen** besonders kleine Abmessungen haben. Dieser Vorteil, insbesondere im polizeilichen Bereich, wird dabei durch zwei Faktoren erkauft, zum einen eine geringere Kapazität des meist **stark gekürzten Standardmagazins**, zum anderen ein kürzerer und damit schlechter zu haltender Griff. Durch Verwendung längerer Magazine mit ergonomisch geformten Griffverlängerungen können die genannten Nachteile ausgeglichen werden.

Keine Magazine im Sinne des WaffG sind **Schaftmagazine**. Dabei handelt es sich entweder um Munitionsvorratsbehälter, die im Schaft der Waffe verborgen sind, oder um am Schaft angebrachte Etuis, in denen Munition lose oder in Schlaufen mitgeführt werden kann. Da aus diesem Patronenvorrat die Munition nicht unmittelbar in das Patronenlager der Waffe geführt werden kann, sondern erst dem Schaftmagazin per Hand entnommen und dann in das Patronenlager eingelegt werden muss, erfüllen sie nicht die Definition für Magazine nach Anlage 1 A1 UA1 Nr. 4.4 WaffG. Zu beachten ist allerdings bei der Aufbewahrung das Vorliegen einer nicht getrennten Aufbewahrung von Waffe und im Schaftmagazin befindlicher Munition.

1.3.3 Munition, Ladung und Geschoss (Anlage 1 A1 UA3)

1.3.3.1 Munitionsbegriff

Mit dem Begriff **Munition** bezeichnet das Waffengesetz

- **Patronen**munition (Hülse enthält Ladung und Geschoss),
- **Kartuschen**munition (Hülse mit Ladung, aber ohne Geschoss),
- **hülsenlose Munition** (meist als kaliberpassend geformter **Pressling**, der in einer Schusswaffe oder einem dieser gleichgestellten Gegenstände zum Zwecke des Verschießens passend aufgenommen werden kann; das gilt für Presslinge mit und ohne Geschoss) und
- **pyrotechnische Munition** (Munition ohne ballistische Wirkung)
  - als Patronenmunition,
  - als unpatronierte Munition oder
  - als fest mit der Antriebsvorrichtung verbundene Munition,[106]

---

[106] *zB „Vogelschreck“*

die zum Verschießen aus **Schusswaffen** bestimmt sind. **Kartuschen für Bolzensetzgeräte** unterfallen nicht dem Munitionsbegriff, es sei denn, dass dieses Werkzeug mangels Kennzeichnung den Schusswaffen gleichgestellt ist.

Die **Erlaubnispflicht für Erwerb und Besitz** ergibt sich aus Anlage 2 A2 UA1 WaffG, somit nur daraus, ob die Munition für eine Waffe nach § 1 Abs. 2 Nr. 1 WaffG iVm Anlage 1 A1 UA1 Nrn. 1 bis 4.3 WaffG bestimmt ist. Die Bestimmung ergibt sich primär aus dem Kaliber. Ist die Schusswaffe, für die die Munition bestimmt ist, von der Erlaubnispflicht freigestellt, wirkt sich das nicht auf die Erlaubnispflicht der Munition aus, mithin ist eine gesetzliche Freistellung immer gesondert zu prüfen. **Papierpatronen** für erlaubnisfreie Vorderladerwaffen unterfallen, da sie die Definition der Patronenmunition „Ladung und Geschoss in Hülse" erfüllen, der **Erlaubnispflicht**.

Ladungen und **Geschosse** sind **keine Munition** im Sinne des WaffG. Zu beachten sind **Verbote** für den Umgang mit **bestimmten Geschossarten**, wobei überwiegend nur für Munition bestimmte Geschosse erfasst sind.[107]

Zündhütchen unterliegen nicht dem WaffG. Anzuwenden ist das Sprengstoffgesetz auf Zündhütchen, wenn der Anzündsatz mehr als 0,2 g wiegt.[108]

Eine **Hülse** muss lediglich aus einem festen (nicht flüssigen oder gasförmigen, aber auch nicht unbedingt formstabilen oder metallischen) Material bestehen, was auch im Falle einer **Papier**- oder **Papphülse** gegeben ist.

1.3.3.2 Ladung

Ladungen sind **Hauptenergieträger** zur Abgabe eines Schusses als

- **Antriebsmittel** für Geschosse oder Wirkstoffe,
- Mittel zur Erzeugung von **Schall- oder Lichtimpulsen** oder
- **Anzündsatz** zum direkten Antrieb des Geschosses.

Die Ladung kann in **loser Schüttung** (idR Pulver) **in Munition** sowie als **vorgefertigte Ladung oder in loser Form** in eine Waffe (zB Perkussionswaffe, historische Waffe) nach Anlage 1 A1 UA 1 Nr. 1.1 oder Nr. 1.2.1 WaffG eingegeben werden. Der Begriff des „Hauptenergieträgers" beschränkt sich nicht auf einen bestimmten Aggregatzustand (fest, flüssig, gasförmig), womit **Flüssigkeiten** und **zündfähige Gase** bei Bestimmung zum Einsatz in

---

[107] *Beschränkung Anlage 2 A1 Nr. 1.5.4 WaffG durch Anlage 1 A3 Nr. 1.5 WaffG*

[108] *1. SprengV, §1 Abs. 1 Nr. 2a*

Waffen oder Munition bei Eingabe in loser Form Ladung sind. Als Ladung gelten auch der Anzündsatz einer Randfeuerpatrone oder Zündhütchen, wenn ein Geschoss ohne weiteres Pulver direkt angetrieben werden soll.

1.3.3.3 Geschoss

Geschosse sind als Waffen oder für Schusswaffen bestimmte feste Körper oder gasförmige, flüssige oder feste Stoffe in Umhüllungen. Gasförmige und flüssige Wirkstoffe, die ohne Umhüllung verschossen werden, sowie Verbrennungsprodukte (Schmauch) sind keine Geschosse im Sinne des WaffG.

1.4 Umgang (§ 1 Abs. 3)

1.4.1 Definition

„Umgang“ mit einer Waffe oder Munition hat, wer diese erwirbt, besitzt, überlässt, führt, verbringt, mitnimmt, damit schießt, diese herstellt, bearbeitet, instand setzt, unbrauchbar macht oder damit Handel treibt.[109] Nachfolgend werden die verschiedenen Umgangsarten erläutert.

Die Art des Umgangs ist entscheidend für die Erlaubnispflicht, das Verbot oder die Erlaubnisfreiheit des Ausübens der tatsächlichen Gewalt über bestimmte Gegenstände. So befreit § 12 WaffG Arten des Umgangs im Falle dort bestimmter Anlässe von der Erlaubnispflicht, § 2 Abs. 3 iVm Anlage 2 A1 WaffG unterwirft dagegen jeglichen Umgang mit den dort genannten Waffen oder Munitionsarten mit Ausnahme der Umgangsart Unbrauchbarmachung einem Verbot. In diesen wie auch in weiteren Vorschriften des WaffG, insbesondere bei der Prüfung der Strafbarkeit oder Ordnungswidrigkeit nach §§ 51 ff. WaffG, ist stets exakt zu prüfen, um welche Art von Waffe oder Munition es sich handelt und welche Umgangsart in der Befassung des Betroffenen mit diesem Gegenstand verwirklicht wurde, bevor dann die Prüfung der Erlaubnispflicht, des Verbots oder der Erlaubnisfreiheit erfolgen kann und, im Falle eines Verstoßes gegen das Waffengesetz, die zutreffende waffengesetzliche Folge in Form von Freiheits- oder Geldstrafe sowie Geldbußen und der obligatorischen oder fakultativen Einziehung ermittelt werden kann. Da auch mehrere Arten des Umgangs zusammenfallen können, ist in der Praxis jede Form des Umgangs zu prüfen.

Der **Begriff der Waffe** ist im Sinne des § 1 Abs. 2 WaffG zu verstehen.

---

[109] *§ 1 Abs. 3 WaffG*

„**Tatsächliche Gewalt**" bedeutet, dass der Inhaber der tatsächlichen Gewalt nach seinem Willen über die Waffe oder Munition verfügen kann. Dabei ist es unerheblich, ob er auch in dem betrachteten Moment oder Zeitraum diese tatsächliche Gewalt auch ausübt – entscheidend ist allein, dass der Betroffene die Möglichkeit dazu hat und sich dieser Möglichkeit auch bewusst ist. Dabei folgt auf den Erwerb der Besitz und zu einem späteren Zeitpunkt das Überlassen, wobei ein Überlassen nicht zwangsläufig eine Besitzaufgabe des Überlassenden zur Folge hat.[110]

1.4.1.1 Erwerb (Anlage 1 A2 Nr. 1)

Es erwirbt, wer die tatsächliche Gewalt über Waffe oder Munition erlangt, sie also an sich nimmt. Dieses An-sich-nehmen muss willentlich erfolgen.

Es handelt sich bei einem Erwerb um einen Vorgang, der keine zeitliche Ausdehnung besitzt, sondern unmittelbar durch den Besitz abgelöst wird, der sich an jeden Erwerb anschließt, da auf das Erlangen der tatsächlichen Gewalt unmittelbar das Ausüben der tatsächlichen Gewalt folgen muss.

Die Erlaubnis zum Erwerb wird in der Regel durch Ausstellung einer **Waffenbesitzkarte** oder Eintragung eines Voreintrages erteilt. Grundsätzlich ist der Erwerb von Waffen nach Anlage 1 A1 UA1 Nrn. 1 bis 4.3 WaffG und der für sie bestimmten Munition erlaubnispflichtig. **Ausnahmen** ergeben sich insbesondere aus Anlage 2 A2 UA2 Nr. 1, 2 und A3 WaffG sowie aus § 12 Abs. 1, 2 WaffG unter den dort beschriebenen Voraussetzungen. Besonders zu beachten ist die Freistellung von der Erwerbserlaubnispflicht für Jagd-Langwaffen nach § 13 WaffG sowie der Erwerb durch Sportschützen nach § 14 Abs. 6 WaffG sowie Sammler nach § 17 WaffG.

Der Erwerb setzt nicht voraus, dass dieser Erwerb aufgrund einer Erlaubnis erfolgt. Allein das Erlangen der tatsächlichen Gewalt entscheidet über die Einordnung der zu prüfenden Handlung als Erwerb. Somit erwirbt auch, wer etwa die Waffe eines Dritten an sich nimmt, auch wenn dieser Dritte selbst ebenfalls noch die tatsächliche Gewalt ausübt – Gesetz und Rechtsprechung gehen von der Möglichkeit aus, dass mehrere Personen zur gleichen Zeit die tatsächliche Gewalt über eine Waffe ausüben können.[111]

---

[110] *Zum Begriff der tatsächlichen Gewalt und Möglichkeiten der Besitzausübung durch mehrere Personen ausführlich NJW 1977, 1737 zu BayObLG RReg. 4 St 108/76, Beschluss vom 30. Dezember 1976*

[111] *NJW 1977, 1737 zu BayObLG RReg. 4 St 108/76*

Ein Erwerb, der ohne eine grundsätzliche gesetzlich vorgeschriebene Erlaubnis erfolgt, muss etwa durch eine Ausnahme in § 12 Abs. 1, 2 WaffG oder Anlage 2 A2 UA2 Nr. 1, 2 WaffG von der Erlaubnispflicht freigestellt sein, um nicht als Verstoß gegen das Waffengesetz geahndet zu werden.

Der **Kauf** einer Waffe oder von Munition ist dagegen **kein Erwerb**, da die Zahlung des Kaufpreises nur das Eigentumsrecht überträgt, nicht aber die tatsächliche Gewalt. Somit ist also auch ohne waffenrechtliche Erlaubnis der zivilrechtliche Kauf möglich, die Übergabe der Waffe und damit der Erwerb aber erst dann gestattet, wenn eine Erwerbserlaubnis vorliegt.

1.4.1.2 Besitz (Anlage 1 A2 Nr. 2)

Es besitzt, wer die tatsächliche Gewalt über die Waffe oder Munition ausübt, sie zB bei sich trägt oder im Waffenschrank aufbewahrt. Der Besitz ist die unmittelbar auf den Moment des Erwerbs folgende Art des Umgangs. Sie setzt wie der Erwerb ein Wissen um das Ausüben der tatsächlichen Gewalt voraus, womit in einem Wohnhaus vom vorherigen Bewohner verborgene Waffen oder durch Dritte im Geschäft einer Person verborgen abgelegte Waffen keinen Besitz durch den Betroffenen bedeuten.[112]

Die Erlaubnis zum Besitz wird in der Regel durch Eintragung in eine **WBK** erteilt. Grundsätzlich ist der Besitz von Waffen nach Anlage 1 A1 UA1 Nrn. 1 bis 4.3 WaffG und der für sie bestimmten Munition erlaubnispflichtig. **Ausnahmen** ergeben sich aus Anlage 2 A2 UA2 Nr. 1, 2 und A3 WaffG sowie aus § 12 Abs. 1, 2 WaffG.

Wird der Besitz über eine Waffe **außerhalb** der eigenen Wohnung, der eigenen Geschäftsräume, des eigenen befriedeten Besitztums oder einer Schießstätte ausgeübt, wird die Waffe **geführt**[113].

1.4.1.3 Überlassen (Anlage 1 A2 Nr. 3)

Es überlässt, wer anderen die tatsächliche Gewalt über die Waffe oder Munition einräumt, sie also beispielsweise weitergibt. Aber auch, wer einem Dritten lediglich die Möglichkeit einräumt, die tatsächliche Gewalt über eine Waffe oder Munition zu erlangen, etwa durch mangelnde Sorgfalt bei

---

[112] *Stellt der Betroffene aber fest, dass sich eine Waffe in seinem Besitz befindet, sind die Vorschriften zum Fund nach § 37c WaffG zu beachten.*

[113] *siehe Kapitel 1.4.1.4*

der Aufbewahrung, die eine Wegnahme ermöglicht, oder durch ein nicht nur kurzfristiges Ablegen innerhalb des eigenen Zugriffsbereichs, so dass der Zugriff eines Dritten wahrgenommen und unterbunden werden kann, überlässt Waffe oder Munition dem Dritten. Eine Waffe gilt auch dann als überlassen, wenn der Überlasser noch auf den Umgang des Erwerbers physischen Einfluss nehmen könnte, der Erwerber (und in diesem Moment dann auch unmittelbare Besitzer) aber tatsächlich nach eigenem Willen über diese Waffen verfügen kann.[114]

Dabei muss der Dritte im Moment der Überlassung nicht anwesend sein, etwa im Falle einer Besitzaufgabe durch Ablegen einer Waffe am Straßenrand. Hier ist in der Regel davon auszugehen, dass die Waffe durch eine zufällig vorbeikommende Person an sich genommen wird, was beim Vergraben einer Waffe im Wald oder durch ein Versenken in einem morastigen Tümpel nicht zu erwarten wäre. Aus den vorgenannten Überlegungen ist auch ein Wille des möglichen Erwerbers zum Erlangen der tatsächlichen Gewalt nicht erforderlich, um ein Überlassen zu verwirklichen.

Das Überlassen ist die einzige Art des Umgangs, die von der **Erlaubnispflicht** nach Anlage 2 A2 UA1 Satz 1 WaffG nicht erfasst wird. Zu beachten ist aber die gesetzliche Verpflichtung nach § 34 Abs. 1 WaffG, Waffen oder Munition nur an Personen zu überlassen, die zum Ausüben der tatsächlichen Gewalt berechtigt sind, womit dem Überlasser die Pflicht auferlegt wird, die Zulässigkeit der Überlassung selbst zu prüfen. Verstöße gegen § 34 Abs. 1 WaffG werden im Falle der Überlassung erlaubnispflichtiger Waffen oder Munition als Straftat, im Falle der Überlassung nicht erlaubnispflichtiger Waffen oder Munition als Ordnungswidrigkeit geahndet.[115]

Die Überlassung einer Waffe ist im Alltag schnell verwirklicht. So kann sich im Falle eines Aushändigens einer Waffe an einen privaten Besucher, der nicht über eine waffenrechtliche Befugnis verfügt, ein Waffenbesitzer nicht auf Ausnahmeregelungen von der Erlaubnispflicht berufen, da die einschlägigen Vorschriften nach § 12 Abs. 1 WaffG eine solche Ausnahme für erlaubnispflichtige Waffen nicht vorsehen. Dies gilt auch, wenn der eigentliche Besitzer unmittelbar neben dem Besucher steht und auf diesen einwirken könnte, da der Besucher Ort und Ausrichtung der Waffe

---

[114] *NJW 1977, 1737 zu BayObLG RReg. 4 St 108/76; ebenso WaffVwV zu Anlage 1 A2 Nr. 3*

[115] *§§ 52 Abs. 3 Nr. 7, § 53 Abs. 1 Nr. 16 WaffG*

zumindest teilweise bestimmen kann. Von besonderer Bedeutung für die waffenrechtliche Zuverlässigkeit ist insbesondere die Überlassung von Waffen durch ein Überlassen der Schlüssel zu einem Waffenschrank, die sich schon durch ein nachlässiges Aufbewahren der Schlüssel ergeben kann.[116]

Zu beachten sind neben der Vorschrift des § 34 Abs. 1 WaffG **besondere Strafvorschriften,**[117] die sich auf das **Überlassen verbotener Waffen oder Munition** beziehen. Während das Überlassen nicht der Erlaubnispflicht unterfällt, gilt das Verbot des Umgangs mit verbotenen Waffen oder Munition auch für die Umgangsart des Überlassens.

1.4.1.4 Führen (Anlage 1 A2 Nr. 4)

Nach Anlage 1 A2 Nr. 4 WaffG ist Führen das Ausüben der tatsächlichen Gewalt über eine **Waffe** außerhalb der eigenen[118] Wohnung oder Geschäftsräume, des eigenen befriedeten Besitztums oder einer Schießstätte, wobei die Auslegung der Begriffe denen nach § 123 StGB entspricht.[119]

Das Ausüben der tatsächlichen Gewalt in den genannten Bereichen ist bloßer Besitz im Sinne des WaffG. Somit ist das „Bei-sich-tragen" einer Waffe in der eigenen Wohnung oder auf dem eigenen Grundstück kein Führen.

Die Erlaubnis zum Führen wird durch einen **Waffenschein** nach § 10 Abs. 4 WaffG erteilt. Abweichend wird im Falle der **SRS-Waffen** nach Anlage 2 A2 UA2 Nr. 1.3 WaffG gemäß Anlage 2 A2 UA3 Nr. 2.1 WaffG die Erlaubnis durch Ausstellung eines **Kleinen Waffenscheins** erteilt.

---

[116] *WaffVwV zu Anlage 1 A2 Nr. 3 nennt als Überlassen das Aushändigen von Zweitschlüsseln; zur Schlüsselaufbewahrung Kapitel 1.8.4*

[117] *§§ 51 Abs. 1, 52 Abs. 1, 3 WaffG*

[118] *Hat eine Person Hausrecht, handelt es sich um eigene Räumlichkeiten oder Bereiche; die gemietete Wohnung ist eigene Wohnung im Sinne des WaffG; der Vermieter kann dem Mieter den Umgang mit Waffen nicht untersagen (AG Hannover 546 C 2917/10, Urteil vom 20. August 2010).*

[119] *BT-Drs. VI/2678, S. 26*

Das Führen von Waffen nach Anlage 1 A1 UA1 Nrn. 1 bis 4.3 WaffG ist erlaubnispflichtig. **Ausnahmen** ergeben sich aus Anlage 2 A2 UA2 Nr. 3[120] und A3 WaffG sowie aus § 12 Abs. 3 WaffG unter den dort beschriebenen Voraussetzungen, aus § 13 WaffG für Jäger und den §§ 55, 56 WaffG.

Zu beachten ist insbesondere das **erlaubnisfreie Führen** nach § 12 Abs. 3 Nr. 2 WaffG, auch „Transport" genannt. Es ist auch Führen im Sinne des WaffG, wenn sich die Waffe in einem Behältnis (zB **Futteral**, **Waffenkoffer**) befindet, da der Träger den Ort bestimmen kann, an dem sich die Waffe befindet – er übt somit die tatsächliche Gewalt außerhalb der eigenen Wohnung oder Geschäftsräume, des eigenen befriedeten Besitztums oder einer Schießstätte aus. Auch der Wortlaut der Einleitung des § 12 Abs. 3 WaffG verwendet den Begriff „Führen", womit Ausnahmen Fälle des Führens sind.

Munition wird **nicht von der Definition des Führens in Anlage 1 A2 WaffG erfasst**, sie befindet sich auch außerhalb des befriedeten Besitztums lediglich im Besitz. Der Transport von Munition ist daher erlaubnisfrei, die Regeln für Schusswaffen nach § 12 Abs. 3 WaffG sind nicht anzuwenden, ebenso nicht die Vorschriften zu den Ausweispflichten nach § 38 WaffG.

1.4.1.5 Schießen (Anlage 1 A2 Nr. 7)

Es schießt im Sinne des WaffG, wer mit einer Schusswaffe **Geschosse** durch einen Lauf[121] verschießt, **Kartuschenmunition** verschießt oder **Wirkstoffe** (zB Tränengas) mit Patronen- oder Kartuschenmunition verschießt.

Das **Schießen** mit Waffen nach Anlage 1 A1 UA1 Nrn. 1 bis 4.3 WaffG ist **erlaubnispflichtig**, Ausnahmen sind lediglich vorgesehen für das Schießen auf einer behördlichen genehmigten Schießstätte[122], für das Schießen mit

---

[120] *Ausnahmen bestehen für Schusswaffen mit Lunten- oder Funkenzündung, deren Modell vor dem 1. Januar 1871 entwickelt worden ist, für Armbrüste und unbrauchbar gemachte Schusswaffen; die Ausnahme für unbrauchbar gemachte Schusswaffen befreit dieses Führen nur von der Erlaubnispflicht und damit von einer Strafbarkeit bei einem Verstoß, während das Führverbot nach § 42a WaffG für Anscheinswaffen gilt und ein Verstoß dagegen lediglich als Ordnungswidrigkeit geahndet werden kann.*

[121] *Das Verschießen aus einem Lauf, zB aus Vorderladerwaffen, bei denen das Geschoss nicht durch den Lauf geführt wird, da es sich bereits darin befindet, wird erfasst (WaffVwV zu Anlage 1 A1 UA 1 Nummer 1.1).*

[122] *§ 12 Abs. 4 Satz 1 WaffG*

Waffen nach Anlage 2 A3 WaffG, da diese nur anderen Vorgaben des WaffG unterworfen sind und für das **Schießen außerhalb von Schießstätten** im Falle der Ausnahmen nach § 12 Abs. 4 WaffG.

Das Abfeuern („Abtun") von **Böllern** (pyrotechnische Gegenstände, zB Kartusche bei Verwendung von Böllerkanonen, Ladung von Hand- und Standböllern) gilt **nicht als schießen** und bedarf somit keiner Schießerlaubnis (so fallen Böller auch nicht unter den Begriff der Waffe und auch nicht unter die Regelungen des Waffengesetzes). Das **Abfeuern einer Vorderladerwaffe**, die **nur Pulver**, **nicht** aber ein vor dem Pulver liegendes **Geschoss** enthält, ist mangels Verwendung von Munition oder des Verschießens von Geschossen durch einen Lauf **kein Schießen**.

Kein Schießen ist die Verwendung anderer Geräte als Schusswaffen wie Armbrüsten, Pfeilabschussgeräten, Harpunengeräten oder Bögen. Armbrust und Pfeilabschussgerät sind aber den Schusswaffen gleichgestellt[123], auf den **Gebrauch der Armbrust und des Pfeilabschussgeräts sind die Vorschriften für das Schießen mit Schusswaffen** anzuwenden. Durch die Freistellung[124] für **Harpunen** ist deren Gebrauch waffenrechtlich irrelevant.

Bögen sind keine Waffen im Sinne des WaffG und unterliegen keine Regelungen des WaffG, da sie weder über einen Lauf verfügen noch über eine Speichermöglichkeit für eingebrachte Energie.

1.4.2 Grundsätze des Umgangs (§ 2)

Während § 1 WaffG Gegenstand und Zweck des Gesetzes und die Definitionen der Begriffe „Waffe" und „Umgang" enthält, beschreibt § 2 WaffG das grundsätzliche Erfordernis von Mindestalter sowie Erlaubnispflichten, Verbote und Freistellungen des Umgangs mit Waffen oder Munition sowie die Zuständigkeit für Entscheidungen über Zweifelsfälle.

1.4.2.1 Mindestalter (§ 2 Abs. 1)

§ 2 Abs. 1 WaffG[125] fordert ein **Mindestalter** von 18 Jahren für den **Umgang mit Waffen oder Munition**. Für bestimmte Arten von Waffen und Munition

---

[123] *Anlage 1 A1 UA1 Nr. 1.2.3*

[124] *Anlage 2 A3 UA1, ausgenommen Mindestalter und Waffenverbot*

[125] *Beachten Sie auch die speziellen Regelungen in § 3 WaffG, siehe Kapitel 1.4.3*

heben spezielle Regelungen diese Regelung zum Mindestalter auf, etwa § 27 Abs. 3 WaffG für das Schießen auf Schießstätten[126] durch Kinder und Jugendliche mit näher bestimmten Arten von Schusswaffen und Munition.

1.4.2.2 Erlaubnispflicht (§ 2 Abs. 2)

§ 2 Abs. 2 WaffG bestimmt eine **Erlaubnispflicht zum Umgang mit Waffen oder Munition**, die in der Anlage 2 A2 WaffG genannt sind. An dieser Stelle wird im WaffG erstmals auf Anlage 2 als „**Waffenliste**" verwiesen.

Die Erlaubnispflicht erstreckt sich auf die Waffen, die in der Anlage 1 A1 UA1 WaffG in den Nummern 1 bis 4.3 genannt sind. Weitere Gegenstände, die von den Regelungen des WaffG erfasst sind, unterfallen nicht der Erlaubnispflicht, womit der Umgang mit diesen Gegenständen erlaubnisfrei ist, solange er keinem Verbot unterliegt, der sich auf einen bestimmten Gegenstand[127] bezieht oder auf eine bestimmte Umgangsart[128].

1.4.2.3 Umgangsverbot (§ 2 Abs. 3)

§ 2 Abs. 3 WaffG **verbietet den Umgang mit Waffen oder Munition**, die in Anlage 2 A1 genannt sind. Da Waffen, die nicht in der Anlage 1 A1 UA1 Nr. 1 bis 4.3 WaffG aufgeführt sind, nicht der Erlaubnispflicht unterliegen, ist der Umgang mit ihnen jeder Person ab 18 Jahren gestattet, solange der Umgang nicht nach § 2 Abs. 3 WaffG iVm Anlage 2 A1 WaffG verboten ist. Verbote gelten auch, wenn andere Regelungen, ausgenommen Anlage 2 A3 WaffG, eine Erlaubnispflicht aufheben. Zu prüfen sind stets Verbote aus §§ 41, 42 oder 42a WaffG für bestimmte Personen und Umgangsarten.

---

[126] *Zu beachten ist, dass der Umgang außerhalb von Schießstätten nicht unter die Ausnahme des § 27 Abs. 3 WaffG fällt, etwa das Schießen mit einem Druckluftgewehr im privaten befriedeten Besitztum oder in einem Gebäude.*

[127] *zB Faustmesser: Waffe durch Nennung in Anlage 1 A1 UA2 Nr. 2.1.3 WaffG, erlaubnisfreier Umgang nach § 2 Abs. 2 WaffG, weil diese Nennung nicht in Anlage 1 A1 UA1 Nr. 1 bis 4.3 WaffG erfolgt, aber Verbot nach § 2 Abs. 3 WaffG in Verbindung mit Anlage 2 A1 Nr. 1.4.2 WaffG*

[128] *zB Einhandmesser: Keine Waffe im Sinne des WaffG mangels Nennung in der Anlage 1 WaffG, damit erlaubnisfreier Umgang nach § 2 Abs. 2 WaffG, aber Verbot des Führens nach § 42a Abs. 1 Nr.3 WaffG*

1.4.2.4 Ausnahmen von Erlaubnispflichten (§ 2 Abs. 4)

§ 2 Abs. 4 WaffG bestimmt **Ausnahmen von den Erlaubnispflichten** durch Anlage 2 A2, A3 WaffG. Für einige Kategorien von Schusswaffen oder Munition entfällt die Erlaubnispflicht für bestimmte Arten des Umgangs, andere Waffenarten werden fast vollständig aus dem WaffG entlassen.

Zu beachten sind Ausnahmen durch § 12 WaffG. Ausnahmen von Erlaubnispflichten heben Verbotsnormen nicht auf, Verbotsbefreiungen bedeuten keine unmittelbare Aufhebung der Erlaubnispflicht.

1.4.2.5 Einstufung in Zweifelsfällen (§ 2 Abs. 5)

Ist fraglich, wie ein Gegenstand waffenrechtlich einzuordnen ist, entscheidet das **Bundeskriminalamt** (BKA).[129] Die Entscheidungen ergehen in Form von **Feststellungsbescheiden**.[130] Neben den zuständigen[131] Behörden des Bundes und der Länder können auch die Hersteller und Importeure solcher Gegenstände sowie deren Erwerber und Besitzer einen Antrag auf Prüfung an das BKA richten. Entscheidungen des BKA haben keinen Gesetzesrang, sie dienen zur Klärung von Zweifelsfällen, idR von konkreten Einzelfällen.[132] Eine gesetzlich bestimmte und damit durch den legitimierten Gesetzgeber in einem verfassungsgemäß vorgegebenen Verfahren geschaffene Regelung kann nicht durch das BKA aufgehoben oder verändert werden.[133]

1.4.3 Umgang durch Kinder und Jugendliche (§ 3)

Für **Kinder und Jugendliche** gilt ein **umfassendes Verbot des Umgangs mit Waffen und Munition**. Da aber zur Förderung des Sports, für die

---

[129] *§ 2 Abs. 5 in Verb. mit § 48 Abs. 3 WaffG, § 6 Abs. 4 AWaffV*

[130] *Die Feststellungsbescheide sind abrufbar auf der Website www.bka.de; zur Navigation ist auf der Startseite der Begriff „Feststellungsbescheid" einzugeben.*

[131] *Die jeweilige Zuständigkeit wird auf Bundes- und Landesebene geregelt.*

[132] *BVerwG 6 C 21.08, Urteil vom 24. Juni 2009; Begrenzung der Zuständigkeit des BKA auf die Beurteilung von Gegenständen bezüglich ihres Verbotenseins; die Beurteilung von Verhaltensweisen oder Handlungsformen beim Umgang mit Waffen fällt nicht in die Kompetenz des BKA.*

[133] *OLG Karlsruhe, Urteil vom 27. April 2007 - 1 Ss 75/ 06 – Unwirksamkeit BKA-FB KT 21 / ZV 25-55164.01-Z-33 zur Einstufung von Spielzeugwaffen*

Ausbildung zum Jäger oder Tätigkeit in Handwerk und Handel Ausnahmen erforderlich sind, beschränken §§ 3 und 27 WaffG das absolute Umgangsverbot aus § 2 Abs. 1 WaffG für bestimmte Umgangsarten und Lebensbereiche.

§ 3 Abs. 1 WaffG erlaubt Jugendlichen den **Umgang mit Waffen oder Munition im Rahmen der beruflichen Ausbildung oder Tätigkeit unter Aufsicht eines weisungsberechtigten Waffenberechtigten**. Nicht ausgenommen ist der Umgang außerhalb des beruflichen Bereichs, zB im befriedeten Besitztum („Schießen mit Luftgewehr im Garten durch Jugendliche").

Eine besonders sinnvolle Ausnahme stellt § 3 Abs. 2 WaffG dar. So wird es **Jugendlichen** erlaubt, **Umgang mit geprüften Reizstoffsprühgeräten** zu haben. Somit ist sowohl der Erwerb und Besitz als auch das Führen dieser Waffen („Gasspray"; aber: „Gaspistolen" oder „Gasrevolver" nicht erfasst) ab 14 Jahren unter Beachtung der Verbote aus §§ 41, 42 WaffG erlaubt.

Nach § 3 Abs. 3 WaffG kann Kindern und Jugendlichen der Umgang mit Waffen und Munition in Form einer behördlichen Ausnahmegenehmigung erlaubt werden. In der Regel wird eine Ausnahmegenehmigung für den sportlichen oder jagdlichen Bereich erteilt werden. Gleiches gilt für Volksfeste. Eine Ausnahmegenehmigung wird hier regelmäßig eine ärztliche Begutachtung des Kindes oder Jugendlichen erforderlich machen.

Für den Umgang auf Schießstätten gilt grundsätzlich gemäß § 27 Abs. 3 WaffG abweichend von den Altersbeschränkungen der §§ 2, 3 WaffG:

Waffenart	Mindestalter
Druckluft-, Federdruckwaffen und Waffen, bei denen zum Antrieb der Geschosse kalte Treibgase verwendet werden (Anlage 2 A2 UA2 Nr. 1.1 und 1.2 WaffG) *Beispiel: Luftgewehr mit „F im Fünfeck"*	12 Jahre
Schusswaffen bis zu einem Kaliber von 5,6 mm lfB (.22 l.r.) für Munition mit Randfeuerzündung, wenn die Mündungsenergie höchstens 200 Joule (J) beträgt und Einzellader-Langwaffen mit glatten Läufen mit Kaliber 12 oder kleiner *Beispiel: KK-Büchse bis 200 J, Flinte cal. 12 o. kleiner (Hinweis: Bei einer kombinierten Waffe wie Bock oder Drilling darf ein Büchslauf nicht geladen werden)*	14 Jahre

Für **jegliche anderen Schusswaffen** gilt auf Schießstätten das **Mindestaltersserfordernis von 18 Jahren**, was auch **Armbrüste** einschließt.

Zu beachten sind gesetzliche Ausnahmen (zum Beispiel § 27 Abs. 5 WaffG: **ab 14 Jahren jegliche Jagdwaffen** ohne Beschränkung der Waffenrart und des Kalibers bei **Jagdausbildung**). Insbesondere sind die weiteren Einschränkungen durch § 27 Abs. 3 WaffG zu beachten hinsichtlich Zustimmungserfordernissen und der Befähigung der Aufsichtsperson.

An ortsveränderlichen Schießstätten, die dem **Schießen zur Belustigung** dienen (zB „Schießbude" auf dem Jahrmarkt), darf gemäß § 27 Abs. 6 auch Kindern unter 12 Jahren das Schießen mit Druckluft-, Federdruckwaffen und Waffen, bei denen zum Antrieb der Geschosse kalte Treibgase verwendet werden (Anlage 2 A2 UA2 Nr. 1.1 und 1.2 WaffG), gestattet werden, wobei Anforderungen aus dieser Ausnahmeregelung einzuhalten sind.

1.4.4 Mindestalter und Überprüfungen (§ 4)

Der Umgang mit Waffen oder Munition, die der Erlaubnispflicht unterliegen (Anlage 2 A2 UA1 WaffG), bedarf der Erlaubnis der zuständigen Behörde. Das ist nach § 3 VwVfG jene Behörde, in deren Bezirk der Antragsteller seinen **gewöhnlichen Aufenthaltsort** hat - in der Regel der Erstwohnsitz, in begründeten Fällen aber auch der Zweitwohnsitz, etwa bei Studierenden.

Zentrale Vorschrift für waffenrechtliche Erlaubnisse ist § 4 WaffG. Er fordert für die Erteilung einer waffenrechtlichen Erlaubnis:

- **Mindestalter**; Antragsteller hat das 18. Lebensjahr vollendet (nach § 14 Abs. 1 WaffG für Sportschützen: 21. Lebensjahr)
- **Zuverlässigkeit** (Seite 74) und **persönliche Eignung** (Seite 76)
- Nachweis von **Sachkunde** und **Bedürfnis**

Eine weitere, nicht in § 4 WaffG genannte **Voraussetzung** für die Erteilung einer Erwerbserlaubnis ist der in § 36 Abs. 3 WaffG geforderte **Nachweis der sicheren Aufbewahrung** für die beantragte Waffe.

Bei Beantragung eines **Waffenscheines** oder einer **Schießerlaubnis** wird zudem der Nachweis einer bestehenden **Haftpflichtversicherung** für Personen- und Sachschäden in Höhe von einer Million Euro gefordert.

Die **Prüfung der Zuverlässigkeit und der persönlichen Eignung** soll nach mindestens **drei Jahren** von der Behörde wiederholt werden, danach in regelmäßigen Abständen **(Regelüberprüfung)**. Gleiches gilt für das Bestehen der Haftpflichtversicherung für Inhaber eines Waffenscheines oder einer Schießerlaubnis. Die zuständige Behörde kann den Erlaubnisinhaber mit den **Kosten** der Regelüberprüfung belasten.[134]

Das **Fortbestehen des Bedürfnisses** ist fortlaufend **alle fünf Jahre** durch die Waffenbehörde zu **prüfen**.

Für die Prüfung des **Bedürfnisses** zum Erwerb und Besitz sowie das Führen von Schusswaffen ist § 8 WaffG eine zentrale Vorschrift und der Paragraph, auf dem die Regelung spezieller Bedürfnisse beruht. Er enthält eine **Aufzählung bestimmter Bedürfnisgruppen**, die aber **nicht abschließend** ist.

Regelt das Waffengesetz ein Bedürfnis nicht weitergehend, wie etwa bei den Jägern (§ 13) oder Sportschützen (§ 14), die in § 8 WaffG ausdrücklich genannt werden, aber speziellen Regelungen des Gesetzes unterworfen werden, ist bei der Bewertung eines vermeintlichen Bedürfnisses durch Auslegung zu erforschen, ob ein Bedürfnis im Sinne des § 8 WaffG gegeben ist (Beispiele: Tierarzt, Schießstandbetreiber, Theaterbetreiber u. ä.).

Zentrale Forderung des Gesetzes ist, dass die Belange der öffentlichen Sicherheit und Ordnung bei Erteilung einer waffenrechtlichen Erlaubnis als schützenswertes Gut berücksichtigt werden. Es erfolgt eine Abwägung zwischen dem Interesse des Einzelnen an der Erlaubnis zum Umgang mit Waffen und dem Bedürfnis der Allgemeinheit nach Schutz vor Gewalt.

1.4.4.1 Zuverlässigkeit (§ 5)

Bezüglich der **Zuverlässigkeit** des Waffenbesitzers gibt es einen ganzen Kanon von Versagungsgründen, die sich in § 5 WaffG finden – lesen Sie den Wortlaut der Vorschrift im Gesetz nach.

Absatz 1 nennt die Gründe, die **in jedem Falle** der Erteilung einer waffenrechtlichen Erlaubnis entgegenstehen oder zu einem Widerruf bereits erteilter Erlaubnisse führen. Dazu zählen sowohl rechtskräftige Verurteilungen als auch festgestellte *„Tatsachen, die die Annahme rechtfertigen“*, dass die erforderliche Zuverlässigkeit nicht vorliegt, etwa wenn Waffen nicht vorschriftsmäßig aufbewahrt oder missbräuchlich verwendet wurden. Ein abschließender Katalog von Straftaten, die in Absatz 1 aufgeführt sind und mit einer Mindeststrafe von 90 Tagessätzen geahndet werden, führt ebenfalls zur Unzuverlässigkeit.

---

[134] *BVerwG 6 C 30.08, Urteil vom 01. September 2009*

Absatz 2 dagegen stellt auf die Formulierung „**in der Regel**" ab – hier wäre also durch die Behörde eine zusätzliche Abwägung notwendig, wobei hier „im Zweifel gegen den Antragsteller" zu entscheiden ist. Drei Arten von Handlungen sind zu unterscheiden:

- Vorsätzliche Straftaten (Delikt<u>art</u> unerheblich)

- Fahrlässige Straftaten (mit Waffen, Munition oder explosionsgefährlichen Stoffen, gemeingefährliche Delikte)

- Straftaten nach dem Waffengesetz, Kriegswaffenkontrollgesetz, Sprengstoffgesetz oder Bundesjagdgesetz

Entscheidend ist hier, dass eine Freiheitsstrafe, Jugendstrafe, Geldstrafe von mindestens 60 Tagessätzen oder mindestens zweimal eine Geldstrafe <u>rechtskräftig</u> verhängt worden ist.

Ebenso ist in der Regel unzuverlässig, wer in bestimmten Zeiträumen

- Mitglied eines verbotenen Vereins oder als verfassungswidrig eingestuften Partei gewesen ist,
- staatsfeindliche Bestrebungen verfolgt hat,
- mehr als einmal wegen Gewalttätigkeit in Vorbeugegewahrsam genommen wurde,
- wiederholt oder gröblich gegen Vorschriften des KrWaffKontrG oder des Waffen-, Sprengstoff- oder Bundesjagdgesetzes verstoßen hat oder
- bei dem Tatsachen die Annahme rechtfertigen, dass er einzeln oder als Mitglied einer Vereinigung Bestrebungen verfolgt oder unterstützt oder in den letzten fünf Jahren verfolgt oder unterstützt hat, die
    - gegen die verfassungsmäßige Ordnung oder
    - gegen den Gedanken der Völkerverständigung, insbesondere gegen das friedliche Zusammenleben der Völker, gerichtet sind, oder
    - durch Anwendung von Gewalt oder darauf gerichtete Vorbereitungshandlungen auswärtige Belange der Bundesrepublik Deutschland gefährden.

Zur Prüfung der Zuverlässigkeit holt die Waffenbehörde neben der unbeschränkten Auskunft aus dem Bundeszentralregister auch Informationen bei der Staatsanwaltschaft sowie zahlreichen weiteren Behörden ein, darunter die Polizei und der Zoll.

*Der **Verlust einer Schusswaffe**[135] kann ausreichend für die Annahme der Unzuverlässigkeit durch die zuständige Waffenbehörde sein – bereits ein einmaliges Fehlverhalten dieser Art führt zu einer negativen Prognose und rechtfertigt den Widerruf einer waffenrechtlichen Erlaubnis, da von Waffen und Munition eine große Gefahr für Leib und Leben Dritter und damit für höherrangige Rechtsgüter ausgeht, wenn diese in die Hände Unbefugter kommen.[136] [137] Gleiches gilt für **missbräuchlichen oder leichtfertigen Umgang mit Schusswaffen** oder Munition, etwa durch einen Schuss mit dem Schrotgewehr in die Luft, um damit auf den Lärm einer Party in der Nachbarschaft „zu antworten",[138] oder durch **Befestigen einer Lampe** an einer Jagdwaffe.[139] Insbesondere Delikte, die Dritte gefährden, sind bei einer Überprüfung zu beachten – so kann eine Verurteilung wegen **Trunkenheit im Straßenverkehr** ein Anhaltspunkt für eine Regelunzuverlässigkeit im Umgang mit Waffen sein.*

1.4.4.2 Persönliche Eignung (§ 6)

Die erforderliche **persönliche Eignung** besitzen nach § 6 WaffG Personen nicht, die geschäftsunfähig sind oder abhängig von Alkohol oder anderen Rauschmitteln, die psychisch krank oder debil sind. Auch Zweifel an der Fähigkeit, sorgfältig mit Waffen und Munition umzugehen, stehen der Erteilung einer Erlaubnis entgegen bzw. begründen den Widerruf der Erlaubnis und auch die Sicherstellung von Waffen.[140] Um diesbezüglich den Antragsteller zu überprüfen, befragt die Waffenbehörde verschiedene Behörden über Erkenntnisse zum Antragsteller, wobei der Kreis der

---

[135] *§ 5 Abs. 1 Nr. 2 Buchstabe b WaffG*

[136] *OVG Lüneburg 11 LA 389/09, Beschluss vom 19. April 2010*

[137] *BayVGH Mün. 21 CS 10.164, 21 C 10.731, Urteil vom 24. März 2010*

[138] *OVG Rh.-Pfalz 7 A 10410/10.OVG, Beschluss vom 29. April 2010*

[139] *BayVGH München 21 CS 10.392, Urteil vom 30. März 2010*

[140] *VG Oldenburg 11 B 4175/06, Beschluss vom 26. Sept. 2006*

Befragten weitestgehend der Zuverlässigkeitsüberprüfung entspricht. Auch der subjektive Eindruck beim Kontakt mit dem Antragsteller kann Zweifel an dessen persönlicher Eignung aufkommen lassen.

Die persönliche Eignung bezieht sich nicht nur auf geistige, sondern auch auf körperliche Eigenschaften des Antragstellers.

Die körperliche Gesundheit bezieht sich auf die Fähigkeit, eine Schusswaffe sicher zu beherrschen. Im Falle einer chronischen Erkrankung, die diese Fähigkeit vorübergehend einschränken kann (zB Epilepsie, Diabetes Mellitus), ist sicherzustellen, dass eventuelle Symptomatiken wie etwa Ausfallerscheinungen, Bewusstlosigkeit, Krämpfe o. ä. durch Einnahme geeigneter Medikamente unterdrückt werden können. Es ist in diesem Falle durch ein amts- oder fachärztliches Gutachten (§ 4 AWaffV) nachzuweisen, dass sich der Antragsteller in ärztlicher Behandlung befindet und aus fachkundiger Sicht keine Bedenken bestehen, die gegen einen Umgang mit Schusswaffen sprechen, bei dem jederzeit eine vollständige Kontrolle des Körpers gewährleistet sein muss.

Die in § 6 Abs. 1 WaffG festgelegten Versagungsgründe, speziell die „Abhängigkeit“, müssen nicht durch rechtskräftiges Gerichtsurteil festgestellt worden sein. Wenn Tatsachen die Annahme rechtfertigen, dass der Antragsteller beispielsweise alkoholabhängig ist, hat die Behörde die Möglichkeit, den Antragsteller zur Vorlage eines amts- oder fachärztlichen oder fachpsychologischen Gutachtens nach § 4 AWaffV zu verpflichten. Diese Forderung kann nicht angefochten werden und ist durch den Antragsteller zu erfüllen. Weigert sich der Antragsteller, darf die Behörde nach § 4 Abs. 6 AWaffV auf **Nichteignung** schließen.

Der Antragsteller hat die **Kosten** des Gutachtens zu tragen (§ 6 Abs. 2 WaffG). Er hat die Behörde darüber zu **informieren**, wen er mit der Erstellung des Gutachtens beauftragt hat (§ 4 Abs. 3 AWaffV) – damit soll verhindert werden, dass im Falle eines negativen Gutachtens ein weiterer Gutachter beauftragt wird („Gutachter-Hopping“).

Antragsteller unter 25 Jahren haben vor Erteilung ihrer ersten waffenrechtlichen Erlaubnis ein Gutachten über ihre geistige Eignung vorzulegen. Dies gilt nicht für Anträge von **Sportschützen** für den Erwerb und Besitz von Kleinkaliberwaffen bis 200 Joule oder Einzellader-Flinten Kaliber 12 oder kleiner. **Jäger** sind nach § 13 Abs. 2 WaffG von der generellen Pflicht zur Begutachtung für Antragsteller unter 25 Jahren ausgenommen. Hier geht der Gesetzgeber davon aus, dass die Zeit der Ausbildung zum Jäger den Ausbildern und Prüfern ausreichend Gelegenheit gibt, geistig oder körperlich ungeeignete Personen zu erkennen und durch deren Ausschluss aus der Ausbildung zu verhindern, dass diese Personen als Jäger Waffen erwerben können.

Ist der Antragsteller **Dienstwaffenträger**, etwa Polizeivollzugs- oder Zollbeamter mit Laufbahnprüfung, **entfällt** bei Personen unter 25 Jahren die **Begutachtung**. Voraussetzung dafür ist eine Bescheinigung des Dienstherrn des Antragstellers, dass eine Begutachtung der geistigen Eignung bereits stattgefunden hat, etwa im Rahmen der Ausbildung. Aus der Bescheinigung muss hervorgehen, dass der Antragsteller ohne Einschränkung zum Umgang mit Dienstwaffen berechtigt ist.

Als **Gutachter** kommen nach § 4 Abs. 2 AWaffV in Betracht Amtsärzte, Psychiater, approbierte Psychotherapeuten, Fachärzte für psychotherapeutische Medizin und Fachpsychologen. **Zwischen** dem **Gutachter** und dem **Antragsteller** darf in den fünf Jahren vor Begutachtung **kein Behandlungsverhältnis** bestanden haben. Dies hat der Gutachter zu bestätigen. Er darf allerdings Kontakt mit dem behandelnden Arzt (also Hausarzt oder Facharzt) des Antragstellers aufnehmen, um sich ein umfassendes Bild zu verschaffen.

Zentrale Frage des Gutachtens ist, ob der Antragsteller die **nötige geistige und emotionale Reife** besitzt, um **verantwortungsvoll** mit Schusswaffen umzugehen. Sieht der Gutachter diese Anforderung nicht vollständig erfüllt, ist es möglich, dass die Waffenbehörde weitergehende Untersuchungen des Antragstellers anordnet.

1.4.5 Umgang mit Waffen unter Alkoholeinfluss

Der **Gebrauch einer Schusswaffe unter Alkoholeinfluss** führt zum Verlust der Zuverlässigkeit.[141] Das **Mitführen einer Waffe** in einem abgeschlossenen Behältnis ist **kein Gebrauch machen** im Sinne dieser Entscheidung, **kann** aber gleichwohl die **Unzuverlässigkeit begründen**, da es die Prognose nach § 5 Abs. 1 Nr. 2 Buchst. b WaffG rechtfertigt.[142] Dies gilt auch für ein Hantieren mit der Waffe, ohne von der Waffe Gebrauch zu machen.[143]

---

[141] *BVerwG 6 C 30.13, Urteil v. 22. Okt. 2014, nach OVG Münster 20 A 2430/11*

[142] *OVG Lüneburg 11 ME 35/16, Beschluss vom 22. März 2016*

[143] *VGH Baden-Württemberg 1 S 1726/17, Urteil vom 26. Oktober 2018*

Was unter „Alkoholeinfluss“ konkret zu verstehen ist, etwa in Form verlässlicher und durch eine Blutprobe ermittelbare Promillewerte, ist weder gesetzlich noch durch die Rechtsprechung vorgegeben oder geklärt. Vielmehr ist darauf abzustellen, dass sicher ausgeschlossen werden kann, dass der im Körper des Betroffenen befindliche und wirksame Alkohol zu alkoholbedingten Ausfallerscheinungen führt.[144] Dabei ist allerdings nicht auf die spezifischen körperlichen Voraussetzungen abzustellen oder auf die vor dem Alkoholgenuss eingenommene Mahlzeit, sondern vielmehr die Lebenserfahrung zugrundezulegen, ob die genossene Menge an Alkohol zu Ausfallerscheinungen führen könnte. Unmittelbar vor und bei einem Schusswaffengebrauch besteht ein vollständiges Alkoholkonsumverbot.[145]

Anders als die im folgenden Kapitel dargestellte, die persönliche Eignung nach § 6 WaffG ausschließende Alkoholabhängigkeit, die durch einen Gutachter festzustellen oder auszuschließen ist, kann der Umgang unter Alkoholeinfluss Tatsache sein, die der behördlichen Prognose nach § 5 Abs. 1 Nr. 2 Buchst b. WaffG zugrundezulegen ist. Entscheidend ist, ob der jeweilige Umgang, selbst mit geringer Wahrscheinlichkeit, durch den Grad der Alkoholisierung des Waffenbesitzers und seinen tatsächlichen Zustand im Moment des Umgangs eine Gefahr für die Belange der öffentlichen Sicherheit und Ordnung darstellte. Ob und in welchem Umfang alkoholbedingte Ausfallerscheinungen eintreten, ist unerheblich.

Insbesondere das **Schießen** mit Schusswaffen darf nur unter der Bedingung erfolgen, dass vom Gebrauch der Waffe kein Risiko für Dritte ausgeht. Wird die Waffe **schussbereit geführt**, etwa bei der Jagd oder im Zusammenhang damit, zur Selbstverteidigung oder bei einer Bewachungstätigkeit, muss der Waffenträger nüchtern sein, da die Waffe zum Zwecke einer möglichen Schussabgabe geführt wird. Hier ist analog zum Dienst im Bewachungsgewerbe nach der DGUV Vorschrift 23 die Nüchternheit des Waffenführenden zu fordern, um Unglücksfällen effektiv vorzubeugen.

---

[144] *BVerwG 6 C 30.13 weist diesbezüglich in Rn. 18 einen Widerspruch auf: Zunächst wird auf Nüchternheit abgestellt, dann aber auf eine Menge von Alkohol, die die Reaktionsfähigkeit mindern könnte; insofern ist aus dieser Entscheidung nicht eindeutig ersichtlich, dass eine absolute Nüchternheit gefordert ist.*

[145] *HH OVG 5 Bf 475/19.Z, Beschluss vom 26. Februar 2021; dagegen stellte BayVGH 24 CS 20.1010, Beschluss vom 18. Juni 2020, auf die Hinnehmbarkeit eines gewissen Quantums an Alkoholkonsum ab.*

1.4.6 Inhaltliche Beschränkungen, Nebenbestimmungen und Anordnungen (§ 9)

Erlaubnisse, die durch die zuständige Behörde erteilt werden, können durch Befristungen und Auflagen inhaltlich beschränkt werden. Die Beschränkung muss der Abwehr von Gefahren für die öffentliche Sicherheit und Ordnung dienen. Das ist idR der Fall, wenn ohne Beschränkung ein Umgang mit Waffen oder Munition durch den Inhaber der Erlaubnis eine Gefahr oder nachteilig für Leben oder Gesundheit von Menschen wäre.

Auflagen müssen geeignet sein, den jeweils verfolgten Zweck zu erreichen und müssen an eine konkrete Gefahr für die öffentliche Sicherheit und Ordnung anknüpfen. Zudem müssen sie angemessen und inhaltlich ausreichend bestimmt sein.[146] Die Erteilung der Auflage ist zu begründen.

Ein Beispiel ist ein **Kleiner Waffenschein (KWS)**, dessen Erteilung mit der Auflage verbunden wird, eine **SRS-Waffe nur verdeckt führen** zu dürfen.[147] In diesem Falle beauflagt die Behörde den Inhaber der Erlaubnis, ohne dass das Gesetz dieses verdeckte Führen ausdrücklich fordert. Dies kann etwa damit begründet werden, dass das offene Führen einer SRS-Waffe, die in der Regel optisch nicht von einer Feuerwaffe zu unterscheiden ist, Passanten beunruhigen, Notrufe auslösen und Polizeieinsätze bewirken könnte, die zu einer unnötigen Bindung von Einsatzmitteln führen.

---

[146] *VG Arnsberg 14 K 265/11, Urteil vom 28. November 2011*

[147] *So verbindet die für das Gebiet des Landes Berlin zuständige Waffenbehörde grundsätzlich die Erteilung eines KWS mit der Auflage, die SRS-Waffe verdeckt zu führen, was in der jeweiligen Erlaubnis vermerkt wird; der Internetauftritt der Behörde enthält einen entsprechenden Hinweis (Quelle: „https://www.berlin.de/polizei/service/waffenbehoerde/erlaubnisfreie-waffen/“, abgerufen am 22. Mai 2020); die Auflage gilt auch außerhalb Berlins; umgekehrt handelt es sich nicht um eine gesetzliche Regelung für das Gebiet Berlins, weshalb das Führen von SRS-Waffen dort Erlaubnisinhabern ohne entsprechende Auflage nicht untersagt ist; der Begriff des „verdeckten Führens“ ist nicht gesetzlich definiert, landläufig ist darunter ein Bei-sich-Tragen einer Schusswaffe zu verstehen, die zugriffsbereit ist, aber durch die Kleidung des Besitzers den Blicken Dritter entzogen ist, womit für eine andere Person nicht erkennbar sein darf, dass eine Schusswaffe geführt wird; auch bei plötzlichen Bewegungen oder beim möglicherweise erforderlichen Ablegen eines Kleidungsstückes darf das Führen der Schusswaffe nicht erkennbar sein.*

Zu beachten ist, dass neben den Regelungen in § 9 WaffG auch andere Vorschriften des WaffG den Inhaber einer Erlaubnis beschränken können, beispielsweise § 36 Abs. 6 WaffG, auch in Verbindung mit § 9 WaffG.[148]

Zuwiderhandlungen gegen Auflagen und Anordnungen sind, abgesehen von wenigen Ausnahmen, Ordnungswidrigkeiten.[149]

1.5 Ausnahmen von Erlaubnispflichten

Ausnahmen von den gesetzlichen Erlaubnispflichten sind hauptsächlich in drei Bereichen des Waffengesetzes zu finden:

- § 12 WaffG
    - Ausnahmen für bestimmte Situationen und Umgangsarten
    - Ohne Berücksichtigung der Art der Waffe oder Munition
- Anlage 2 Abschnitt 2
    - Ausnahmen für bestimmte Umgangsarten
    - Mit Beschränkung auf bestimmte Arten von Waffen
- Anlage 2 Abschnitt 3
    - Fast vollständige Freistellung von den Regeln des WaffG
    - Mit Beschränkung auf bestimmte Arten von Waffen

Nachfolgend werden die wesentlichen Ausnahmen der vorgenannten Regelungen dargestellt. Aus Gründen der Übersichtlichkeit beschränkt sich die Darstellung auf die im Alltag wesentlichen Freistellungen; das Nachlesen der Normen im Gesetzestext wird ausdrücklich empfohlen.

---

[148] *§ 36 Abs. 6 WaffG gestattet der zuständigen Behörde, im Einzelfall intensivere Maßnahmen zum Schutz vor Wegnahme von Waffen oder Munition von dem Erlaubnisinhaber zu fordern; so ist im Falle eines psychisch kranken Familienmitglieds, das im Haushalt eines Waffenbesitzers lebt, die Erteilung einer Auflage nach §§ 9 Abs. 1, Abs. 2 Satz 2 iVm 36 Abs. 6 WaffG zulässig, die eine Aufbewahrung der Schusswaffen außerhalb der gemeinsamen Wohnung festlegt (so Thüringer OVG 3 EO 946/05, Beschluss vom 10. März 2006).*

[149] *§ 53 Abs. 1 Nr. 4 WaffG*

1.5.1 Ausnahmen nach § 12 WaffG

Die Ausnahmeregelungen nach § 12 WaffG können als „Anpassung an die Erfordernisse der Lebenswirklichkeit" angesehen werden, da sie solche Situationen von Erlaubnispflichten ausnehmen, in denen der Umgang mit Waffen entweder aus organisatorischen Gründen kaum gesondert erlaubt werden könnte oder aus Gründen der Praktikabilität Ausnahmen der eng gefassten waffenrechtlichen Tatbestände erforderlich sind. Beispiele dafür wären der Paketzusteller, der ohne waffenrechtliche Erlaubnis im Besitz einer Schusswaffe ist, die sich in einem Paket befindet, oder der Sportschütze, der mangels eines Waffenscheins seine Waffe nicht zum Schießstand transportieren dürfte, weil auch dieser Transport in einem verschlossenen Koffer ein Führen im Sinne des Waffengesetzes darstellt. In solchen Fällen leisten die Regelungen des § 12 WaffG recht umfassend Abhilfe.

Zu beachten ist, dass gemäß § 12 Abs. 5 WaffG die zuständige Behörde, in der Regel die örtlich zuständige Waffenbehörde, über die in der Norm genannten Tatbestände hinaus für den konkreten Einzelfall weitere Ausnahmen von den Erlaubnispflichten genehmigen kann, wenn besondere Gründe vorliegen und die Belange der öffentlichen Sicherheit und Ordnung dem nicht entgegenstehen, was bedeutet, dass sich durch die konkrete Ausnahme keine negativen Folgen für die Sicherheit der Bevölkerung ergeben.

Die in der Praxis wichtigsten Ausnahmen nach § 12 WaffG sind:

- **Leihe**: Bis zu einem Monat, nur Inhaber einer WBK
- **Verwahrung** und **Transport**: Vorübergehend, privat nur durch Inhaber einer WBK, gewerblich ohne WBK möglich
- **Gewerblicher Erwerb und vorübergehender Besitz**: Keine Vorgabe
- **Erwerb und vorübergehender Besitz im Auftrag** eines Vereins: Umgang nur im Rahmen erteilter Weisungen
- **Führen** (Transport): Bedürfniszweckbindung, nicht zugriffsbereit, nicht schussbereit
- **Erwerb Munition**: Zum sofortigen Verbrauch auf der **Schießstätte**

1.5.1.1 Erwerb auf der Schießstätte (§ 12 Abs. 1 Nr. 5)

Diese Regelung bildet in beispielhafter Form die Funktion des § 12 WaffG ab, indem sie als Ausnahme von der Erlaubnispflicht, in der Regel in Form einer Waffenbesitzkarte mit Voreintrag für die betreffende Waffe, die

Möglichkeit schafft, auf der Schießstätte mit der Schusswaffe eines Dritten oder einer Vereinswaffe Schießübungen zu absolvieren, ohne während dieser Zeit durch den eigentlichen Besitzberechtigten in Eingriffsnähe begleitet zu werden. Der Übende hat vorübergehend die tatsächliche Gewalt über die Waffe, besitzt sie also - ohne diese Ausnahmeregelung könnte ein Heranführen von Anfängern im Schießsport oder auch ein Ausprobieren anderer Waffenmodelle nicht im sinnvollen Umfang erfolgen.

Zu beachten ist die Einschränkung, dass der Besitz nur vorübergehend und nur zum Schießen auf der Schießstätte gestattet ist, auf der die Waffe erworben wurde; ein Ausleihen der Waffe und nachfolgendes Ausprobieren auf einer anderen Schießstätte ist somit nicht zulässig, dies wäre nur im Zuge der Leihe und damit nur durch den Inhaber einer WBK statthaft.

Die Erlaubnisbefreiung für den Erwerb und vorübergehenden Besitz hebt nicht das Verbot des Umgangs auf, das entweder durch ein Waffenverbot nach § 41 WaffG besteht oder durch die Eigenschaft des Gegenstands, selbst eine verbotene Waffe oder Munition zu sein. So ist es zB nicht zulässig, dass ein Schütze, der aufgrund einer Altbesitzregelung ein Langwaffenmagazin mit mehr als zehn Schuss Kapazität für Zentralfeuerpatronen von dem diesbezüglichen Umgangsverbot ausgenommen ist, dieses Magazin einem anderen Schützen überlässt.

1.5.1.2 Erwerb von Munition (§ 12 Abs. 2)

Die Freistellungen von der Erlaubnispflicht für Erwerb und Besitz gelten auch für die für diese Waffen erforderliche Munition, wobei die in § 12 Abs. 1 WaffG genannten Voraussetzungen umfassend vorliegen müssen.

Darüber hinaus erlaubt die Norm ohne Erlaubnis den **Erwerb** und Besitz von Munition auf einer nach § 27 WaffG zugelassenen Schießstätte für dort erworbene Munition, wenn diese Munition **zum sofortigen Verbrauch auf dieser Schießstätte** bestimmt ist. Eventuell am Ende eines Schießtrainings noch vorhandene Munition ist einem Berechtigten zu überlassen, da durch diese Ausnahmeregelung die Besitzberechtigung nur bis zum Verlassen der Schießstätte besteht. Auch ist zu beachten, dass sich die Menge der Munition, die im Rahmen dieser Regelung auf dem Schießstand erlaubnisfrei erworben werden darf, immer an dem realistisch zu erwartenden Bedarf im Rahmen dieser aktuellen Trainingseinheit orientieren muss. Der Überlassende ist diesbezüglich verantwortlich, da er den Bedarf einschätzen muss.

1.5.1.3 Erlaubnisfreies Führen / Transport (§ 12 Abs. 3)

Auch der Transport einer Waffe von der eigenen Wohnung zum Schießstand ist Führen im Sinne des WaffG. Allerdings besagt § 12 Abs. 3 Nr. 2 WaffG, dass einer Erlaubnis zum Führen von Waffen, also eines Waffenscheins, nicht bedarf, wer die Waffe **nicht schussbereit** und **nicht zugriffsbereit** von einem Ort zu einem anderen Ort befördert, **wenn** dieser Transport **vom Bedürfnis gedeckt** ist oder **im Zusammenhang damit** erfolgt. Dabei ist die Waffe insbesondere in einem **verschlossenen Behältnis nicht zugriffsbereit. Munition** kann per Definition nicht geführt, sondern lediglich besessen werden und ist **gegen Wegnahme durch Dritte zu sichern**.

Die Rechtsprechung definiert das „**verschlossene Behältnis**" im Zusammenhang mit Delikten nach §§ 202, 243 StGB[150] als ein verschließbares Behältnis, das über eine **besondere Vorrichtung** verfügt, die **geeignet und bestimmt** ist, die **Wegnahme** einer Sache zu **erschweren**. Bedingung ist die Sicherung durch ein **Schloss**, eine sonstige **technische Schließeinrichtung** oder auf andere Weise. So wird auch das **feste Verschnüren eines Rucksacks** als „gegen einen ordnungswidrigen Zugriff von außen besonders gesichert" angesehen[151] - diese niedrigschwellige Auslegung des Begriffs „verschlossen" sollte angesichts der generellen Pflicht zur besonderen Absicherung von Schusswaffen allerdings nicht auf Transportbehältnisse für erlaubnispflichtige Schusswaffen angewandt werden. Schon die Konkretisierung der Anforderungen an den Zustand des Behältnisses durch die Änderung des WaffG 2008 zeigt, dass als Verschluss nur ein solch festes Zugriffshindernis angesehen werden darf, dessen Überwindung erst durch Einsatz eines zerstörenden Werkzeuges (etwa Messer gegen Kabelbinder), eines Schlüssels oder eines Codes (Zahlenschloss) möglich wird. Auch eine feste Verklebung kann als Verschluss eines Behälters anerkannt werden.

In der Regel werden diese Anforderungen durch den Transport in einem Waffenkoffer mit Zahlen- oder Vorhängeschloss erfüllt, womit die Waffe „nicht zugriffsbereit" ist. Nach Anlage 1 A2 Nr. 13 WaffG ist eine Waffe in einem unverschlossenen Behältnis nur dann **nicht zugriffsbereit**, wenn sie nicht **innerhalb drei Sekunden mit weniger als drei Handgriffen**

---

[150] siehe Fischer „Strafgesetzbuch und Nebengesetze", 63. Auflage 2016, Rn. 6 zu § 123 StGB, Rn. 14 zu § 243 StGB

[151] AG Kiel 597 Js-OWi 27781/09, Urteil vom 07. August 2009

unmittelbar in Anschlag gebracht werden kann; nicht zugriffsbereit ist sie insbesondere dann, wenn sie in einem verschlossenen Behältnis mitgeführt wird.

Bei Transport eines Waffenkoffers in einem PKW sollte der Koffer möglichst so gelagert werden, dass er von außen nicht erkennbar ist, um bei potentiellen Dieben keine Begehrlichkeiten zu wecken. Insbesondere bei einer notwendigen Fahrtunterbrechung, etwa einer Pause an einer Raststätte und Verlassen des Fahrzeuges, sollte durch geeignete Maßnahmen einer schnellen Wegnahme des Koffers vorgebeugt werden – zB durch eine feste Laderaumabdeckung oder Anschließen des Waffenkoffers im Laderaum.

Bei Transport von Munition muss diese getrennt von der Schusswaffe, aus der sie verschossen werden kann, transportiert werden, um die Forderung „**nicht schussbereit**" zu erfüllen. Anlage 1 A2 Nr. 12 WaffG definiert „schussbereit" als „geladen"; das befüllte und in die Waffe eingeschobene Magazin sowie eine Patrone oder ein Geschoss im Patronen- oder Geschosslager oder in der Trommel des Revolvers bedeuten „geladen". Ist die **Munition** also außerhalb der Waffe, etwa in einer Munitionsschachtel im gleichen Transportbehältnis, ist die Forderung des Gesetzes erfüllt.

Die „**Beförderung** von einem Ort zum anderen" meint hier den direkten Weg von der eigenen Wohnung zum Schießstand, da das Schießen mit der Waffe im Zusammenhang mit dem Bedürfnis des Schützen erfolgt. Es ist also nicht erlaubt, die Waffe morgens im Waffenkoffer einzupacken und erst einmal ins Büro zu fahren, um sich dann nach Dienstschluss zum Schießstand zu begeben. Allerdings stellt eine kurze Unterbrechung der Fahrt zum Schießstand, beispielsweise der Halt an einem Gasthof oder ein Tankstop, keinen Verstoß gegen das Waffengesetz dar, solange die Waffen beaufsichtigt werden oder die erforderlichen Maßnahmen zum Schutz gegen eine unbefugte Wegnahme ergriffen werden. **Grundsätzlich** gilt, dass auch dieses Führen der Waffe **im Zusammenhang mit dem Bedürfnis** stehen muss.

Von gesetzlichen Führverboten nach § 42 oder § 42b WaffG, die unter anderem ein **Führen von Schusswaffen im Nah- und Fernverkehr von Bus oder Bahn** verbieten und damit auch den Transport in einem Behältnis erfassen, sind **Personen befreit, die eine Waffe nicht zugriffsbereit von einem Ort zu einem anderen befördern**. Dies gilt nach § 42b WaffG im öffentlichen Personenfernverkehr, durch die auf Länderebene erlassenen Verordnungen nach § 42 Abs. 5 WaffG aber auch im öffentlichen Personennahverkehr.

Eine Besonderheit stellt das **Führen der Waffe auf dem befriedeten Besitztum, in der Wohnung oder in den Geschäftsräumen eines Dritten** dar. Sofern das Führen der Waffen an diesem Ort mit Einverständnis des Zustimmungsberechtigten zu einem von dem Bedürfnis umfassten Zweck geschieht, bedarf es zum Führen keiner waffenrechtlichen Erlaubnis. Auf einer **Schießstätte** wird eine Schusswaffe nicht geführt, sondern besessen.

Ebenfalls keiner Erlaubnis bedarf das Führen eines wesentlichen Teils einer Schusswaffe, wenn etwa **auf Reisen im Zusammenhang mit dem Sport oder der Jagd** eine Schusswaffe außerhalb der Wohnung aufbewahrt werden muss, beispielsweise in einem **Hotel**. Um bei einem Diebstahl der Waffe aus dem Hotelzimmer die Gefahr eines Missbrauchs zu verringern, erlaubt § 12 Abs. 3 Nr. 6 WaffG das Führen eines wesentlichen Waffenteiles, etwa des Laufes, wenn man es aus der Waffe ausgebaut hat und nun zum Beispiel im Restaurant bei sich trägt, Allerdings muss auch die „Restwaffe" im Zimmer so gut wie möglich gegen eine Wegnahme geschützt werden.

Das **Führen** der Waffe **ohne Waffenschein** muss grundsätzlich **im Zusammenhang mit dem Bedürfnis** stehen. So wird ein Sportschütze seine Waffen auch mit Zustimmung des Hausrechtsinhabers nicht im fremden befriedeten Besitztum zu Wachaufgaben führen oder zum Töten von Tieren im Rahmen einer genehmigten Tätigkeit nach der Tierschutz-Schlachtverordnung verwenden dürfen.[152] Ebenso darf ein Sammler eine Waffe seiner Sammlung nicht zum Sportschießen verwenden, wenn die Sammlung aus künstlerischem oder wissenschaftlichem Interesse oder aus Liebhaberei zusammengetragen wurde.[153] Ein **Probeschießen** mit Waffen der eigenen Sammlung ist dagegen begründbar, da eine Funktionsfähigkeit geprüft werden darf.

Auf einer Schießstätte bedarf es keiner gesonderten Erlaubnis, wenn der Schütze hier eine Waffe (im Holster) trägt, da auf einer Schießstätte per Definition Waffen nicht geführt werden. Allerdings sollte sich jeder Schütze, um Unstimmigkeiten auszuschließen, über die örtlichen Gepflogenheiten informieren, am besten beim Schießleiter oder der Aufsicht.

Wird der Waffenbesitzer durch eine befugte Person angehalten (etwa Zoll- oder **Polizeikontrolle**), können die Beamten verlangen, dass die WBK als

---

[152] *OVG Berlin-Brandenburg 11 N 1.06, Beschluss vom 27. April 2006*

[153] *VG Darmstadt 5 E 1211/06, Urteil vom 1. Oktober 2007*

Nachweis zum befugten Umgang mit der mitgeführten Waffe vorgelegt wird.[154] Da ein bedürfnisgedecktes Führen nur dann erlaubnisfrei ist, wenn die Waffe nicht schussbereit und nicht zugriffsbereit[155] befördert wird, darf der Transportbehälter, etwa ein Waffenkoffer, **erst auf ausdrückliche Aufforderung geöffnet werden**, da die Waffe nach Öffnung des Behälters zugriffsbereit ist. Von der Waffenscheinpflicht ist der Waffenbesitzer in diesem Falle allerdings befreit, wenn er erst auf Weisung des kontrollierenden Beamten das Transportbehältnis öffnet, um die Waffe vorzuzeigen.

1.5.1.4 Erlaubnisfreies Schießen (§ 12 Abs. 4)

Da selbst von erlaubnisfrei erwerbbaren Druckluftwaffen eine große Gefahr ausgeht, ist Schießen grundsätzlich nur auf genehmigten Schießstätten erlaubnisfrei, da hier durch spezielle Kugelfangeinrichtungen eine Gefährdung des Schützen und Dritter bei Einhaltung der Sicherheitsvorschriften weitgehend ausgeschlossen ist. Doch auch außerhalb genehmigter Schießstätten ist es in gewissen Situationen erlaubt, mit bestimmten Waffen zu schießen.

So darf außerhalb des öffentlichen Raumes („auf befriedetem Besitztum", also ein für Außenstehende erkennbar privates Grundstück oder Bauwerk) durch den Hausrechtsinhaber oder mit seiner Zustimmung geschossen werden mit Schusswaffen, aus denen nur Kartuschenmunition verschossen werden kann (zB Salutwaffen oder SRS-Waffen). Gleiches gilt außerdem für

- Schusswaffen mit einer Geschossenergie bis 7,5 Joule oder
- nach § 7 BeschG bauartzugelassenen Schusswaffen,

wenn die angetriebenen Geschosse das befriedete Besitztum nicht verlassen können. Es ist also nicht ausreichend, dass die Geschosse nicht tatsächlich das befriedete Besitztum verlassen, sondern es muss durch Aufbauten oder die schlichte Größe des Grundstücks ausgeschlossen sein, dass das Geschoss das Besitztum verlassen kann.

Biathleten, die den Regeln entsprechend an genehmigten Sportwettkämpfen teilnehmen, dürfen in diesem Rahmen ebenfalls erlaubnisfrei schießen.

---

[154] *§ 38 WaffG; zu beachten ist Nr. 1 Buchstabe g, der die Fälle der Leihe, der Verwahrung und des Führens durch Bewachungskräfte regelt*

[155] *§ 12 Abs. 3 Nr. 2 WaffG (Empfehlung: Koffer mit Zahlenschloss)*

Das Schießen mit Schusswaffen, aus denen nur Kartuschenmunition verschossen werden kann (zB Salutwaffen oder SRS-Waffen), ist darüber hinaus erlaubnisfrei für **Mitwirkende an Theateraufführungen, Filmaufnahmen** u.ä. sowie zum Vertreiben von Vögeln in landwirtschaftlichen Betrieben. Bei Not- und Rettungsübungen, etwa auf See oder in den Bergen, darf mit Signalwaffen geschossen werden.

Außerdem darf mit Schreckschuss- oder Signalwaffen bei Sportveranstaltungen geschossen werden, wenn dies im Auftrag der Veranstalter erfolgt und erforderlich ist, beispielsweise als Start- oder Beendigungszeichen bei einer Regatta.

1.5.2 Erlaubnisfreie Arten des Umgangs nach Anlage 2 A2 UA2

Abschnitt 2 Unterabschnitt 2 der Anlage 2 WaffG entbindet einzelne Formen des Umgangs für bestimmte Waffenarten von der Erlaubnispflicht. Diese Waffen verlieren nicht ihre Waffeneigenschaft, womit zB gesetzliche Verbote in anderen Vorschriften des WaffG trotzdem gelten, etwa das Führverbot von Waffen nach § 42 WaffG – das Verbot besteht auch bei Wegfall der Erlaubnispflicht für das Führen, etwa von Armbrüsten, oder bei einem berechtigten Führen von SRS-Waffen mit dem „Kleinen Waffenschein".

Die aufgelisteten Freistellungen gelten nur für die jeweilige Umgangsart.

Erlaubnisfrei ab 18 Jahren sind **Erwerb und Besitz** von

- Druckluft-, Federdruck-, Kaltgas-Waffen
    - mit Kennzeichen „F im Fünfeck", ausgenommen mehrschüssige Waffen, die Geschosse über 30 mm Länge verschießen können und deren Kennzeichnung nach dem 23.07.2025 erfolgte,

oder

    - im Falle von Herstellung und Inverkehrbringen vor 1970 oder im Gebiet der ehemaligen DDR,
- Schreckschuss-, Reizstoff- oder Signalwaffen mit Kennzeichen „PTB im Kreis" oder anerkanntem Zeichen eines anderen Mitgliedsstaats,
- historischen Vorderladerwaffen (Modell entwickelt vor 1871, umfasst Schusswaffen mit Lunten-, Funken und Zündnadelzündung sowie einläufige Einzellader mit Zündhütchenzündung) und

- Armbrüsten
- sowie Kartuschenmunition für Schussapparate, Salutwaffen und SRS-Waffen und
- pyrotechnischer Munition der Klasse „PM I".

Erlaubnisfrei ist der Erwerb von **Wechsel- und Austauschläufen** (sowie der im Einzelfall notwendigen Verschlüsse, falls der Verschluss der Waffe nicht mit diesem Austauschlauf verwendet werden kann und somit ein **Wechselsystem**, bestehend aus Austauschlauf und einem für diesen Austauschlauf bestimmten Verschluss, erworben werden muss) sowie Wechseltrommeln für solche Waffen, die bereits in der WBK des Erwerbers eingetragen sind; hier ist aber der Besitz durch Eintragung des erworbenen Waffenteils in eine WBK durch die Waffenbehörde genehmigen zu lassen.

Für **Einsteckläufe und -systeme sowie Einsätze** bedarf es einer in die WBK eingetragenen Waffe, allerdings sind Erwerb und Besitz erlaubnisfrei, eine Eintragung des erworbenen Teils in die WBK also nicht vorgeschrieben.

Erlaubnisfrei ist der **Handel** mit

- Schusswaffen, die nach aktuell geltenden EU-Deaktivierungsvorschriften unbrauchbar gemacht worden sind,
- auf historischen Waffen basierenden (Modell entwickelt vor 1871)
    - Schusswaffen mit Zündnadelzündung und
    - einläufigen Einzelladerwaffen mit Zündhütchenzündung.

Erlaubnisfrei sind **Führen** und **Herstellung** von sowie **Handel** mit

- Vorderladern (Modell entwickelt vor 1871) mit Lunten- oder Funkenzündung sowie
- Armbrüsten.

1.6 Regelungen für historische und freie Waffen

1.6.1 Vorderladerwaffen

Historische Schusswaffen, aber auch nach dem Vorbild historischer Modelle konstruierte Schusswaffen jüngerer Bauart (**Repliken**) erfahren durch die Vorschriften der Anlage 2 WaffG eine weitgehende Befreiung von den Vorschriften des WaffG. Dabei handelt es sich in der Regel um Vorderladerwaffen. Grundsätzlich ist zu beachten, dass nicht jede Vorderladerwaffe mit **Luntenzündung**, **Funkenzündung**, **Zündnadelzündung** oder **Zündhütchenzündung (Perkussionswaffen)** in den Genuss der nachfolgend dargestellten Ausnahmen kommt. Beachten Sie darum bei den erläuterten Regelungen die Einschränkungen bezüglich Zündung und Konstruktion sowie die Umgangsarten, auf die sich die jeweilige Ausnahme konkret bezieht.

Die nachfolgend genannten Zündverfahren behandelt vertiefend der ergänzende Band 2 zu diesem Buch, ISBN 9783963940217.

1.6.1.1 Historisches Vorbild

Die nachfolgend dargestellten Befreiungen von den Vorschriften des Waffengesetzes gelten nur für solche Schusswaffen, die die genannten **Konstruktionsmerkmale** aufweisen und die beschriebene **Zündungsart** verwenden. Entscheidend ist dabei aber auch der **Zeitpunkt** der Entwicklung, genauer der **Herstellung des ersten Modells dieser Waffe**. Fehlt es an einem historisch belegten Vorbild, etwa im Falle der Tingle-Pistole als Perkussions-Vorderlader, sind Ausnahmen des WaffG nicht anwendbar.[156]

Handelt es sich um eine Schusswaffe, die nicht vor dem 1. Januar 1871 hergestellt wurde, ist zu prüfen, ob das erste Modell dieser Schusswaffe vor diesem Zeitpunkt hergestellt worden ist. Das Gesetz nimmt also ausdrücklich nicht auf den Zeitpunkt der Herstellung Bezug, sondern lediglich auf die Herstellung des Modells. Somit bedarf es in Zweifelsfällen immer der sachverständigen Begutachtung, um eine Aussage bezüglich eines tatsächlichen historischen Vorbildes treffen zu können.

1.6.1.2 Einstufung als Schusswaffe

Allein das Alter der Waffe oder der Konstruktionsidee, die einem Nachbau zugrunde liegt, macht aus diesem Gegenstand kein harmloses Spielzeug. Auch Vorderladerwaffen wurden für den Kampf oder für die Jagd erdacht und sind bezüglich ihrer Feuerkraft und Zerstörungsfähigkeit mancher erlaubnispflichtigen Schusswaffe unserer Tage überlegen. Die Herstellung von Schwarzpulver ist zwar erlaubnispflichtig und damit dem Unbefugten verboten, gleichzeitig aber „kein Hexenwerk“; auch die Geschosse sind leicht herstellbar, und selbst die Zündhütchen sind frei erwerbbar. Gleichwohl stellt der Gesetzgeber diese Waffen weitgehend von den Vorschriften des WaffG frei.

---

[156] *VG Frankfurt am Main 5 K 4408/16.F, Urteil vom 15. August 2019*

Beachten Sie, dass in einigen Bundesländern die **Jagdausübung mit Vorderladerwaffen** durch die Landesgesetzgebung ausdrücklich verboten ist.

1.6.1.3 Beachtung des Waffenverbotes

Die Freistellung von bestimmten Erlaubnispflichten tritt hinter ein behördliches Verbot des Umgangs mit Waffen nach § 41 WaffG zurück. Ist gegen eine Person ein Waffenverbot ausgesprochen, kann dieses auch den Umgang mit erlaubnisfrei erwerbbaren Schusswaffen umfassen.

1.6.1.4 Erfordernis Mindestalter

Grundsätzlich sind auch diese Gegenstände Schusswaffen und damit Waffen im Sinne des WaffG. Somit gelten bei Wegfall von Erlaubnispflichten die sonstigen Voraussetzungen für den Umgang mit Schusswaffen, womit zB das Erfordernis eines **Mindestalters**[157] für den Umgang zu beachten ist.

1.6.1.5 Erlaubnisfreier Erwerb und Besitz

Schusswaffen mit **Zündhütchenzündung (Perkussionswaffen)**, deren Modell vor dem 1. Januar 1871 entwickelt worden ist, können ohne Erlaubnis erworben und besessen werden, wenn es sich um **Einzelladerwaffen** mit **nur einem Lauf** handelt.

Ebenso können **ein- oder mehrläufige Schusswaffen** ohne Erlaubnis erworben und besessen werden, wenn sie als Zündverfahren über eine

- **Luntenzündung**,
- **Funkenzündung** oder
- **Zündnadelzündung**

verfügen und das Modell dieser Waffe vor dem 1. Januar 1871 entwickelt worden ist.

Schusswaffen mit **Stiftfeuerzündung** wie das **Lefaucheux**-Gewehr werden von der Ausnahme der Anlage 2 **nicht erfasst** und unterliegen darum **immer** der grundsätzlichen **Erlaubnispflicht** für Erwerb und Besitz.

---

[157] § 2 Abs. 1 WaffG; beachten Sie die Ausnahmen in § 3 WaffG

1.6.1.6 Erfordernis Aufbewahrung

Die Anforderungen an die Aufbewahrung richten sich nach der Erlaubnispflicht für Erwerb und Besitz. Unterliegt eine Schusswaffe der Erlaubnispflicht, gelten die Aufbewahrungsvorschriften für erlaubnispflichtige Schusswaffen in vollem Umfang. Erfolgt eine Freistellung für die im vorangehenden Kapitel beschriebenen Waffentypen, bleibt es aber bei dem Erfordernis eines Mindestalters. Zudem verlangt § 36 WaffG von jedem Besitzer einer Waffe, ob erlaubnispflichtig oder nicht, die erforderlichen Vorkehrungen zu treffen, damit diese nicht von Unbefugten, im Falle erlaubnisfreier Schwarzpulverwaffen von Kindern und Jugendlichen an sich gebracht werden können. Hier ist gesetzlich keine konkrete Anforderung an das Behältnis gestellt worden, gleichwohl muss der Waffenbesitzer im Falle einer Wegnahme der Waffen nachweisen, dass er zumindest für einen Grundschutz gesorgt hat, etwa durch den Einschluss in einem stabilen Holzschrank oder in einer Glasvitrine, die mit einem Schlüsselschloss gegen unbefugte Öffnung geschützt wird.

1.6.1.7 Erlaubnisfreies Führen

Schusswaffen, deren Modell vor 1871 entwickelt worden ist, mit

- **Luntenzündung** oder
- **Funkenzündung**

dürfen nach Anlage 2 A2 UA2 Nr. 3 WaffG ohne Erlaubnis geführt werden. Anders als im Falle der Freistellung von der Erlaubnispflicht nach § 12 Abs. 3 Nr. 2 WaffG, die voraussetzt, dass die geführte Waffe nicht zugriffsbereit ist, dürfen sie idF zugriffsbereit sein. Verbote nach § 42 WaffG sind zu beachten, das Führverbot nach § 42a WaffG gilt dagegen nicht.

Beachten Sie, dass es bei Schusswaffen, die eines der genannten Zündungssysteme verwenden, unerheblich ist, ob diese ein- oder mehrläufig sind.

Schusswaffen mit anderen Zündungsarten, zB **Zündnadel-**, **Zündhütchen-** und **Stiftfeuerzündung,** sind **von dieser Freistellung <u>nicht</u> erfasst.**

1.6.1.8 Erlaubnisfreie Herstellung

Schusswaffen, deren Modell vor dem 1. Januar 1871 entwickelt worden ist, können ohne Erlaubnis hergestellt werden, wenn sie eines der folgenden Zündverfahren aufweisen:

- **Luntenzündung**
- **Funkenzündung**

Beachten Sie, dass es bei Schusswaffen, die eines der genannten Zündungssysteme verwenden, unerheblich ist, ob diese ein- oder mehrläufig sind.

Schusswaffen mit anderen Zündungsarten, zB **Zündnadel-**, **Zündhütchen-** und **Stiftfeuerzündung,** sind **von dieser Freistellung nicht erfasst.**

1.6.1.9 Erlaubnisfreier Handel

Schusswaffen mit **Zündhütchenzündung (Perkussionswaffen)**, deren Modell vor dem 1. Januar 1871 entwickelt worden ist, können ohne Erlaubnis gehandelt werden, wenn es sich um **Einzelladerwaffen** mit **nur einem Lauf** handelt.

Ebenso können **ein- oder mehrläufige Schusswaffen** ohne Erlaubnis gehandelt werden, wenn sie als Zündverfahren über eine

- **Luntenzündung**,
- **Funkenzündung** oder
- **Zündnadelzündung**

verfügen und das Modell dieser Waffe vor dem 1. Januar 1871 entwickelt worden ist.

Schusswaffen mit **Stiftfeuerzündung** wie das **Lefaucheux**-Gewehr werden von der Ausnahme der Anlage 2 **nicht erfasst** und unterliegen darum **immer** der grundsätzlichen **Erlaubnispflicht** für den Handel.

1.6.1.10 Keine Ausnahme für das Schießen

Das Schießen mit Schusswaffen unterliegt mit Ausnahme der Freistellung von in § 12 Abs. 4 WaffG bestimmten Fällen immer der Erlaubnispflicht. Die Art der Zündung ist hier unerheblich.

1.6.1.11 „Historische" Feuerwaffen für Patronenmunition

Bereits einige Jahre vor dem Stichtag der Ausnahmeregelung legten Konstrukteure erste Schusswaffen vor, die nicht mehr von vorn „gestopft", sondern „von hinten" mit Patronen geladen wurden, also „Hinterlader".

So verwendete der **Sharps**-Karabiner bereits in den 1850er Jahren Papierpatronen, die in das Patronenlager eingelegt werden konnten, wenn der Blockverschluss der Waffe geöffnet wurde. Die Zündung erfolgte über Zündhütchen, aber auch über Zündpillen - deren automatisierte Zuführung zeigte bereits den Weg zur Entwicklung der automatischen Waffen an.

Bei dem **Gallager**-Gewehr wurde der Lauf durch Betätigung des Abzugsbügels entriegelt, nach vorn geschoben und dann nach unten gekippt. Nach dem Entriegeln wurde der Lauf von hinten mit Patronen ohne Zündvorrichtung geladen, die Zündung erfolgte über ein außen auf einen Piston aufgesetztes Zündhütchen.

Bei Modellen, die vor dem 1. Januar 1871 entwickelt wurden und die Zündung über ein Zündhütchen außerhalb des Patronenlagers erzeugen, handelt es sich bei Sharps wie auch Gallager um Schusswaffen, die den weiter oben genannten Freistellungen für Vorderladerwaffen mit Zündhütchenzündung ebenfalls unterliegen, sofern es sich um einläufige Einzelladerwaffen handelt. Das **Henry**-Gewehr wird von der Freistellung nicht erfasst, da es Patronen mit Randfeuerzündung verwendet.

Das **Dreyse-Zündnadelgewehr** unterfällt den Freistellungen für Zündnadelwaffen, ebenso das Modell von **Chassepot**.

Schusswaffen mit **Stiftfeuerzündung** wie das **Lefaucheux**-Gewehr werden von den Ausnahmen der Anlage 2 nicht erfasst und unterliegen darum immer der grundsätzlichen Erlaubnispflicht.

1.6.2 „Freie Waffen"

Die Bezeichnung dieses Kapitels entspricht zwar der üblichen Sprachregelung für die nachfolgende Gruppe von Waffen, ist aber im Grunde falsch. Beim Umgang mit den nachfolgend dargestellten Arten von Schusswaffen und Gegenständen ist der Besitzer nicht gänzlich von den Regelungen des Gesetzes freigestellt – sie unterliegen den Regelungen des Waffengesetzes, haben aber eine Gemeinsamkeit: Ihr Erwerb und Besitz ist von der Erlaubnispflicht freigestellt, wobei diese Freistellung teilweise nur unter bestimmten Voraussetzungen besteht, beispielsweise das Einhalten bestimmter Geschossenergie im Falle von Druckluftwaffen. Das Erfordernis des Mindestalters ist ebenso zu beachten wie eventuelle Erlaubnispflichten, beispielsweise für das Führen, für den Handel und die Herstellung.

Neben der Beschreibung der jeweiligen Waffeneigenschaften wird der anwendbare Regelungsumfang des Waffengesetzes dargestellt.

1.6.2.1 SRS-Waffen und Munition für SRS-Waffen

Die Abkürzung **SRS** steht für **S**chreckschuss, **R**eizstoff und **S**ignal. Als SRS-Waffen werden in der Praxis meist solche **Gasrevolver** oder **Gaspistolen** bezeichnet, die die Anforderungen von Anlage 2 A2 UA2 Nr. 1.3 WaffG erfüllen.

SRS-Waffen, die zum Nachweis der **Bauartzulassung** das **Zulassungszeichen** „PTB im Kreis“ mit der jeweiligen Kennnummer tragen, und die für sie bestimmte **Kartuschenmunition** können unter Beachtung anderer gesetzlicher Vorgaben, etwa zum Mindestalter nach § 2 WaffG, **erlaubnisfrei erworben und besessen** werden. Gleiches gilt für solche SRS-Waffen, die den Rechtsvorschriften eines anderen Mitgliedstaates der Europäischen Union entsprechen.[158] Andere Schreckschuss-, Reizstoff- oder Signal-Waffen sind WBK-pflichtig, sie unterfallen nicht der Freistellung von der Erlaubnispflicht nach Anlage 2 A2 UA2 Nr. 1.3 WaffG und auch nicht der Erleichterung für die Erteilung der Erlaubnis zum Führen von SRS-Waffen nach Anlage 2 A2 UA3 Nr. 2 WaffG. Dies gilt beispielweise für „**Startwaffen**“, die lediglich Gasaustrittsöffnungen oberhalb einer geschlossenen Laufimitation aufweisen und in vielen Fällen keine PTB-Kennzeichnung aufweisen.

Von der Erlaubnispflicht freigestellte SRS-Waffen und die für sie bestimmte Munition unterliegen nicht der Pflicht zur **Aufbewahrung** in einem qualifizierten Behältnis, sondern lediglich in einem verschlossenen Behältnis.

Waffentechnisch unterscheiden sich SRS-Waffen neben dem verwendeten Material durch die Art des Laufes und Patronenlagers von „scharfen“ Waffen. Der Lauf einer SRS-Waffe ist ein **Gaslauf**, das bedeutet, er dient allein zur Ableitung der Verbrennungsgase. Damit keine Geschosse durch diesen Lauf verschossen werden können, ist er mit Sperrelementen blockiert oder auch verschwenkt (dies gilt besonders für die Trommeln von Gasrevolvern, deren Bohrungen entsprechend schräg eingebracht werden). So wird sichergestellt, dass SRS-Waffen nur zum Verschießen von **Kartuschenmunition** (umgangssprachlich „Platzpatronen“) oder Munition mit **Reizstoffen** sowie zum Abschießen von **pyrotechnischer Munition** mit Hilfe eines Abschussbechers benutzt werden können.

Das **Verbot** von **Kleinschrotmunition** nach § 2 Abs. 3 WaffG iVm Anlage 2 A1 WaffG bezieht sich auf Patronen mit besonders feinen Schroten, die zum Verschießen aus Kartuschenlagern von SRS-Waffen bestimmt sind.

SRS-Waffen nach Anlage 2 A2 UA2 Nr. 1.3 sind keine Schusswaffen, sondern als tragbare Gegenstände zum Abschießen von Munition lediglich

---

[158] Voraussetzung dafür ist nach Anlage 2 A2 UA2 Nr. 1.3 Buchst. b WaffG, dass dieser Mitgliedsstaat der Europäischen Kommission als Maßnahme zur Umsetzung der Durchführungsrichtlinie (EU) 2019/69 die Festlegung technischer Spezifikationen für Schreckschuss- und Signalwaffen mitgeteilt hat.

Schusswaffen gleichgestellt und damit Waffen im Sinne des WaffG. Zu beachten ist, dass SRS-Waffen die Definitionen der Schusswaffenarten nach Anlage 1 A1 UA1 Nr. 2.6 bis 2.8 WaffG in der Regel teilweise erfüllen.

Vorgeschriebene **Kennzeichen** auf einer SRS-Waffe sind Name oder Warenzeichen des Herstellers oder Importeurs und die Kaliberbezeichnung.

SRS-Waffen unterliegen als Feuerwaffen[159] im Sinne des BeschG der Beschusspflicht und tragen neben den genannten Kennzeichen ein **Beschusszeichen.**[160] SRS-Waffen im Kaliber 6 mm Flobert Platz unterliegen nicht der Beschusspflicht und tragen kein Beschusszeichen.[161]

Neben den dargestellten Verteidigungswaffen *Gasrevolver* und *Gaspistole* zählen auch **Signalgeber** zu den SRS-Waffen. Sie verschießen pyrotechnische Gegenstände, zB im Notfall auf See oder im Gebirge. Gleiches kann durch Benutzung eines **Abschussbechers** geschehen, der an einer SRS-Waffe montiert wird und zum Abschießen von pyrotechnischen Gegenständen dient. Der Abschussbecher ist kein wesentliches Teil, insbesondere kein Lauf, wenn er nicht der gesetzlichen Definition entspricht.

Neben Knallpatronen zur Signalgebung kommen in SRS-Waffen zur Selbstverteidigung Reizstoffpatronen zum Einsatz. Die Patronen tragen je nach enthaltenem (Reiz-) Stoff unterschiedliche Farbmarkierungen:

- Gelb für CS-Gas
- Braun für Pfefferkonzentrat
- Blau für CN-Gas
- Rot für andere Reizstoffe
- Grün für Knallpatronen

Wird eine **SRS-Waffe zugriffsbereit und schussbereit geführt**, muss neben dem **Kleinen Waffenschein** auch der Personalausweis oder Pass mitgeführt und Polizeibeamten auf Verlangen zur Prüfung überlassen werden.[162] Diese Verpflichtung gilt auch gegenüber anderen zur Personenkontrolle

---

[159] § 2 Abs. 1 Nr. 2 BeschG

[160] § 6 Abs. 1 BeschG

[161] § 4 Abs. 1 Nr. 2 BeschG

[162] § 38 Abs. 1 WaffG

Berechtigten wie Zollbeamten oder Bundespolizisten, nicht aber gegenüber Mitarbeitern von Privatfirmen oder Bewachungsunternehmen.

1.6.2.2 Druckluftwaffen

Druckluftwaffen werden landläufig als **Luftgewehre** und **Luftpistolen** bezeichnet, obwohl sie keine Luft verschießen. Die Bezeichnung „Luftdruckwaffe" ist ebenfalls falsch, denn weder wird der Luftdruck außerhalb der Waffe durch Abzugsbetätigung wesentlich verändert noch dient der Luftdruck zur Funktion der Waffe. Druckluftwaffen sind Schusswaffen.

Die korrekte Bezeichnung „Druckluftwaffe" ist schon ein Hinweis auf die Funktionsweise – Luft wird durch einen Kolben in einem Zylinder verdichtet. Der Kolben wird bei vielen Waffenmodellen durch einen seitlich montierten Hebel in den Zylinder geschoben – der Lauf bleibt in diesem Falle unbewegt, wodurch die Waffe eine hohe Präzision erreicht.

Ein „Ratschengeräusch" beim Spannen der Waffe mit einem Seitenhebel ist ein Hinweis auf eine besondere Art von Sicherheitseinrichtung – damit der hohe Druck im Zylinder nicht dazu führt, dass der Seitenhebel plötzlich nach außen schnellt, wird eine Folge von Sicherheitsrasten beim Benutzen des Hebels überwunden, wobei das Geräusch einer Ratsche entsteht. Nach dem Spannen wird der Spannhebel in seine Ruhestellung zurückgeführt – wenn er aus dieser Ruhestellung nicht mehr herausbewegt werden kann, ist das ein Hinweis auf den Waffenzustand (gespannt).

Die zusammengepresste Luft hat das Bestreben, sich wieder auszudehnen, wird aber in dem Zylinder gehalten. Erst nach Freigabe eines Ventils kann sich die Luft wieder ausdehnen und aus dem Zylinder ausströmen. Dabei wirkt sie auf ein Geschoss und treibt dieses durch den Lauf, weil es der Ausdehnung keinen wesentlichen Widerstand entgegensetzen kann.

Zum **Entladen** oder **Sichern** wird bei einer Waffe mit feststehendem Lauf die Waffe zum Entladen in einen sicheren Kugelfang abgeschossen, weil der Spannhebel aus Sicherheitsgründen im gespannten Zustand nicht aus seiner Ruhestellung bewegt werden kann; das Geschosslager kann also nicht geöffnet werden, weshalb der Abzug zu betätigen ist. Verschossen werden aus Druckluftwaffen im sportlichen Bereich in der Regel Diabolos (Bleikelchgeschoss) mit 4,5 mm Durchmesser.

Druckluftwaffen unterliegen <u>nicht</u> der **Beschusspflicht**, sondern sind nur nach § 24 WaffG zu **kennzeichnen**. **Waffenrechtlich** zählen sie auch dann zu den Schusswaffen, wenn zum Antrieb des Geschosses keine „heißen Gase" zum Einsatz kommen. Beachten Sie zur Freistellung von der

Erlaubnispflicht für Erwerb und Besitz Kapitel 1.5.2. Das Führen ist erlaubnispflichtig. **Weitschuss-Druckluftgewehre** können Geschossen deutlich mehr als 7,5 J Bewegungsenergie erteilen – Freistellungen von der Erlaubnispflicht wie für die vorgenannten Druckluftwaffen entfallen, sie sind WBK-pflichtig.

1.6.2.3 Federdruckwaffen

Federdruckwaffen speichern die vom Schützen mittels Hebelkraft eingebrachte Energie in einer Feder im Innern der Waffe. Die Kraft der gespannten Feder kann bei Lösung auf verschiedene Arten auf das Geschoss wirken:

- Das Geschoss wird direkt mittels **Stoßes** durch den Lauf getrieben.
- Ein Kolben wird in einem Zylinder bewegt; im Zylinder wird die vorhandene Luft sehr schnell komprimiert und gelangt durch eine Öffnung hinter das Geschoss; da dieser Bereich abgedichtet ist, gibt das Geschoss dem **Gasdruck** nach und wird durch den Lauf getrieben.

Gespannt wird die Feder entweder über den Lauf (**Knicklauf** als einfache Konstruktion, bei welcher der Lauf als Hebel wirkt und über eine Stange nahe der Knickachse die Feder im Innern der Waffe spannt) oder über einen seitlich montierten **Hebel** (wie *Druckluftwaffe*, siehe voriges Kapitel).

Da bei einer einfach konstruierten Federdruckwaffe der Kolben die Waffe insgesamt bewegt, sind solche Waffen nicht zum Wettkampfschießen geeignet. Höherwertige Modelle gleichen durch mechanische Maßnahmen den Impuls, der durch die Bewegung des Kolbens ausgelöst wird, aus.

Waffen mit Knicklauf können durch erneutes Abknicken des Laufes und Entnahme des Geschosses entladen werden; bei feststehenden Läufen gelten die Hinweise des vorigen Kapitels.

Rechtlich gelten die Ausführungen zu Druckluftwaffen.

1.6.2.4 Druckgaswaffen

Neben komprimierter Luft, die durch die Kraft des Schützen in die Waffe „gepumpt" wurde oder in einem Druckbehälter erhältlich ist, können beim Einsatz von Druckgaswaffen auch Gase zum Einsatz kommen. Anders als die Umgebungsluft stehen sie in einem Behälter unter hohem Druck und können nach Betätigen des Abzuges auf das Geschoss wirken.

Rechtlich gelten die Ausführungen zu Druckluftwaffen.

1.6.2.5 Gotcha / Paintball

Paintball-Waffen (**Gotcha-Waffen**) verschießen mit Farbe gefüllte Kugeln im Kaliber .68, die von Federkraft oder Gasdruck durch den Lauf getrieben werden, und erfüllen somit den Schusswaffenbegriff. Für die Einordnung als Druckluft-, Federdruck- oder Kaltgaswaffe, die von der Erlaubnispflicht für Erwerb und Besitz freigestellt ist, ist es erforderlich, dass die Bewegungsenergie der Geschosse 7,5 J nicht übersteigt. Die Einhaltung dieser Vorschrift bei dem geprüften Serienmodell wird durch das Kennzeichen „F im Fünfeck" nachgewiesen. Damit sind Erwerb und Besitz ab 18 Jahren erlaubnisfrei, das Führen aber nur mit **Waffenschein** gestattet.

Erlaubnisfreies Führen einer Paintball-Waffe mit „F im Fünfeck" ist möglich, wenn es auf einer Schießstätte oder auf dem **befriedeten Besitztum**, in der Wohnung oder in den Geschäftsräumen eines Dritten erfolgt und es sich bei dieser Waffe nicht um eine Anscheinswaffe im Sinne des WaffG handelt. Sofern das Führen der Waffen an diesem Ort mit Einverständnis des Zustimmungsberechtigten geschieht, bedarf es keiner waffenrechtlichen Erlaubnis. Als befriedetes Besitztum gilt beispielsweise ein durch eine Umzäunung deutlich vom öffentlichen Raum abgetrenntes Gelände. Das Führen im Sinne eines **Transports** muss nach § 12 Abs. 3 Nr. 2 WaffG erfolgen, empfohlen wird der Transport in einem verschlossenen Behältnis.

Hallen oder Anlagen für das Ausüben von Paintball-Spielen (**Paintball-Arena**) fallen nicht unter den Begriff der Schießstätte, da es ihnen an den für eine Schießanlage typischen Vorrichtungen mangelt.[163]

Ist sichergestellt, dass die Geschosse das Gelände nicht verlassen können, darf mit einer Paintball-Waffe mit dem Zeichen „F im Fünfeck" hier auch geschossen werden, **ohne** dass es einer **Schießerlaubnis** oder einer Zulassung des Bereiches als Schießstätte bedarf, wenn der Inhaber des Hausrechts zustimmt oder selbst schießt.[164]

Der gewerbliche **Verleih** von Paintball-Schusswaffen, die nicht als zum Spiel bestimmte Schusswaffen bis zu 0,5 J kinetischer Geschossenergie nach Anlage 2 A3 WaffG von der Anwendung des WaffG ausgenommen sind, bedarf einer Erlaubnis zum Waffenhandel.

---

[163] *BayVGH München 21 B 98.2184, Urteil vom 27. Juni 2000*

[164] *§ 12 Abs.4 Nr. 1 Buchst. a WaffG*

Die Rechtsprechung sieht einen **Verstoß** gegen die **Menschenwürde** durch **Paintball** oder **Reball** mittlerweile **nicht** mehr **gegeben**[165].

Für Paintball-Waffen, ausgenommen zum Spiel bestimmte Schusswaffen bis zu 0,5 J kinetischer Geschossenergie, gilt das **Verbot von Vollautomaten** – die Verbotsnorm (Anlage 2 A1 WaffG) ist nicht auf Feuerwaffen beschränkt, sondern bezieht sich allgemein auf Schusswaffen.

1.6.2.6 Softair-Waffen

Softair-Waffen sind in der Regel Schusswaffen, aus denen durch Gasdruck oder Federdruck Kunststoffkügelchen (BB genannt) mit 6 mm Durchmesser verschossen werden.

Für **Softair-Waffen** gelten die Vorschriften des Waffengesetzes, es sei denn, es handelt sich um zum Spiel bestimmte Schusswaffen. Um als **zum Spiel bestimmt** zu gelten, darf die Bewegungsenergie des Geschosses 0,5 Joule (J) nicht überschreiten. Ebenfalls ausgenommen sind Softair-Waffen, die **Spielzeug** sind und die entsprechende CE-Kennzeichnung tragen.

Bei Überschreitung des Grenzwertes muss eine solche Softair-Waffe das Kennzeichen „F im Fünfeck" tragen, auch wäre ein Mindestalter von 18 Jahren für den Erwerb notwendig, das Führen der Waffe ohne Waffenschein verboten. Fehlt das Kennzeichen, ist für Erwerb und Besitz eine WBK erforderlich.

Hallen oder Anlagen für das Ausüben von Softair-Spielen (**Softair-Arena**) fallen nicht unter den Begriff der Schießstätte, da es ihnen an den für eine Schießanlage typischen Vorrichtungen mangelt.[166] Somit ist **Personen unter 18 Jahren** das Schießen mit solchen Waffen dort **verboten**, § 27 WaffG ist nicht anwendbar. Der **Verleih** von Softair-Schusswaffen, die nicht nach Anlage 2 A3 WaffG von der Anwendung des WaffG ausgenommen sind, bedarf einer Erlaubnis zum Waffenhandel.

Für Softair-Waffen, die nicht nach Anlage 2 A3 UA1 WaffG von der Anwendung des WaffG ausgenommen sind, gilt das **Verbot von Vollautomaten** – die Verbotsnorm (Anlage 2 A1 WaffG) ist nicht auf Feuerwaffen

---

[165] *OVG Lüneburg 1 LC 244/07, Urteil vom 18. Februar 2010 (entgegen BayVGH München 21 B 98.2184)*

[166] *BayVGH München 21 B 98.2184, Urteil vom 27. Juni 2000*

beschränkt, sondern bezieht sich allgemein auf Schusswaffen, somit auch auf Softair-Waffen über 0,5 J und Paintballwaffen.

1.6.2.7 AEG-Softair-Waffen

Das Kürzel AEG steht für **A**utomatic **E**lectric **G**un und bezeichnet Softair-Waffen, bei denen die Energie, die auf das Geschoss wirkt, durch einen elektrischen Antrieb in einen Energiespeicher (Feder) eingebracht wird. Nach Betätigung des Abzugs wird die Waffe durch die elektrisch angetriebene Mechanik wieder schussbereit. AEG-Softair-Waffen werden auch als **Vollautomaten** angeboten.

1.6.2.8 LEP-Waffen

Das Kürzel LEP steht für **L**uft-**E**nergie-**P**atrone (korrekte Bezeichnung wäre DEP als Kürzel von Druckluft-Energie-Patrone). Der als Patrone bezeichnete Adapter enthält unter Druck stehende Luft, die nach Schlag auf ein Ventil ein Geschoss, das sich im vorderen Teil des Adapters befindet, antreibt. LEP-Waffen sind Schusswaffen.

Auf LEP-Waffen, die durch Umbau einer erlaubnispflichtigen Waffe entstanden sind, sind die für die Originalwaffe geltenden waffenrechtlichen Vorschriften anzuwenden.[167] LEP-Waffen, die bereits als solche hergestellt wurden („geborene LEP-Waffen"), sind dagegen erlaubnisfrei zu erwerben, wenn sie das Kennzeichen „F im Fünfeck" tragen.

1.6.2.9 Nachbildungen

Nachbildungen sind, anders als unbrauchbar gemachte Schusswaffen, niemals schussfähig gewesen, somit nicht aus Schusswaffen entstanden. Sie unterfallen idR dem Begriff der Anscheinswaffe.

Nachbildungen von Schusswaffen sind Gegenstände,

- die nicht als Schusswaffen hergestellt wurden,
- die die äußere Form einer Schusswaffe haben,
- aus denen nicht geschossen werden kann und

---

[167] *Anlage 2 A2 UA1 WaffG*

- die nicht mit allgemein gebräuchlichen Werkzeugen so umgebaut oder verändert werden können, dass aus ihnen Munition, Ladungen oder Geschosse verschossen werden können.

Erfüllt ein Gegenstand die im Gesetz[168] genannten Bedingungen, unterliegt er mit Ausnahme des Führverbotes nach § 42a WaffG nicht dem WaffG.[169]

Lichtpunktgewehre (LPG) sind Nachbildungen von Schusswaffen, die bei Betätigung des Abzugs einen Lichtimpuls in Richtung des anvisierten Zieles senden. Ein Lichtpunktgewehr unterfällt, wenn es den Anschein einer Feuerwaffe hervorruft, dem Begriff der Anscheinswaffe. Das Verbot des Führens von Anscheinswaffen ist zu beachten, andere Vorschriften wie zum Mindestalter sind gemäß Anlage 2 A3 WaffG nicht anwendbar. Der Besitz von Lichtpunktgewehren auf Schießstätten ist kein Führen im Sinne des WaffG; außerhalb von Schießstätten ist aber das Führen gemäß § 42a WaffG verboten, wenn es sich um die Nachbildung einer Feuerwaffe und somit eine Anscheinswaffe handelt, da das Verbot des Führens von Anscheinswaffen nicht durch ein berechtigtes Interesse aufgehoben werden kann.

1.6.2.10 Zum Spiel bestimmte Schusswaffen, Spielzeugwaffen

Zum Spiel bestimmte Schusswaffen[170] und **Spielzeugwaffen** im Sinne der EU-Spielzeugrichtlinie unterfallen nicht dem „**Vollautomatenverbot**", da diese Gegenstände gemäß Anlage 2 A2 UA3 Nr. 1 WaffG von der Anwendung des WaffG ausgenommen sind. Zu beachten ist in diesem Falle lediglich das Führverbot, insbesondere für Anscheinswaffen, aus § 42a WaffG. Explizit ausgenommen von der Definition „Anscheinswaffe" sind dabei nur solche offenkundig zum Spiel bestimmten Gegenstände", die deutlich kleiner oder größer sind als das Original (+/- 50 Prozent) oder neonfarbene Materialen enthalten, deren Drohpotential also gering ist. Hier greift das Führverbot des § 42a WaffG nicht.

Die Abgabe von Spielzeugwaffen an **Kinder** (Personen unter 14 Jahren) ist nach der **EU-Spielzeugrichtlinie** 2009/48/EG nicht zulässig. Somit ist trotz

---

[168] *Anlage 1 A1 UA1 Nr. 6 WaffG*

[169] *Anlage 2 A3 UA2 Nr. 4 WaffG*

[170] *Schusswaffe, die dem aus ihr verschossenen Geschoss eine Bewegungsenergie von nicht mehr als 0,5 J übertragen kann*

Freistellung von den Vorschriften des WaffG mit Ausnahme des Führverbots gemäß Anlage 2 A3 UA2 WaffG eine Altersgrenze zu beachten.

1.7 Regelungen für den Schießbetrieb (§ 27)

1.7.1 Begriffsbestimmungen

Eine **Schießstätte** ist eine ortsfeste oder ortsveränderliche Anlage, die ausschließlich oder neben anderen Zwecken dem Schießsport oder sonstigen Schießübungen mit Schusswaffen, der Erprobung von Schusswaffen oder dem **Schießen** mit Schusswaffen **zur Belustigung** dient.[171] Der **Begriff der Schießstätte** umfasst nicht allein die Schießanlagen als räumlich abgeteilte Orte der tatsächlichen Schussabgabe, sondern auch Aufenthaltsbereiche sowie Nebenräume des Gebäudes oder Geländes, die zumindest einen funktionalen Bezug zum Schießen aufweisen (zB Vereinsgaststätte, Umkleide- und Aufenthaltsräume),[172] sowie das befriedete Betriebsgelände. Das schließt auch auf dem befriedeten Betriebsgelände belegene Parkplätze ein,[173] sofern dieses Betriebsgelände ausschließlich der Durchführung des Schießbetriebs dienen soll, nicht aber anderen Zwecken wie etwa dem Betrieb einer KFZ-Werkstatt oder eines Restaurants, das keinen Bezug zu dieser Schießstätte hat.

Schießanlage ist die Zusammenfassung aus einem oder mehreren Schießständen.

Der **Schießstand** ist die Örtlichkeit, auf bzw. in der geschossen wird, und besteht aus dem Schützenstand und der Schießbahn mit Sicherheitsbauten bzw. Umfassungsbauteilen sowie ggfs. dem Geschossfang.

Die **Schießbahn** umfasst den Raum ab dem Schützenstand bzw. der Feuer- oder Schießlinie bis zum Schießbahnabschluss. Der **Schießbahnabschluss** stellt den durchschusssicheren Abschluss einer Schießbahn hinter dem Geschossfang dar.

---

[171] § 27 Abs. 1 WaffG

[172] WaffVwV zu § 27, 27.1.1, Absatz 2

[173] Nr. 1.1.2.1 Absatz 3 der Schießstandrichtlinie, erlassen durch das Bundesministerium des Innern, BAnz AT 23.10.2012 B2, zuletzt geändert durch BAnz AT 25.03.2013 B3

Der **Schützenstand** ist der Bereich hinter dem Schützen von der Feuerlinie (gedachte, dem Geschossfang nächste Linie, auf der die Schützen bei Schussabgabe parallel stehen) bis zur hinteren Begrenzung. Er ist auch Aufenthaltsbereich für Aufsichten und Kampfrichter. Zuschauer dürfen sich im Schützenstand nicht aufhalten.

Die vorstehenden Begriffserläuterungen erfolgen auf Grundlage technischer Definitionen. In der Praxis, insbesondere auch im Falle des § 11 AWaffV, ist zu beachten, dass die Begriffe „Schießstand" und „Schießanlage" teilweise synonym bzw. fehlerhaft verwendet werden. Beachten Sie dazu Kapitel 1.7.3. Im allgemeinen Sprachgebrauch wird mit dem Begriff „Schießstand" meist die „Schießanlage" gemeint sein; nachfolgend werden die Begriffe wie vorstehend erläutert verwendet.

1.7.2 Schießstätte; Prüfung der Schießstätte (§§ 27, 27a)

Wer eine Schießstätte errichten oder verändern will, bedarf einer Erlaubnis der zuständigen Behörde.[174] Deren Erteilung setzt die Prüfung gemäß § 27a WaffG durch die Behörde unter Hinzuziehung eines anerkannten Schießstandsachverständigen voraus. Die Erlaubnis darf nur erteilt werden, wenn der Antragsteller[175] die erforderliche Zuverlässigkeit (§ 5) und die persönliche Eignung (§ 6) besitzt und eine bestehende Versicherung gegen Haftpflicht nachgewiesen hat.

Die behördliche Zuständigkeit kann ebenso wie die Anforderungen an die Qualifikation des Schießstandsachverständigen nach Landesrecht unterschiedlich geregelt sein. So kann zB anstelle der Waffenbehörde die Bauaufsichtsbehörde für Genehmigung und Überprüfung der Schießstätten zuständig sein.

---

[174] Ausgenommen zB Schießstätten zur Erprobung gemäß § 27 Abs. 2 WaffG; die Formulierung „will" bedeutet, dass die Erlaubnis vorliegen muss, bevor mit der Errichtung (Baubeginn) oder der wesentlichen Änderung begonnen wird.

[175] WaffVwV zu § 10, Nr. 10.7.4: „Schießsportlichen Vereinen und jagdlichen Vereinigungen als juristischen Personen kann eine Erlaubnis nach § 27 Absatz 1 zum Betreiben einer Schießstätte erteilt werden. Auch hier ist eine verantwortliche Person zu benennen, die dann die Betreiberpflichten (§ 10 AWaffV) zu übernehmen hat."; nach § 27 Abs. 1 Satz 3 WaffG ist das Verfahren zur Erteilung einer WBK für juristische Personen gemäß § 10 Abs. 2 Satz 2 bis 5 WaffG anzuwenden.

Neben der waffenrechtlichen Erlaubnis nach § 27 WaffG sind eine baurechtliche Genehmigung und eine umweltrechtliche Erlaubnis erforderlich, wenn die Schießanlage nicht unter die befreiende Bestimmung der Anlage 1 zur Vierten Verordnung zur Durchführung des Bundes-Immissionsschutzgesetztes (Verordnung über genehmigungsbedürftige Anlagen – 4. BImSchV) fällt.

Für Sportschützen hängt der **Nachweis des waffenrechtlichen Bedürfnisses** davon ab, ob die vom Verein des Schützen benutzte Schießstätte für die Durchführung der angegebenen Schießübungen zugelassen ist. Die Zulassung kann die Nutzung bestimmter Waffen- oder Munitionsarten untersagen und legt einen Grenzwert für die Mündungsenergie (E_0) fest. So wird zB ein Bedürfnis für einen Revolver .44 Rem. Mag. (E_0 über 1.000 Joule) versagt werden, wenn die nutzbare Schießstätte nur für Geschosse mit einer Bewegungsenergie bis 200 Joule zugelassen ist.

Übliche Grenzwerte sind:

- Schießstätte für Druckluft-Waffen: 7,5 Joule
- Schießstätte für Kleinkaliber-Waffen: 200 Joule
- Schießstätte für Großkaliber-Kurzwaffen: bis 1.500 Joule (idR)
- Schießstätte für Großkaliber-Langwaffen: bis 7.000 Joule (idR)

Für das Schießen auf der genehmigten Schießstätte bedarf es für den einzelnen Schützen keiner Erlaubnis, wenn unter den § 9 Abs. 1 AWaffV genannten Voraussetzungen auf der Schießstätte geschossen wird. Die allgemeinen waffengesetzlichen Anforderungen an den Umgang mit Schusswaffen, zB das **Alterserfordernis**[176] nach § 2 Abs. 1 WaffG, sind grundsätzlich zu beachten, ausgenommen zB das Schießen durch **Kinder und Jugendliche**[177] gemäß § 27 Abs. 3 WaffG[178] oder durch **Jugendliche in der Ausbildung zum Jäger** gemäß § 27 Abs. 5 WaffG.

---

[176] *Mittelbar erstreckt sich die Absenkung des Mindestalters für die Umgangsart Schießen auch auf Erwerb und vorübergehenden Besitz zum Zwecke des Schießens durch Minderjährige, ist aber auf die konkrete Situation beschränkt.*

[177] *Zu den Begriffen „Kinder" und „Jugendliche" siehe Anlage 1 A2 WaffG*

[178] *Graphische Darstellung in Kapitel 1.4.3; Kinder ab 12 Jahren: Druckluft-, Federdruck- und Kaltgaswaffen nach Anlage 2 A2 UA2 Nr. 1.1 und 1.2; Jugendliche ab 14 Jahren: sonstige Schusswaffen mit Randfeuerzündung bis cal. .22 lfB. bis 200 J sowie Einzellader-LW mit glatten Läufen cal. 12 oder kleiner; Ausnahmen*

Das Schießen **<u>außerhalb</u> einer genehmigten Schießstätte** bedarf einer **Schießerlaubnis** nach § 10 Abs. 5 WaffG. **Ausnahmen** gelten zB für **Sportwettkämpfe** und Signalschüsse sowie für das Schießen von Vereinigungen von **Brauchtumsschützen** mit Kartuschenmunition bei Veranstaltungen.[179] Die Belange der Allgemeinheit dürfen durch die Schießerlaubnis nicht gefährdet werden; das Interesse des Antragstellers steht hinter dem Anspruch Dritter auf Nicht-Gefährdung durch Schusswaffengebrauch zurück.

Schießstätten für Armbrüste bedürfen der Erlaubnis, siehe Kapitel 1.3.2.3.2.1. Das Spiel mit **Laser-Waffen** in „Laser-Domen" oder „Laser-Tags" ist Kindern und Jugendlichen unter 16 Jahren verboten.[180] **Paintball-Arenen** fallen <u>nicht</u> unter den Begriff der Schießstätte.[181]

1.7.3 Aufsicht auf Schießstätten (§§ 10, 11 AWaffV)

Grundsätzlich darf kein Schießen ohne Aufsicht erfolgen. Ausgenommen ist allein das **Schießen** einer **zur Aufsicht befähigten Person**, die sich allein auf der Schießanlage[182] aufhält, **darf ohne weitere Aufsicht** erfolgen.

---

möglich; das Schießen mit anderen als den vorgenannten Waffenarten ist Minderjährigen gemäß § 2 Abs. 1 WaffG untersagt.

179 § 16 Abs. 3 WaffG, Erteilung für fünf Jahre für verantwortlichen Leiter

180 VG Würzburg W 3 K 14.438, Urteil vom 14. April 2016, gem. § 7 Jugendschutzgesetz

181 BayVGH München 21 B 98.2184, Urteil vom 27. Juni 2000

182 Hier ist zu beachten, dass der Gesetzgeber bzw. Verordnungsgeber im Falle des allein anwesenden Schützen in der Regelung zur Ausnahme von der Aufsichtspflicht nach § 11 Abs. 3 AWaffV den Begriff „Schießstand" verwendet, tatsächlich aber die Schießanlage als Zusammenfassung mehrerer Schießstände im technischen Sinne bezeichnen will, siehe Begriffsbestimmungen in Kapitel 1.7.1; es ist nicht erforderlich, dass die gesamte Schießstätte menschenleer ist mit Ausnahme des Solo-Schützen, sondern lediglich die funktionelle Einheit „Schießanlage" als Gesamtheit von Geschossfang, Schießbahnen und Schützenständen in einem räumlich abgegrenzten Bereich; ein davon baulich abgeteilter Bereich, in dem sich zB Zuschauer aufhalten, fällt nicht unter den Begriff der Schießanlage. Schießanlagen können mehrere Schießstände (jeweils bestehend aus Schießbahn und Schützenstand) aufweisen; ein Beispiel für eine Schießanlage mit nur einem Schießstand ist eine Röhrenschießanlage; die Ausnahmeregelung nach § 11 Abs. 3 AWaffV gilt nur für die kompletten Schießanlage, mithin darf der Einzelschütze nur dann ohne

Aufsicht beim Schießen auf einer Schießstätte kann der Betreiber dieser Schießstätte, eine vom Betreiber bestellte Aufsichtsperson oder die Aufsicht einer schießsportlichen Vereinigung sein, die diese Schießstätte nutzt. Die Aufsichtsperson muss volljährig, zuverlässig und persönlich geeignet sein, zudem die erforderliche **Sachkunde** und im Bedarfsfall die **Eignung zur Kinder- und Jugendarbeit** besitzen.

Der Begriff der Sachkunde in § 10 AWaffV ist **nicht gleichbedeutend** mit der Sachkunde nach § 7 WaffG, womit auch eine erfolgreich abgelegte Jägerprüfung nicht zur Aufsichtsführung befähigt. Gleichwohl fehlt es in Gesetz und Verordnung an einer verbindlichen Definition dieser „erforderlichen Sachkunde". Die Aufsichtsperson muss die Benutzungsordnung der Schießanlage, die allgemeinen und besonderen Sicherheitsbestimmungen für den Umgang mit Waffen und Munition sowie die Einhaltung der Sport- oder Schießordnung durchsetzen können. Dies setzt den Erwerb dieser Kenntnisse im Rahmen einer geeigneten Aus- und Fortbildung voraus. Als Ersatz für den Nachweis der Sachkunde für den Betrieb von Schießstätten, auf denen nur Waffen nach Anlage 2 A2 UA2 Nr. 1.1 oder 1.2 WaffG verwendet werden, kann eine mehrjährige Erfahrung im Betrieb solcher Schießanlagen anerkannt werden, auch für die Aufsicht beim Schützen.[183]

Der Erlaubnisinhaber hat die Personalien der Aufsicht zwei Wochen vor dem Beginn der Tätigkeit der Behörde schriftlich anzuzeigen. Das Ausscheiden einer Aufsichtsperson und die Bestellung einer neuen Aufsichtsperson hat er unverzüglich anzuzeigen. Wird die Aufsichtsperson durch eine schießsportliche oder jagdliche Vereinigung beauftragt, muss die Person selbst diese Anzeige vornehmen. Dabei reicht es anstelle der Anzeige aus, dass die Vereinigung die Aufsichtsperson registriert und die Unterlage, der Behörde auf Verlangen vorlegen kann. Bei der Registrierung sind das Vorliegen der erforderlichen Sachkunde und ggfs. die Eignung zur Jugendarbeit zu prüfen. Es ist ein Nachweisdokument auszustellen, das die Aufsichtsperson während des Schießens mitführen muss. Im Falle des Jägers muss dieser als Aufsicht seinen gültigen Jagdschein mitführen.

Die in § 27 Abs. 3 WaffG festgeschriebene **besondere Obhutspflicht im Falle des Schießens durch Kinder und Jugendliche** setzt bei der Aufsichtsperson die nachgewiesene **Befähigung zur Kinder- und Jugendarbeit**

Aufsicht schießen, wenn die anderen Schießbahnen nicht belegt sind und sich auch keine Personen im Bereich der Schützenstände aufhalten.

[183] WaffVwV zu § 27, Nr. 27.4.3

voraus, die durch § 10 AWaffV näher geregelt wird. Diese Aufsichtsperson ist gegenüber anderen Aufsichten weisungsberechtigt, wenn besondere Belange der Kinder und Jugendlichen berührt werden. Der Verein hat der Aufsichtsperson ein Nachweisdokument auszustellen, dass diese während der Wahrnehmung der Aufsicht mitzuführen und zur Kontrolle befugten Personen auf Verlangen zur Prüfung auszuhändigen hat. Der besonderen Obhut bedarf es nicht beim Schießen durch Jugendliche mit Waffen nach Anlage 2 A2 UA2 Nr. 1.1 und 1.2 (zB Druckluftgewehr mit „F im Fünfeck"). Jugendliche, die mindestens 16 Jahre alt sind, bedürfen auch zum Schießen mit den Waffen, die in § 27 Abs. 3 Satz 1 Nr. 2 WaffG genannt sind, keiner besonderen Obhut.

An ortsveränderlichen Schießstätten, die dem Schießen zur Belustigung dienen, darf von einer verantwortlichen Aufsichtsperson Minderjährigen das Schießen mit Druckluft-, Federdruckwaffen und Waffen, die zum Antrieb der Geschosse kalte Gase verwenden, gestattet werden.[184] Bei Kindern hat der Betreiber gemäß § 27 Abs. 6 WaffG sicherzustellen, dass die verantwortliche Aufsichtsperson jeweils nur einen Schützen bedient.

Die verantwortliche Aufsichtsperson hat vermeidbare Gefahren, die von Anwesenden ausgehen, zu unterbinden und das Schießen ständig zu beaufsichtigen. Anordnungen der Aufsicht sind zwingend zu befolgen, wenn die Anordnung aus Gründen der Sicherheit erfolgt.

Die Aufsichtsperson muss Verstöße unterbinden. Dazu ist es erforderlich, dass sie das Hausrecht hat, um Schießstättenbesucher oder auch -nutzer der Schießstätte zu verweisen, was auch das Aussprechen eines Hausverbots mit einer Folge für die Zuverlässigkeit des Betroffenen einschließt, wenn dieser dem Hausverbot zuwiderhandelnd gegen § 123 StGB verstößt.

1.7.4 Überwachung des Schießbetriebs

Der Betreiber der Schießstätte ist für die Einhaltung der Regelungen in §§ 9 bis 11 AWaffV verantwortlich und hat die Einhaltung der in § 9 Abs. 1 Satz 1 und 2 AWaffV genannten Voraussetzungen für die Teilnahme an einem zulässigen Schießbetrieb zu *überwachen*[185]. Er muss Erlaubnisse der

---

[184] *Anlage 2 A2 UA2 Nr. 1.1 und 1.2 WaffG*

[185] *Anders als „Kontrollieren" beschreibt das nicht legal definierte „Überwachen" zB im polizeilichen Kontext ein Beobachten, das ein konkretes Handeln, etwa durch Kontrolle der Erlaubnisse, zur Gefahrenabwehr nur als Möglichkeit vorsieht.*

Schützen stichprobenartig[186] prüfen, ebenso die Zulässigkeit des sportlichen Schießens mit den Waffen, die ein Schütze an diesem Ort verwenden will. Im Falle von Schützen, die nicht über eine waffen- oder jagdrechtliche Erlaubnis verfügen, ist stets zu bedenken, dass im Falle eines behördlichen erlassenen Waffenverbot nach § 41 WaffG auch der Umgang mit Waffen auf einer Schießstätte von diesem Verbot erfasst wird, somit auch das Üben mit Schusswaffen im Rahmen eines gesetzlich von der Erwerbserlaubnis befreiten Umgangs nach § 12 Abs. 1 WaffG unterbunden werden soll.[187]

1.7.5 Zulässige Schießübungen (§ 9 AWaffV)

Es dürfen nur Waffen und Munition verwendet werden, für deren Benutzung die **Schießstätte** nach § 27 Abs. 1 Satz 1 WaffG **behördlich zugelassen** ist. **Kampfmäßiges Schießen**[188] ist gemäß § 27 Abs. 7 Satz 1 WaffG **verboten**. Zu beachten ist, dass auch ohne Erlaubnispflicht das Schießen auf einer Schießstätte nur unter bestimmten Voraussetzungen erfolgen darf.

Zulässig ist das Schießen für Personen, die zur **Waffensachkundeausbildung**, zur **Jagdausbildung** oder zur Ausbildung oder Übung im **Verteidigungsschießen**[189] Schießübungen absolvieren. Gleiches gilt für Personen, die nach den Regeln einer genehmigten Schießsportordnung gemäß § 15a WaffG schießen. Inhaber einer Berechtigung zum Erwerb und Besitz von Schusswaffen dürfen im Rahmen ihres Bedürfnisses mit diesen Schusswaffen schießen.

Handelt es sich um einen Nutzer, der ohne eigenes waffenrechtliches Bedürfnis oder eine waffenrechtliche Erlaubnis an einem Schießen teilnimmt, etwa als Gastschütze oder bei einem Schießen zur Belustigung, darf er nur

---

[186] *§ 9 Abs. 1 Satz 3 AWaffV statuiert keine Pflicht zur Überprüfung des Vorliegens der Voraussetzungen für die Nutzung der Schießstätte aus § 9 Abs. 1 AWaffV bei jedem Besucher. Vielmehr verpflichtet die Norm den Betreiber zu einem „Überwachen der Einhaltung" der in ihr genannten Voraussetzungen, womit eine stichprobenartige Prüfung der waffenrechtlichen Erlaubnis eines Schießstättenbenutzers und seiner Waffen aus hiesiger Sicht insbesondere dann ausreichend ist, wenn der Schütze dem Betreiber als Inhaber einer WBK bekannt ist. Grundsätzlich sollte bei unbekannten Personen eine Überprüfung des befugten Umgangs erfolgen.*

[187] *Zur Thematik ausführlich Kapitel 1.9*

[188] *Zum Begriff vertiefend Kapitel 1.7.8*

[189] *Zu den Voraussetzungen für eine Teilnahme Kapitel 1.7.9*

unter Beachtung der Einschränkungen zu Waffen und Schießübungen nach §§ 6, 7 AWaffV schießen.

1.7.6 Schießen mit verbotenen Waffen

Hinsichtlich des Umgangs mit verbotenen Waffen nach § 2 Abs. 3 WaffG iVm Anlage 2 A1 WaffG ist insbesondere zu denken an die Verwendung vollautomatischer Waffen und der dort genannten Vorderschaftrepetierflinten (Anlage 2 A1 Nr. 1.2.1.1 und 1.2.1.2 WaffG). Ausnahmen von Verboten, die nach § 40 Abs. 4 WaffG erteilt wurden, sind dem Betreiber der Schießstätte durch den Inhaber im Original vorzulegen.

Im Falle von **Vorrichtungen für Schusswaffen** nach Anlage 1 A1 UA1 Nr. 4 WaffG, die gemäß § 2 Abs. 3 WaffG iVm Anlage 2 A1 Nr. 1.2.4.1 und 1.2.4.2 WaffG einem **Umgangsverbot** unterliegen, ist die gesetzliche **Ausnahme** nach § 40 Abs. 3 WaffG zu beachten, wonach **Inhaber eines gültigen Jagdscheins sowie Hersteller und Händler** grundsätzlich von dem Verbot des Umgangs ausgenommen sind. Im Falle der Nutzung von dem Verbot unterliegenden Ziel- oder Sichtgeräten ist somit ein Nachweis in Form eines gültigen Jagdscheins oder einer Handels- bzw. Herstellungserlaubnis zu erbringen. Ein **Schießen** mit diesen Vorrichtungen **durch Dritte**, zB bei der **Jagdausbildung** oder zur **Vorführzwecken**, ist **nicht zulässig**.

Gleiches gilt für die Überlassung von Waffen mit einem **Magazin**, das dem **Verbot** nach § 2 Abs. 3 WaffG iVm Anlage 2 A1 WaffG unterfällt. Auch hier gilt die jeweilige gesetzliche oder erteilte **Ausnahme nur für den Altbesitzer**. Ein berechtigtes Überlassen an Dritte scheidet aus. Aufgrund der großen Anzahl berechtigter Altbesitzer kann aber in der Praxis auf eine Prüfung der Berechtigung zum Umgang verzichtet werden.

1.7.7 Vom Schießsport ausgeschlossene Waffen (§ 6 AWaffV)

Bestimmte Schusswaffen sind vom Schießsport[190] ausgeschlossen und somit für Sportschützen in der Regel nicht erlaubnisfähig. Auch ein Erwerb nach § 12 Abs. 1 Nr. 1 lit. a WaffG (Leihe) ist ausgeschlossen. Unter die Regelung fallen **Kurzwaffen** mit einer Lauflänge unter 7,62 cm (drei Zoll) Länge und

---

[190] *Jagdliches Schießen fällt nicht in den Regelungsbereich von § 6 AWaffV und wird durch dessen Vorgaben nicht eingeschränkt (BR-Drs. 415/03 zu § 6 AWaffV)*

halbautomatische Langwaffen mit einem Magazin, das eine Kapazität von **mehr als zehn Patronen** hat. Blockierte[191] Magazine sind zulässig.

Vom Schießsport ausgeschlossen sind auch **halbautomatische Schusswaffen**, die ihrer äußeren Form nach den **Anschein** einer **vollautomatischen Kriegswaffe** hervorrufen, die Kriegswaffe im Sinne des KrWaffKontrG ist, wenn die **Lauflänge**[192] **weniger als 40 cm** beträgt, das **Magazin** sich **hinter der Abzugseinheit** befindet („Bullpup-Waffen", wobei im Verordnungstext die **falsche Schreibweise** „Bul-Pup" verwendet wird) **oder** die **Hülsenlänge** der verwendeten Munition **bei Langwaffen** **weniger als 40 mm** beträgt. Ist mindestens eine dieser drei Bedingungen erfüllt, ist die Schusswaffe nicht zur Ausübung des Schießsports zugelassen, ihr Erwerb und Besitz somit nicht von dem Bedürfnis eines Sportschützen umfasst.[193]

Der Lauf einer Waffe darf nicht gekürzt werden, wenn die Waffe nach dem Umbau nach § 6 AWaffV nicht mehr zum Schießsport zugelassen wäre – sie würde dann nicht mehr geeignet sein, den Bedürfniszweck zu erfüllen.

Was den **Anschein einer vollautomatischen Kriegswaffe** erweckt, ist durch das geltende WaffG nicht definiert. Hilfsweise kann[194] die WaffVwV[195] zum WaffG 1976 herangezogen werden. Danach kann der Anschein einer vollautomatischen Kriegswaffe erweckt werden durch

- herausstehendes langes Magazin oder Trommelmagazin,
- Feuerdämpfer, Mündungsbremse oder Stabilisator,
- Kühlrippen oder andere der Kühlung dienende Vorrichtungen,

---

[191] *Die Aussage zur Zulässigkeit einer Blockierung beschränkt sich ausdrücklich lediglich auf den Ausschluss von der schießsportlichen Verwendung; dagegen ist es nicht ausreichend, ein nach § 2 Abs. 3 WaffG verbotenes „Hi-Cap-Magazin" zB durch Verklotzung oder Verstiftung zu blockieren, da das Umgangsverbot das Magazingehäuse erfasst.*

[192] *Die Mindestlauflänge wurde von 42 cm herabgesetzt, um „international übliche Sportwaffen, die häufig eine Lauflänge von 16 Zoll (40,64 cm) haben, auch in Deutschland zum sportlichen Schießen zulassen zu können." (BR-Drs. 495/19)*

[193] *Zu beachten sind Ausnahmen aufgrund einer genehmigten Sportordnung (SpO), beispielsweise Disziplin C.9.7 der SpO des BDMP*

[194] *Hessischer VGH 4 A 152/11, Urteil vom 10. Juli 2012, bezugnehmend auf WaffVwV Nr. 15.9 zu § 15 des WaffG 2009*

[195] *WaffVwV zum WaffG aF in der Fassung vom 20. Oktober 1994, Nr. 37.2.4*

- pistolenartiger, mit Abzug u./o. Vorderschaft kombinierter Griff,
- Aufstützvorrichtung (Zweibein) oder
- Schulterstütze, wenn teilweise kipp- oder schiebbar.

Bei Verwendung eines **Anschlagschafts** („conversion kit") ist unerheblich, ob die Vorrichtungen nur als **Attrappe** an der Waffe angebracht sind.

Wesentliche Teile einer Schusswaffe und **Wechselsysteme** unterliegen § 6 AWaffV vollumfänglich. Die **Umgehung** der Bestimmung, zB durch nachträglichen erlaubnisfreien[196] Erwerb eines Wechselsystems Kaliber .22 lfB. (Hülsenlänge 15,57 mm) für eine bereits eingetragene Waffe im Kaliber .308 Win., wäre **nicht vom Bedürfnis des Sportschützen umfasst**, was zur Vermutung der Unzuverlässigkeit führen kann.

1.7.8 Verbotene und unzulässige Schießübungen (§ 7 AWaffV, § 27 WaffG)

Nur Teilnehmer eines Lehrgangs oder am Übungsbetrieb im **Verteidigungsschießen** (siehe Kapitel 1.7.9) dürfen auf menschenähnliche Ziele schießen – die Verwendung von „**Mannscheiben**" oder „**Wilddiebscheiben**" **außerhalb einer genehmigten Ausbildung** ist **verboten**. Das gilt für jegliche Schießübung, auch von Jägern oder Waffenschein-Inhabern, oder bei einem Schießen zur Belustigung. Zudem ist das **Verbot des kampfmäßigen Schießens**[197] auf Schießstätten nach § 27 Abs. 7 WaffG zu beachten. Es gilt für Teilnehmer, aber auch für Veranstalter derartiger Übungen.

---

[196] *Freistellung durch § 2 Abs. 2, 4 WaffG iVm Anlage 2 A2 UA2 Nr. 2.1 WaffG*

[197] *Der **Begriff des „kampfmäßigen Schießens"** ist mangels einer gesetzlichen Definition durch Abgrenzung zu Übungen des Verteidigungsschießens im Sinne von § 22 AWaffV und anderen, nach einer genehmigten Sportordnung zulässigen Übungen, insbesondere IPSC, und Inhalten des jagdlichen Schießens, darstellbar; unter den Begriff fallen insbesondere Ausbildungsschießen von Militär und Polizei, beispielsweise nach PDV 211 und Leitfaden 371; siehe auch die Begründung in BR-Drs. 74/76 zur 1. WaffV; kampfmäßiges Schießen liegt insbesondere dann vor, wenn der Schütze durch Licht und Schall irritiert wird oder Ziele nach Ort und Zeit überraschend erscheinen, der Ablauf der Übung also für den Übenden nicht vorhersehbar ist; maßgebliches Abgrenzungsmerkmal ist der Angriffscharakter der Übungen, der über den gesetzlich zulässigen Verteidigungscharakter hinausgehen muss, und inhaltliche Merkmale wie zB das Eindringen in Räume oder Fahrzeuge unter Waffeneinsatz oder (terroristische) Anschlagsszenarien aufweist.*

§ 7 AWaffV stuft im Rahmen des Schießsports die **Durchführung bestimmter Übungen** als unzulässig ein. Dazu zählen **Deutschüsse**, also Schüsse ohne genaues Anvisieren des Zieles, es sei denn, es handelt sich um das Schießen auf Wurfscheiben. Übungen, die über die zielsichere Schussabgabe oder das Treffen eines vorbestimmten Ziels hinausgehen, sind kein Schießsport im Sinne des WaffG.[198]

Soll eine Schießstätte zum **Verteidigungsschießen** verwendet werden, ist es erforderlich, dass diese Schießstätte zu diesem Zweck zugelassen ist.

1.7.9 Ausbildung im Verteidigungsschießen (§§ 22 ff. AWaffV)

Die Teilnahme an Übungen im Verteidigungsschießen[199] ist nach § 23 Abs. 1 AWaffV in der Regel nur **Inhabern eines Waffenscheines** gestattet (ebenfalls zugelassen: Berechtigte nach § 55 Abs. 1 und 2 WaffG). Auf Antrag kann die zuständige Behörde auch Inhabern einer WBK, in die Kurzwaffen eingetragen sind, und Inhabern eines Jagdscheins die Teilnahme gestatten; Voraussetzung dafür ist allerdings, dass es sich um gefährdete Personen im Sinne von § 19 WaffG handelt. Dafür müssen konkrete Anhaltspunkte vorliegen; eine bloß abstrakte Gefährdung reicht nicht aus.[200]

Der Veranstalter einer solchen Ausbildung muss der zuständigen Behörde nach § 22 Abs. 2 bis 4 AWaffV die Durchführung spätestens zwei Wochen vor Beginn anzeigen – einer Genehmigung bedarf es nicht. Dabei ist neben der Qualifikation der durchführenden Ausbilder und Aufsichten eine Liste der Teilnehmer einzureichen. Die verantwortliche Aufsichtsperson ist verpflichtet, sich vor Beginn des Schießens zu überzeugen, dass die Teilnehmer im Sinne von § 23 Abs. 1 AWaffV zur Teilnahme berechtigt sind.

Auch in Lehrgängen zur Ausbildung in der Verteidigung mit Schusswaffen oder bei Schießübungen dieser Art sind unter Beachtung des **Verbots des kampfmäßigen Schießens** Schießübungen und insbesondere die Verwendung solcher Hindernisse und Übungseinbauten **nicht zulässig**, die der Übung über den Zweck der Verteidigung der eigenen Person oder Dritter

---

[198] *BR-Drs. 415/03 zu § 7 Abs. 1 und 2 AWaffV*

[199] *Da der Begriff „Combat-Schießen" Schießtechniken zur Verteidigung, aber auch zum Angriff einschließt, wählte der Gesetzgeber die Bezeichnung „Verteidigungsschießen" (BT-Drs. 7/4407, S. 9 ff.)*

[200] *VG Hamburg 17 VG 2328/98, Urteil vom 11. Mai 1999*

hinaus einen **polizeieinsatzmäßigen** oder **militärischen Charakter** verleihen. Die Verwendung von Zielen oder Scheiben, die Menschen darstellen oder symbolisieren, ist in diesen Lehrgängen ausdrücklich gestattet.

1.8 Aufbewahrung (§ 36)

1.8.1 Einführung

Neben dem Bedürfnisprinzip ist die **sichere Aufbewahrung** von Waffen und Munition ein **Kernbereich des deutschen Waffenrechts** und eines der vordringlichsten und wichtigsten Ziele des Waffengesetzes. Ausgehend von der Überlegung, dass die Verfügbarkeit von Schusswaffen oder Munition die abstrakte Gefahr eines Missbrauchs zweifellos erhöht und durch eine mangelhafte Aufbewahrung diese Gegenstände in die Hände von solchen Personen gelangen könnten, die, anders als Legalwaffenbesitzer, nicht durch Zuverlässigkeit und persönliche Eignung sowie Sachkunde eine Gewähr dafür bieten, die Waffen nicht für Straftaten zu verwenden oder, etwa im Falle von Kindern, leichtfertig Leben oder Gesundheit Dritter in Gefahr zu bringen. Zwar ist nicht die Waffe allein verantwortlich, wenn Menschen durch ihre Verwendung zu Schaden kommen – schließlich braucht es immer einen Menschen, der sich (zumindest im Falle einer vorsätzlichen Tat) dazu entschließt, mit der Waffe auf einen Menschen zu schießen. Doch trägt eine sichere Aufbewahrung von Schusswaffen und Munition dazu bei, dass eine missbräuchliche Verwendung weniger wahrscheinlich wird.

Die Rechtsprechung zur sicheren Aufbewahrung unterstreicht sowohl die besondere Pflicht jedes Waffenbesitzers, die gesetzlichen Vorgaben nach bestem Wissen und Können zu erfüllen, als auch die Folge, die schon ein einmaliger Verstoß gegen die gesetzlichen Vorschriften für den Verpflichteten haben kann, nämlich die Vermutung der Unzuverlässigkeit[201] und damit den Entzug der waffenrechtlichen Erlaubnisse.

Der Gesetzgeber hat mit den Regelungen in § 36 WaffG und § 13 AWaffV **Mindeststandards** festgelegt, wann Waffen oder Munition als sicher aufbewahrt anzusehen sind. Dabei ist die Pflicht zur **Aufstellung** des Behältnisses **in einer Wohnung** aus dem Gesetz nur indirekt abzuleiten, es muss aber nicht die eigene Wohnung des Berechtigten sein.[202]

---

[201] *Bayerischer VGH 21 CS 13.1564, Beschl. vom 02. Okt. 2013, Rn. 17*

[202] *VG Köln 20 K 577/09, Urteil vom 09. Dezember 2010*

Gleichwohl fordert § 36 Abs. 1 Satz 1 WaffG als Generalklausel von dem Verpflichteten, die erforderlichen Vorkehrungen zu treffen, um Abhandenkommen oder Wegnahme zu verhindern. Zwar hat die Waffenbehörde die Möglichkeit, bei erkannten besonderen Gefahren, die insbesondere vom Ort der Aufbewahrung ausgehen, höhere Anforderungen festzusetzen. Auch wird der Verpflichtete bei Erfüllung der gesetzlichen Regeln nicht belangt werden. Grundsätzlich ist jeder Verpflichtete aufgefordert, dem in der besonderen Gefahr einer aufbewahrten Waffe liegenden Risiko dadurch zu begegnen, dass stets die zeitlich und örtlich objektiv sicherste Form der Aufbewahrung gewählt wird.[203] Dazu zählt insbesondere, bei der Verfügbarkeit mehrerer Aufbewahrungsbehälter stets das innerhalb eines dauernd bewohnten Gebäudes befindliche Behältnis zu wählen.[204]

Das Waffengesetz formuliert **Mindestanforderungen**. Andere Rechtvorschriften, zB die BewachV, ergänzen diese Vorschriften im Sinne einer Verschärfung,[205] diesbezügliche Verstöße sind waffenrechtlich relevant. Verpflichteter ist der Inhaber der waffenrechtlichen Erlaubnis. Im Falle einer Personenmehrheit, also mehreren Personen, die gemeinschaftlich eine Erlaubnis zum Umgang mit dieser Waffe besitzen, obliegt auch die sichere Aufbewahrung allen Berechtigten, so dass im Falle eines vorwerfbaren Verstoßes gegen **Aufbewahrungspflichten jeder Berechtigte haftet**.[206]

Die Überwachung der Aufbewahrung obliegt der zuständigen Behörde. Der **Erlaubnisinhaber** ist gemäß § 36 Abs. 3 WaffG **verpflichtet**, sowohl bei **Beantragung einer Erwerbserlaubnis** als auch bei **Änderung der Art oder des Ortes**[207] der Aufbewahrung seine Maßnahmen der zuständigen **Behörde mitzuteilen**. Dies gilt insbesondere bei Aufstellung eines weiteren Waffenschranks in Geschäftsräumen[208] oder am Zweitwohnsitz. Zudem ist er gemäß § 39 Abs. 1 WaffG zur **Erteilung von Auskünften** verpflichtet.

---

[203] VG Sigmaringen 10 K 335/18, Urteil vom 24. Januar 2019, Rn. 71

[204] VGH Kassel 4 B 845/21, Beschluss vom 30. April 2021

[205] BT-Drs. 14/7758, S. 69, zu § 28, 3. Absatz; auch Verstöße gegen die DGUV Vorschrift 23 können als nicht sachgemäßer Umgang zur Unzuverlässigkeit führen

[206] VGH Baden-Württemberg 6 S 1792/22, Beschluss vom 25. Januar 2023

[207] VG Sigmaringen 10 K 335/18, Urteil vom 24. Januar 2019, Rn. 59

[208] In diesem Falle sollte frühzeitig eine Anfrage an die Waffenbehörde gestellt werden, ob diese der Aufstellung in Geschäftsräumen zustimmt, da diese einem

Die zuständige Behörde hat das Recht, die sichere Aufbewahrung von Waffen und Munition vor Ort zu **kontrollieren**, auch gegen den Willen des Hausrechtsinhabers, soweit eine dringende Gefahr für die öffentliche Sicherheit vorliegt – der Schutz der Wohnung nach Artikel 13 des Grundgesetzes wird durch § 36 WaffG verfassungskonform eingeschränkt.[209]

Für **verdachtsunabhängige Kontrollen** sollen grundsätzlich **keine Gebühren** erhoben werden, da diese im öffentlichen Interesse liegen.[210]

2009 wurde die bis dahin im Gesetz vorgesehene Möglichkeit, dass die Erlaubnisbehörde das Recht hat, einen Nachweis über die sichere Aufbewahrung von erlaubnispflichtigen Waffen und Munition zu verlangen, zu einem verpflichtenden Element für das Handeln der Waffenbehörde. Eine **Kontrolle der Aufbewahrung** ist auch **verdachtsunabhängig** möglich.

Das **erlaubnisfreie Führen von Schusswaffen in einem verschlossenen Behältnis** sowie der **Transport von Munition gelten nicht als Aufbewahrung**, da sich hier die Sache im direkten Zugriff des Besitzers befindet. Die nach §§ 36 WaffG, 13 AWaffV vorgeschriebenen Sicherheitsbehälter müssen darum in diesen Fällen nicht verwendet werden, ebenso ist eine räumliche Trennung von Schusswaffe und Munition nicht erforderlich. § 13 Abs. 9 AWaffV regelt lebensnah Ausnahmen im Falle einer Reise, da hier nicht ständig (etwa zur Essenszeit) der unmittelbare Zugriff auf die Schusswaffe oder Munition möglich ist und zugleich eine Aufbewahrung in einem Sicherheitsbehälter in diesen Momenten meist nicht erfolgen kann.

Durch die Schaffung des § 52a WaffG im Jahre 2009 betonte der Gesetzgeber die besondere Schwere von Verstößen gegen die Aufbewahrungsvorschriften. War ein solcher Verstoß bislang nur **bußgeldbewehrt**, handelte es sich nun um eine **Straftat**. Im Gegenzug war im Rahmen der Beratungen über die Änderungen des WaffG deutlich herausgestellt worden, dass sich die neue Strafregelung nur bezog auf **vorsätzliches Handeln**, also willentliches und wissentliches Verstoßen gegen die Vorschriften, und auf den Fall einer **konkreten Gefahr** des Abhandenkommens oder Missbrauchs von Waffen oder Munition. Dazu zählte auch die Möglichkeit, dass unbefugte

---

erhöhten Einbruchsrisiko unterfallen bzw. einem geringeren Risiko der Entdeckung außerhalb der kommunizierten Öffnungs- oder Geschäftszeiten; es ist insbesondere an die Festsetzung höherer Anforderungen nach § 36 Abs. 6 zu denken.

[209] *Zur Aufbewahrungskontrolle Kapitel 1.8.6*

[210] *WaffVwV 36.7, Absatz 3*

Dritte Zugriff erlangen können. Im Jahre 2017 wurde im Zuge der erneuten Änderungen des WaffG der § 52a gestrichen und in § 52 Abs. 3 Nr. 7a WaffG bei gleichem Strafrahmen ein neuer Tatbestand geschaffen, der unter Strafe stellt, dass ein nach den Vorgaben des Gesetzes oder seiner Verordnung Verpflichteter eine Sicherungsmaßnahme nicht, nicht richtig oder nicht rechtzeitig trifft und dadurch die Gefahr verursacht, dass Waffen oder Munition abhanden kommen oder Dritte unbefugt auf sie zugreifen.

Nicht von den Verschärfungen erfasst sind Verstöße gegen Vorschriften zur vorübergehenden Aufbewahrung im Rahmen der Jagd oder des sportlichen Schießens. Versehentliche Verstöße sind als nicht vorsätzliches Handeln keine Straftat nach § 52 Abs. 3 Nr. 7a WaffG, der nur besonders gravierende Aufbewahrungsverstöße erfasst. Hier ist eine Ahndung aufgrund von § 53 WaffG oder § 34 AWaffV als Ordnungswidrigkeit möglich.

Ist eine Mietwohnung Ort der Aufbewahrung, kann der Vermieter dem Mieter den Umgang mit Waffen in dieser Wohnung nicht untersagen.[211] Bezüglich des Umgangs im befriedeten Besitztum kommt es nicht darauf an, wer Eigentümer des Grundstücks ist, sondern wer zur Nutzung berechtigt ist.[212] Ein zur Straße hin offener Vorplatz einer zu einem Wohnhaus gehörenden Garage ist weder der Wohnung zuzurechnen noch steht er einem befriedeten Besitztum gleich.[213] Ein Hotelzimmer gilt hinsichtlich der Begrifflichkeit der Regeln des WaffG als eigene Wohnung des Hotelgastes.[214]

1.8.2 Definitionen

Aufbewahrung ist das Aufheben einer beweglichen Sache an einem Ort, ohne dass der Besitzer unmittelbaren Zugriff auf die Sache hat und somit durch sein persönliches Eingreifen den Zugriff Dritter nicht verhindern kann. Somit handelt es sich immer dann um eine Aufbewahrung, wenn der Besitzer seine unmittelbare Sachherrschaft aufgibt und eine Einwirkung Dritter weder bemerken noch unmittelbar verhindern kann. Das kann durch örtliche Abwesenheit gegeben sein, aber auch durch einen Zustand, in dem der Besitzer die Kontrolle über den Gegenstand nicht bewusst

---

[211] *AG Hannover 546 C 2917/10, Urteil vom 20. August 2010*

[212] *BGH 4 StR 169/12, Beschluss vom 17. Juli 2012*

[213] *BayObLG 4St RR 138/03, Beschluss vom 17. November 2003*

[214] *KG Berlin IV 121 Ss 126/15 (144/15), Beschluss vom 20. August 2015*

ausüben kann, etwa im Schlaf.[215] Insofern wären der Nachttisch oder „unter dem Kopfkissen" zwar Orte der Aufbewahrung, aber keine sichere Art der Aufbewahrung, wie sie das Waffengesetz grundsätzlich vorschreibt.

Sichere Aufbewahrung ist der *Schutz vor unbefugter Wegnahme oder Abhandenkommen* eines Gegenstandes in einem Behältnis, Raum oder unter Nutzung einer alternativen Sicherungseinrichtung im Sinne von § 13 Abs. 1 AWaffV, wobei es sich idR um eine geeignete, durch gesetzliche Vorschriften als ausreichend eingestufte mechanische Maßnahme handeln muss, die eine unbefugte Wegnahme vom Ort der Aufbewahrung verhindert. Alle im Moment am Ort verfügbaren Sicherungsmöglichkeiten sind zu nutzen, sonst liegt keine sorgfältige Verwahrung im Sinne von § 5 Abs. 1 Nr. 2 Buchst. b WaffG vor und die Unzuverlässigkeit ist anzunehmen.[216]

Die sichere Aufbewahrung von Waffen oder Munition kann in einem verschlossenen Behältnis oder Raum erfolgen. Die Rechtsprechung definiert das **„verschlossene Behältnis"** im Zusammenhang mit Delikten nach §§ 202, 243 StGB[217] als ein verschließbares Behältnis, das über eine **besondere Vorrichtung** verfügt, die **geeignet und bestimmt** ist, die **Wegnahme** einer Sache zu **erschweren**, in der Regel eine **verschließbare Tür**. Bedingung ist die Sicherung durch ein **Schloss**, eine sonstige **technische Schließeinrichtung** oder auf andere Weise. Als technische Schließeinrichtung sind insbesondere mechanische und elektronische **Zahlenschlösser** anzusehen sowie **biometrische Schlösser**. Dies gilt auch für Räume.

Ein **Behältnis** ist ein zur Aufnahme von Sachen dienendes und sie umschließendes Raumgebilde, das **nicht dazu bestimmt ist, von Menschen betreten zu werden**. Verschlossene Räume sind keine Behältnisse.[218] Behältnisse

---

[215] *VG Braunschweig, 5 A 46/08, Urteil vom 23. Oktober 2008*

[216] *VG Sigmaringen 10 K 335/18, Urteil vom 24. Januar 2019, Rn. 71; Bayerischer VGH, 21 CS 13.1758, Beschluss vom 28. November 2013*

[217] *Fischer „StGB und Nebengesetze", 63. Auflage, Rn. 14 ff. zu § 243 StGB*

[218] *Fischer „StGB und Nebengesetze", 63. Auflage, Rn. 14 zu § 243 StGB, Rn. 6 zu § 202 StGB; mangels einer waffengesetzlichen Definition des „Behältnisses" ist der Rückgriff auf das Strafrecht erforderlich; § 243 StGB nennt als Tatbestandsmerkmal eines besonders schweren Falls des Diebstahls die Wegnahme eines Gegenstandes, der durch ein verschlossenes Behältnis besonders gesichert ist.*

verfügen in der Regel über mindestens eine verschließbare Öffnung, die den Zugriff auf dessen Innenraum freigibt. Behältnisse können tragbar sein.

Räume sind **zum Betreten durch Menschen bestimmte Raumgebilde**, die über mindestens einen Zugang verfügen. Dieser Zugang kann meist durch ein bewegliches Element geschlossen werden.

Die **verschlossene** Tür des Behältnisses oder Raumes darf nur durch Einsatz des dafür vorgesehenen **Schlüssels**, Eingabe oder Einstellung des dafür erforderlichen Geheimnisses (alphanumerischer Code) oder Erbringens des Berechtigungsnachweises in Form einer Übereinstimmung biometrischer Merkmale des Bedieners mit den in der Freigabevorrichtung gespeicherten Merkmalen geöffnet werden können. Ist die Tür geschlossen und das Riegelwerk ausgefahren, ist die Tür zwar gegen ein Öffnen im Sinne eines Ausschwenkens, Aufschiebens o.ä. scheinbar gesichert. Um wirklich verschlossen zu sein, muss aber die schützende Verriegelungsblockierung aktiviert sein, sonst könnte durch Bedienung des Verriegelungsmechanismus, etwa durch Betätigung des Drehhebels oder Klappgriffs, die Verriegelung freigegeben werden. In diesem Falle wäre die Tür lediglich geschlossen, was nicht ausreichend ist, um den nach Sinn und Zweck der Norm geforderten Schutzzweck zu erreichen, der immer einen verschlossenen Zustand erfordert. Das ist nur durch ein Verschließen mit Sicherung der Tür gegen unbefugtes Öffnen mittels der Verschlusseinrichtung zu erreichen.

Eine nur geschlossene Tür, bei der die Riegelbolzen in die dafür vorgesehenen Aufnahmen des Behälters greifen, aber ohne Einsatz eines Schlüssels oä. wieder eingefahren werden können, ist nicht verschlossen im Sinne des WaffG. In diesem Zustand handelt es sich nicht um ein verschlossenes Behältnis. Gleiches gilt für eine Tür, die durch bloße Drückerbetätigung, Ziehen oder Schieben den Zugriff auf das Behälterinnere freigibt.

1.8.3 Behältnisse und Sicherungsmaßnahmen

Erlaubnisfreie Waffen, etwa Kampfmesser, Schlagstöcke oder Reizstoffsprühgeräte, müssen gegen unbefugte Wegnahme gesichert werden.

Waffen, die von der Erlaubnispflicht freigestellt sind, etwa SRS-Waffen mit Kennzeichnung „PTB im Kreis“ oder Druckluftwaffen mit „F im Fünfeck“, sind in einem verschlossenen Behältnis aufzubewahren. Gleiches gilt für **Salutwaffen**. Eine qualifizierte Sicherheitsstufe ist nicht vorgeschrieben.

Für **erlaubnispflichtige** und **verbotene Waffen** sieht § 36 WaffG in Verbindung mit § 13 AWaffV die Aufbewahrung in besonders klassifizierten Behältnissen, sogenannten **Waffenschränken**, oder in **Waffenräumen** vor.

Waffen, die nach Anlage 2 A3 WaffG **von den Vorschriften des WaffG und damit Regeln** zur **Aufbewahrung freigestellt** sind, zB zum Spiel bestimmte Schusswaffen, **Spielzeug**-Waffen sowie Gegenstände, die keine Waffen im Sinne des WaffG sind, sondern nur einzelnen Regeln unterliegen wie **Küchen- oder Einhandmesser**, bedürfen **keiner Sicherung gegen Wegnahme**.

Vier Qualitäten von Sicherheitsbehältnissen werden als Mindestvoraussetzung für die Aufbewahrung erlaubnispflichtiger Waffen oder Munition genannt. Dabei wird im Falle des Widerstandsgrades 0 nach DIN/EN 1143-1 zwischen zwei Gewichtsklassen, nämlich unter 200 kg und ab 200 kg Eigengewicht ohne Anrechnungen von Abrisslasten durch Verankerungen oder Einbringung von Waffen, Munition oder Material (zB eingelegte Bleiplatten im Innenraum) unterschieden. Anerkannt werden Behältnisse, die nach **DIN/EN 1143-1 Stand Mai 1997 oder aktueller** zertifiziert sind.

Zur **sicheren Aufbewahrung von erlaubnispflichtigen und verbotenen Waffen** dürfen grundsätzlich verwendet werden Behälter nach

- DIN/EN 1143-1 **Widerstandsgrad 0 (Null)**, mit einem Eigengewicht[219] **von mindestens 200 kg**: Bis zu zehn[220] Kurzwaffen und verbotene Waffen, Langwaffen ohne zahlenmäßige Begrenzung und Munition
- DIN/EN 1143-1 **Widerstandsgrad I (römisch 1)**, Eigengewicht gesetzlich nicht festgelegt: Aufbewahrung einer unbegrenzten Zahl von Lang- und Kurzwaffen sowie verbotener Waffen und Munition

Für die **sichere Aufbewahrung von Munition** ist keine Sicherheitsstufe vorgeschrieben. Sie muss in der Wohnung gegen unbefugten Zugriff qualifiziert aufbewahrt werden, mindestens in einem **Stahlblechbehältnis** mit **Schwenkriegelschloss**[221] **oder einer gleichwertigen Verschlussvorrichtung** oder[222] in einem **festen verschlossenen Behältnis**.

---

[219] *Für Behälter nach DIN/EN 1143-1, die vor dem 6. Juli 2017 genutzt wurden, ist eine „Gewichtserhöhung" durch Verankerung gesetzlich nicht mehr vorgesehen; für diese Regelung gilt kein Bestandsschutz durch die Altbesitzregelung.*

[220] *Eigengewicht unter 200 kg: Fünf Kurzwaffen oder verbotene Waffen*

[221] *Ein Schwenkriegelschloss ist ein Metallriegel oder Haken, der am Schließzylinder befestigt ist und um dessen Achse gedreht wird, zB in einer Geldkassette.*

[222] *WaffVwV Nr. 36.2.2; das „feste verschlossene Behältnis" wird als gleichwertiges Behältnis im Sinne dieses Mindeststandards angesehen, unabhängig vom*

Erlaubnisinhaber, deren Erlaubnis vor Inkrafttreten der WaffG-Änderung 2017 erteilt wurde, dürfen **Behälter älterer Bauart** nutzen, wenn diese bei Inkrafttreten des Gesetzes **am 6. Juli 2017 von ihnen zur Aufbewahrung erlaubnispflichtiger oder verbotener Waffen genutzt** wurden.[223] Fortsetzung oder Beginn einer **gemeinschaftlichen Aufbewahrung** mit Erlaubnisinhabern, die diese Behälter selbst nicht verwenden dürften, **ist zulässig**.

Eine **Aufbewahrung** von erlaubnispflichtigen Waffen oder Munition darf **nur in dauernd bewohnten Gebäuden** erfolgen. In „**nicht dauernd bewohnten Gebäuden**", unter diesen Begriff fallen zB **Jagdhütten und Wochenendhäuser**, dürfen in diesem Gebäude insgesamt **höchstens drei Langwaffen** in Behältnissen des Widerstandsgrades I nach DIN/EN 1143-1 aufbewahrt werden, aber **keine Kurzwaffen, Schalldämpfer oder Munition.**

Material; problematisch: Fest sind Substanzen, die nicht flüssig oder gasförmig sind; von einer gewissen Widerstandsfähigkeit muss gleichwohl auszugehen sein.

[223] Behälter Stufe A oder B nach VDMA 24992 Stand 05/1995; die Nutzung muss der Behörde vor dem 6. Juli 2017 nicht bekannt gewesen sein; Altbesitzer dürfen diese wie folgt verwenden:

- ***„A-Schrank"** (Sicherheitsstufe A nach VDMA 24992) **bis zu zehn Langwaffen***
- ***„B-Schrank"** (Sicherheitsstufe B nach VDMA 24992) **unbegrenzte Zahl von Langwaffen** und **bis zu zehn Kurzwaffen** (Schrank-Eigengewicht oder Abrisslast durch Verankerung unter 200 kg: bis zu fünf **Kurzwaffen**); **verbotene Waffen** nach Anlage 2 A1 Nr. 1.1 bis 1.2.3 WaffG sind **wie Kurzwaffen** zu zählen und bei der Lagermenge zu berücksichtigen, sonstige verbotene Waffen werden nicht mitgezählt.*
- ***Für A- und B-Schrank** gilt die **Über-Kreuz-Lager-Regel: Munition**, die aus den aufbewahrten Waffen verschossen werden kann, darf in diesem Schrank **nur in einem verschlossenen Fach** oder einem im Schrank befindlichen zulässigen Behältnis aufbewahrt werden; **Munition**, die nicht aus den aufbewahrten Waffen verschossen werden kann, darf zusammen mit den Waffen aufbewahrt werden.*
- *In einem A-Schrank mit B-Innen**schrank** („**Jägerschrank**") ist die Lagerung von bis zu zehn Langwaffen sowie von **bis zu fünf Kurzwaffen im Innenschrank** gestattet sowie passender Munition für Lang- und Kurzwaffen im Innenschrank; im A-Schrank gilt die Über-Kreuz-Lager-Regel (Munition nicht passend zur Waffe).*

Kellerräume von Mehrfamilienhäusern unterfallen nicht in jedem Falle[224] dem Begriff des „nicht dauernd bewohnten Gebäudes".

Die Pflicht zur Aufbewahrung in einem **Behältnis in den eigenen Räumlichkeiten** ist aus WaffG und AWaffV nicht abzuleiten,[225] auch ein geeignetes **Bankschließfach** kann genutzt werden. Ein Mietvertrag ist bei Erteilung einer Erlaubnis als Nachweis der sicheren Aufbewahrung ausreichend, wenn die Schließfachanlage die **gesetzlich geforderte Schutzwirkung** hat.

In einem Waffenschrank dürfen die **Schlüssel anderer Behältnisse** aufbewahrt werden. Das ist zulässig, solange die Zahl der Waffen in jenen Behältnissen zusammen nicht größer ist als die Zahl von Waffen, die in diesem einzelnen Behältnis aufbewahrt werden dürfen. Codeschlösser sind Schlüsselschlössern aufgrund der Schlüsselverwahrung vorzuziehen.[226]

Die **Aufbewahrung geladener Schusswaffen** ist unzulässig. Das gilt auch für die Aufbewahrung von **SRS-Waffen** und **Druckluftwaffen**.

Die **gemeinsame Aufbewahrung von erlaubnispflichtigen Schusswaffen und Munition in einem A- oder B-Schrank** ist **unzulässig**.

Waffen, die gemäß Anlage 2 A3 WaffG **von den Vorschriften des Waffengesetzes** zur Aufbewahrung **freigestellt** sind, etwa zum Spiel bestimmte Schusswaffen, Spielzeug-Waffen oder Gegenstände, die keine Waffen im Sinne des WaffG sind, sondern nur einzelnen Vorschriften unterliegen wie Küchenmesser und Einhandmesser, bedürfen keiner besonderen Sicherung.

Wesentliche Teile von Schusswaffen und **Schalldämpfer** sind aufzubewahren wie die Schusswaffen, für die sie bestimmt sind. Sie werden nicht angerechnet auf die Anzahl der in Raum oder Behälter aufbewahrten Waffen, es sei denn, dass aus ihnen eine vollständige Waffe entstehen kann.

Eine **Pflicht zur Verankerung** eines Behälters zur Aufbewahrung von Waffen oder Munition ergibt sich nicht aus den Vorschriften des § 13 AWaffV. Auch enthält die Norm DIN/EN 1143-1 keine ausdrückliche Pflicht zur Verankerung des zertifizierten Behältnisses, wonach die Zertifizierung des Behälters erst nach Verankerung gültig wäre – lediglich eine

---

[224] *VGH München 21 CS 16.2083, Beschl. v. 07. Apr. 2017; dagegen Bay. LKA „Aufbewahrung von Waffen und Munition in Bayern", 2011*

[225] *VG Stuttgart 5 K 4397/11, Urteil vom 15. November 2013*

[226] *Vertiefend, auch zur Code-Auswahl bei Zahlenschloss, Kapitel 1.8.4*

Verankerungsmöglichkeit, etwa eine Bohrung zur Aufnahme eines Schwerlastankers, muss konstruktiv vorgesehen und am Behälter vorhanden sein, die mit einer Zuglast von bis zu fünf Tonnen belastet werden kann. Allerdings ist die Generalklausel in § 36 Abs. 1 WaffG zu beachten, wonach die **erforderlichen Vorkehrungen** zu treffen sind, um **zu verhindern**, dass diese Gegenstände **abhanden**kommen oder Dritte sie **unbefugt an sich nehmen**.

1.8.4 Aufbewahrung von Schlüsseln, Zahlencodes

Die Aufbewahrung des Schlüssels eines Waffenschrankes ist gesetzlich nicht ausdrücklich geregelt. Nach § 36 Abs. 1 WaffG muss der Waffenbesitzer die erforderlichen Vorkehrungen treffen, um Abhandenkommen oder Wegnahme von Waffen und Munition zu verhindern, wozu auch gehört, Schlüssel so aufzubewahren, dass sie unberechtigten Dritten, wozu auch enge Familienangehörige[227] zu rechnen sind, nicht zugänglich sind. Ein Verbergen des Schlüssels außerhalb der Sicht- und Griffweite[228] einer vor dem Behältnis stehenden Person stellt keinen Verstoß dar, wenn der Schlüssel für Dritte nicht offen sichtbar abgelegt wird und die abstrakte Gefahr einer zufälligen Entdeckung als gering einzuschätzen ist. Die immer gleiche Aufbewahrung eines Schlüssels an einem für unbefugte Dritte zugänglichen Ort über mehrere Jahre erfüllt die gesetzgeberische Forderung nach einer sorgfältigen Verwahrung nicht und führt zur Unzuverlässigkeit.[229]

Die Verwahrung der Schlüssel eines qualifizierten Waffenschranks in einem nicht qualifizierten Behältnis unmittelbar neben diesem Waffenschrank ist nicht sorgfältig und führt zum Verlust der Zuverlässigkeit.[230] Mit der Inbesitznahme des Schlüssels ist die Inbesitznahme der damit verfügbaren Waffen oder Munition möglich. Werden Schlüssel von Sicherheitsbehältnissen unmittelbar bei diesen Sicherheitsbehältnissen verwahrt, sind sie in einem solchen qualifizierten Behältnis aufzubewahren, in denen alle

---

[227] *VG Bayreuth B 1 K 15.345, Urteil vom 30. Oktober 2015*

[228] *VG Dresden 4 L 621/09, Urt. v. 7. April 2010, Sächsisches OVG Bautzen 3 B 128/10, Beschl. v. 2. Mai 2011; VG Köln 20 K 8077/17, Urt. v. 21. Februar 2019*

[229] *VGH München 24 ZB 21.943, Beschl. vom 25. Mai 2021, bestätigt VG Würzburg W 9 K 19.1131, Urteil vom 22. Januar 2021 (Schlüssel unter Waschbecken)*

[230] *VG Münster 1 K 691/19, Urteil vom 18. Juni 2021, Rn. 50*

Waffen, die mit diesem Schlüssel in Besitz genommen werden könnten, aufbewahrt werden dürften.[231]

Wenn der Zugang zum Behältnis durch eine zusätzliche zertifizierte Vorrichtung wie ein Zahlenkombinationsschloss, ein biometrisches System oder eine Codekarte gesichert ist, kann von der zuvor dargestellten Aufbewahrung der Schlüssel abgesehen werden, wenn die zusätzliche Vorrichtung allein die normierte Anforderung an die Verschlussvorrichtung erfüllt.

Das Überlassen eines Schlüssels ist gleichbedeutend mit dem Einräumen der tatsächlichen Gewalt über jene Schusswaffen, die in dem Behältnis aufbewahrt werden, das sich mit diesem Schlüssel öffnen lässt.[232] Darum ist grundsätzlich sicherzustellen, dass sich Unberechtigte nicht in den Besitz des Schlüssels bringen können, etwa weil dieser offen am Schlüsselbrett der Wohnung hängt oder in der Wohnungstür steckt, so dass jedes Familienmitglied sich des Schlüssels bemächtigen könnte.[233]

Gleiches gilt für den zur Öffnung erforderlichen Zahlencode, in der Schließtechnik „Geheimnis" genannt - ein Notizzettel mit diesem Code in der Nähe des Behälters lässt einen unmittelbaren Rückschluss auf den erforderlichen Code zu, das gilt auch für das Umkehren einer Zahlenfolge. Die Verwendung eines für Dritte leicht nachvollziehbaren Codes (etwa das Geburtsdatum des Erlaubnisinhabers, das Familienmitgliedern und Freunde sowie Geschäftspartner bekannt sein kann) ist ein Verstoß gegen Sorgfaltspflichten im Zusammenhang mit der Aufbewahrung und führt zur absoluten Unzuverlässigkeit nach § 5 Abs. 1 WaffG.[234]

Schlüssel für das Munitionsinnenfach in einem A- oder B-Schrank dürfen nicht in dem Waffenlagerraum des Behälters aufbewahrt werden oder in dem Schloss stecken, wenn die im Innenfach aufbewahrte Munition aus den im Waffenlagerraum befindlichen Waffen verschossen werden kann.

---

[231] *Der Schlüssel eines B-Schranks, in dem Kurzwaffen aufbewahrt werden, muss mindestens in einem B-Schrank verwahrt werden.*

[232] *OVG Berlin-Brandenburg 11 S 7.11, Beschluss vom 16. Juni 2011; zum Überlassen von Zweitschlüsseln (keine sorgfältige Verwahrung) auch BayVGH 21 ZS 01.1719, Beschluss vom 18. Dezember 2001*

[233] *VG Bayreuth B 1 K 15.345, Urteil vom 30. Oktober 2015*

[234] *Auch bei umgekehrter Reihenfolge des verwendeten Geburtsdatums bejahend VGH München 24 ZB 20.1648, Beschluss vom 14. Okt. 2020*

Von dem Erfordernis der getrennten Aufbewahrung von Waffe und Munition in diesen Behältern ausgehend ist auch die Aufbewahrung der Schlüssel von Waffenschrank und Munitionsinnenfach an einem gemeinsamen Schlüsselring oder in einem gemeinsamen Versteck ein Sorgfaltsverstoß.

1.8.5 Schützenhaus, Schießstätte

Von der Aufbewahrung von Schusswaffen und Munition in Schützenhäusern und Schießstätten geht, im Vergleich zur dezentralen Aufbewahrung in Privatwohnungen, aufgrund festgelegter Übungszeiten sowie Abwesenheit von Personen in den Nachtstunden[235] eine größere Gefahr aus als bei Aufbewahrung in privaten Wohnräumen. Zu den bevorzugten „Arbeitszeiten" der Einbrecher kann eine Tat unbemerkt bleiben, und das für mehrere Stunden, teilweise sogar Tage, etwa bei am Wochenende ungenutzten Schießstätten. Dabei wird durch die Publikation der Übungszeiten mittels Internet oder Zeitungsberichten sowie durch die grundsätzliche Möglichkeit, dass ein Täter im Vorwege unauffällig, etwa als „Interessent am Sportschießen", die Sicherungsvorrichtungen in dem Objekt im Rahmen der Trainingszeiten „ausbaldowert", das Risiko eines erfolgreichen Zugriffs auf Waffen und Munition signifikant erhöht. Aufgrund dieses erhöhten Risikos, insbesondere unter dem Aspekt des geringen Entdeckungsrisikos, das dem in nicht dauernd bewohnten Gebäuden gleichkommt, ist angesichts der besonderen Bedeutung einer sicheren Aufbewahrung von Schusswaffen, die der Gesetzgeber mit der Verschärfung von Maßnahmen und Strafen in der Novelle 2009 unterstrichen hat, die Aufbewahrung in Schützenhäusern und Schießstätten grundsätzlich mit größter Aufmerksamkeit zu betrachten.

Auf **Schützenhäuser** und **Schießstätten** kann § 14 AWaffV angewandt werden. Hier ist die Errichtung einer Einbruchmeldeanlage (EMA) zu fordern, sobald erlaubnispflichtige Schusswaffen oder Munition aufbewahrt werden und es sich um ein Gebäude handelt, das aufgrund seiner Nutzung und Belegenheit bezüglich seiner Gefährdung als ein nicht dauernd bewohntes Gebäude einzuordnen ist. Dabei ist zu beachten, dass die EMA nur Teil eines **Aufbewahrungskonzepts** nach § 14 AWaffV sein kann, das durch den Antragsteller vorzulegen ist. Mit der Erstellung ist ein für dieses Fachgebiet **qualifizierter**, in der Regel öffentlich bestellter und vereidigter **Sachverständiger** vom Antragsteller zu beauftragen.

---

[235] *siehe dazu auch Polizei Köln, „Kölner Studie 2006"*

Wird der Behörde dagegen ein Aufbewahrungskonzept vorgelegt, das nicht von einer derartig qualifizierten Stelle angefertigt wurde, ist ein öffentlich bestellter und vereidigter Sachverständiger mit der **Prüfung des Aufbewahrungskonzepts** zu beauftragen; derartig komplexe Sachverhalte wie Aufbewahrungskonzepte bedürfen grundsätzlich einer sachkundigen Bewertung. Die hier entstehenden **Kosten sind dem Antragsteller aufzuerlegen**.

Welche Maßnahmen **im Einzelfall** zu ergreifen sind und ob geringere oder höhere Anforderungen zu stellen sind, wird erst durch eine Ortsbesichtigung durch den Sachverständigen zu klären sein. So sind nicht massive Wände von Räumen nicht immer aus Bauplänen abzuleiten;[236] gleiches gilt für frei verlegte Telefonleitungen an der Außenwand oder ähnliche Mängel, die von einem Nicht-Fachkundigen leicht übersehen werden.

1.8.6 Überprüfung der sicheren Aufbewahrung

Die **Überprüfung der sicheren Aufbewahrung** von Waffen und Munition durch die Behörde kann **nur vor Ort** durch eine Nachschau durch **qualifiziertes**[237] **Personal oder in Begleitung einer qualifizierten Person effektiv** erfolgen. Verdachtsunabhängige Kontrollen der Aufbewahrung sollen nicht gebührenpflichtig sein, da sie im öffentlichen Interesse liegen.[238]

Dabei sind neben den **Typenschildern** die in dem Behältnis aufbewahrten Waffen zu überprüfen.[239] Die Berechtigung zur Nachschau der einzelnen Waffen im Behältnis ergibt sich auch aus dem Wortlaut des § 36 Abs. 1 WaffG, wonach „diese Gegenstände" vor Wegnahme oder

---

[236] Mauern aus Kalksandsteinen, die durch Gasbeton-Steine ersetzt wurden, oder nachträglich errichtete Durchbrüche in Betonwänden für FH-Türen sind „Klassiker" der Ortsbesichtigung; gleiches gilt für nicht mehr vorhandene Behältnisse, fehlerhaft installierte oder funktionsunfähige Einbruchmeldeanlagen, mangelhafte Interventionspläne usw.

[237] Prüfpersonen müssen Waffen und Munition den in § 13 Abs. 2 AWaffV genannten Kategorien sicher zuordnen zu können; der Nachweis der Sachkunde sollte darum von mind. einer beteiligten Kontrollperson erbracht worden sein.

[238] WaffVwV zu § 36 WaffG, 36.7 Abs. 3; gleichwohl setzen einzelne Waffenbehörden Kontrollgebühren fest, was gerichtlich nicht beanstandet worden ist, so etwa VG Sigmaringen 2 K 1819/12, Urteil vom 26. Juni 2013, oder VG Stuttgart 5 K 2953/10 sowie 5 K 4898/10

[239] VGH Baden-Württemberg 1 S 1391/11, Beschluss vom 3. August 2011

Abhandenkommen geschützt werden müssen. Eine Überprüfung der einzelnen Waffen ist unerlässlich, auch um festzustellen, wo eine bestimmte Waffe zum Zeitpunkt der Kontrolle verwahrt wird (Leihe, Verwahrung, Reparatur etc.), wenn sie nicht vor Ort aufbewahrt wird. [240] Die Mitwirkungspflicht des Besitzers umfasst nicht die Verpflichtung, den verwendeten Zahlencode eines Zahlenkombinationsschlosses oder den geheimen Verwahrort des Schlüssels bei Nutzung eines Behälters mit Hochsicherheitsschloss bekanntzugeben; eine gesetzliche Regelung hinsichtlich der Verwahrung von Schlüsseln ist nicht erlassen worden, ebenso wenig enthalten die AWaffV noch die WaffVwV diesbezügliche Vorschriften, womit die Einhaltung konkreter Vorgaben durch die überprüfende Behörde faktisch nicht erfolgen kann.

Verweigert der Betroffene den Mitarbeitern der zuständigen Behörde den **Zutritt** zu den Räumlichkeiten, in denen er Waffen oder Munition aufbewahrt, verstößt er damit gegen seine **Mitwirkungspflicht**, soweit die Weigerung **nicht nachvollziehbar** begründet wurde. Sind zum Erreichen des Aufstellortes der Waffen andere Räumlichkeiten zu durchqueren, muss der Waffenbesitzer den kontrollierenden Personen dies ermöglichen. Auch die **Auskunftspflicht** nach § 39 Abs. 1 WaffG ist zu erfüllen.

Geschieht die Weigerung **wiederholt** oder **vorsätzlich**, gilt der Erlaubnisinhaber als **nicht zuverlässig** im Sinne des § 5 Abs. 2 WaffG und muss mit dem **Widerruf** seiner Erlaubnisse gemäß § 45 Abs. 2 WaffG rechnen. Auch eine einmalige rechtswidrige Verweigerung der Zutrittsgestattung nach § 36 Abs. 3 Satz 2 WaffG kann als gröblicher Verstoß im Sinne von § 5 Abs. 2 Nr. 5 WaffG zu werten sein.[241] Das Grundrecht auf Unverletzlichkeit der Wohnung nach Art. 13 Grundgesetz wird dadurch nicht verletzt.[242] Die sofortige Sicherstellung der Waffen ist in diesem Falle aber nicht zulässig.[243]

Ist das Behältnis nicht durch ein fest angebrachtes Typenschild einer der gesetzlich geforderten Normen zuzuordnen, kann die zuständige Behörde die Aufbewahrung als gleichwertig anerkennen, wenn die Eignung des

---

[240] *Zu den behördlichen Betretungsrechten siehe Kapitel 1.8.7*

[241] *VG Hamburg 9 K 4459/17, Urteil vom 18. November 2019*

[242] *VG Freiburg, Beschluss vom 14. Juni 2012, 4 K 914/12*

[243] *§ 46 Abs. 4 WaffG stellt höhere Anforderungen an die Qualität des Delikts als § 46 Abs. 2 WaffG; VG Freiburg 4 K 914/12, Beschluss vom 14. Juni 2012*

Behältnisses durch ein **Sachverständigengutachten** nachgewiesen werden. Dabei sind an die Qualifikation des Sachverständigen besondere Anforderungen zu stellen, etwa die „Öffentliche Bestellung und Vereidigung" (öbuv Sachverständiger) für dieses Fachgebiet oder eine mit den Voraussetzungen für die öffentliche Bestellung gleichwertige Qualifikation. Grundsätzlich sollen sich Behörden an den Regeln für die Auswahl von Sachverständigen im Gerichtsverfahren orientieren.[244]

Die Anerkennung der **Gleichwertigkeit** von Behältnissen, die nicht über ein fest angebrachtes Typenschild zum Nachweis der Erfüllung von Anforderungen einer geeigneten Prüfnorm verfügen, kann nach § 13 Abs. 1 Satz 3 AWaffV auf Antrag des Betroffenen erfolgen. Das von dem Sachverständigen angefertigte Gutachten ist der Behörde vom Antragsteller vorzulegen.

Bei Behältnissen mit einem Eigengewicht unter 100 kg ist regelmäßig eine **Verankerung** gegen Wegnahme des gesamten Behältnisses zu fordern.[245] Die fachgerechte Verankerung ist durch den Betroffenen nachzuweisen. Zu bedenken ist aber stets, dass eine Verankerung nur ein Anheben des Behälters verhindert, nicht aber, insbesondere im Falle leichter Behältnisse, den Abtransport „erschwert".

Insbesondere die **Anerkennung von Waffenräumen** als Ersatz für die Aufbewahrung in zertifizierten Behältnissen nach § 13 Abs. 1 Satz 4 AWaffV setzt stets ein **Gutachten des qualifizierten Sachverständigen** voraus. Hier ist zu beachten, dass die Zulassung dieser Art der Aufbewahrung nur bei nachgewiesener Gleichwertigkeit der Schutzmaßnahmen gerechtfertigt ist. Gleiches gilt für Entscheidungen nach § 13 Abs. 5 und 6 AWaffV.

Die **Aufbewahrung** von Waffen und Munition **in Schützenhäusern** und im **Waffenhandel** ist durch die Bekanntheit oder zumindest naheliegende Vermutung des Umstandes, dass in dem betreffenden Gebäude Waffen und Munition aufbewahrt werden, besonders intensiv daraufhin zu prüfen, ob die ergriffenen Maßnahmen zum Schutz gegen eine unbefugte Wegnahme ausreichend sind. Insbesondere die oftmals einsame Belegenheit von

---

[244] *§ 73 Abs. 2 StPO, § 404 Abs. 2 ZPO*

[245] *Rechtsgrundlage ist § 36 Abs. 6 WaffG, da es sich bei der Aufbewahrung nicht um eine Erlaubnis im Sinne von § 9 WaffG handelt; Art und Anzahl der Waffen oder der Ort der Verwahrung sind keine abschließende Aufzählung der Gründe für die Forderung höherer Sicherheitsstandards, als sie § 36 WaffG und § 13 AWaffV vorsehen*

Schützenhäusern („vom Dorf gesehen noch hinter dem Friedhof") sowie die Nutzung von PKW und schwerem Gerät durch Einbrecher zum Durchbrechen rein mechanischer Sicherungen machen es hier ausnahmslos nötig, seitens der Behörde ein **Aufbewahrungskonzept** nach § 14 AWaffV zu fordern, das von einem qualifizierten Sachverständigen (siehe oben) anzufertigen ist. Hier wird durch ein Zusammenspiel von mechanischen und elektronischen sowie organisatorischen Sicherungsmaßnahmen ein tragfähiges Konzept zu erarbeiten sein. Wichtig ist neben der ersten Projektierung und Errichtung eine Überwachung der Aufbewahrung analog zur Überwachung der Schießstätten – nur eine dauerhaft funktionsfähige Einbruchmeldeanlage kann dafür sorgen, dass Hilfe durch die Polizei rechtzeitig vor Ort eintrifft, bevor mechanische Schutzmaßnahmen vom Täter überwunden werden können. Die waffenrechtlich Verantwortlichen werden im Falle eines Einbruchs und des Abhandenkommens von Waffen zur Rechenschaft gezogen – es sollte im Interesse des Vorstandes oder des Unternehmers stehen, Sicherungsmaßnahmen nach dem Stand der Technik zu nutzen, um eine Bestrafung und die Vermutung der Unzuverlässigkeit zu vermeiden.

1.8.7 Behördliche Betretungsrechte

Die Überprüfung der sicheren Aufbewahrung[246] von Waffen oder Munition setzt voraus, dass die Räumlichkeiten des Erlaubnisinhabers, in denen die Aufbewahrung erfolgt, betreten werden. Gleiches gilt für die Überprüfung von Nutzern einer Schießstätte oder die Sicherstellung von Erlaubnisdokumenten. Die Vorschriften des WaffG und ihre praktische Durchführung sind im Lichte zweier zentraler Rechtsgedanken zu betrachten, der Unverletzlichkeit der Wohnung nach Artikel 13 Grundgesetz einerseits und andererseits der Sicherheitsbelange der Bevölkerung, die durch die Vorschriften des Waffengesetzes vor einem Missbrauch oder Abhandenkommen von Waffen oder Munition zu schützen sind, wobei die Belange des Waffenbesitzers immer gegen die Belange der Gesamtbevölkerung abzuwägen sind. Insbesondere bei Vorliegen einer dringenden Gefahr ist ein sofortiges Handeln erforderlich. Zu beachten ist die nach § 53 WaffG sanktionierbare Auskunftspflicht des Waffenbesitzers nach § 39 Abs. 1 WaffG.

Behördliche Betretungsrechte finden sich in den §§ 36, 39 und 46 WaffG. Wie es Artikel 13 Grundgesetz (GG) vorsieht, ist in der jeweiligen Norm festgelegt, unter welchen Umständen das Grundrecht durch die

[246] *Siehe dazu zB VGH Baden-Wbg. 1 S 1391/11, Beschluss v. 3. August 2011*

behördliche Maßnahme eingeschränkt ist und der Waffenbehörde ein Recht zum Betreten oder Durchsuchen von bestimmten Räumlichkeiten einräumt. Für eine **Durchsuchung der Person** und von **Fahrzeugen**, die nicht (zumindest teilweise) tatsächlich zu Wohnzwecken genutzt werden, findet sich im Waffengesetz selbst im Rahmen einer Durchsuchung zum Zwecke der Sicherstellung nach § 46 Abs. 4 WaffG **keine Rechtsgrundlage**.[247]

Dem Begriff der **Wohnung** in dieser Norm unterfallen neben den privaten Räumlichkeiten einer Person auch Neben-, Arbeits-, Betriebs- und **Geschäftsräume** sowie das **befriedete Besitztum**[248], ebenso **Wohnwagen** und die dem Wohnen dienenden Bereiche von **Wohnmobilen**.[249] Zur Aufstellung von Behältnissen zur Waffen- und Munitionsaufbewahrung sind nur Wohnräume als zulässig anzusehen, eine solche Aufstellung kommt auch in diesen Fällen grundsätzlich in Betracht.

In der Praxis muss scharf unterschieden werden zwischen dem Betreten und dem Durchsuchen von Räumlichkeiten und Grundstücken. **Betreten** einer Wohnung ist das Eintreten oder Eindringen in eine Wohnung. Das Betretungsrecht schließt die Befugnis ein, von Personen, Sachen und Zuständen, die ohne jeglichen Aufwand wahrgenommen werden können, Kenntnis zu nehmen, ohne zu diesem Zweck Behältnisse zu öffnen oder Veränderungen in der Wohnung vorzunehmen. Die Befugnis des Betretens schließt die Befugnis zum Aufenthalt ein. **Durchsuchung** einer Wohnung ist das ziel- und zweckgerichtete Suchen nach Personen oder Sachen oder das Ermitteln eines Sachverhaltes, um dort etwas aufzuspüren, was der

---

[247] *VG Schwerin 3 E 234/23 SN, Beschluss vom 14. Februar 2023*

[248] *Das befriedete Besitztum muss nicht durch Mauern oder Tore deutlich vom öffentlichen Raum abgetrennt sein. Es gilt vielmehr, dass nach allgemeinen Maßstäben des menschlichen (gesellschaftlichen) Miteinanders erkennbar sein muss, dass es sich um ein befriedetes Besitztum und nicht mehr um öffentlichen Raum handelt und der Hausrechtsinhaber ein Betreten untersagt – schon eine niedrige Hecke als Grenze des Besitztums ist für jeden als Willensäußerung erkennbar. Ein spezielles Hinweisschild ist nicht erforderlich, auch nicht ein verschlossener Durchlass in Form einer Tür oder eines Tores. Fahrzeuge sind als bewegliche Sache kein befriedetes Besitztum, können aber in bestimmten Bereichen Wohnung sein (siehe nachfolgende Erläuterung).*

[249] *WaffVwV zu Anlage 1 A2 Nr. 4 (Wohnungsbegriff für „Führen"); zum Wohnungsbegriff bei Wohnmobilen BGH 3 StR 456/09, Beschl. v. 01. April 2010*

Inhaber der Wohnung von sich aus nicht offenlegen oder herausgeben möchte. Kennzeichnend für die Durchsuchung ist also das Ausforschen. Das **Betreten der Wohnung** des Betroffenen durch Mitarbeiter der zuständigen Behörde **zum Zweck der Öffnung des Waffenschrankes** und **Sicherstellung** der anlassgegenständlichen Waffen und Munition ist **keine Durchsuchung** im Sinne des Art. 13 Abs. 2 GG und bedarf deshalb keiner richterlichen Anordnung nach § 46 Abs. 4 Satz 2 2. Hs. WaffG, sondern lediglich einer behördlichen Duldungsanordnung.[250]

1.8.7.1 Aufbewahrungskontrolle (§ 36 Abs. 3)

Zur verdachtsunabhängigen Kontrolle der Aufbewahrungspflichten bzgl. der tatsächlich ergriffenen Maßnahmen zum Schutz von Waffen oder Munition gegen unbefugte Wegnahme kann die Waffenbehörde grundsätzlich ein Betretungsrecht hinsichtlich der Räume, in denen die Gegenstände aufbewahrt werden, in Anspruch nehmen. Weitere Räumlichkeiten dürfen somit nicht betreten werden, es sei denn, dass dieses Betreten dazu erforderlich ist, um zu dem Raum zu gelangen, in dem die Aufbewahrung erfolgt (zum Beispiel Flur, Diele, Zwischenzimmer).

Wohnräume dürfen gegen den Willen des Wohnungsinhabers nur zur Verhütung dringender Gefahren für die öffentliche Sicherheit betreten werden. Diese Regelung dient gefahrenabwehrrechtlichen Zwecken. Da es sich nicht um ein Durchsuchungsrecht handelt, sondern lediglich um ein Betretungsrecht, ist keine Einschränkung des Art. 13 Abs. 2 GG gegeben.

Ein Betretungsrecht bedeutet gegenüber der Wohnungsdurchsuchung einen geringeren Grundrechtseingriff. Nach Art. 13 Abs. 7 GG ist die Vornahme sonstiger Eingriffe und Beschränkungen grundsätzlich an das Vorliegen schwerwiegenderer Gefahren gebunden. Auf Grund eines Gesetzes darf ein solcher Eingriff, wie es ein Betreten der Wohnung ist, auch zur Verhütung dringender Gefahren für die öffentliche Sicherheit und Ordnung vorgenommen werden, und das auch gegen den Willen des Betroffenen.

Vor diesem verfassungsrechtlichen Hintergrund setzt § 36 Abs. 3 WaffG das Betreten der Wohnung gegen den Willen des Betroffenen zwingend die Verhütung einer dringenden Gefahr für die öffentliche Sicherheit voraus. Kann die kontrollierende Behörde eine solche Gefahrenverhütung im konkreten Fall nicht begründen (etwa Hinweise auf eine unzulässige

---

[250] *Bayerischer VGH 19 CE 08.2338, Beschluss vom 27. Oktober 2008*

Aufbewahrung), darf sie im Rahmen der verdachtsunabhängigen Kontrolle die Wohnung auch nicht gegen den Willen des Betroffenen betreten.

1.8.7.2 Auskunftspflicht, Nachschau (§ 39 Abs. 1, 2)

Die zuständige[251] Behörde darf bei bestimmten Betrieben zur allgemeinen Überwachung hinsichtlich der Einhaltung der einschlägigen Vorschriften Betriebsgrundstücke und Geschäftsräume während der Betriebs- und Arbeitszeit betreten und dort Prüfungen und Besichtigungen vornehmen. Zur Abwehr dringender Gefahren für die öffentliche Sicherheit oder Ordnung dürfen Arbeitsstätten auch außerhalb dieser Zeiten sowie Wohnräume des Auskunftspflichtigen gegen dessen Willen besichtigt, also betreten werden.

Das in § 39 Abs. 2 WaffG auch gegen den Willen des Auskunftspflichtigen eröffnete behördliche Betretungsrecht der Arbeitsstätten außerhalb der Betriebs- und Arbeitszeit sowie der Wohnräume des Betroffenen (zweite Betretungsalternative) folgt der verfassungsrechtlichen Bedingung des Art. 13 Abs. 7 GG, wonach sonstige Eingriffe und Beschränkungen (zB Betreten) bezüglich des Schutzbereichs des Art. 13 GG auf Grund eines Gesetzes auch zur Abwehr dringender Gefahren für die öffentliche Sicherheit oder Ordnung zulässig sind, wie es § 39 Abs. 2 WaffG tatbestandlich vorsieht.

Das Betreten von Betriebsgrundstücken und Geschäftsräumen während der Betriebs- und Arbeitszeit <u>ohne</u> das Vorliegen einer Gefahr zur Überprüfung lässt sich nicht aus Art. 13 Abs. 7 GG rechtfertigen. Gleichwohl ist ein entsprechendes Vorgehen der zuständigen Behörde rechtskonform.[252]

Räume, die grundsätzlich dem geschützten Wohnungsbegriff zuzuordnen sind, fallen unter bestimmten Voraussetzungen aus diesem höheren Schutzniveau des Art. 13 GG heraus und werden als Räume minderen Schutzes nur noch von Art. 2 Abs. 1 GG geschützt. Voraussetzung für diese Rückstufung ist, dass es sich um solche Geschäfts- oder Betriebsräume handelt, die bewusst vom Grundrechtsträger oder Hausrechtsinhaber zumindest für eine gewisse Zeit einer gewissen Öffentlichkeit, etwa Kunden, zugänglich gemacht werden. Das Bundesverfassungsgericht (BVerfG) hat für das

---

[251] *Insbesondere im Bereich des Waffen- und Munitionshandels die örtliche Zuständigkeit nach § 49 WaffG, die im Falle von Niederlassungen als zuständige Behörde jene bestimmt, in deren Bezirk das Unternehmen seinen Hauptsitz hat*

[252] *BVerfG 1 BvR 280/66, Beschluss vom 13. Oktober 1971, „Schnellreinigungsentscheidung" zum Betriebsbetretungsrecht*

Betreten solcher Räume minderen Schutzes nur Minimalbedingungen aufgestellt, um gegen den Willen des Betroffenen ein Betretungsrecht zu ermöglichen. Eine bestimmte Gefahrendimension ist hier nicht erforderlich.

Für das Betreten dieser *Räume minderen Schutzes* reicht es aus, dass ein Gesetz (in diesem Falle § 39 Abs. 2 WaffG, erste Betretungsalternative) zum Betreten ermächtigt, dieses Betreten zu einem erlaubten Zweck erforderlich ist, Zweck und Umfang des Betretens gesetzlich festgelegt sind und das Betreten während der Öffnungszeiten erfolgt. Geschäftsräume, die üblicherweise von Kunden betreten werden sollen, unterfallen gemäß § 39 Abs. 2 WaffG während der Öffnungszeiten einem erleichterten Betretungsrecht.

Für das Betreten von Räumen, die für eine öffentliche Zugänglichkeit grundsätzlich nicht vorgesehen sind, etwa Produktionseinrichtungen, oder von prinzipiell öffentlichen Räumen außerhalb der Geschäftszeiten sind stets die strengeren Voraussetzungen nach Art. 13 Abs. 7 GG zu beachten. Das Betreten muss zur Abwehr einer dringenden Gefahr erforderlich sein.

1.8.8 Verstöße gegen Aufbewahrungsvorschriften

Verstöße gegen die Aufbewahrungsvorschriften[253] wurden nach WaffG 2002 zunächst mit Geldbuße bis zu 10.000 EURO geahndet. Nach dem Amoklauf von Winnenden bestand eine der Reaktionen des Gesetzgebers darin, den Strafvorschriften einen neuen Paragraphen hinzuzufügen. Nach § 52 Abs. 3 Nr. 7a WaffG[254] kann bei vorsätzlichem[255] Verstoß gegen die Aufbewahrungsvorschriften[256] nach § 36 WaffG iVm § 13 AWaffV eine Freiheitsstrafe von bis zu drei Jahren oder eine Geldstrafe verhängt werden, wenn durch den Verstoß die Gefahr eines Zugriffs durch Unbefugte oder eines Abhandenkommens verursacht wurde. Eine nach Heimkehr von der Jagd an den Kleiderhaken gehängte, unbeaufsichtigte Flinte erfüllt diesen

---

[253] *§ 36 Abs. 1 Satz 2, Abs. 2 WaffG aF*

[254] *Ersetzt § 52a WaffG 2009, entfallen durch WaffG-Änderung 2017*

[255] *Fahrlässiges Begehen wurde nach § 53 Abs. 1 Nr. 19 WaffG aF mit Geldbuße geahndet; diese Regelung ging in § 34 AWaffV auf.*

[256] *Gade weist mit Hinweis auf die Materialien zur Neuregelung überzeugend darauf hin, dass dies nur für Verstöße gilt, die die stationäre Aufbewahrung betreffen; Verstöße im Zuge der nicht stationären Aufbewahrung wären nicht sanktioniert.*

Tatbestand. Zudem legt dieses Verhalten die **Vermutung der Unzuverlässigkeit** nahe, die schon aus einem einmaligen Verstoß begründbar ist.

Schon ein einmaliger, nicht völlig unerheblicher Verstoß gegen Aufbewahrungsvorschriften ausreichen, um darauf die Prognose zu stützen, es werde auch zukünftig zu entsprechenden Verstößen kommen. Die Annahme einer waffenrechtlichen Unzuverlässigkeit im Sinne von § 5 Abs. 1 Nr. 2 lit. b WaffG ist nicht erst bei einer beharrlichen Verletzung der Aufbewahrungsvorschriften anzunehmen.[257]

1.9 Waffenverbot im Einzelfall (§ 41)

Das Waffenverbot wird unbefristet durch einen Verwaltungsakt angeordnet, der **bundesweit unbefristet wirksam** ist und dessen Erforderlichkeit von der Behörde besonders zu prüfen ist.[258]

Die zuständige Behörde kann nach § 41 **Abs. 1** WaffG einer Person den **Besitz** von Waffen oder Munition untersagen, für deren Erwerb es nicht der Erlaubnis bedarf,[259] wie auch, wenn die tatsächliche Gewalt noch nicht erlangt wurde, den zukünftigen **Erwerb** dieser Waffen oder Munition, wenn eine Gefährdung im Sinne von § 41 Abs. 1 Nr. 1 oder 2 WaffG zu besorgen ist. Das ist einerseits der Fall, wenn es zur Verhütung von Gefahren für die Sicherheit Dritter oder zur Kontrolle des Umgangs mit erlaubnisfreien Gegenständen geboten ist, andererseits auch, analog zum Umgang mit erlaubnispflichtigen Waffen, wenn Tatsachen die Annahme rechtfertigen, dass der Betroffene abhängig ist, von Alkohol oder anderen berauschenden Mitteln, psychisch krank[260] oder debil ist.

---

[257] *OVG Nordrhein-Westfalen 20 B 782/10, Beschluss vom 08. Dezember 2010*

[258] *Gade, § 41, Rn. 1*

[259] *Die Formulierung „deren Erwerb nicht der Erlaubnis bedarf" bezieht sowohl Waffen ein, die nicht der Erlaubnispflicht unterfallen (zB Kampfmesser, Schlagstock) als auch solche, die von der Erlaubnispflicht freigestellt sind, zB von der Erlaubnispflicht zum Erwerb freigestellte SRS-Waffen, Armbrüste, Harpunen oder unbrauchbar gemachte Schusswaffen.*

[260] *Der Begriff der psychischen Krankheit entspricht dem der Geisteskrankheit, die dann vorliegt, wenn die Störung der Geistestätigkeit so hochgradig ist, dass die Fähigkeit vernünftiger Willensbildung der eines Kindes unter sieben Jahren gleich zu achten ist (VGH München 24 CS 24.1910, Beschluss vom 21. Januar 2025)*

Gleiches gilt, wenn anzunehmen ist, dass die für den sicheren Umgang mit erlaubnisfreien Waffen ebenfalls faktisch erforderliche persönliche Reife und Vernunft nicht gegeben ist oder körperliche Mängel[261] vorliegen, die den sachgerechten Umgang verhindern.

Tatsachen für das Fehlen der erforderlichen Zuverlässigkeit in § 41 Abs. 1 WaffG liegen zB vor in den Fällen des

- § 5 Abs. 1 Nr. 1 lit. a (Verbrechen),
- § 5 Abs. 1 Nr. 1 lit. c (staatsgefährdende oder extremistische Straftat),
- § 5 Abs. 1 Nr. 2 (negative Prognose) und
- § 5 Abs. 2 Nr. 2 bis 4 WaffG.

Darüber hinaus benennt die Norm Beispiele, die hinsichtlich der erfassten Vorsatzstraftaten bezüglich Deliktbegehung und Gesetzeswerk deutliche Parallelen zu § 5 Abs. 2 WaffG aufweisen, aber anstelle von 60 Tagessätzen einen Schwellenwert von 90 Tagessätzen festlegen. Erfasst werden Fälle einer rechtskräftigen Verurteilung zu einer Freiheitsstrafe, Jugendstrafe oder Geldstrafe von mindestens 90 Tagessätzen sowie Fälle einer Aussetzung von Jugendstrafe

- für vorsätzliche Straftaten gegen die körperliche Unversehrtheit oder
- für vorsätzliche Straftaten, die mit Gewalt oder durch Drohung mit gegenwärtiger Gefahr für Leib und Leben begangen wurden, oder
- für vorsätzliche Straftaten nach dem Waffengesetz, dem Kriegswaffenkontrollgesetz, dem Bundesjagdgesetz oder dem Sprengstoffgesetz,

wenn seit Eintritt der Rechtskraft der letzten Verurteilung fünf Jahre noch nicht verstrichen sind.

Bei den in § 41 Abs. 1 WaffG genannten Vorsatzstraften handelt es sich weder um zwingende noch um abschließende Regelbeispiele. Vielmehr soll der intensivere Grundrechtseingriff, den ein individuelles Verbot des Umgangs mit erlaubnisfreien Waffen darstellt, durch einen im Vergleich

---

[261] *WaffVwV zu § 41, Nr. 41.3, 2. Absatz*

mit der Strafmaßforderung des § 5 Abs. 2 WaffG erhöhten Mindestwert, der die besondere Verwerflichkeit der Tat und damit der Einstellungen des Täters belegt, die Rechtsprechung berücksichtigen, die eine schlichte Parallelanwendung der Tagessatzgrenzen des § 5 Abs. 2 WaffG auf § 41 Abs. 1 WaffG abgelehnt hatte.[262]

Die Regelung des § 41 Abs. 1 WaffG ist anwendbar auf zB SRS-Waffen (Anlage 2 A2 UA2 Nr. 1.3 WaffG) sowie Druckluftwaffen mit Prüfzeichen „F im Fünfeck" nach Anlage 2 A2 UA2 Nr. 1.1 WaffG[263] sowie bestimmte Harpunengeräte[264] nach Anlage 2 A3 UA1 WaffG, dagegen gemäß Anlage 2 A3 UA2 WaffG nicht auf zum Spiel bestimmte und Spielzeug-Schusswaffen sowie Nachbildungen und Blasrohre.

Bei Widerruf einer Erlaubnis nach § 45 Abs. 2 Satz 1 WaffG mangels Zuverlässigkeit oder persönlicher Eignung ist durch die Behörde regelmäßig die Erforderlichkeit der Erteilung eines Waffenverbots nach § 41 Abs. 1 WaffG zu prüfen.[265]

Nach § 41 **Abs. 2** WaffG besteht die Möglichkeit eines Verbots des Besitzes von Waffen oder Munition, die der Erlaubnispflicht unterliegen. Auch wenn es aufgrund der Erlaubnispflicht für den Erwerb und Besitz dieser Gegenstände auf den ersten Blick überflüssig erscheint, den Besitz verbieten zu können, verhindert diese Regelung insbesondere einen rechtlich zulässigen Umgang erlaubnispflichtigen Schusswaffen auch ohne Erteilung einer waffenrechtlichen Erlaubnis, die etwa aufgrund von Eigenschaften in der Person des Betroffenen wie mangelnder persönlicher Eignung oder Unzuverlässigkeit nicht erteilt werden würde. Denn die Ausnahmen nach § 12 Abs. 1, 2 WaffG, die den Umgang mit Waffen oder Munition in bestimmten Situationen freistellen, würden auch solchen Personen den Umgang mit

---

[262] *Zur Begründung BT-Drs. 20/12805, S. 35*

[263] *Nicht alle Schusswaffen mit Kennzeichnung „F im Fünfeck" sind von der Erlaubnispflicht freigestellt*

[264] *Die Freistellung beschränkt sich auf Unterwassersportgeräte, bei denen „zum Antrieb der Geschosse keine Munition im Sinne des WaffG", mithin keine Kartuschenmunition o.ä. verwendet wird; somit sind idR die durch die vorstehende Beschreibung gesetzlich definierten* ***Harpunengeräte*** *vom Waffengesetz mit Ausnahme des Mindestalters und der Anwendbarkeit des Waffenverbots freigestellt.*

[265] *BVerwG 6 C 36.15, Urteil vom 17. November 2016*

Waffen oder Munition ermöglichen, denen zur Vermeidung von Gefahren der Umgang mit Waffen nicht gestattet werden sollte. Diesem Personenkreis wäre ohne ein Verbot nach § 41 Abs. 2 WaffG insbesondere

- der Erwerb zum Schießen auf einer Schießstätte im Falle einer Schusswaffe, etwa als Gastschütze oder Lehrgangsteilnehmer,
- der erlaubnisfreie Erwerb von Munition zum sofortigen Verbrauch auf der Schießstätte, auf der dieser Erwerb erfolgt,
- der Erwerb und Besitz als Beauftragter einer jagdlichen oder schießsportlichen Vereinigung, zB als Begleiter eines Jugendlichen oder
- der Umgang auf Grund eines Arbeits- oder Ausbildungsverhältnisses, etwa als Mitarbeiter eines Waffenhändlers oder Herstellers,

möglich. Durch ein behördlich erlassenes Verbot nach § 41 Abs. 1 oder 2 WaffG wären aber Erwerb und vorübergehender Besitz der betreffenden Waffen trotz grundsätzlicher gesetzlicher Erlaubnisbefreiung verboten.[266]

Die eigentliche gesetzgeberische Intention bei Schaffung des Absatzes 2 lag allerdings in dem Erkennen vorhandener Lücken durch die Regelungen des vor 2003 geltenden Waffengesetzes, das lediglich das Verbot des Umgangs mit nicht-erlaubnispflichtigen Waffen ermöglichte. Durch die Neuregelung des Waffenverbots und die mögliche Erstreckung auf erlaubnispflichtige Waffen und Munition, so die gesetzgeberische Begründung,[267] sollte der zuständigen Behörde die sofortige Sicherstellung von Waffen und Munition in solchen Fällen ermöglicht werden, in denen bei einem rechtmäßigen Waffenbesitzer auf Grund bestimmter Anhaltspunkte dieser Waffenbesitz eine Gefahr für die Allgemeinheit darstellt, wobei sich das Verbot auf alle im Besitz stehenden erlaubnispflichtigen Waffen beziehen wird.

Ist einer Person bekannt, dass gegen einen Dritten ein Waffenverbot nach § 41 Abs. 2 WaffG verhängt wurde und noch besteht, darf diese Person dem Dritten keine Waffe überlassen und würde bei bewusster Zuwiderhandlung unzuverlässig im Sinne von § 5 Abs. 1 Nr. 2 lit. c WaffG sowie strafbar gemäß § 52 Abs. 7 WaffG. Dies ist insbesondere in Fällen der Überlassung von Schusswaffen an Gastschützen ohne eigene waffenrechtliche Erlaubnis auf einer Schießstätte[268] durch einen Verantwortlichen oder

---

[266] *Analog zu Abs. 1: VG Augsburg Au 4 K 13.775, Urteil vom 24. Juli 2013*

[267] *in BT-Drs. 14/7758, S. 77, zu § 41 Absatz 2 WaffG*

[268] *Das Verbot nach § 41 WaffG geht der Erlaubnisbefreiung nach § 12 WaffG vor.*

durch den Ausbilder bei der Durchführung von Lehrveranstaltungen, etwa zur Sachkunde oder in der Jägerausbildung, von Bedeutung.[269]

§ 41 WaffG ist regelmäßig zu prüfen, wenn es zur Verhütung von Gefahren für die Sicherheit der Bevölkerung oder von Einzelpersonen geboten ist, solche Waffen oder Munition unmittelbar sicherzustellen, die sich im Besitz des Betroffenen befinden. Die **Gebotenheit** stellt eine **gesteigerte Anforderung** im Sinne einer Erforderlichkeit dar und setzt eine **Gefährlichkeit des Waffenbesitzers** voraus, die sich aus dem Besitz der Waffe ergibt.[270] Das Verbot wird durch die Behörde als **Ermessensentscheidung** (Entschließungsermessen) getroffen, womit gerichtlich nach § 114 Satz 1 VwGO geprüft werden kann, ob der Verwaltungsakt deswegen rechtswidrig ist, weil die gesetzlichen **Grenzen des Ermessens** überschritten sind oder die Behörde von dem Ermessen in einer dem Zweck der zugrundeliegenden Ermächtigung nicht in entsprechender Weise Gebrauch gemacht hat.[271] Das **Ermessen** kann unter Umständen **auf Null reduziert** sein und muss sich an dem in § 41 WaffG genannten Zweck der Regelung orientieren. Das Verfahren nach § 46 Abs. 5 WaffG, das unmittelbar auf ein vollziehbares Waffenverbot folgen muss, schließt bei Vorliegen der weiteren Voraussetzungen dieser Norm die sofortige Sicherstellung von Urkunden, Waffen oder Munition sowie das Betreten und gegebenenfalls Durchsuchen von Räumlichkeiten ein.[272]

Die Behörde unterrichtet nach § 41 Abs. 3 WaffG die örtlich zuständige Polizeidienststelle von dem Verbot. Darüber hinaus hat die Waffenbehörde, sofern die Entscheidung vollziehbar oder nicht mehr anfechtbar ist, dem Bundeszentralregister (BZR) Mitteilung zu machen.[273] Dagegen ist die Erteilung eines Waffenverbotes bereits mit Anordnung der sofortigen Vollziehung an das Nationale Waffenregister (NWR) zu übermitteln.[274]

---

[269] *Im Vorfeld einer Ausbildung sollte darum ausdrücklich das Bestehen eines Waffenverbotes auf dem verwendeten Anmeldebogen abgefragt werden.*

[270] *BVerwG 6 C 30.11 Rn. 33, Urteil vom 22. August 2012*

[271] *BVerwG 6 C 30.11 Rn. 39 ff., Urteil vom 22. August 2012*

[272] *Vertiefend Busche, Waffenrecht Praxiswissen, Band 1*

[273] *WaffVwV 41.4 mit Verweis auf § 10 Abs. 1 Nr. 3 lit. a BZRG*

[274] *§ 8 WaffRG*

Um die **sofortige Vollziehbarkeit** des Waffenverbots nach § 41 WaffG zu erreichen und damit die sofortige Sicherstellung nach § 46 Abs. 4 Satz 1 WaffG zu ermöglichen[275], muss ergänzend gemäß § 80 Abs. 2 Satz 1 Nr. 4 iVm Abs. 3 VwGO die sofortige Vollziehbarkeit durch die Behörde angeordnet werden, da sie im Falle des § 41 WaffG nicht, anders als im Falle von § 45 Abs. 5 WaffG und § 46 Abs. 6 WaffG, bereits gesetzlich vorgesehen ist. Der Betroffene kann nach § 80 Abs. 5 VwGO das Gericht der Hauptsache anrufen, um eine vollständige oder teilweise Wiederherstellung der aufschiebenden Wirkung zu erreichen. Zu beachten ist, dass „im Bereich des Sicherheitsrechts ... die Anforderungen an die Begründung der Anordnung eines Sofortvollzugs gering (sind), weil es um den Schutz von Leben und Gesundheit geht und deshalb der Sofortvollzug in der Regel bereits aus der Natur der Sache begründet ist".[276]

Verbote, die vor Einführung des WaffG 2002 auf Grundlage des Waffengesetzes vom März 1976 ausgesprochen wurden, gelten unverändert fort.[277]

Ein unanfechtbares Waffenverbot **kann auf Antrag** nach § 51 Abs. 1 VwVfG **aufgehoben werden**, wenn die Voraussetzungen dafür gegeben sind, im Falle des Waffenverbots ein Wegfall der Gründe, die zur Anordnung geführt hatten; die Zuständigkeit der Behörde für dieses Wiederaufgreifen des Verfahrens richtet sich gemäß § 51 Abs. 4 VwVfG nach § 3 VwVfG, auch wenn das Waffenverbot von einer anderen Behörde erlassen worden ist. Ist der Antrag zulässig und begründet, entscheidet die zu diesem Zeitpunkt zuständige Behörde nach zu diesem Zeitpunkt geltender Rechtslage unter Einbeziehung aller vorliegenden Erkenntnisse.[278] Nach Ablehnung besteht für den Betroffenen die Möglichkeit, durch Verpflichtungsklage nach § 42 Abs. 1 VwGO eine Überprüfung dieser Ablehnung vornehmen zu lassen.

---

[275] *Die Anordnung der sofortigen Vollziehbarkeit ist unabdingbar, um die die sofortige Sicherstellung nach § 46 Abs. 4 Satz 1 Nr. 1 WaffG unmittelbar durchführen zu können; gerade in Fällen eines Waffenverbots nach § 41 Abs. 2 WaffG ist Eile geboten, um den als gefährdend eingeordneten Waffenbesitz, der der behördlichen Entscheidung zugrunde gelegen hat, unverzüglich zu beenden.*

[276] *BayVGH 19 CS 08.1471, Beschluss vom 15. August 2008*

[277] *§ 58 Abs. 6 WaffG iVm § 40 Abs. 1 WaffG aF*

[278] *Ausführliche Darstellung in Ramsauer/Kopp, VwVfG, 18. Aufl. 2017, § 51*

Gegenstände, die durch eine Änderung des Gesetzes zu Waffen oder Munition erklärt wurden,[279] vormals aber nicht den Regelungen des § 41 WaffG unterworfen waren, unterfallen vollständig der Anwendung eines bestehenden Waffenverbots.[280]

1.10 Verbotene Waffen, Munition und Geschosse

1.10.1 Verbotene Waffen

Das Verbot einer Waffe, die in der Anlage 2 A1 WaffG genannt wird, ist umfassend und bezieht sich auf jegliche Art des Umgangs mit Ausnahme der Unbrauchbarmachung. Verboten sind zB nicht nur das Führen, sondern auch Erwerb, Besitz oder Herstellung dieser Waffen. Ausnahmen sind möglich, etwa bei behördlichen oder gerichtlichen Aufträgen. Verboten sind:

- Waffen (Ausnahme: halbautomatische tragbare Schusswaffen) nach **Verlust der Kriegswaffeneigenschaft**[281]
- **voll**automatische Schusswaffen

---

[279] *Zur Zulässigkeit einer vermeintlichen „**Enteignung**" durch Erfassung von Gegenständen durch den Waffenbegriff oder durch Verbote BT-Drs. 14/7758, S. 91; nach hiesiger Meinung ist der dort dargestellte Grundsatz auch auf Waffenverbote anwendbar, da die Anordnung des Verbots in der Regel aufgrund schwerwiegender Gründe, insbesondere der Gefahr für Dritte oder die öffentliche Sicherheit und Ordnung erfolgt; ein Belassen der Gegenstände bei dem Adressaten des Verbots wäre unter dem Gedanken der gefahrenabwehrenden Aufgabe des WaffG verfehlt. Das im Rechtsstaatsprinzip wurzelnde **Rückwirkungsverbot** wird dadurch nicht berührt. Zur Zulässigkeit der Rücknahme einer Erlaubnis zum Besitz eines Pfeilabschussgeräts entschied VG Würzburg W 9 K 23.1750, Urteil vom 17.01.2025; eine Enteignung liege in diesem Falle nicht vor.*

[280] *Auf die mit Inkrafttreten des 3. WaffRÄndG 2020 als Waffen erfassten Magazine für Patronenmunition und Pfeilabschussgeräte sowie unbrauchbar gemachte Schusswaffen, die bislang von der Anwendung des § 41 WaffG ausgenommen waren, sind ab dem 1. September 2020 bestehende Waffenverbote anzuwenden.*

[281] *Kriegswaffen unterliegen ausschließlich dem Kriegswaffenkontrollgesetz; nur durch Streichung der Waffengattung aus der Kriegswaffenliste verlieren sie die Kriegswaffeneigenschaft im Sinne der Anlage 2; der Verlust der Kriegswaffeneigenschaft durch Unbrauchbarmachung ist hier nicht erfasst.*

- Vorderschaftrepetierflinten („Pump-Action/Pumpgun") mit
    - einem **Kurzwaffengriff anstelle eines Hinterschafts** oder
    - einer **Gesamtlänge unter 95 cm** oder
    - einer **Lauflänge unter 45 cm**
- getarnte Schusswaffen wie **Schießkugelschreiber** oder **Stockgewehr** (Gehstock mit Lauf, Patronenlager und Abzug)
- mehr als üblich verkürzbare oder schnell zerlegbare Waffen („Wilderergewehr")
- Lichtquellen, die das Ziel beleuchten oder markieren, die an der Waffe **montiert** werden können (Laser, Lampen, Projektoren etc.)
- **Nachtsichtgeräte, Nachtzielgeräte, Nachtsichtvorsätze und Nachtsichtaufsätze für Zielhilfsmittel**, die **zur Montage** an einer Schusswaffe **bestimmt sind**[282]
- mehrschüssige Kurzwaffen Baujahr 1970 oder jünger für Zentralfeuermunition in Kalibern unter 6,3 mm, wenn der Antrieb der Geschosse nicht ausschließlich durch den Zündsatz erfolgt
- getarnte Hieb- und Stoßwaffe (zB Stockdegen)
- Stahlrute (nicht: Teleskopschlagstöcke)
- Totschläger, Schlagring, Wurfstern
- Molotow-Cocktail
- Schleuder mit Aufnahme für Armstütze sowie Armstütze selbst
- Nunchaku (auch aus Schaumstoff), Würgehölzer

---

[282] *Ausgenommen von dem Verbot für Nachtsichtvorsatz- und -aufsatzgeräte sind Jäger und Inhaber einer Handels- oder Herstellungserlaubnis.*

- Springmesser[283] (Ausnahmen vom Verbot sind möglich bezüglich der Klingenart und -mechanik sowie der Verwendung)
- Faustmesser (Ausnahme: Jäger und Pelz- / Leder-Handwerk)
- Butterfly-Messer
- Fallmesser
- Elektro-Impulsgerät ohne Zulassung
- Distanz-Elektroimpulsgerät (Taser), bei dem mittels Flüssigkeitsstrahl oder Leitungsdraht elektrische Ladungen übertragen werden
- **Wechselmagazine**[284] **für Zentralfeuer-Munition**, die als
    - Langwaffenmagazine mehr als 10 Patronen aufnehmen oder
    - Kurzwaffenmagazine mehr als 20 Patronen aufnehmen und
    - Magazingehäuse dieser Magazine

(Hinweis: Maßgeblich ist die Herstellerangabe zur Kapazität)

- **Halbautomatische Waffen für Zentralfeuermunition** mit **fest eingebautem Magazin**,
    - die als Langwaffe mehr als 10 Patronen aufnehmen oder
    - die als Kurzwaffe mehr als 20 Patronen aufnehmen
- **Salutwaffen**, hergestellt aus verbotenen Schusswaffen nach Anlage 2

[283] *Zu den Ausnahmen siehe Bildtafel; bei Federdefekt liegt die verbotsbegründende Eigenschaft nicht vor, somit kein Verbot (BGH 1 StR 35/17)*

[284] *Berechtigte Altbesitzer und Inhaber von Ausnahmegenehmigungen dürfen diese Magazine verwenden, das Verbot wird gegen sie nicht wirksam.*

1.10.2 Verbotene Munition

- **Reizstoffmunition** ohne amtliche Zulassung (PTB-Zeichen)
- **panzerbrechende Munition**
- Munition mit **Leuchtspursätzen, Spreng- und Brandsätzen**
- Munition mit **Hartkerngeschoss** oder **Treibspiegelgeschoss,** insbesondere mit **Nadelgeschoss** (Pfeilmunition, „Flechettes")
- Knallpatronen oder Reizstoffmunition, die durch feste Bestandteile bis 1,5 m vor der Laufmündung Verletzungen hervorrufen können
- Bestimmte **Kleinschrotmunition** (Kartuschenmunition für das Verschießen von Schrot aus **SRS-Waffen**, sogenannte **„Grenaille"**)
- Munition, die ausschließlich in **Kriegswaffen** Verwendung findet oder zur ausschließlichen Verwendung durch staatliche Stellen nach § 55 Abs. 1 S. 1 WaffG bestimmt ist („**Behördenmunition**")

Ausnahme: pyrotechnische Munition, zur **Gefahrenabwehr** bestimmt.

1.10.3 Verbotene Geschosse

- Geschosse mit **Betäubungsstoffen** für Angriff oder Verteidigung
- **Hartkerngeschosse**
- Geschosse aus **panzerbrechender Munition**, Munition mit **Spreng- und Brandsätzen** sowie aus Munition mit **Leuchtspursätzen**

<u>Nicht verboten</u> sind spezielle Geschossarten wie beispielsweise **Hohlspitz-** oder **Dum-Dum**-Geschosse.

2 Waffen- und Munitionskunde

2.1 Waffenarten

Die Definition der Begriffe Langwaffe und Kurzwaffe findet sich in der Anlage 1 WaffG. Danach sind **Langwaffen** Schusswaffen, deren Lauf und Verschluss in geschlossener Stellung insgesamt länger als 30 cm sind und deren kürzeste bestimmungsgemäß verwendbare **Gesamtlänge 60 cm überschreitet**. **Kurzwaffen** sind alle anderen Schusswaffen, somit also Waffen, die **höchstens 60 cm** lang sind, oder deren Lauf und Verschluss eine Gesamtlänge von höchstens 30 cm haben. Entscheidend ist das Wort „und" in der Definition der Langwaffe – nur, wenn beide Bedingungen, Gesamtlänge der Waffe über 60 cm und Gesamtlänge von Lauf und Verschluss über 30 cm, erfüllt sind, handelt es sich um eine Langwaffe.

Wichtig ist die Unterscheidung in juristischer Hinsicht, da insbesondere beim Erwerb einer Schusswaffe die Einordnung der Schusswaffe entscheidend ist. Während zum Beispiel die Zahl der zu erwerbenden Repetier-Langwaffen für den Sportschützen praktisch nicht beschränkt ist, sieht der Gesetzgeber zunächst zwei Kurzwaffen als angemessene Höchstmenge für den Sportschützen an – will der Sportschütze dieses Kontingent überschreiten, muss er sein Bedürfnis besonders begründen.

Die Langwaffen werden in **Flinten** und **Büchsen** unterteilt, diese Gruppen wieder in **Einzellader**, **Repetierwaffen** und **automatische Waffen**. Zu beachten sind die zur Jagd gebräuchlichen **Kombinierten Waffen** mit glatten und gezogenen Läufen im Laufbündel. Bei einer Unterteilung nach Verschlussarten wird zwischen Systemen mit starren Läufen und mit Kippläufen unterschieden. Fast alle Langwaffen verfügen über einen Single-Action-Abzug, weshalb eine Unterscheidung nach Abzugsarten hier nicht notwendig ist. Ist ein Waffentyp nicht einem bestimmten Begriff nach Anlage 1 WaffG zuzuordnen, etwa ein **Revolvergewehr**, sind **Analogien** zu bilden – im Falle des Revolvergewehrs die sinnvolle Einordnung als Repetierlangwaffe. Die **Kurzwaffen** teilen sich auf in **Pistolen** und **Revolver**, die wiederum nach den **Abzugsarten** unterschieden werden.

2.1.1 Einzellader

Einzellader verfügen nicht über eine Vorrichtung, die eine automatische Zuführung von Munition in das Patronenlager ermöglicht. Der Verschluss muss händisch geöffnet werden, die Patrone eingelegt und der Verschluss wieder verriegelt werden.

Auch mehrläufige Waffen sind Einzellader im Sinne des Waffengesetzes, wenn aus jedem Rohr nur ein einziger Schuss abgegeben werden kann und dann per Hand nachgeladen werden muss. Gleiches gilt für **Vorderladerwaffen**.

Im Bereich der Langwaffen findet man Einzellader hauptsächlich im Bereich der Jagdwaffen und der Kleinkaliber-Matchbüchsen, bei den Kurzwaffen vereinzelt im Bereich der Matchpistolen zum Silhouettenschießen. Ein klassischer Einzel-, weil Vorderlader, ist der ein- oder zweiläufige **Terzerol**, eine besonders kleine Pistole.

2.1.2 Repetierwaffen

Repetierwaffen führen einen Vorrat an Munition in einem Magazin mit. Das Magazin ist fest in die Waffe eingebaut oder ein Wechselmagazin.

Wie beim Einzellader wird der Verschluss entriegelt und geöffnet. Nach Auswurf oder Entnahme der Hülse wird die nächste Patrone beim Schließen des Verschlusses aus einem Magazin ins Patronenlager geführt.

Repetierbüchsen gelten im Vergleich zu Automaten als präziser. Zudem sind automatische Langwaffen im Bereich der Jagd vielerorts nicht gern gesehen. Auch hinsichtlich der Sicherheit bieten Repetierer einen Vorteil: Der Schütze entscheidet, wann die Waffe wieder schussbereit ist – bei einem Automaten übernimmt die Waffe diese Entscheidung.

2.1.3 Automatische Waffen

Bei automatischen Waffen sorgen der Rückstoß des Geschosses oder der am Lauf abgenommene und zurückgeführte Gasdruck nach Schussabgabe für die Repetierbewegung des Verschlusses. Automaten sind vorwiegend im militärischen und sportlichen Bereich anzutreffen. Unterschieden werden **Vollautomaten** (bei einmaliger Betätigung des Abzugs mehrere Schüsse) und **Halbautomaten** (bei jeder Betätigung des Abzugs wird nur ein Schuss abgegeben).

Jäger dürfen Halbautomaten verwenden, aber im Moment des Schusses auf das Wild darf die Waffe mit höchstens drei Patronen geladen sein. Bei sonstigem Schießen mit der Waffe, etwa auf dem Schießstand oder beim Ein- und Anschießen im Revier, gilt die Beschränkung auf drei Patronen nicht.

Für **Sportschützen** gilt beim sportlichen Schießen mit halbautomatischen Langwaffen eine Magazinbeschränkung auf zehn Patronen. Zudem ist § 6 AWaffV zu beachten, der bestimmte halbautomatische „**Klone**“ aktueller

Militärwaffen vom sportlichen Schießen ausschließt, wenn sie nicht bestimmte Anforderungen erfüllen, etwa eine Mindestlauflänge[285] von 40 cm.

2.1.4 Langwaffen

2.1.4.1 Flinte

Flinten sind **Langwaffen mit glattem Lauf**. Die Patrone wird in den Lauf eingeführt und die Vorlage (Schrote) nach Betätigung des Abzugs ohne Einwirkung von Zug und Feld, also ohne Drall, durch den Lauf getrieben.

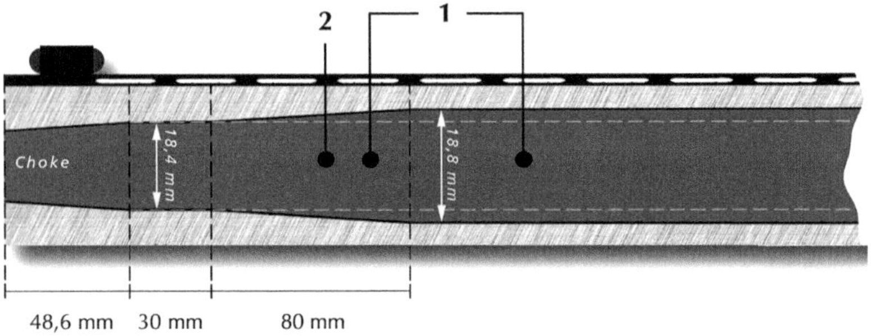

Die Entwicklung der **Würgebohrung** („Choke") sorgte für kleinere Streukreise. Schon eine gleichmäßige geringe Verkleinerung des Rohrdurchmessers vom Patronenlager bis zur Mündung („konzentrische" oder „verbesserte Zylinderbohrung") verbessert die Trefferleistung um 25 Prozent. Die heute gebräuchliche Choke-Würgebohrung verengt den Lauf erst auf den letzten Zentimetern, indem meist Choke-Einsätze in die Mündung eingeführt werden. Der Choke verengt zunächst den Lauf und läuft dann zylinderförmig zur Mündung aus. Der Streukreis wird erneut deutlich verkleinert.

Die hier im schematischen Querschnitt dargestellte **Tribore-Choke-Flinte** der Firma Rottweil verfügt über eine Choke-Kaskade mit zwei Verengungen vor der Laufmündung – der Lauf verengt sich bei diesem Modell zwischen Patronenlager und erstem Choke nicht. Zwischen erstem und zweitem Choke liegt ein weiterer zylinderförmiger Abschnitt. Der sanfte Übergang

---

[285] Die Mindestlauflänge wurde durch Änderung des § 6 AWaffV im Jahre 2020 von 42 cm auf 40 cm herabgesetzt, um deutschen Sportschützen die Teilnahme an internationalen Wettbewerben in entsprechenden Disziplinen zu ermöglichen.

(**Markierungen zu 1**) sorgt für höhere Geschwindigkeit der Schrote, die Verengung an **Markierung 2** für eine verbesserte Deckung der Garbe, weil die Schrote weniger stark verformt werden.

Allerdings gibt es auch Anwendungen der Flinte, die einen größeren Streukreis erfordern, als er von einem zylindrischen Flintenlauf erzeugt werden kann, zum Beispiel das Skeet- oder Wurftaubenschießen. Bei einer Skeet-Bohrung wird der Lauf direkt nach der Verengung wieder erweitert. Durch dieses „erst enger, dann weiter" ergeben sich auf geringe Entfernung große, gleichmäßige Streukreise.

Selbst **Flintenlaufgeschosse**, die ebenso wie Schrot aus dem glatten Lauf verschossen werden können, erzielen bei Verwendung eines Normal-Chokes (s. u.) bessere Trefferbilder – beachten Sie dazu auch die Ausführungen auf Seite 201.

Flinten mit **Wechselchokes** geben Sportschützen die Möglichkeit, die Läufe der jeweils gestellten Aufgabe anzupassen. Sie werden im Mündungsbereich eingeschraubt und ersetzen die Würgebohrung des Laufes.

Neben der schon dargestellten verbesserten Zylinderbohrung mit ihrer schwachen Verengung sind folgende Bohrungsarten üblich:

- Normal-Choke (kegelförmige Verengung kurz vor Laufmündung, auf den letzten Zentimetern dann wieder zylinderförmiger Lauf)
- Spitzbogen-Choke (bogenförmiger Verengung vor der Laufmündung ohne zylindrische Fortsetzung)
- Skeet-Choke 2 (wie Normal-Choke mit verlängertem, also weniger steil verlaufendem Kegel)

Wenn sich der Lauf vor der Mündung nicht verengt, sondern erweitert, spricht man von einer **Lauferweiterung**. Auch sie hat Einfluss auf die

Garbenstreuung und wird als „verkehrter Choke" oder Glocken-Choke bezeichnet, die zu einer größeren Streuung führt. Auch der Skeet Choke 1 zählt zu Lauferweiterungen – hier verengt sich der Lauf zunächst, wird schließlich aber erweitert und sorgt für eine größere Streuung, die beim Wurftaubenschießen auf kurze Distanzen hilfreich ist.

Neben der schon angesprochenen Form der Bohrung ist auch die **Stärke der Bohrung** entscheidend für die Streuung der **Schrotgarbe**. Man spricht in diesem Zusammenhang auch von **Trefferleistung** und beschreibt damit einen **prozentualen Wert**, der sich aus der Zahl der Schrote, die nach dem Schuss ein definiertes Ziel (75 cm Durchmesser auf 35 m Entfernung) treffen, im Verhältnis zu den Schroten, die insgesamt in der Garbe enthalten waren, ergibt.

Die Einteilung und Trefferleistungen der Chokes (Mittelwerte):

Vollchoke	*	Laufverengung 0,875 mm	70 %
¾-Choke	**	Laufverengung 0,76 mm	65 %
½-Choke	***	Laufverengung 0,45 mm	60 %
¼-Choke	****	Laufverengung 0,25 mm	55 %
Verbesserte Zylinderbohrung	*****	bis 0,1 mm auf Lauflänge	50 %
Zylinderbohrung		keine Verengung	40 %

Ein Schrotschuss auf Kleintiere bewirkt einen Nervenschock beim getroffenen Stück. Es tötet also nicht das Eindringen eines Geschosses und das Verletzen wichtiger Organe, sondern das mehrfache Aufschlagen kleiner Geschosse, die das Nervensystem der Kreatur überlasten und zum Tode führen.

Bei Kipplaufflinten erfolgt das Spannen des Abzugs durch ein Abkippen des Laufes. Bei einigen Modellen sorgen **Ejektoren** für schnellen Auswurf der abgeschossenen Patronenhülsen. Ejektoren sind durch ihre geteilte Bauform von sog. **Ausziehern** zu unterscheiden, die die Hülsen bei Öffnen lediglich etwas vorschieben, um diese leichter entnehmen zu können.

Ein **Polychoke** wird an der Mündung einläufiger Flinten montiert, in der Regel nicht im Lauf, sondern über den Lauf gezogen. Er kann mehrstufig in seiner inneren Form verändert werden und bietet so eine variable Choke-Einrichtung, die ohne großen Aufwand zu montieren und zu verändern ist.

Obwohl **Chokes** Teil des Laufes sind, gelten sie **nicht** als **wesentliche Teile von Schusswaffen** und unterliegen darum auch nicht den Regelungen des Waffengesetzes und Beschussgesetzes.

2.1.4.2 Büchse

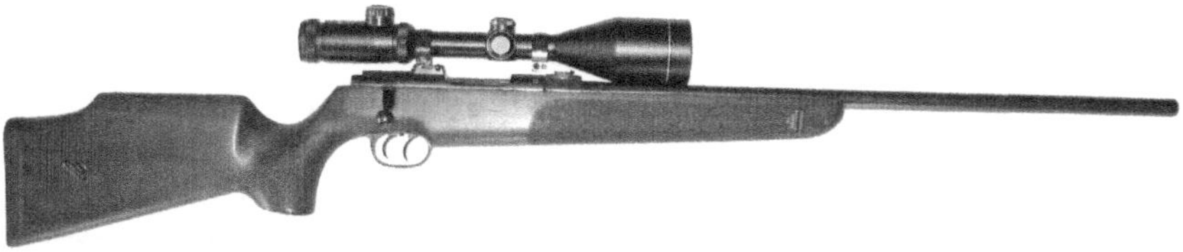

Eine Büchse verfügt im Gegensatz zur Flinte über einen gezogenen Lauf. Auch Langwaffen mit Polygonlauf werden Büchsen genannt.

Beachten Sie bei der abgebildeten Waffe die doppelte Ausführung des Abzugs, den **Stecher** („Stechschloss"). Er ermöglicht es, den Abzugswiderstand auf ein Minimum zu reduzieren. Beim „Deutschen Stecher" wird dazu zunächst der hintere Abzug bis zum Einrasten zurückgezogen, die Schussabgabe erfolgt dann nach Betätigung des vorderen Abzugs.

2.1.4.3 Zimmerstutzen (4 mm Randzünder)

Zimmerstutzen sind **keine freien Waffen**. Sie sind lediglich von der Bedürfnispflicht befreit, ihr Erwerb und Besitz ist erlaubnispflichtig und setzt neben Zuverlässigkeit und persönlicher Eignung auch Sachkunde und die Möglichkeit zur sicheren Aufbewahrung voraus.

Sie dienten vor der technischen Vervollkommnung von Druckluftwaffen dem sportlichen Scheibenschießen auf kurze Distanz. Als Geschosse kommen Präzisions-Rundkugeln zum Einsatz, die durch 4-mm-Randzünder-Kartuschenmunition getrieben werden.

Die Kugeln werden als Kugeln Nr. 7 (4,30 mm Durchmesser) bis Nr. 16 (4,75 mm Durchmesser) angeboten (der Nummern-Schritt entspricht einem Unterschied von 0,05 mm). Die Randzünderpatronen (Randfeuerpatronen) werden auch mit bereits aufgesetzter Kugel Nr. 7 angeboten.

Eine Besonderheit stellen sog. „**Repetierpistolen**" dar. Da die Patronen zu schwach sind, um den Verschluss zu bewegen, muss hier der Abzug zunächst den Verschluss mit der ersten Abzugsbewegung durchziehen, erst die zweite Betätigung des Abzugs lässt den Schuss brechen.

2.1.4.4 Kombinierte und mehrläufige Waffen

Kombinierte Waffen sind **Jagdwaffen**. Sie verfügen in der Regel über mindestens zwei verschiedene Laufarten und mindestens zwei Kaliber. Sie sind im Jagdbereich anzutreffen, zum Beispiel als Kombination aus glattem Flintenlauf und gezogenem Büchsenlauf übereinander, der **Bockbüchsflinte**. Die Bezeichnung „Bock" leitet sich vom Aufbocken der Läufe ab, im Gegensatz zur früher üblichen Anordnung nebeneinander.

Ein Phänomen dieser Waffen ist das **Klettern des Laufes**. Es entsteht, wenn sich ein Lauf bei Wärme ausdehnt, der mit ihm verbundene zweite Lauf aber unverändert bleibt und so das Laufbündel „verbogen" wird. Durch die feste (gelötete) Verbindung der Läufe wird sich der benutzte (erhitzte) Lauf zumindest an der Seite, die der Laufschiene gegenüberliegt, ausdehnen. Das Schussbild ändert sich – wird bei einer Bockflinte nur der untere (erste) Lauf verwendet, „klettert" die Treffpunktlage. Insbesondere beim Einschießen von Büchsen mit Optik muss das Klettern durch längere Abkühlphasen der Waffe geringgehalten werden – es wird auf der Jagd nicht mit heißem Lauf angesessen.

Kombinierte Waffen werden ausschließlich als Kipplaufsysteme angeboten. Neben der beschriebenen Bockbüchsflinte gibt es die verschiedensten Kombinationen von Flinten- und Büchsenläufen, darunter der **Doppelbüchsdrilling** (ein Flintenlauf, zwei Büchsenläufe) und der **Drilling** (zwei Flintenläufe mit einem zusätzlichen Büchsenlauf).

Das Gehäuse, auch Kasten oder **Verschlusskasten** genannt, von Kipplaufgewehren, in dem das Abzugssystem und die Verriegelung untergebracht sind und an dem der Hinterschaft befestigt ist, wird **Basküle** genannt.

Durch die Vielfalt der **Kombinationsmöglichkeiten** von glatten und gezogenen Läufen in einer Waffe haben sich für die unterschiedlichen Waffentypen auch eigene Bezeichnungen herausgebildet. Diese sind bei der Einordnung der Waffe von Bedeutung sind.

Bei einem Drilling muss der Schütze in der Lage sein, schnell die Läufe auszuwählen, auf die der Doppelabzug wirken soll. Die hier abgebildete Waffe (Merkel Drilling mit System 96) nutzt einen **Dreistellungsschieber**.

In der **hinteren Position** (Bild 1) ist die Waffe sicher – die oberen Läufe sind gesichert, das Schloss für den unteren Lauf ist entspannt. Befindet sich der Schieber in der **mittleren Position** (Bild 2), sind die (vorgespannten) Schlosse der oberen Läufe entsichert und könnten durch Betätigung der Abzüge Patronen im rechten (vorderer Abzug) und linken Lauf abfeuern. Wird der Schieber in die **vordere Rast** (Bild 3) geführt, wird das Schloss des unteren Laufes gespannt (**Handspanner**) und zugleich das Schloss des rechten oberen Laufes gesichert – nun löst der vordere Abzug den unteren Lauf aus, der hintere Abzug den Lauf oben links.

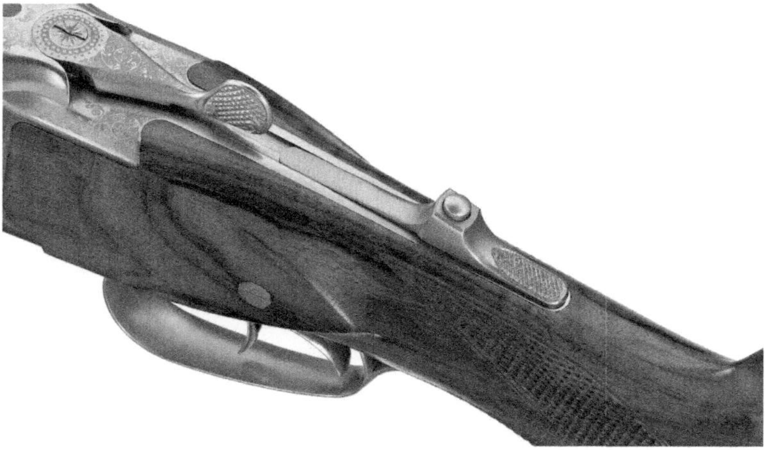

Bild 1

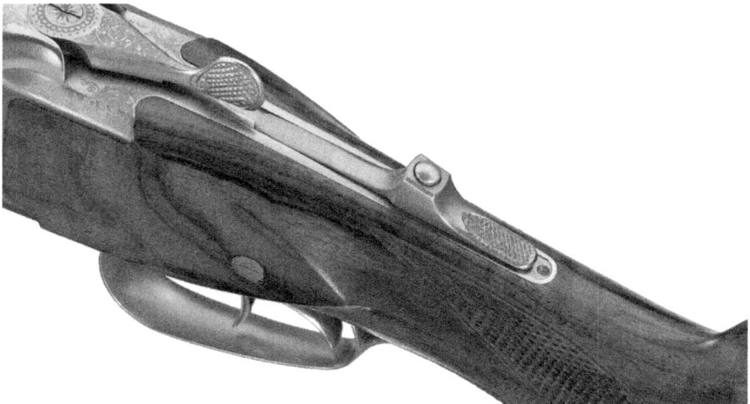

Bild 2

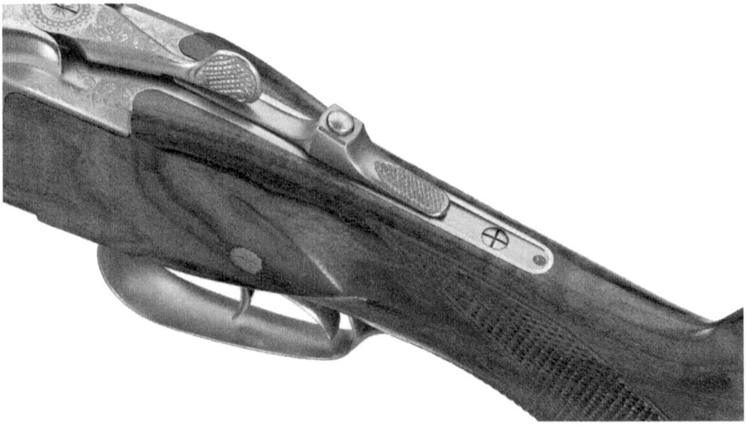

Bild 3

Bei anderen Drillingen kann der Schieber in zwei Positionen einrasten. Dann handelt es sich meist um **Selbstspanner** – die Läufe sind gesichert (hintere Stellung) oder im entsicherten Zustand mittels des vorderen Abzugs (Einabzug, der auf die Schrotläufe wirkt) und hinterem Abzug (für Kugellauf unten) abzufeuern.

2.1.5 Kurzwaffen

2.1.5.1 Pistole

Moderne Pistolen sind **halbautomatische Waffen**. Aufbau und Funktion sowie die verschiedenen Abzugsarten sind im Kapitel „Waffentechnik" anhand der SIG-SAUER P 220 ausführlich dargelegt worden. Diese Abbildung zeigt eine SIG-SAUER P 228.

Bei der Auswahl der für Sie geeigneten Pistole sollten Sie die in Frage kommenden Modelle bezüglich Ihres Griffs und der Visierung überprüfen. Je nach Handgröße und Fingerlänge scheiden einige Pistolenmodelle schon aufgrund persönlicher Merkmale des Schützen aus. Hier kann das Austauschen der Griffschalen helfen.

Der **Begriff** „Pistole" bezeichnet einläufige, in früheren Jahrhunderten zunächst nur einschüssige Faustfeuerwaffen. Die Herkunft des Begriffs ist umstritten.

2.1.5.2 Revolver

Vor Verbreitung halbautomatischer Pistolen waren Revolver für Patronenmunition die Waffe der Wahl, wenn der Schütze in der Lage sein wollte, ohne nachzuladen mehrmals nacheinander zu feuern und danach schnell wieder feuerbereit zu sein.

Aufbauend auf den Modellen von Smith & Wesson entwickelten deutsche Ingenieure den **Reichsrevolver**, der die zuvor genutzten Perkussionswaffen ersetzte und in der Folge durch die Pistole 08 abgelöst wurde.

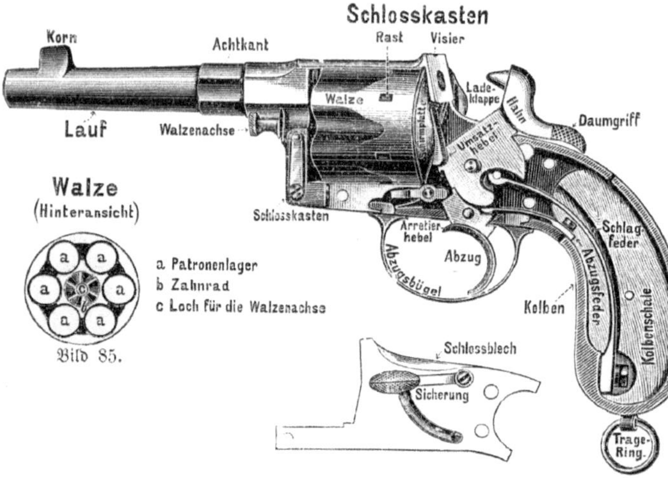

Bild 85.

Bei den Revolvern unterscheidet man Modelle mit **ausschwenkbarer Trommel** und solche mit **fest montierter Trommel**, bei denen die Patronen durch eine **Ladekammer** oder durch **Abkippen** des Laufes und der Trommel zugeführt und entnommen werden.

Grundsätzliches Problem aller Revolver ist der **Trommelspalt**, der Abstand zwischen der Trommel und dem Laufkonus – ein Problem, das man bei Waffen mit einem Patronenlager als Teil des Laufes nicht kennt. Durch den Trommelspalt können die Gase entweichen, der Gasdruck also stark abfallen - der Trommelspalt sollte darum möglichst klein sein.

Die Entwicklung **gasdichter Revolver** mit einer beweglichen Trommel, die sich auf das Laufende durch eine Bewegung auf der Laufachse aufschob, um gasdichte Verbindungen von Trommel und Lauf zu ermöglichen, war nicht zielführend.

Neben dem Trommelspalt haben Revolver ein weiteres konstruktives Problem: Es muss gewährleistet sein, dass die Trommel im Moment des Schusses exakt so gestellt ist, dass die **Seelenachsen** des gerade genutzten Patronenlagers (als Teil der Trommel) und des Laufes eine gemeinsame Flucht haben, also eine Linie bilden. Hinsichtlich der Höhe der Seelenachsen ist das weniger ein Problem als bei der Frage, ob die Trommel in ihrer Drehbewegung Spiel hat und dadurch aus dieser gemeinsamen Flucht der Seelenachsen läuft. Je größer das Trommelspiel ist, desto größer ist die Gefahr, dass bei Abgabe des Schusses Teile des Geschossmantels beim Eintritt in den Konus förmlich abgehobelt werden, was die Schussleistung der Waffe deutlich verschlechtert. Im Umkehrschluss ist eine geringe Abweichung der Seelenachsen ein qualitatives Merkmal eines Revolvers – man spricht hier auch von Bewegungsbestimmung oder Timing.

Die Trommelbewegung wird durch das Zurückziehen des Hahnes oder durch den Spannabzug erzeugt, indem der **Mitnehmer** in den **Transportstern** (kreisförmige Anordnung von sägezahnartigen Aufnahmen auf der Ausstoßerseite der Trommel) schräg hineinstößt und so die Trommel dreht. Blockiert wird diese Drehbewegung nach 60° (bei sechs Kammern in der Trommel; bei fünf Kammern 72°) durch die Sperrklinke. Die **Trommelsperre** ist verantwortlich für eine gute Bewegungsabstimmung – ist sie schlecht konstruiert oder abgenutzt, können die beschriebenen Probleme auftreten.

Die **Hohlkehlen** auf der Außenseite der Trommel sind auch die Anzeige ihrer **Drehrichtung** - die Trommel dreht sich immer in Richtung der Hohlkehlen, weil nur so die **Sperrklinke** (in der Regel im Rahmen unterhalb der Trommel sichtbares Bauelement) der Trommelsperre an der Trommelwandung entlanggleiten und am Ende in die **Sperrnut** fallen kann. Ein sechsschüssiger Revolver hat eine Trommel mit sechs Sperrnuten mit jeweils einer Hohlkehle.

2.1.5.3 Sportpistole

Sportpistolen sind für das sportliche Scheibenschießen perfektionierte Handfeuerwaffen. Während als Abzugssystem ausschließlich ein Single-Action-Abzug zum Einsatz kommt, kann der Schütze zwischen Einzelladern, Repetierwaffen und Automaten wählen. Der Vorzug wird bei Freier Pistole oder Silhouettenschießen meist den Einzelladern gegeben – hier kann auf technischer Seite die höchste Präzision erreicht werden.

Sportwaffen sind äußerlich durch die ergonomisch ausgeführten Griffschalen und, bei Pistolen, durch das häufig vor dem Abzug liegende Magazin zu erkennen. Auch die langgestreckte Form der Sportpistole, die für eine lange Visierlinie sorgt, ist ein typisches Merkmal. Neben den Sportpistolen werden auch Sportrevolver geschossen.

Neben den reinen Sportpistolen werden auch Gebrauchspistolen im sportlichen Wettkampf eingesetzt. Sie können zu Sportpistolen umgerüstet werden, zum Beispiel durch Einsetzen von längeren Läufen, von Laufgewichten oder exakteren Visiereinrichtungen, oftmals als Mikrometer-Visierung ausgeführt.

2.2 Zündungsarten

Heute gebräuchliche Arten der Zündung sind **Zentralfeuer**- und **Randfeuer**-Zündung. Hier genügt ein Aufschlagen des Schlagbolzens (Zentralfeuer) oder das Zusammenpressen der Zündmasse im Hülsenrand (Randfeuer), um die Zündung auszulösen, die das Pulver in der Patrone zur Umsetzung (Vorgang der Verbrennung) bringt. Weitere Einzelheiten entnehmen Sie bitte dem Kapitel „Munitionskunde" ab Seite 2.7.

Vor Einführung von Patronenmunition Mitte des 19. Jahrhunderts war der Gebrauch einer Feuerwaffe weitaus umständlicher. **Vorderladerwaffen** mussten in mehreren Schritten schussbereit gemacht werden. Zunächst füllte der Schütze Pulver ein, führte dann von vorn ein Zwischenmittel und ein Geschoss in den Lauf ein und bereitete schließlich die Zündung vor.

Die Art der Zündung änderte sich im Laufe der Jahre. Bei den ersten Handfeuerwaffen erfolgte sie noch in einer Weise, die an das Abfeuern einer Kanone erinnert. Mit Hilfe einer glimmenden Lunte, die man in das **Zündloch** des Gewehres hineinstieß, kam es zur Entzündung des Pulvers im Innern der Waffe. Es wurden zur Sicherheit beide Enden der Lunte entzündet, um bei Verlöschen eines Endes der Lunte weiterhin feuerbereit zu sein – diese „Sicherheitsmaßnahme" gefährdete allerdings den Schützen, der mit doppelt glimmender Lunte und offenem Pulver hantieren musste.

Dieses Problem konnte durch die nächste Stufe der Entwicklung, die Erfindung des Luntenschlosses, nicht restlos behoben werden. Beim **Luntenschloss** wird eine Lunte an einem Hahn befestigt. Durch Betätigung des Abzuges wird die glühende Lunte in das Zündloch bewegt, entweder durch direkte Bewegung des Hahnes mittels des Abzuges oder durch Auslösung des Hahnes, wenn dieser unter Federspannung steht.

Erst mit dem **Radschloss** gelang es, auch bei Regenwetter die Funktionsfähigkeit der Feuerwaffe sicherzustellen, zudem wurde die Schussauslösezeit verkürzt. Nicht durch eine außenliegende glimmende Lunte, sondern durch geschlagene Funken wird hier das Pulver entzündet. Noch heute ist dieses Prinzip allgegenwärtig bei Einweg-Feuerzeugen zu beobachten. Ein gezacktes Rad wird in Drehung versetzt, wobei es mit einem funkenschlagenden Material in Berührung gebracht wird (z. B. Schwefelkies). Das Rad muss dabei mit Hilfe eines Schlüssels „aufgezogen" werden, ähnlich einem Uhrwerk. Die Betätigung des Abzugs löst dann die Sperre, das Rad dreht sich und die entstehenden Funken können das Pulver entzünden.

Beim **Steinschloss** (auch: **Feuersteinschloss, Schnappschloss**) wird der Funken durch das Aufschlagen eines Feuersteines erzeugt, der, ähnlich wie bei der Luntenzündung, an einem Hahn befestigt ist und nach Betätigung des Abzugs an einer Reibfläche (**Batterie**) in Richtung der Pulverpfanne bewegt wird. Der Pulverraum im Innern der Waffe ist mit der Zündpfanne über einen **Zündkanal** verbunden.

Die **Perkussionszündung** (hier wurden die Konstruktionsmerkmale des Steinschlosses weiterverwendet) stellt eine Zwischenstufe der Entwicklung vom Luntenschloss zur Zentralfeuerzündung moderner Waffen dar. Möglich wurde dies erst durch die Erfindung des **Anzündhütchens**[286]. Der Pulverraum der Waffe hat auch eine kleine Öffnung, die in einem **Zündstöckel** (**Piston**) nach außen mündet. Auf diesen Piston wird ein Anzündhütchen aufgesetzt, das nach Aufschlagen des Hahnes eine Zündflamme durch den hohlen Zündstöckel in das Pulver schickt.

Bei der **Lefaucheux-Zündung** (**Stiftfeuerzündung**) wird ein in der Patronenhülse angebrachter Stift (seitlich nach außen vorstehend) vom Hahn in die Hülse geschlagen. Der Stift bringt dabei eine im Innern der Patrone eingebaute Zündmasse zur Entzündung. Vorsicht ist geboten, weil beim Herabfallen der Patrone (unsachgemäße Handhabung) eine Zündung außerhalb der Waffe erfolgen könnte.

Die Entwicklung des **Zündnadelgewehrs** durch Nikolaus von Dreyse (vorgestellt 1827) fand ihren Höhepunkt mit der Vorstellung eines Hinterladers 1836 – es wurde fünf Jahre später bei der preußischen Armee eingeführt und ist das erste Militärgewehr, das mit einer standardisierten Patrone (**Einheitspatrone** oder **Zündnadelpatrone**) von hinten geladen wurde. Das Dreyse-Zündnadelgewehr führte zu einer schnelleren Schussbereitschaft nach der ersten Salve und war ein enormer taktischer Vorteil. Der im Dreyse-Gewehr verbaute Kammerverschluss war Vorläufer der noch heute oftmals in Militär- und Jagdwaffen verwendeten **Zylinderverschlüsse**.

Die **ursprüngliche Einheitspatrone** als Vorläufer der heute verwendeten Metallpatronen fasste in ihrer Papierhülse das Geschoss, die Zündung und die Treibladung zusammen. Die Besonderheit ist die Art und Weise der Zündung: Mittels einer Nadel wurde der Boden der Hülse durchstochen, und zwar durch die Treibladung (Schwarzpulver) hindurch bis zum Boden des Treibspiegels, der das Geschoss nicht nur von der Treibladung trennte, sondern es auch umfasste und so ein Verbleien des Laufes verhinderte. Traf

---

[286] *Die vereinfachte Bezeichnung „Zündhütchen“ ist technisch wie sprengstoffrechtlich fehlerhaft und sollte nicht verwendet werden*

die Nadel auf die **Zündpille** im Boden des Treibspiegels, wurde nicht nur das Geschoss aus Weichblei mit fast 300 m/s aus dem Lauf geschossen (800 m Reichweite bei einem Gewicht von 31 g), sondern es verbrannte auch die Papierhülse – ein Ausziehen der Hülse wie bei heute gebräuchlichen **Metallpatronen** war nicht notwendig.

Damit nahm die Einheitspatrone eine Entwicklung voraus, die als Gewehr G11 von Heckler & Koch breitere Bekanntheit erlangte – **hülsenlose Munition**. Ziel der Entwicklung war eine recht einfache Überlegung – wenn der Soldat nicht das Gewicht der Patronenhülse mit sich tragen muss, kann er mehr Geschosse mit ins Feld nehmen, gegenüber dem G3 die fünffache Menge. Die Geschosse waren in Ladestreifen konfektioniert.

Die **heutige Einheitspatrone für Büchsen** hat eine metallene Hülse, in der neben dem **Anzündhütchen** die Treibladung und das Geschoss verwendungsbereit zusammengefasst werden. Eine weitere, insbesondere im Entwicklungsprozess hülsenloser Munition unterschätzte Aufgabe der Hülse ist der Abtransport von Wärme aus dem Patronenlager.

2.3 Bestimmungstafeln

Bezeichnung	**Vollautomat**
Kategorie	Schusswaffe
Definition	Schusswaffen, die nach Abgabe eines Schusses selbsttätig erneut schussbereit werden und bei denen aus demselben Lauf durch einmalige Betätigung des Abzuges oder einer anderen Schussauslösevorrichtung mehrere Schüsse abgegeben werden können (Vollautomaten). Als automatische Schusswaffen gelten auch Schusswaffen, die mit allgemein gebräuchlichen Werkzeugen in automatische Schusswaffen geändert werden können. Als Vollautomaten gelten auch in Halbautomaten geänderte Vollautomaten, die mit den genannten Hilfsmitteln wieder in Vollautomaten zurückgeändert werden können.
Synonym	Maschinengewehr, -pistole, MPi, Sturmgewehr
Waffe nach ...	§ 1 Abs. 2 Nr. 1 WaffG, wenn es sich nicht um eine Kriegswaffe handelt
Norm Begriff	Anlage 1 A1 UA1 Nr. 2.2
Möglicher Verstoß	§ 2 Abs. 3 WaffG in Verbindung mit Anlage 2 A1 Nr. 1.2.1.1 (Umgangsverbot)

Bei Vollautomaten sorgen in der Regel der Rückstoß oder der am Lauf abgenommene und zurückgeführte Gasdruck nach Schussabgabe für die Repetierbewegung des Verschlusses. Automatische Büchsen sind vorwiegend im militärischen und sportlichen Bereich anzutreffen. In Abgrenzung zum **Halbautomaten** sind **Vollautomaten** bei Betätigung des Abzugs nach Schussabgabe wieder schussbereit, der nächste Schuss wird ohne Unterbrechung ausgelöst, bis sich der Finger vom Abzug löst oder das Magazin geleert ist.

Nicht jeder Vollautomat ist gleichzeitig auch **Kriegswaffe** im Sinne des Kriegswaffenkontrollgesetzes, beispielsweise die vollautomatisch arbeitende Glock 18. Entscheidend ist die Bestimmung zur Kriegsführung. „Klone" von Vollautomaten sind auch als Halbautomaten im Handel. Handelt es sich um eine Kriegswaffe, ist das WaffG gemäß § 57 WaffG auf diesen Vollautomaten nicht anzuwenden.

Bezeichnung	**Halbautomat**
Kategorie	Schusswaffe
Definition	Schusswaffen, die nach Abgabe eines Schusses selbsttätig erneut schussbereit werden und bei denen aus demselben Lauf durch einmalige Betätigung des Abzuges oder einer anderen Schussauslösevorrichtung jeweils nur ein Schuss abgegeben werden kann (Halbautomaten); als automatische Schusswaffen gelten auch solche Schusswaffen, die mit allgemein gebräuchlichen Werkzeugen in Automaten geändert werden können.
Synonym	Pistole, Selbstladeflinte (SLF), Selbstladebüchse (SLB), Sturmgewehr
Waffe nach ...	§ 1 Abs. 2 Nr. 1 WaffG
Norm Begriff	Anlage 1 A1 UA1 Nr. 2.2
Möglicher Verstoß	§§ 41 (Waffenverbot), 42 WaffG (Führverbot)

Bei Halbautomaten sorgen in der Regel der Rückstoß oder der am Lauf abgenommene und zurückgeführte Gasdruck nach Schussabgabe für die Repetierbewegung des Verschlusses. Halbautomatische Waffen sind als Büchsen eher im militärischen und sportlichen Bereich anzutreffen, zunehmend aber auch im jagdlichen Bereich als halbautomatische Flinten.

Jäger dürfen halbautomatische Langwaffen erwerben und besitzen, wenn die Jagd mit ihnen nach § 19 Abs. 1 BJagdG nicht verboten ist. Das Bundesjagdgesetz untersagt lediglich den **Schuss aufs Wild** mit solchen halbautomatischen Langwaffen, die mit mehr als drei Schuss **geladen sind**. Das Einführen eines Magazins mit mehr als zwei Schuss Kapazität stellt somit keinen Verstoß gegen das Waffengesetz dar, da der Besitz der so entstehenden Waffe von der zugrundeliegenden Erwerbserlaubnis (gültiger Jagdschein) des § 13 Abs. 3 WaffG umfasst wird. Gleiches gilt für Schüsse, die nicht auf Wild abgegeben werden, wenn die Waffe mit mehr als drei Patronen geladen ist, etwa beim Ein- und Anschießen.

Halbautomatische Langwaffen mit mehr als zehn Patronen Magazinkapazität sind nach § 6 AWaffV vom **Schießsport** ausgeschlossen.

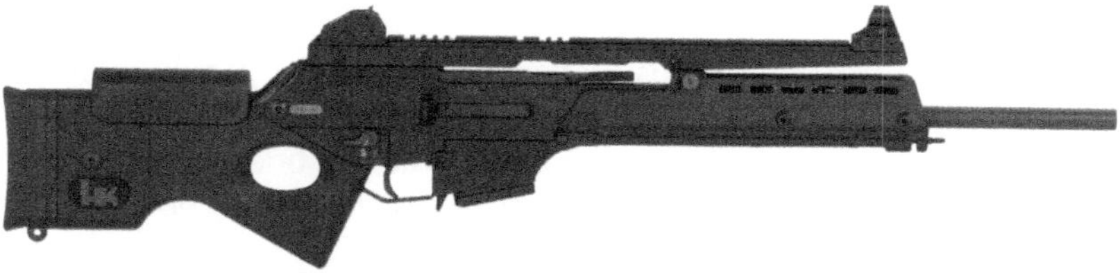

SLB 2000 LIGHT

Bezeichnung	**Repetierwaffe**
Kategorie	Schusswaffe
Definition	Schusswaffen, bei denen das Zuführen der Patrone aus einem Magazin, das Abfeuern und das Entfernen der Patrone oder Patronenhülse mit Hilfe eines nur von Hand zu betätigenden Mechanismus erfolgt
Synonym	Repetierbüchse, Unterhebelrepetierer (UHR, engl. „lever action"), Winchester, Vorderschaftrepetierer (VSR), Vorderschaftrepetierflinte (VSRF), Vorderschaftrepetierbüchse (VSRB), Repetierpistole
Waffe nach ...	§ 1 Abs. 2 Nr. 1 WaffG
Norm Begriff	Anlage 1 A1 UA1 Nr. 2.3
Möglicher Verstoß	§§ 41 (Waffenverbot), 42 WaffG (Führverbot)

Repetierwaffen führen Munition in einem Magazin. Das Magazin ist fest in die Waffe eingebaut (auch als Trommel) oder als Wechselmagazin vorgesehen. Der Begriff „Mehrlader" für Repetierwaffen ist in der Praxis untauglich, da auch automatische Waffen Mehrlader sind.

Repetierbüchsen gelten im Vergleich zu Automaten als präziser. Zudem sind automatische Büchsen im Bereich der Jagd vielerorts nicht gern gesehen. Auch hinsichtlich der Sicherheit bieten Repetierer einen Vorteil – der Schütze entscheidet selbst, wann die Waffe wieder schussbereit ist. Beim Automaten übernimmt das die Waffe.

Beachten Sie zur möglichen Einordnung von Revolvern als Repetierwaffen auch Kapitel 1.3.2.2.10 sowie die nachfolgende Bildtafel zum Begriff „Revolver" ab Seite 168.

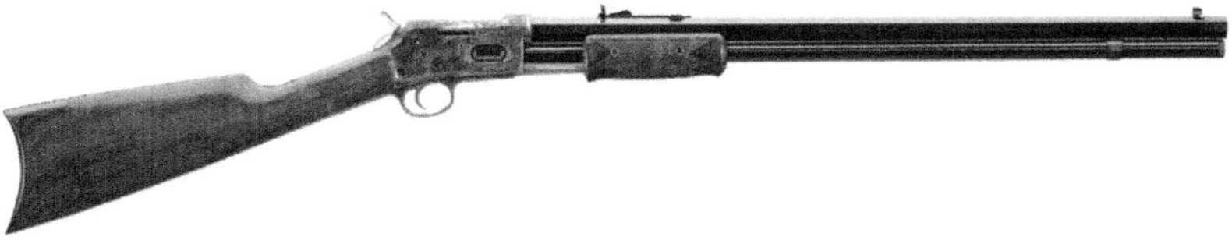

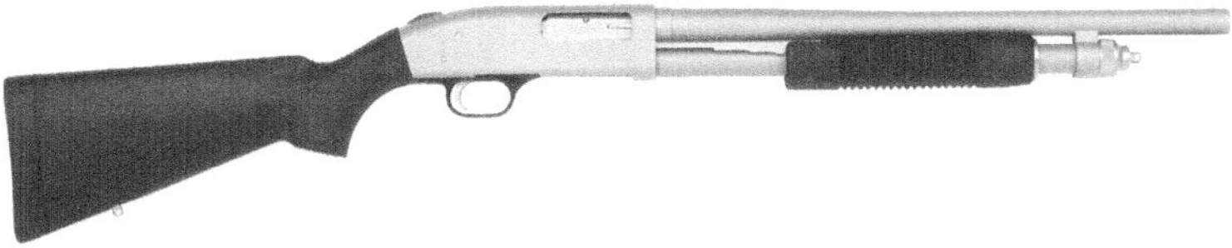

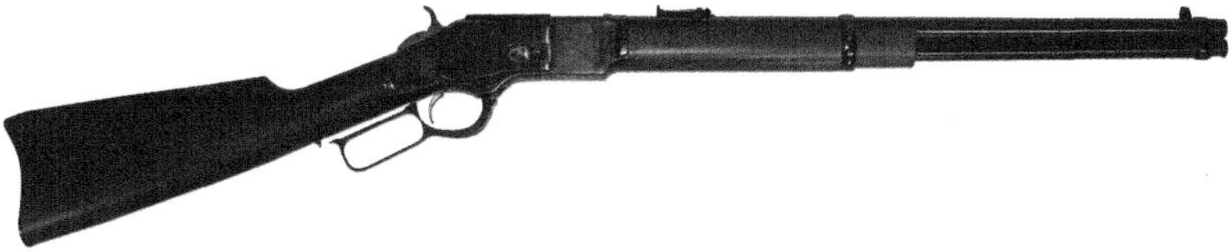

Bezeichnung	**Einzelladerwaffe**
Kategorie	Schusswaffe
Definition	Schusswaffen ohne Magazin mit einem oder mehreren Läufen, die vor jedem Schuss aus demselben Lauf von Hand geladen werden
Synonym	Flinte, Büchse, Drilling, Bockbüchse, Bockflinte, siehe auch „Kombinierte Waffen", Tingle-Pistole, Terzerol, Derringer, Duellpistole, Vorderlader, Perkussionspistole
Waffe nach ...	§ 1 Abs. 2 Nr. 1 WaffG
Norm Begriff	Anlage 1 A1 UA1 Nr. 2.4
Möglicher Verstoß	§§ 41 (Waffenverbot), 42 WaffG (Führverbot)

Einzellader verfügen nicht über eine Vorrichtung, die eine Zuführung von Munition aus einem Magazin, einer Trommel oder einem Gurt in das Patronenlager ermöglicht. Der Verschluss muss händisch geöffnet, die Patrone eingelegt und der Verschluss wieder geschlossen werden.

Auch eine Doppelflinte oder ein Drilling sind Einzellader im Sinne des Waffengesetzes, da aus jedem Rohr nur ein einziger Schuss abgegeben werden kann und dann per Hand nachgeladen werden muss. Gleiches gilt für **Vorderladerwaffen**.

Im Bereich der Langwaffen findet man Einzellader hauptsächlich im Bereich der Jagdwaffen und der Kleinkaliber-Matchbüchsen, bei den Kurzwaffen vereinzelt im Bereich der Matchpistolen zum Silhouettenschießen. Ein klassischer Einzel-, weil Vorderlader, ist der ein- oder zweiläufige **Terzerol**, eine besonders kleine Pistole.

Zur Abgrenzung gegenüber einer automatischen oder Repetierwaffe bedarf es immer der Überprüfung, ob die Waffe über eine Ladevorrichtung oder Munitionszuführung verfügt. Hat die Waffe einen Magazineinschub oder ein eingebautes (funktionsfähiges) Kasten- oder Röhrenmagazin, handelt es sich nicht um einen Einzellader.

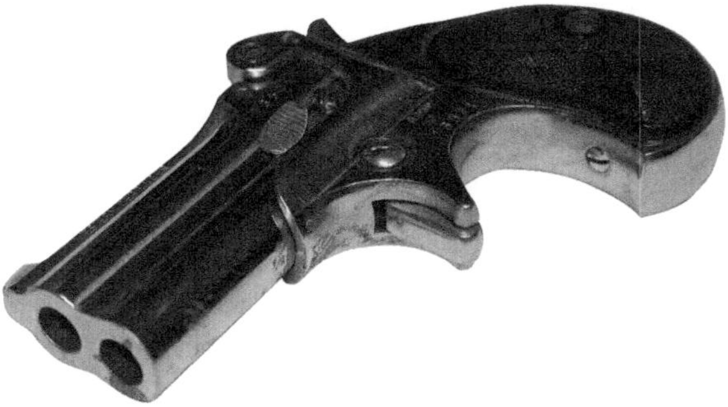

Bezeichnung	**Revolver**
Kategorie	Schusswaffe
Definition	Keine gesetzliche Definition vorhanden; hilfsweise: Waffe, die den Patronenvorrat in einer drehbaren Trommel (Walze) enthält, die das jeweilige Kartuschen-, Geschoss- oder Patronenlager (Kammer) bei Spannung des Schlagstücks vor dem Lauf positioniert
Synonym	Revolverbüchse, Revolvergewehr, Revolverflinte, Drehling (mehrschüssiger Vorläufer des Revolvers im 15. Jhdt.)
Waffe nach ...	§ 1 Abs. 2 Nr. 1 WaffG
Norm Begriff	keine gesetzliche Definition (siehe oben)
Möglicher Verstoß	§§ 41 (Waffenverbot), 42 WaffG (Führverbot)

Der Revolver stellt keine gesonderte Art einer Schusswaffe im Sinne der Anlage 1 A1 UA1 Nr. 2 WaffG dar. Er ist, da die zugrundeliegenden Definitionen nicht erfüllt werden, weder Einzelladerwaffe noch Repetierwaffe. Die Einordnung als Automat wird, allerdings nur für Double-Action-Revolver, gesetzlich ausdrücklich verneint.

Bezüglich der mechanischen Abläufe wäre, müsste eine Zuordnung zu einer der drei vorgenannten Arten von Schusswaffen erfolgen, die Einordnung als Repetierwaffe naheliegend.

Auch wenn es sich bei Revolvern nicht um Repetierwaffen handelt, wäre diese klare Abgrenzung nur im Falle von Langwaffen relevant, da im Falle von Kurzwaffen eine Einordnung als Repetierwaffe den Revolver bezüglich der gesetzlichen Folgen weder besser noch schlechter stellt als eine Kurzwaffe ohne derartige Kategorisierung.

Moderne Revolver sind in der Regel mehrschüssige Kurzwaffen für Patronenmunition, die über einen Double-Action-Abzug verfügen. Klassische (Western-) Revolver verfügen meist über einen Single-Action-Abzug, oftmals handelt es sich um Modelle mit Perkussionszündung.

Kapitel 1.3.2.2.10 enthält weiterführende Informationen zu den gesetzlichen Vorschriften.

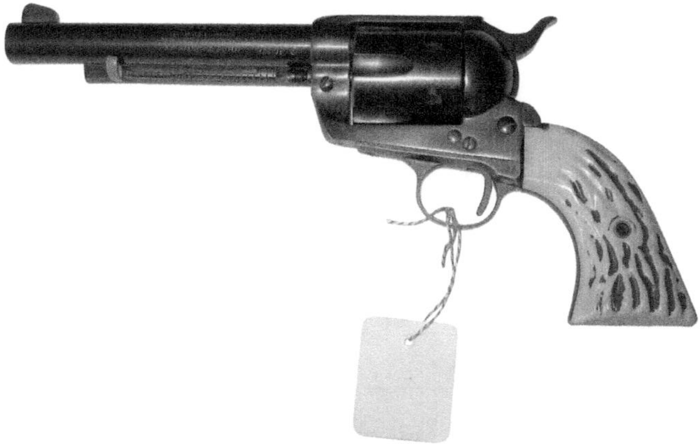

Smith & Wesson
357 Magnum

Bezeichnung	**Kombinierte Waffe (Drilling etc.)**
Kategorie	Schusswaffe, Einzellader-Langwaffe
Definition	Mehrläufige Schusswaffen, bei denen ein Lauf ein gezogener oder glatter Lauf ist und mindestens ein weiterer Lauf nicht dieser Laufart entspricht
Synonym	Siehe Angaben der nachfolgenden Bildtafeln
Waffe nach ...	§ 1 Abs. 2 Nr. 1 WaffG
Norm Begriff	-
Möglicher Verstoß	§§ 41 (Waffenverbot), 42 WaffG (Führverbot)

Kombinierte Waffen sind klassische **Jagdwaffen**. Sie verfügen in der Regel über mindestens zwei verschiedene Laufarten und mindestens zwei Kaliber. Sie sind im Jagdbereich anzutreffen, zum Beispiel als Kombination aus glattem Flintenlauf und gezogenem Büchsenlauf übereinander, der **Bockbüchsflinte**. Die Bezeichnung „Bock" leitet sich vom *Aufbocken* der Läufe ab, im Gegensatz zur früher üblichen Anordnung der Läufe nebeneinander.

Kombinierte Waffen werden als Kipplaufsysteme angeboten und sind **Einzellader**. Neben der beschriebenen Bockbüchsflinte gibt es die verschiedensten Kombinationen von Flinten- und Büchsenläufen, darunter der **Doppelbüchsdrilling** (ein Flintenlauf, zwei Büchsenläufe) und der klassische **Drilling** (zwei Flintenläufe mit einem zusätzlichen Büchsenlauf). Ein Flintenlauf kann mit einem Einstecklauf ohne großen Aufwand in einen Kugellauf umgewandelt werden, was insbesondere Besitzer eines klassischen Drillings im Bedarfsfall schätzen.

Die nachfolgenden Ansichten zeigen den Lauf von der „unfreundlichen Seite", sprich aus der Perspektive des Zieles. Dabei steht ein vollständiger Kreis für einen glatten Flintenlauf, ein Kreis „mit Kerben" stellt den gezogenen Büchsenlauf dar. Die Bezeichnung der jeweiligen Kombination (es sind mehrere Synonyme möglich) befindet sich links daneben.

Neben den kombinierten Waffen sind auf den nachfolgenden Bildtafeln auch **Laufbündel** gleicher Laufarten aufgeführt. Waffen dieser Konstellation werden lediglich als „mehrläufige Waffen" bezeichnet.

Laufbündel mit ausschließlich glatten Läufen

Doppelflinte
Querflinte

Bockflinte
Bockdoppelflinte
BDF

Flintendrilling
Schrotdrilling

Laufbündel mit ausschließlich gezogenen Läufen

Doppelbüchse

Bockbüchse
Bockdoppelbüchse
BDB

Büchsdrilling

Kombinierte Laufbündel

Bergstutzen links

Bergstutzendrilling rechts

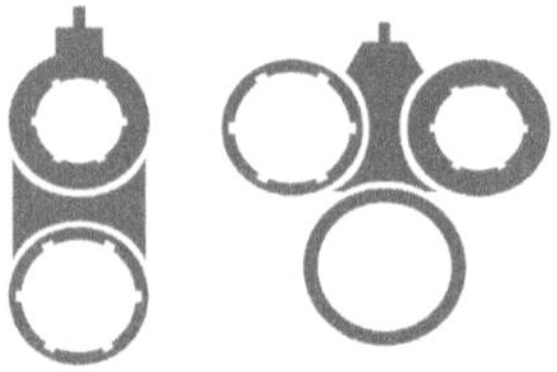

Büchsflinte

Bockbüchsflinte
BBF

Drilling

(„Schienendrilling“ / „Waldläufer“ bei Lage des Kugellaufes über den glatten Rohren)

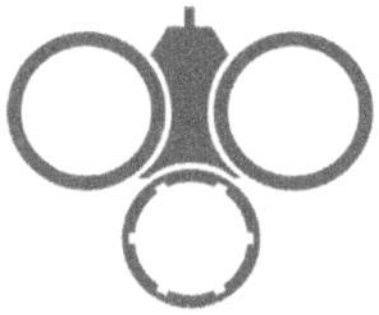

Doppelbüchsdrilling

Bockdrilling

Bezeichnung	**Lauf**
Kategorie	Waffe
Definition	Ein aus einem ausreichend festen Werkstoff bestehender rohrförmiger Gegenstand, der Geschossen, die hindurchgetrieben werden, ein gewisses Maß an Führung gibt, wobei dies in der Regel als gegeben anzusehen ist, wenn die Länge des Laufteils, der die Führung des Geschosses bestimmt, mindestens das Zweifache des Kalibers beträgt.
Synonym	Rohr , Austauschlauf
Waffe nach ...	§ 1 Abs. 2 Nr. 1, Anl. 1 A1 UA1 Nr. 1.3 WaffG
Norm Begriff	Anlage 1 A1 UA1 Nr. 1.3.1.1 WaffG
Erlaubnispflicht	Wenn Schusswaffe erlaubnispflichtig: Voreintrag
Bemerkungen	Erwerb ohne Voreintrag möglich nach Anlage 2 A2 UA2 Nr. 2.1 WaffG, wenn die Waffe, für die dieser Austausch- oder Wechsellauf bestimmt ist, in der WBK eingetragen ist und ihr Kaliber größer oder gleich ist; ist das **Patronenlager** Teil des Laufes, ist es nicht als gesondertes wesentliches Teil zu sehen. Ein **Gaslauf** leitet ausschließlich Verbrennungsgase ab. Er ist durch seine Gestaltung oder durch Sperren nicht geeignet, um Geschosse hindurchzuführen. Ein Gaslauf kommt in SRS-Waffen zum Einsatz. Auch das **Gasrohr** halbautomatischer Waffen erfüllt die Definition.

Bezeichnung	**Einstecklauf**
Kategorie	Waffe
Definition	Lauf ohne eigenen Verschluss, der in einen Lauf größeren Kalibers eingesteckt werden kann.
Synonym	Futterlauf (in einen ausgeschossenen Lauf eingelöteter kleinkalibriger Lauf), „Schonzeitläufchen"
Waffe nach ...	§ 1 Abs. 2 Nr. 1, Anl. 1 A1 UA1 Nr. 1.3 WaffG
Norm Begriff	Anlage 1 A1 UA1 Nr. 3.3 WaffG
Erlaubnispflicht	Erwerbserlaubnis ist erforderlich, wenn die Schusswaffe erlaubnispflichtig ist, für die der Einstecklauf bestimmt ist; Erwerb und Besitz erlaubnisfrei ohne Eintragungspflicht nach Anlage 2 A2 UA2 Nr. 2a WaffG, wenn die Waffe, für die dieser Einstecklauf bestimmt ist, in der WBK eingetragen ist. Einsteckläufe müssen nach Einpassung mit der betroffenen Waffe beschossen werden.

Einstecklauf im Flintenlauf eines Drillings (Abb. unten), Justierung erfolgt durch Schrauben im Verstellelement im Mündungsbereich des Drillings.

Abb. m. frdl. Genehmigung KEPPELER Tech. Entwicklungen GmbH, Fichtenberg

Bezeichnung	**Einsatz**
Kategorie	Waffe
Definition	Teil, das den Innenmaßen des Patronenlagers einer Schusswaffe angepasst und zum Verschießen von Munition kleinerer Abmessungen (aus dieser Waffe) bestimmt ist.
Synonym	Reduzierhülse, Fangschussgeber, Reduzieradapter, Reduzierstück
Waffe nach ...	§ 1 Abs. 2 Nr. 1, Anl. 1 A1 UA1 Nr. 1.3 WaffG
Norm Begriff	Anlage 1 A1 UA1 Nr. 3.7 WaffG
Erlaubnispflicht	Die Gleichstellung mit der Waffe, für die der Einsatz bestimmt ist, führt im Falle erlaubnispflichtiger Waffe zur Erlaubnispflicht des Einsatzes; beachten Sie aber, dass Erwerb und Besitz nach Anlage 2 A2 UA2 Nr. 2a WaffG erlaubnisfrei sind, wenn die Waffe, für die der Einsatz bestimmt ist, in der WBK des Erwerbers eingetragen ist; eine Eintragungs- oder Anzeigepflicht besteht in diesem Falle nicht.

Schematische Darstellung eines klassischen Fangschussgebers für einen Flintenlauf zum Verschießen einer Randfeuer-Patrone .22 lfB.; die nicht zentriert gesetzte Laufbohrung ist erforderlich, um mit dem zentrisch aufschlagenden Schlagbolzen der Flinte (konstruiert für das Zünden einer Patrone mit Zentralfeuerzündung in dem Patronenlager, in das nun der Fangschussgeber eingelegt ist) in den Rand der Kleinkaliber-Patrone (Randfeuerzündung) auf das darin liegende Anzündmittel zu schlagen.

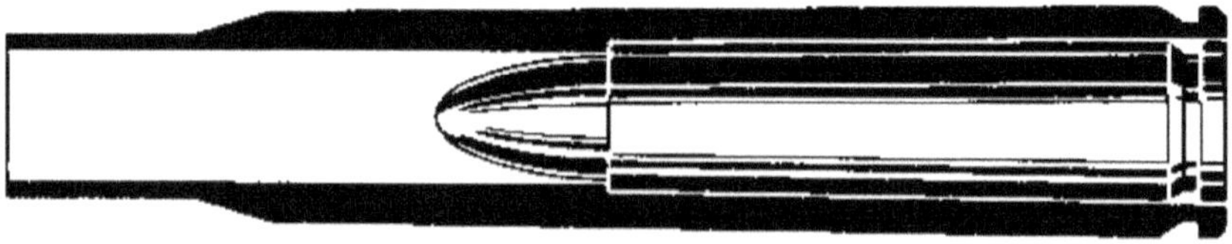

Schematische Darstellung eines Reduzieradapters für eine Büchse in Zentralfeuerkaliber zum Verschießen einer Zentralfeuerpatrone mit kleinerer Hülsenform; während der Adapter außen an das Patronenlager der Waffe angepasst ist, hat er innen Form und Maße des normierten Patronenlagers für das zu verschießende Kaliber.

Gewehradapter (rechts) mit Zündschlagübersetzer (links); die Zündung der in den Adapter eingelegten Randfeuerpatrone (Mitte) erfolgt durch das Eindringen der Warze am Stoßboden des Zündschlagübersetzers in den Rand der Patrone (siehe untenstehende vergrößerte Darstellung); der Zündschlagübersetzer überträgt dazu den Impuls des auf ihn treffenden Schlagbolzens über diese Warze auf den Patronenrand und wird dazu nach Einführen der Patrone ebenfalls in den Adapter eingeschoben.

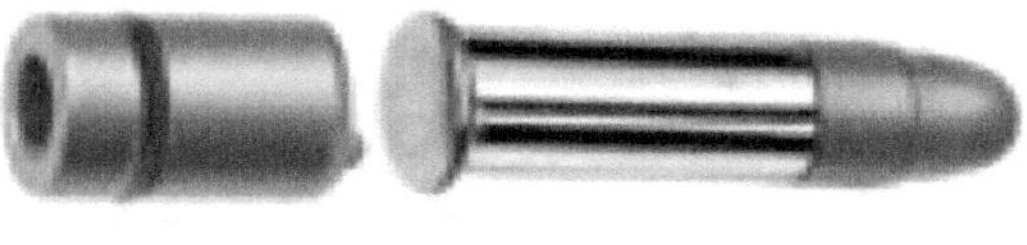

Salut-Adapter cal. 12, der das Verschießen von Kartuschenmunition für SRS- oder Salutwaffen kleinerer Kaliber aus einem Flintenlauf ermöglicht

Bezeichnung	**Schalldämpfer**
Kategorie	Waffe
Definition	Für Schusswaffen bestimmte Vorrichtung zur wesentlichen Dämpfung des Mündungsknalls
Synonym	Silencer, Schallschlucker, Dämpfer
Waffe nach ...	§ 1 Abs. 2 Nr. 1, Anl. 1 A1 UA1 Nr. 1.3 WaffG
Norm Begriff	Anlage 1 A1 UA1 nach Nr. 1.3.3 WaffG
Erlaubnispflicht	Die Erlaubnispflicht richtet sich nach der Waffe, für die der Schalldämpfer bestimmt ist; Ausnahme für Jäger in § 13 Abs. 9 WaffG beachten.
Bemerkungen	Eine wesentliche Dämpfung des Mündungsknalls liegt dann vor, wenn für einen Ohrenzeugen eine wahrnehmbare Verminderung des Mündungsknalls erfolgt; dies ist bereits ab 3 dB (A) der Fall. Zur maximalen Dämpfung des Gesamtknalls einer Schusswaffe, der sich aus dem Knall des Gases und dem Knall des Geschosses zusammensetzt, ist neben dem Schalldämpfer die Verwendung von Munition erforderlich, dessen Geschoss lediglich Unterschallgeschwindigkeit erreicht („Subsonic"). Kriminaltaktisch stellen Schalldämpfer, anders als lange Zeit vermutet, keine besondere Gefährdung dar. Insbesondere Schalldämpfer von Sportschützen und Jägern sind statistisch unauffällig (so BKA-Bericht zu Schalldämpfern SO 11 101 – 2013-0014079990).

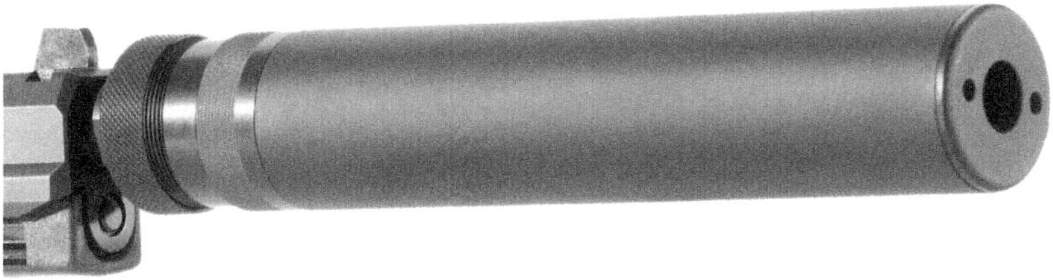

Bezeichnung	**Griffstück**
Kategorie	Waffe
Definition	Bei Kurzwaffen Bezeichnung für das **Gehäuseunterteil**; wesentliches Teil einer Schusswaffe, wenn es zur Aufnahme des Auslösemechanismus bestimmt ist und dieser nicht als vollständige Baugruppe (Rahmen) entnommen werden kann.
Synonym	Griff
Waffe nach ...	§ 1 Abs. 2 Nr. 1, Anl. 1 A1 UA1 Nr. 1.3 WaffG
Norm Begriff	Anl. 1 A1 UA1 Nr. 1.3.1.6 WaffG
Erlaubnispflicht	Ja, wenn Schusswaffe erlaubnispflichtig: Voreintrag zum Erwerb erforderlich
Bemerkungen	-

Bezeichnung	**Verschluss**
Kategorie	Waffe
Definition	Baugruppe einer Schusswaffe, die das Patronen- oder Kartuschenlager nach hinten abschließt. Bei teilbaren Verschlüssen ist auch der Verschlussträger mit Änderung des WaffG am 1. September 2020 wesentliches Teil (damit gegenstandslos BKA-Feststellungsbescheid SO 11-5164.01-Z-245 vom 23. März 2012).
Synonym	Schlitten, Kammer
Waffe nach ...	§ 1 Abs. 2 Nr. 1, Anlage 1 A1 UA1 Nr. 1.3 WaffG
Norm Begriff	Anlage 1 A1 UA1 Nr. 1.3.1.2 WaffG
Erlaubnispflicht	Wenn Schusswaffe erlaubnispflichtig: Voreintrag
Bemerkungen	Erwerb ohne Voreintrag möglich nach Anlage 2 A2 UA2 Nr. 2.1 WaffG, wenn der Verschluss erforderlich (siehe ebenda) ist, um die Waffe mit einem Austausch- oder Wechsellauf eines gleichen oder geringeren Kalibers zu nutzen.

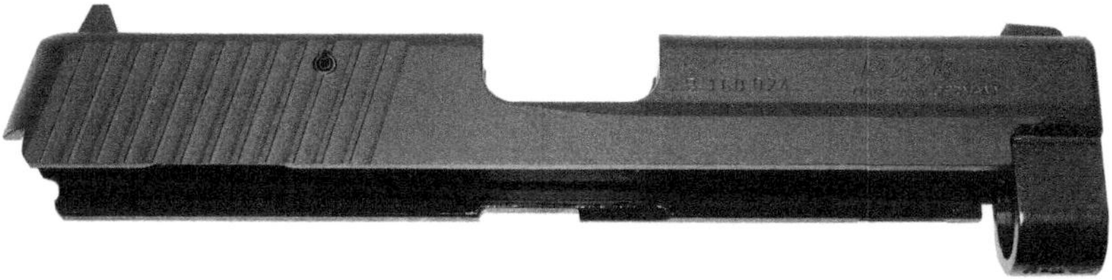

Bezeichnung	**Gegenstand zum gezielten Verschießen fester Körper**
Kategorie	Waffe, den Schusswaffen gleichgestellt
Definition	Tragbare Gegenstände, bei denen bestimmungsgemäß feste Körper gezielt verschossen werden, deren Antriebsenergie durch Muskelkraft oder eine andere Energiequelle eingebracht und durch eine Sperrvorrichtung gespeichert oder gehalten werden kann
Erscheinungsformen	Armbrust, Harpune, Pfeilabschussgerät
Waffe nach ...	§ 1 Abs. 2 Nr. 1 WaffG
Norm Begriff	Anlage 1 A1 UA1 Nr. 1.2.3
Möglicher Verstoß	§§ 41 (Waffenverbot), 42 WaffG (Führverbot), § 2 Abs. 1 (Mindestalter)

Armbrust und Harpune, die denen keine Munition zum Antrieb verwendet sind, erfüllen beispielhaft die in der Definition in Anlage 1 A1 UA1 Nr. 1.2.3 WaffG genannten Voraussetzungen, ebenso Pfeilabschussgeräte. Die Gleichstellung mit Schusswaffen ist vollumfänglich, so dass auch Normen, die speziell auf das Schießen abstellen, auf diese tragbaren Gegenstände anzuwenden sind.

Zu beachten ist, dass die Gleichstellung und damit die Einstufung als Waffe im Sinne des WaffG nicht erfolgt, wenn bestimmungsgemäß solche festen Körper verschossen werden, die mit elastischen Geschossspitzen (zB Saugnapf aus Gummi) versehen sind, bei denen eine maximale Bewegungsenergie der Geschossspitzen je Flächeneinheit von 0,16 J/cm2 nicht überschritten wird.

Eine Bestimmung des Gegenstandes zu einem Zweck, der Voraussetzung zur Einordnung als Schusswaffe oder Munitionsabschussgerät ist, ist hier nicht vorgesehen. Somit unterfallen auch solche Gegenstände, die anderen Zwecken dienen sollen, der Gleichstellung bei Erfüllung der technischen Anforderungen, wenn damit ein gezieltes Verschießen fester Körper möglich ist.

Armbrüste unterliegen speziellen Regelungen, die sie von einigen Vorschriften freistellen, etwa von der WBK-Pflicht, nicht aber vom Mindestalterserfordernis.

Harpunengeräte sind nach Anlage 2 A3 UA 1 WaffG nur dann von den Vorschriften des Waffengesetzes ausgenommen, wenn es sich um Unterwassersportgeräte handelt, bei denen zum Antrieb der Geschosse keine Munition verwendet wird. Volljährige Personen dürfen mit ihnen Umgang haben, wenn ihnen behördlich kein Waffenverbot nach § 41 WaffG erteilt wurde.

Das WaffG enthält für **Pfeilabschussgeräte** keine besonderen Regelungen. Auf sie sind die Vorschriften für Schusswaffen vollumfänglich anzuwenden.

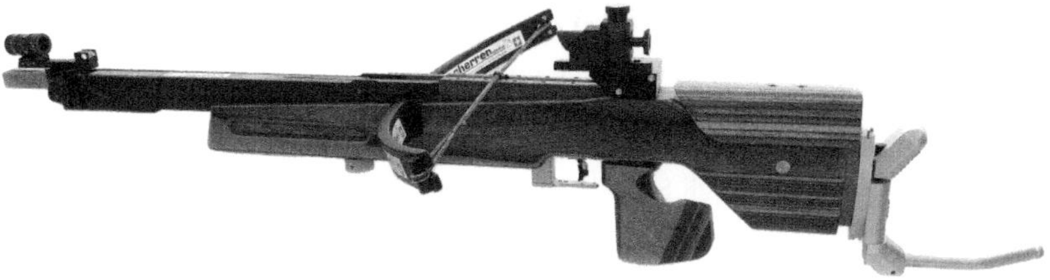

Armbrust *(Abb. m. frdl. Genehmigung Fa. Scherrer Mechanik, Amriswil, CH)*

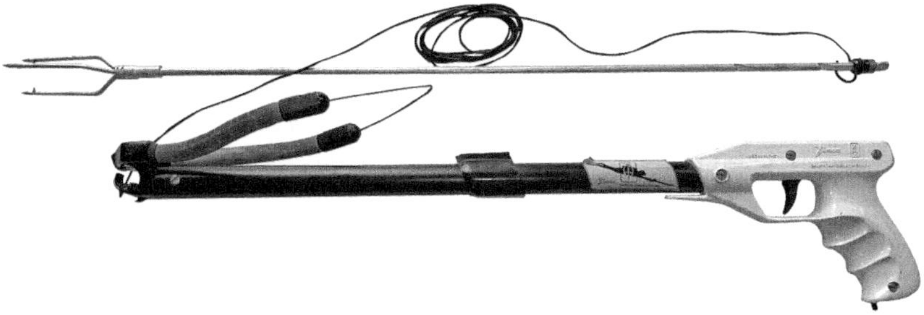

Harpune *mit handspannbarem Gummiriemen-Antrieb und Pfeil am Seil*

Pfeilabschussgerät, *hier mit Zielfernrohr und zwei hohlen Pfeilen; oberer Pfeil wird nur in einer Klemmvorrichtung zum späteren Einsatz bereitgehalten, unterer Pfeil auf das in ihm liegende Rohr aufgeschoben und so abschussbereit; die Energie wird durch Druckerhöhung in dem nach vorn offenen Rohr auf den Pfeil übertragen, der beim „Abschuss" (im Sinne eines Nach-vorn-drückens) von dem Rohr geschoben wird, wobei das Rohr dem Hohlpfeil die in der Schubphase erforderliche Führung gibt.*

Bezeichnung	**Modularwaffe (Modulwaffe)**
Kategorie	Schusswaffe

Eine aktuelle Entwicklung am Waffenmarkt ist der zunehmende Absatz von Modularwaffen. Es handelt sich dabei um eine spezielle Gattung von Schusswaffen, die es durch ihre Art der Konstruktion im Sinne eines „Baukasten"-Systems dem Käufer ermöglichen, seine Wunschwaffe aus einer Vielzahl von Möglichkeiten für den jeweiligen Verwendungszweck optimal zusammenzufügen. Ein Modularsystem eines Herstellers geht von einem Grundmodell bezüglich der Waffenart und der grundlegenden Konstruktionsmerkmale aus und stellt unterschiedliche Varianten wesentlicher Teile bereit, um daraus eine vollständige Waffe nach den speziellen Erfordernissen des Kunden kombinieren zu können.

Grundsätzlich wären mit dem Begriff aber auch solche Systeme zu bezeichnen, bei denen Komponenten verschiedener Hersteller unter Nutzung definierter Kontaktstellen, insbesondere aufgrund form- oder kraftschlüssiger Verbindungsmöglichkeiten ohne Verlust der Maßhaltigkeit und Verwendungssicherheit zu einer an die Kundenbedürfnisse angepassten Waffe zusammengesetzt werden.

Vorteil für den Verwender ist die Möglichkeit eines flexiblen Wechsels zwischen Kalibern und Lauflängen ebenso wie von Schäftungen oder auch Verschlussvorrichtungen für Links- oder Rechtshänder, die er ohne Spezialwerkzeug oder handwerkliche Kenntnisse eines Büchsenmachers zusammenfügt.

Zu beachten sind Regelungen des BeschG ebenso wie waffengesetzliche Erwerbsregelungen, insbesondere Freistellungen im Bereich der Jagdwaffen, da es sich um ein Zusammenfügen wesentlicher Teile zu einer Schusswaffe handelt.

Da der Begriff der Modularwaffe keine *Art einer Schusswaffe* im Sinne des WaffG darstellt und der Begriff der Herstellung auch das erstmalige Zusammenfügen von Waffen aus Teilen umfassen kann, ist der Gesetzgeber gefordert, bezüglich der Modularwaffen eindeutige Regelungen zu schaffen.

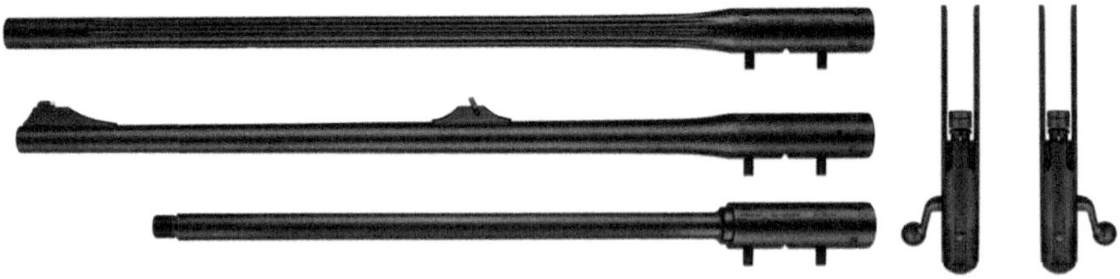

Links: Läufe für unterschiedliche Erfordernisse, zB für die Jagd (Gewichtsersparnis durch Kannelierung des Laufes), mit offener Visierung „Kimme und Korn" oder mit Mündungsgewinde zum Einsatz mit Schalldämpfer; rechts: Verschlüsse für Links- oder Rechtsschützen; Teile des Modulsystems Blaser R8; Abb. mit freundlicher Genehmigung der Firma Blaser GmbH, Isny.

2.4 Grundlagen der Munitionskunde

Sie werden in der Regel Patronen für Ihre Waffe verwenden – was heute selbstverständlich ist und es dem Schützen ermöglicht, nacheinander aus einem Lauf mehrere Schüsse abzugeben, war in alten Zeiten nicht denkbar. Damals hieß es vor jedem Schuss: Schwarzpulver einfüllen, Geschoss in den Lauf einführen, stopfen, und dann darauf hoffen, dass die Lunte oder der Zündfunken funktionieren.

Die heute üblichen **Patronen** bestehen in der Regel aus **Hülse**, **Zündhütchen**, **Treibladung** und **Geschoss**. Der Hülse kommen mehrere Aufgaben zu. So soll sie alle Bestandteile der Patrone vor äußeren Einflüssen **schützen** sowie das Geschoss festhalten und positionieren, außerdem trägt sie durch das **Lidern** wesentlich zum **Abdichten** des Patronenlagers bei. Auch der **Wärmeabtransport** aus dem Bereich des Patronenlagers ist eine wichtige Aufgabe der metallenen Hülse.

Im Folgenden werden Sie grundsätzliche Informationen zu verschiedenen Munitionssorten erhalten – dabei werde ich Ihnen nur die gängigsten Kaliber und Arten vorstellen. Gleiche Kaliber können unterschiedliche Geschossgewichte und Pulvermengen enthalten, man spricht in diesem Zusammenhang von unterschiedlichen **Laborierungen**. Je nach Einsatzzweck und Patronenart werden als Treibladung Schwarzpulver oder Nitrocellulose- (NC-) Pulver verwendet. Erkennbar sind Patronen mit besonderen Geschossen auch an möglichen Farbkennzeichnungen am Patronenboden von Zentralfeuerpatronen, in der **Ringfuge**, die das Anzündhütchen umgibt.

Schwarzpulver war vor Erfindung des NC-Pulvers über Jahrhunderte die Treibladung von Kanonen und Handfeuerwaffen. Es besteht aus einer Mischung von Kalisalpeter, Schwefel und Holzkohle. Schwarzpulver ist leicht entflammbar, der Umgang sollte darum nur durch Fachkundige erfolgen. Es ist massenexplosionsgefährlich, das bedeutet, dass die gesamte Schwarzpulvermenge sofort umgesetzt wird. Die Brandgeschwindigkeit von Schwarzpulver liegt zwischen 600 m und 800 m pro Sekunde. Es wird heute hauptsächlich zum Böllern oder in Vorderladerwaffen sowie in Kartuschenmunition und in der Pyrotechnik verwendet.

NC- oder Nitro-Pulver dagegen brennt mit 10 cm pro Sekunde extrem langsam ab und ist dadurch im Freien auch nicht so explosionsgefährlich wie Schwarzpulver. Erst in einem begrenzten Raum und mit der Möglichkeit eines Druckaufbaus entwickelt NC-Pulver seine enorme Wirkung. Es wird durch die Behandlung von Cellulose mit Nitriersäure (Mischung aus Schwefel- und Salpetersäure) und anschließendes Auswaschen hergestellt.

Man setzt verschiedene Sorten von NC-Pulver je nach dem gewünschten Abbrandverhalten ein: Langsam abbrennende Sorten kommen in Büchsenpatronen zum Einsatz, schnell abbrennende in Kurzwaffen- und Schrotpatronen. Die Abbrenngeschwindigkeit wird durch die Form der einzelnen Pulverkörper bestimmt – zusätzlich wird bei Sorten, die besonders langsam abbrennen sollen, eine Behandlung mit Chemikalien vorgenommen, die die einzelnen Pulverteile umhüllen und so weniger reaktiv werden lassen.

Alle nachfolgend gemachten ballistischen Angaben unterliegen je nach Hersteller teilweise deutlichen Unterschieden. Die hier angegebenen Werte beziehen sich auf Patronen und Geschosse der Marken GECO, RWS, NORMA und HIRTENBERGER sowie ROTTWEIL und auf das angegebene Geschossgewicht.

2.5 Munitionsarten

Munition[287] ist zum Verschießen aus Schusswaffen bestimmte

- **Patronenmunition** (auch Geschosse mit Eigenantrieb)
- **Kartuschenmunition** (Hülse mit Ladung, aber ohne Geschoss, „**Platzpatrone**")
- **hülsenlose Munition**
- **pyrotechnische Munition**

Eine waffenrechtliche Besonderheit stellt die **hülsenlose Munition** dar – sie ist nach der Definition der Anlage 1 WaffG eine „Ladung mit oder ohne Geschoss, wobei die Treibladung eine den Innenabmessungen einer Schusswaffe ... angepasste Form hat" – damit sind auch **Presslinge** für Schwarzpulverwaffen, die zwar nur aus Schwarzpulver bestehen, aber zu einem „Kuchen" mit einem Durchmesser in Kalibergröße der Waffe zusammengepresst wurden, Munition und erfordern für den Erwerb eine behördliche Erlaubnis in Form eines Munitionserwerbsscheins o. ä..

Die **Ladung** ist der Haupt-Energieträger der Munition, als Treibladung in der Hülse, Pressling oder verdämmt im Lauf einer Waffe und dient zum Antrieb von Geschossen und Wirkstoffen. **Anzündhütchen** gelten nur dann als Ladung, wenn sie direkt dem Antrieb von Geschossen dienen.

---

[287] *Anlage 1 A2 UA3 WaffG*

2.6 Geschossarten

2.6.1 Geschosse von Patronenmunition

Wenn von Munition die Rede ist, ist damit in der Regel patronierte Munition gemeint – Geschosse sind keine Munition im Sinne des Waffengesetzes und unterliegen nicht den Regeln für Munition bezüglich Erwerb und Besitz (Ausnahmen: unpatronierte pyrotechnische Munition, also Geschosse mit einem pyrotechnischen Satz, verbotene Geschosse der nachfolgend genannten Art).

Anlage 1 A 1 WaffG definiert Geschosse als Waffen oder für Schusswaffen bestimmte feste Körper beziehungsweise gasförmige, flüssige oder feste Stoffe in Umhüllungen.

Verboten ist der Umgang mit

- Geschossen mit **Betäubungsstoffen**, die zu Angriffs- oder Verteidigungszwecken bestimmt sind, und

- Geschossen mit **Reizstoffen**, die zu Angriffs- oder Verteidigungszwecken bestimmt sind, ohne amtliches Prüfzeichen zum Nachweis der gesundheitlichen Unbedenklichkeit.

Geschosse werden nach Aufbau und Form unterschieden. Welches Geschoss für den jeweiligen Einsatzzweck geeignet oder erforderlich ist, ist Gegenstand der Jägerprüfung und auch der Fachkundeprüfung für den Waffenhandel.

Zunächst unterscheiden wir **Vollgeschosse** und **Mantelgeschosse**. Vollgeschosse bestehen aus einem einzigen Material (in der Regel Blei), Mantelgeschosse dagegen aus einem Kern und einem ihn umgebenden Mantel (Kernmaterial meist Blei, Mantel Tombak).

Bei den Mantelgeschossen wird nach Art des Mantels unterschieden zwischen **Vollmantelgeschoss (VM)** und **Teilmantelgeschoss (TM)**. Während bei einem Vollmantelgeschoss das Mantelmaterial den Kern vollständig oder mit Ausnahme des Geschossbodens vollständig umschließt, ist bei einem Teilmantelgeschoss die Geschossspitze nicht vom Mantel umschlossen, so dass hier der Kern sichtbar ist.

Die Teilmantelgeschosse können weiter differenziert werden - bei einem **Lochgeschoss** ist der Mantel lediglich geöffnet und gibt einen Teil des formgebenden Geschosskerns frei, während bei einem **Hohlspitzgeschoss** der Geschosskern eingehöhlt ist.

Die Form der Geschoss**spitze** kann zur Unterscheidung dienen:

- Spitzgeschosse
- Halbspitzgeschosse
- Rundkopfgeschosse
- Kupferhohlspitzgeschosse (HMK)
- Kupfer-Teilmantel-Flachkopfgeschoss (KTM)
- Kegelspitzgeschosse
- Kegelstumpfgeschosse
- Wadcutter-Geschosse

Für die ballistischen Eigenschaften kommt es aufgrund des Einflusses auf das Strömungsverhalten auch auf das sogenannte „Heck“, also den Geschoss**boden**, an. Hier sind unterschiedliche Ausformungen am Markt erhältlich. Unterschieden werden beispielsweise **Bootschwanz** („Heck-Konus“) und **Torpedoheck**.

Speziell für Jagdwaffen haben sich als Spezialgeschosse bewährt:

- Teilmantel-Spitz-Geschoss (TMS)
- Teilmantel-Rundkopf-Geschoss (TMR)
- Teilmantel-Flachkopf-Geschoss (TMF)
- H-Mantel-Geschoss (mit H-Rille)
- Torpedo-Ideal-Geschoss (TIG)
- Torpedo-Universal-Geschoss (TUG)
- Kegelspitz-Geschoss (KS)
- Doppelkern-Geschoss (DK)

Um die Wirkung eines Geschosses beurteilen zu können, betrachtet man den **Restkörper**. Der Restkörper ist das, was von einem Geschoss nach Eintritt in das Ziel übrigbleibt. Das können Fragmente des ursprünglichen Geschosses sein, aber auch vollständige Geschosse, die sich beim Eintritt lediglich verformten, um ihre Energie an das Ziel abzugeben.

Unterschiede bei den Formen des Hülsenrandes werden bei der Bezeichnung der Kaliber häufig berücksichtigt. Zu unterscheiden sind Hülsen **„mit Rand“**, **„ohne Rand“** und **„mit Gürtel“**, hier dargestellt am Beispiel einer RWS-Patrone mit einem Ausschnitt des Hülsenkörpers.

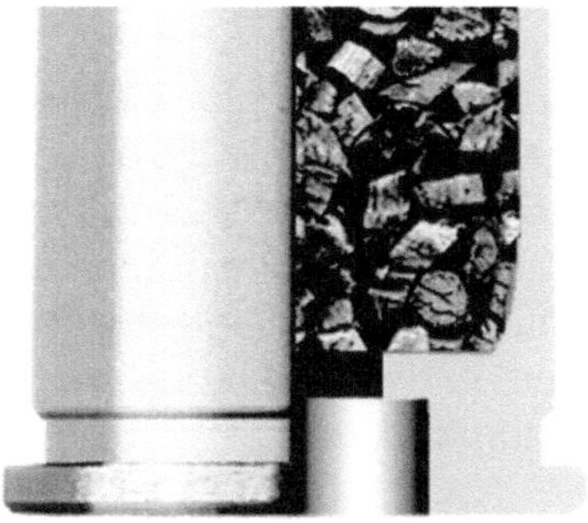

Hülse **mit Rand**

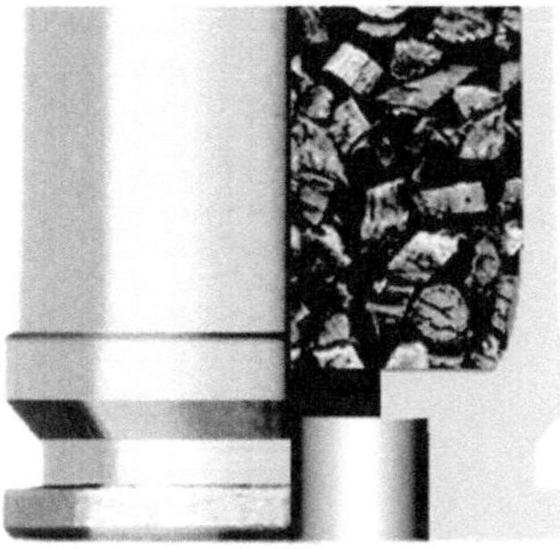

Hülse **mit Gürtel**

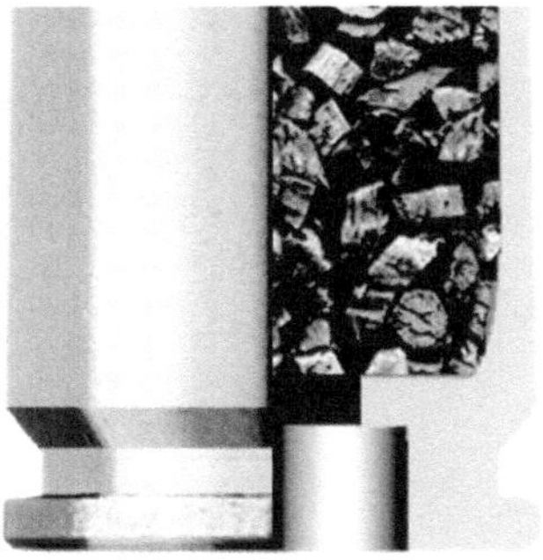

Hülse **ohne Rand**

Vollmantelgeschosse (**VM**, hier auch als Teil einer Patrone GECO .38 Special VM) bestehen aus einem Bleikern, der in einen Mantel aus Stahl eingepresst wird. Auf den Stahl wird meist **Tombak** „plattiert", einer Legierung von Kupfer mit Zink und Zinn. Die durch den Tombak glattere Oberfläche verringert den Durchpresswiderstand. Der gesamte Mantel aus Stahl und Tombak passt sich den Zügen im Lauf besser an.

Der Mantel ermöglicht höhere Geschwindigkeiten als reine Bleigeschosse. Zudem erhöht sich die Durchschlagsfähigkeit im Vergleich zu einem reinen Bleigeschoss, da das Geschoss nicht verformt wird (siehe auch unten dargestellter Restkörper, formstabil, aber mit Verfeuerungsspuren) und aufgrund der „Zäpfchenform" einen Körper mit geringer Energieabgabe durchschlägt. Gleichzeitig ist damit aber eine geringe Wirkung verbunden, weshalb die Mannstopwirkung von VM-Munition als eher gering einzustufen ist.

Jagdlich ermöglicht die Verwendung von VM-Geschossen die Jagd auf schweres Wild, weil sie auch Knochen sicher durchdringen. Dazu sind schwerere Geschosse an ihrer Spitze zusätzlich verstärkt. VM-Geschosse kleinerer Kaliber werden mit spitzer, im größeren Kaliber mit runder Kopf-Form verwendet.

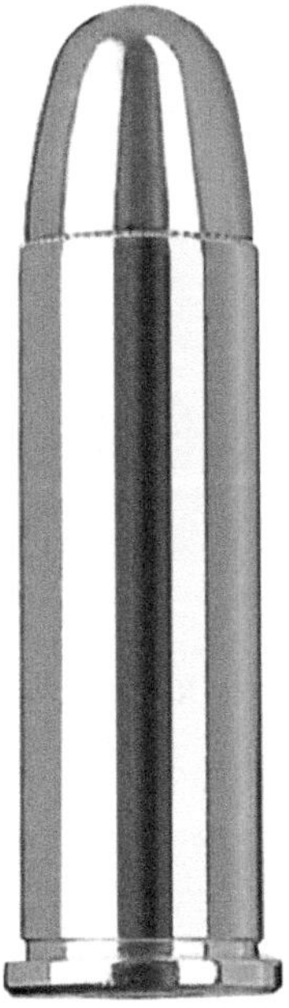

Teilmantelgeschosse (**TM**, hier auch als Teil einer Patrone GECO .357 Magnum TM-Flachkopf und als Restkörper) bestehen wie Vollmantelgeschosse aus einem Bleikern und einem Mantel aus Stahl oder Tombak, das Geschoss gleicht einem stumpfen Kegel. Der Mantel bedeckt nicht die gesamte Bleimasse. Eine „Verbleiung" des Laufes wird mit diesem Geschosstyp ebenso effektiv vermieden wie bei einem Vollmantelgeschoss – allerdings verformt sich ein Teilmantelgeschoss sehr stark beim Auftreffen und kann somit seine Bewegungsenergie in hohem Maße an den getroffenen Körper abgeben.

Die **Mannstopwirkung** von schnellen Teilmantel-Laborierungen ist im Vergleich zur Wirkung von Vollmantel-Laborierungen sehr hoch.

Jagdlich bietet ein TM-Geschoss eine hohe Energieabgabe an den Tierkörper, durch die starke Splitterwirkung ergibt sich meist aber kein sauberer Ausschuss.

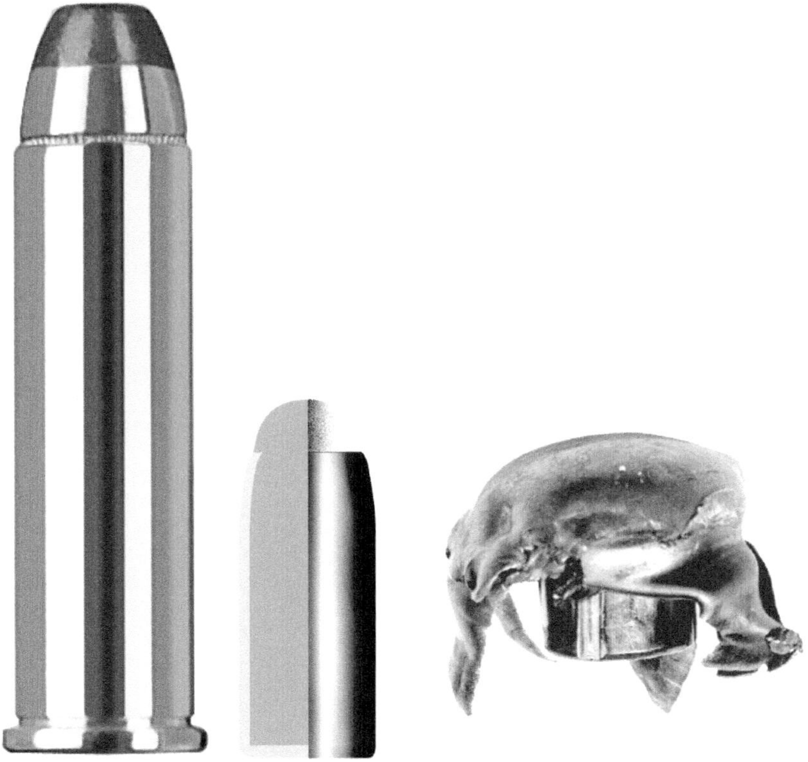

Ein typisches **Bleigeschoss** für sportliche Zwecke ist der sogenannte **Wadcutter (WC)**. Das nebenstehende Bild zeigt eine Patrone GECO .32 S&W long WC. Das 6,5 g schwere Geschoss selbst ist in der Seitenansicht nicht zu sehen – es befindet sich vollständig in der Hülse und wird als zylinderförmiger Bleikörper aus der Hülse in den Lauf getrieben. Wadcutter-Geschosse werden ausschließlich zum Scheibenschießen eingesetzt, weil sie ein kreisrundes und damit gut auswertbares Loch in die Scheibe „stanzen".

Der Begriff „wadcutter" leitet sich von den englischen Begriffen „wad" für „Pappe" und „to cut" für „schneiden" her.

Die hier im Seitenanschnitt abgebildete Patrone (RWS-Büchsenpatrone mit **Gürtel**) zeigt die typische Flaschenform der mittleren bis schweren **Büchsenpatronen**. Im Vergleich zu Kurzwaffen-Kalibern wie 9 mm x 19 sind Geschosse für automatische Büchsen wie die HK SL8 im Kaliber .223 Rem. mit 5,56 mm im Querdurchmesser meist vergleichsweise klein.

Büchsenpatronen (wie 9,3 x 72 R oder Großwildmunition) entstanden zu einer Zeit, als die Patronen noch mit Schwarzpulver geladen wurden – dazu musste eine große Menge an Pulver eingebracht werden. Der Pulverraum wurde durch die Verlängerung der Hülse vergrößert. Moderne Zentralfeuerpatronen sind dagegen „short and fat" – hier ist die Hülse deutlich kürzer, hat aber einen größeren Querdurchmesser. Ein Vorteil liegt darin, dass die Zündflamme die Pulversäule schneller durchschlägt.

Auf den folgenden Seiten werden verschiedene Geschosse für Büchsenpatronen in Aufbau und Wirkung dargestellt. Beachten Sie, dass dies nur eine Übersicht und keine finale Aufzählung ist – Geschosse und Munition allgemein sind ein weites Feld, das sich ständig erweitert.

Das **Doppelkerngeschoss** besteht aus zwei Bleikernen und einem sie vollständig umgebenden Mantel aus Tombak. Die Kerne unterscheiden sich in ihrer Härte - der weichere Bugkern wird vom härteren Heckkern durch einen Tombakmantel getrennt, der den Heckkern weitgehend umschließt. Die Gewichte von Bug- und Heckkern sind dabei identisch. Durch eine Heckrille im hinteren Geschossbereich wird der Heckkern am Außenmantel festgehalten. Eine zweite Rille im vorderen Bereich bildet den sogenannten **Scharfrand** (Schnitthaar) und ist gleichzeitig Sollbruchstelle für den vorderen Geschossmantel. Durch diesen Aufbau entsteht ein gerader Schusskanal für den bei der Jagd teilweise gewünschten sicheren Ausschuss, um ausreichend Schweiß zu erzeugen.

Der nebenstehend abgebildete Restkörper zeigt die Wirkungsweise – das Geschoss wird aufgestaucht und vergrößert dabei deutlich seinen Querschnitt zum Ziel, ohne dabei Splitter abzugeben.

Militärische Doppelkernmunition kann durch eine **grüne Färbung** der Spitze des Geschosses identifiziert werden.

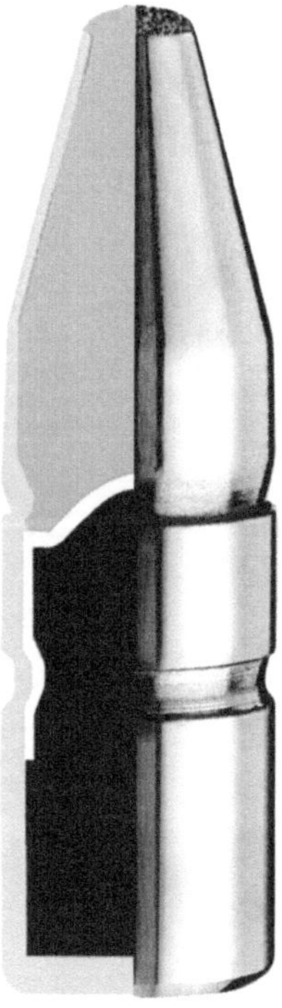

Ein weiteres Beispiel für ein spezielles Geschoss ist das **H-Mantel-Geschoss**. Das „H" leitet sich von der Einschnürung im mittleren Bereich des Geschosses ab – die H-Rille ist die als Sollbruchstelle geformte Einschnürung, die im Ziel die besondere Wirkung dieser Geschossart auslöst.

Die H-Rille unterstützt die Trennung des Geschosses in einen vorderen Teil, der sich nach dem Auftreffen im Ziel sehr schnell mit starker Splitterwirkung und Energieabgabe zerlegt, und den hinteren Teil, der das Ziel auch bei starkem Wild sicher durchschlägt und für Schweiß (jagdlich für „Blut") sorgt. Bugkern (im vorderen Teil) und Heckkern sind getrennt. Die Kupfer-Hohlspitze sorgt für eine sichere „Zerlegung" des Geschosses im Ziel.

Der rechts abgebildete Restkörper zeigt den hinteren Teil des Geschosses – er wird im Durchmesser nur gering gestaucht, was für einen sicheren Ausschuss sorgt.

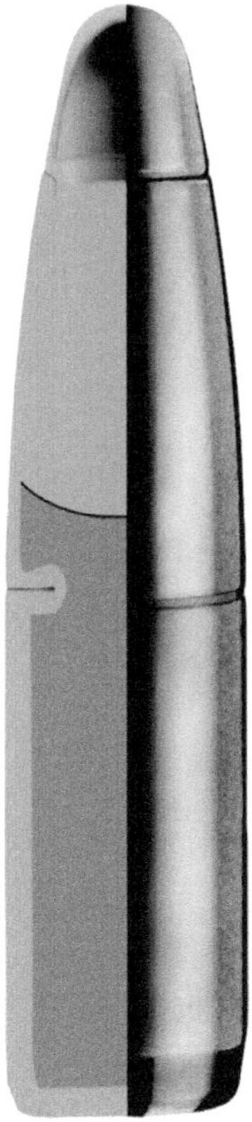

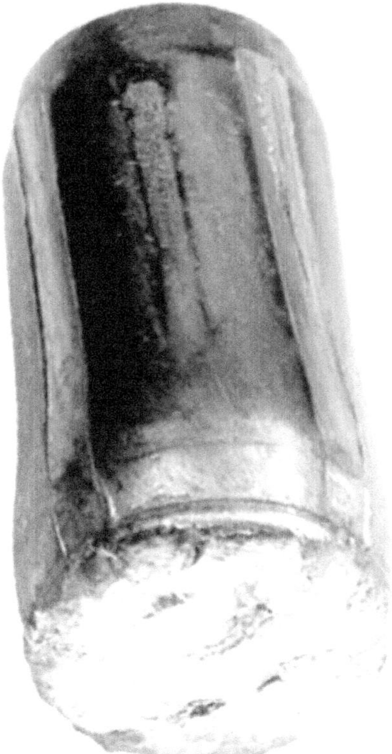

Zu den bekannten **Jagdgeschossen** zählt eine Gruppe, die von der Fa. Brenneke unter den Bezeichnungen TIG, TUG, TAG und TOG angeboten wird. Die Bezeichnung TIG und TUG sind mittlerweile Gattungsbegriffe geworden, so dass bei bestimmten Aufbauten des Geschosses von einem TIG oder TUG gesprochen wird.

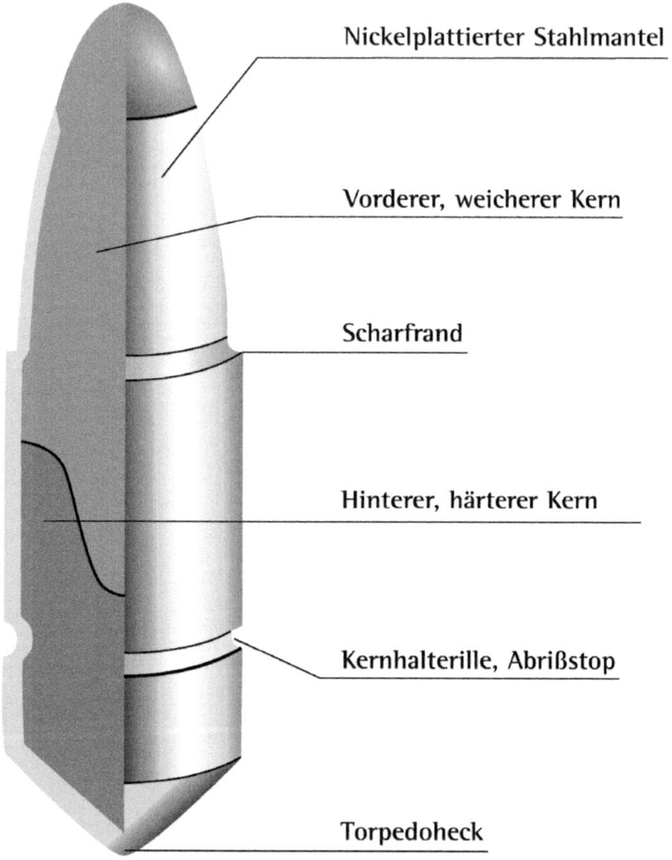

Das **TIG** (Torpedo-Ideal-Geschoss) wird für den Schuss auf leichtes bis mittelschweres Wild eingesetzt. Der Aufbau des Geschosses bewirkt eine Zerlegung des vorderen Kerns (weich) und eine pilzartige Deformation des hinteren Kerns (hart), was zu einer hohen Energieabgabe führt.

Das **TUG** (Torpedo-Universal-Geschoss) kann im entsprechenden Kaliber auch für den Schuss auf schweres / afrikanisches Wild eingesetzt werden.

Durch seinen Aufbau hat das TUG eine geringere Aufpilzbereitschaft und besitzt damit eine höhere Durchschlagskraft.

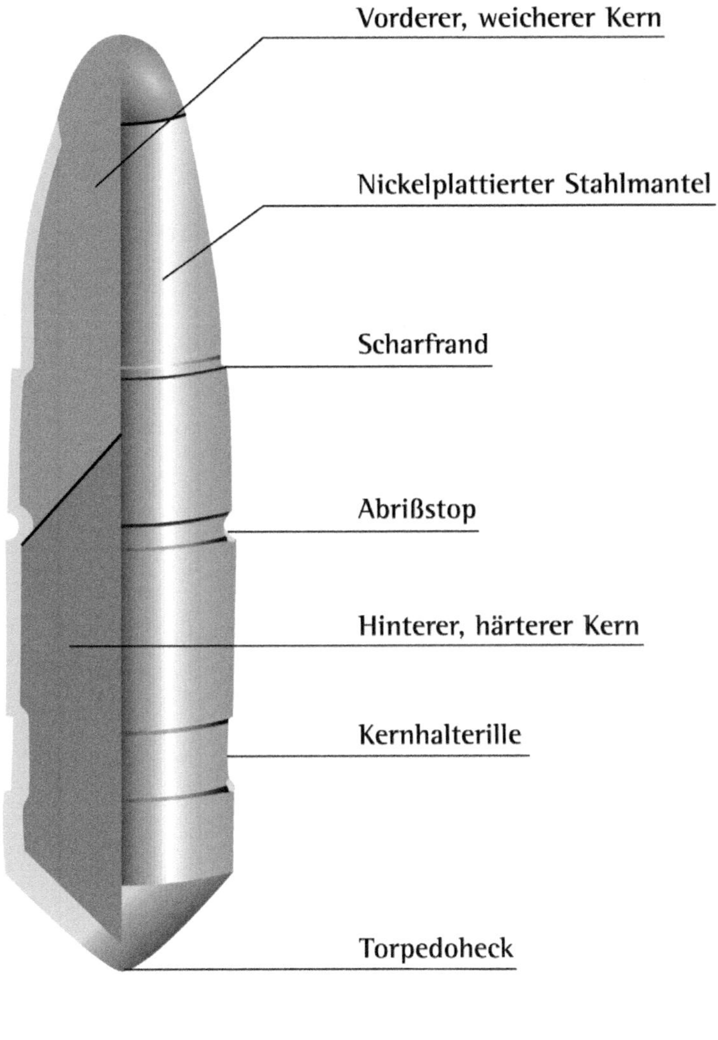

Das **TOG** (Torpedo-Optimal-Geschoss) zeichnet sich durch eine hohe Durchschlagskraft aus und sorgt für eine gute Schweißbildung. Der Restkörper hat nach Herstellerangaben ca. 90 % des Gewichts des Geschosses, womit die Wildbretzerstörung gering bleibt.

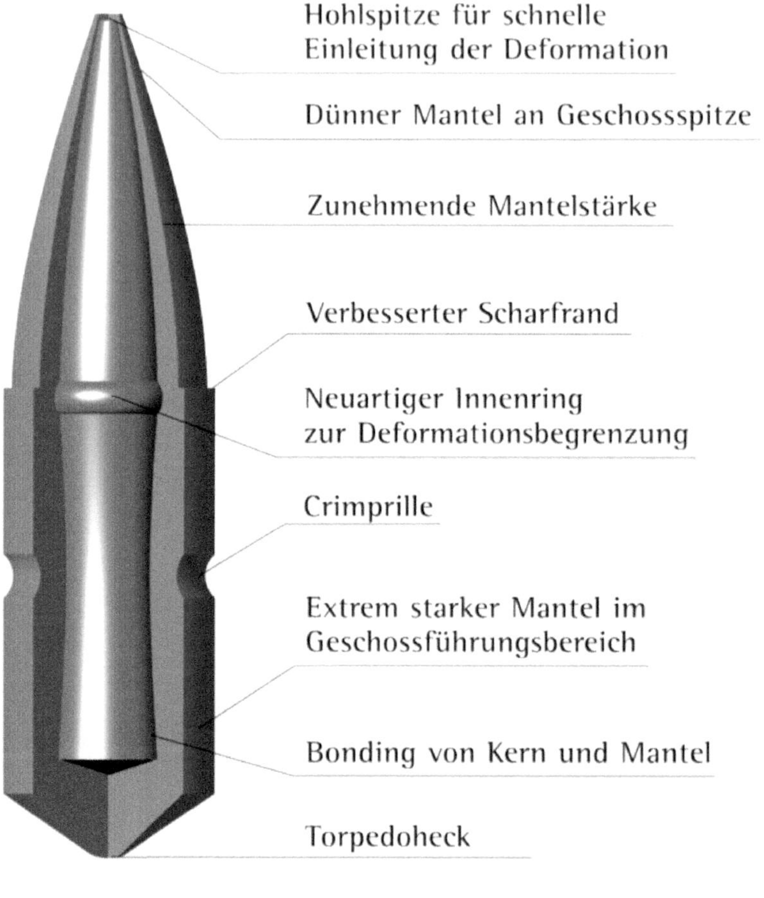

Das **TAG** (Torpedo-Alternativ-Geschoss) ist ein schnell wirksames Geschoss – die Spitze und mehr als die Hälfte des Geschosskörpers bleiben unverändert, während sich drei Teile aus dem vorderen Teil des Geschosses lösen.

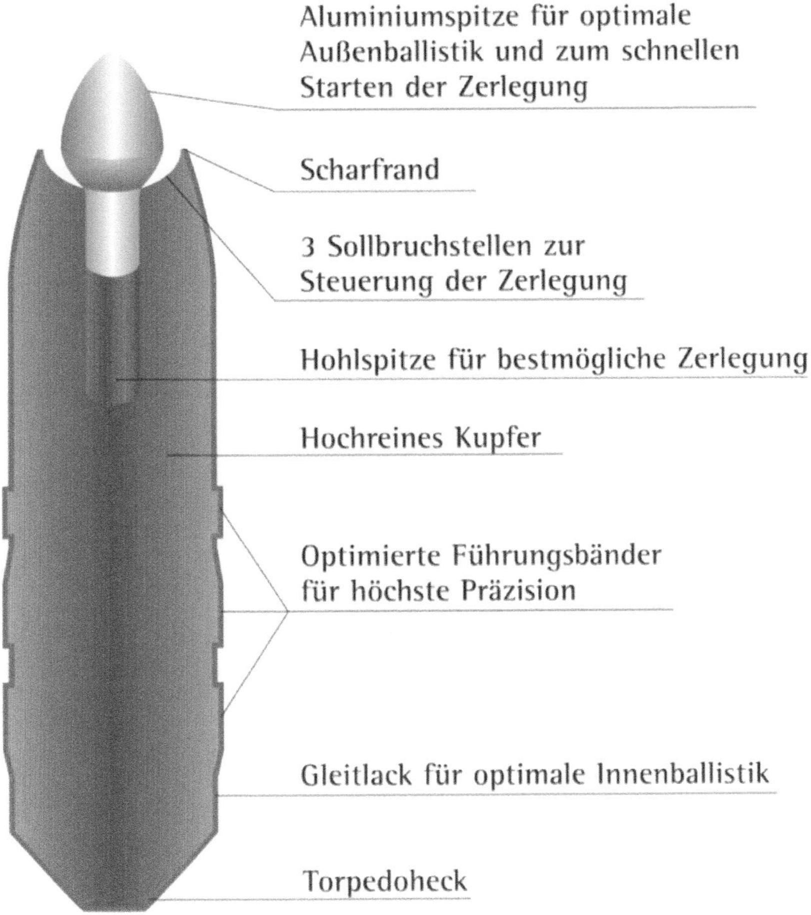

Frangible-Geschosse bestehen zwar aus Metall, doch ist dieses durch Sinterung (eine Art *Backvorgang*) mit einem Kunststoff verbunden – die Geschosse zerfallen bei Kontakt mit einem harten Ziel zu Staub. Sie werden vorwiegend zum Übungsschießen (zur Schonung der Schießanlage) eingesetzt, aber auch zur Bekämpfung von Tätern an Bord von Luftfahrzeugen durch sogenannte „Sky-Marshalls".

Action-Munition wird bei vielen Polizeibehörden eingesetzt. Das Geschoss (aus Kupfer oder Messing) verfügt über eine Hohlspitze, in die ein Kunststoffkörper eingebracht wird. Die äußere Form des Geschosses wird damit zu einem Vollmantel-Geschoss ausgebildet. Action-Munition verfügt gegenüber Vollmantel-Munition über eine stärkere ballistische Trefferwirkung, da ein kontrolliertes „Aufpilzen" des Geschosses erfolgt (die Abbildungen zeigen den Typ „Action 5", als Patrone und als Restkörper). Entscheidend für den „taktischen Effekt" ist allerdings die höhere **Schmerzwirkung**, die ein solches Deformationsgeschoss beim Eindringen in den Körper des Getroffenen entwickelt.

Der Umgang mit Action-Munition ist **nicht verboten**, aufgrund des höheren Gasdrucks ist Action-Munition aber **nicht CIP-konform** und darf darum **nicht gewerbsmäßig an Privatpersonen** überlassen werden.

Das Innere einer **Schrotpatrone,** nebenstehend im Viertelschnitt. Über dem Zünder im Bodenpfropfen, dem **Culot**, befindet sich die Treibladung. Die Schrote aus Blei, Weicheisen, Stahl oder Steinsalz im oberen Teil der Patrone, traditionell als „**Vorlage**" bezeichnet, werden vom Pulver durch das sogenannte „Zwischenmittel" getrennt, bestehend aus Filz oder Holzfasern, Kork oder Kunststoff. Das Zwischenmittel gibt den Stoß der Verbrennungsgase als Schub auf die Schrotladung weiter und schützt die Bleischrote vor der Hitze des Pulvergases. Die Oberkante der Hülse ist nach innen umgebördelt und drückt eine Kunststoffscheibe auf die Schrotladung; eine Verdämmung der Ladung durch eine sternförmige Faltung der Hülse ist ebenfalls eine gängige Methode.

Schrote mit einem Durchmesser von mehr als 4 mm werden als **Postenschrot** oder **Posten** bezeichnet.

Beachten Sie, dass Läufe, aus denen **Stahlschrote** verschossen werden sollen, einem besonderen Prüfverfahren unterliegen und mit einem Lilienzeichen gekennzeichnet werden. Für Schrote[288] bis 3,25 mm (Kal. 12/70) ist dies bei normaler Ladung allerdings nicht notwendig. Bei verstärkter Ladung (**Magnum-Schrot**, meist cal. 12/76) ist dagegen immer ein Stahlschrotbeschuss erforderlich – hier ist auch das Zeichen für den „verstärkten Beschuss" auf der Waffe nach erfolgter Prüfung anzubringen.

[288] *Kal. 16/70: bis 3,00 mm; Kal. 20/70: 2,60 mm*

Flintenlaufgeschosse (FLG, „slugs“) werden aus dem Flintenlauf verschossen. Die an Züge erinnernde Außenfläche des Bleigeschosses sorgt nur für eine minimale Rotation im Flug, die ohne echten Einfluss auf die Schussbahn bleibt. Der Bleikörper des Brenneke-FLG hat eine Kegelspitze. Die Stabilisierung der Flugbahn erfolgt nach dem „Pfeilprinzip“ – eine schwere Spitze und ein leichtes Hinterteil, hier dargestellt durch einen angeschraubten Filzpfropfen. Die schräggestellten Rippen sorgen für eine leichtere Anpassung des Geschosses an den Laufdurchmesser, da sie eine Stauchung des Geschosskörpers erleichtern – Verengungen durch Chokes („Würgebohrung“) können mit einem FLG meist problemlos passiert werden (Hinweise des Waffenherstellers beachten).

Ein Spezialfall ist das **Sabot**, ein unterkalibriges FLG, das in einem Kunststoffmantel durch den Lauf gleitet, der sich außerhalb des Laufes durch den Luftwiderstand vom Geschoss trennt. Vorteile dieser Technik: Höhere Reichweite und höhere Geschwindigkeit.

Bei **älteren Patronen** wurde zum Zwecke der Unterscheidung eine Kennzeichnung in Form eines **weißen Streifens** verwendet, der einige Millimeter unterhalb der Bördelung die **Papphülse** umschloss. Um auch „blind“ den weißen Streifen zu erkennen, war er oftmals auch als Einkerbung ausgeführt. Bei geschlossener Patrone war sonst kaum zu erkennen, ob es sich um Schrote oder ein FLG handelte. Bei den heute gebräuchlichen Kunststoffhülsen ist das nicht mehr notwendig.

2.6.2 Geschosse für Druckluftwaffe, Armbrust etc.

Geschosse, die zum Verschießen aus Druckluftwaffen, Federdruckwaffen oder ähnlichen Schusswaffen bestimmt sind, unterfallen nicht dem waffenrechtlichen Begriff Munition. Sie unterliegen nicht den Regelungen des Waffengesetzes, es sei denn, es handelt sich um verbotene Geschosse.

Gleiches gilt für Pfeile und Bolzen, die zur Verwendung mit Bögen, Armbrüsten oder Pfeilabschussgeräten bestimmt sind. Verbote, etwa von Geschossen mit Explosivstoffen, Brandsätzen oder Hartkern, sind hier nicht anzuwenden, es sei denn, das Geschoss ist für Munition bestimmt und wird mit Bogen, Armbrust oder Druckluftwaffe zweckentfremdet verwendet.

Geschosse für Druckluftwaffen mit gezogenem Lauf bestehen in der Regel aus Blei, um sich dem Laufprofil anpassen zu können. In glatten Läufen werden dagegen hautsächlich Rundkugeln aus Stahl verwendet. Vor dem Hintergrund der Umweltbelastung durch Bleieintrag sind mittlerweile Geschosse erhältlich, die aus Zink, Zinn und Kunststoff bestehen. Auch Stahl oder Kupfer können bei der Herstellung zum Einsatz kommen. Durch eine Beschichtung der Oberflächen, etwa durch eine galvanische Veredelung, kann eine um ca. 20 Prozent härtere Oberfläche hergestellt werden, was eine erhöhte Durchschlagskraft bei gleichem Gewicht bedeutet. Zudem wird der Bleikern des Geschosses komplett gekapselt, was die Entstehung von Bleistaub oder Bleiablagerungen im Lauf effektiv verhindert.

Die ballistischen Eigenschaften werden durch die Formgebung des Geschosses maßgeblich beeinflusst. So kommen in Weitschuss-Druckluftgewehren speziell geformte Rundkopf-Diabolos (unten links) zum Einsatz, die ein präziseres Schießen erlauben als Diabolos mit der typischen flachen Front (oben). Für die Bekämpfung von Schädlingen oder auch für die Jagd (außerhalb von Deutschland) werden spezielle Geschosse angeboten, etwa mit einer Metall- oder Kunststoffspitze, die die Durchschlagskraft und Wirksamkeit gegen Schädlinge deutlich erhöht.

Abbildungen auf dieser Seite mit freundlicher Genehmigung der Haendler & Natermann Sport GmbH

Die Geschosse werden in der Regel in folgenden Kalibern und für bestimmte Anwendungen bzw. Energieklassen verwendet:

4,5 mm / cal. .177 typische E_0 (Mündungsenergie) von 3,5 bis 40 J

Einsatz im Olympischen Sportschießen, Field Target und Hunter Field Target, Schädlingsbekämpfung, Plinking

5,0 mm / cal. .20 typische E_0 von 16 bis 40 J

Kaliber beliebt in Großbritannien und Südafrika

5,5 mm / cal. .22 typische E_0 von 16 bis 50 J

Hauptsächlich für Jagd auf Kleintiere bis Hasengröße

6,35 mm / cal. .25 typische E_0 von 25 bis 80 J

Hauptsächlich für die Jagd auf Kleintiere bis Fuchsgröße

Der Gefahrenbereich einer Druckluftwaffe darf nicht unterschätzt werden. So hat ein Geschoss von 5,5 mm Durchmesser, verschossen aus einer Testwaffe mit einer E_0 von 40 J und einer Mündungsgeschwindigkeit von 240 m/s noch nach 50 m Flugstrecke eine Geschwindigkeit von rund 200 m/s. Schwere Jagdgeschosse, etwa im Kaliber .35 entsprechend 9,0 mm, werden herstellerseitig für einen Einsatz bis zu 50 m empfohlen.

Um auch aus glatten Läufen ein im Flug stabilisiertes Geschoss verschießen zu können (der glatte Lauf gibt dem Geschoss nicht den dazu erforderlichen Drall), kommen sogenannte „Federbolzen" (auch als *Wollbüschelbolzen* bezeichnet, Abbildung unten erfolgt mit freundlicher Genehmigung der *Fa. Umarex*) zum Einsatz. Am Heck angebrachte Wollfäden sorgen für eine Abdichtung im Lauf und für ein Austarieren des Geschosses, das durch die schwere Laufspitze und das leichte und im Luftstrom korrigierend wirkende Heck stabil fliegen kann. Bei modernen Federbolzen kommen anstelle von Wollfäden auch Büschel von Kunststofffädchen oder feststehende Kunststoff-Leitwerke zum Einsatz. Federbolzen bestehen meist aus Stahl und dürfen darum nicht aus gezogenen Läufen verschossen werden, da sie sich nicht dem Laufinnenprofil anpassen und so das Laufprofil beschädigen.

2.7 Zündungsarten moderner Patronenmunition

Zentralfeuerzündung und **Randfeuerzündung** nutzen eine mechanische Energie, die von außen auf die Patrone einwirkt, um durch diesen Stoß eine stoß- bzw. druckempfindliche Zündmasse zur Explosion zu bringen. Die dabei entstehende Flamme entzündet die Ladung.[289]

Das unten gezeigte Schnittmodell zeigt im Detail die Zündung einer **Randfeuerpatrone** im Patronenlager. Der Schlagbolzen quetscht die im Rand der Patrone eingelagerte Zündmasse, worauf die entstehende Flamme das in der Patrone liegende Pulver zur Umsetzung bringt. Der entstehende Gasdruck treibt das Geschoss durch den Lauf, während die Hülse durch ihre Ausdehnung das System nach hinten abdichtet.

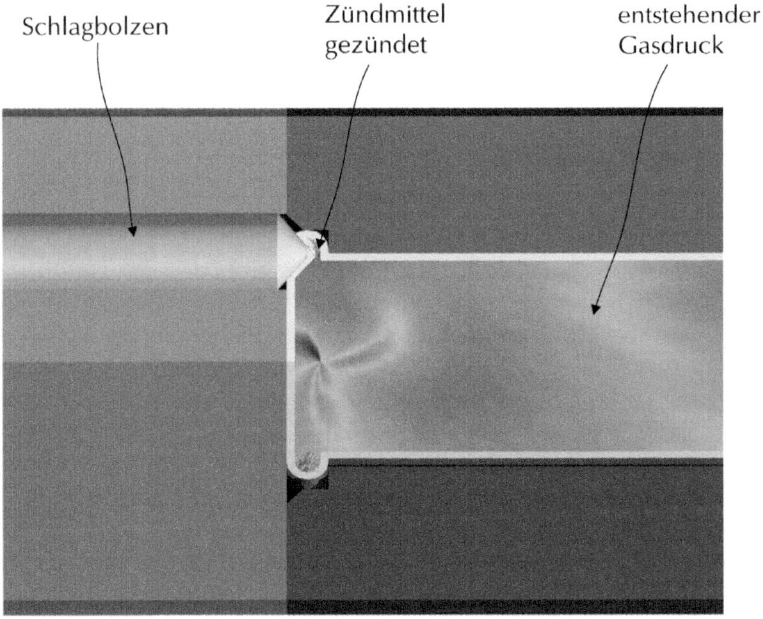

Die Skizzen auf der folgenden Seite zeigen eine Randfeuerpatrone im Patronenlager (rechts) sowie den Aufbau der Patrone im Schnittmodell.

---

[289] *Zu beachten sind Patronensorten, bei denen der Antrieb der Geschosse allein durch die Zündung erfolgt, etwa die Patrone 4 mm M20.*

Patronen mit Randfeuerzündung wie Kaliber .22 lfB. oder **Zimmerstutzen** (4 mm) haben die Anzündladung im Rand des Hülsenbodens (hell eingefärbt), die direkt auf das Pulver (strukturierte Fläche) wirkt.

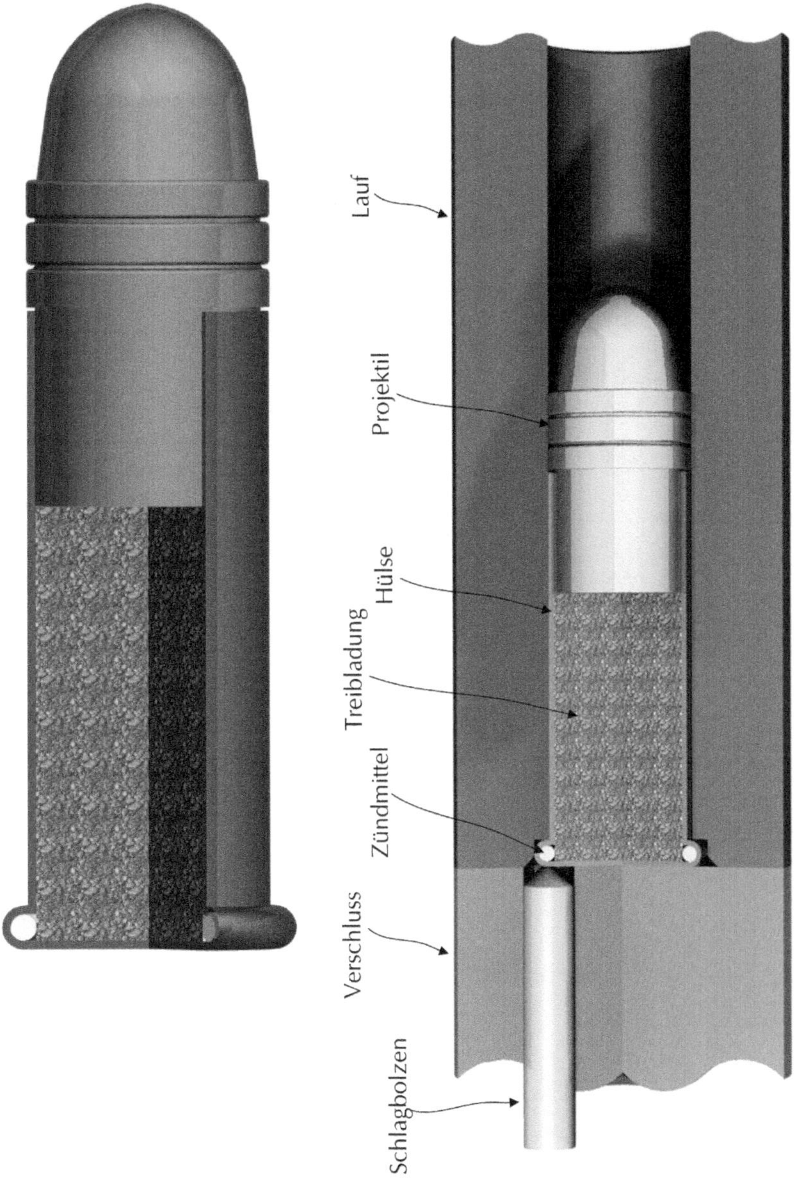

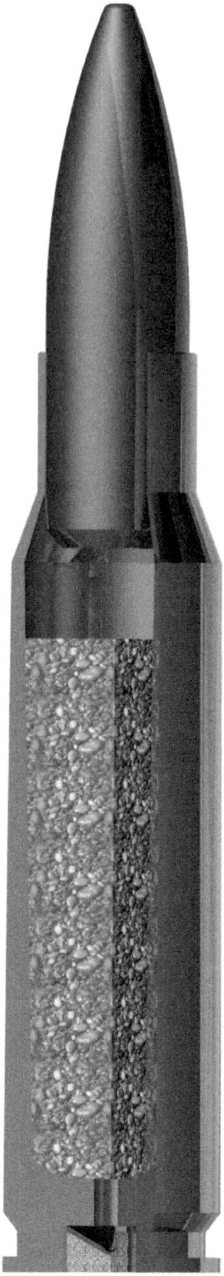

Eine **Patrone mit Zentralfeuerzündung** trägt im Hülsenboden ein **Zündhütchen** als Zündmittel. Schlägt der Schlagbolzen auf das Zündhütchen, entzündet sich der Inhalt des Zündhütchens. Im Zündhütchen befindet sich in der Regel ein Sinoxid- oder ein Sintox-Zündsatz.

Der **Sinoxid-Zündsatz**, auch als „rostfreier Zündsatz" bezeichnet, begegneten einer schlechten Eigenschaft von Nitropulver – im Gegensatz zu Schwarzpulver entstehen bei seiner Umsetzung Stoffe, die im Lauf zu Rostbildung führten, allerdings nur dann, wenn das Pulver durch eine früher gebräuchliche **Kaliumchlorat-Zündung** umgesetzt wurde. Der Sinoxid-Zündsatz, entwickelt 1926 bei RWS, gilt als erster rost- und erosionsfreier Zündsatz.

Der **Sintox-Zündsatz** moderner Patronenmunition, insbesondere für Sportschützen, geht noch einen Schritt weiter – er schützt nicht nur die Waffen, sondern auch die **Gesundheit** der Schützen. Er ist nicht nur rostfrei (siehe Sinoxid), sondern auch frei von Blei und Barium.

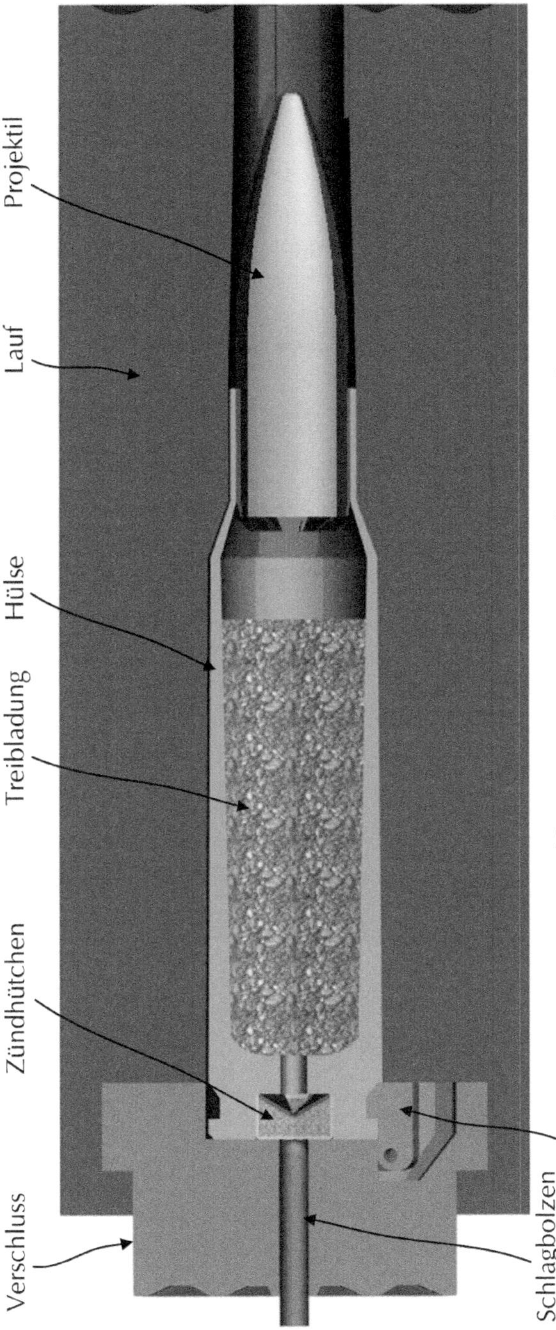

Zentralfeuerpatrone ungezündet im Lauf

Zentralfeuermunition verfügt in der Regel über ein Zündhütchen, das als eigenes Bauelement der Patrone angesehen werden kann. Das Zündhütchen sitzt mittig im Boden der Hülse und schließt bündig mit der umgebenden Fläche des Patronenbodens ab. Hervorstehende Zündhütchen können zu gefährlichen Doppelzündungen führen, weshalb derartig fehlerhafte Patronen nicht verwendet werden dürfen.

Das Zündhütchen ist direkt mit dem Pulverraum verbunden – durch Öffnungen kann die Zündflamme in das Pulver schlagen und die Pulverladung zünden. **Boxer-Anzündhütchen** haben <u>eine</u> Öffnung zum Pulverraum, **Berdan-Anzündhütchen** in der Regel <u>mehrere</u> Öffnungen.

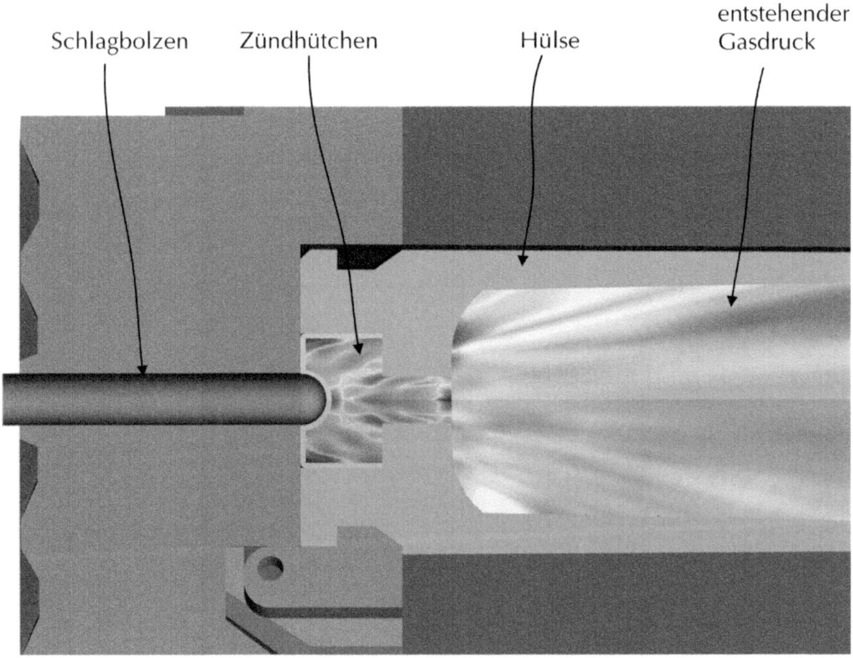

2.8 Munition für Langwaffen

Büchsenpatronen bestehen aus der Hülse, dem Geschoss, dem Anzündhütchen und Pulver. Die Herstellung der **Hülse** ist ein aufwendiger Prozess, bei dem strengste Maßstäbe an Material und Passgenauigkeit gestellt werden. In Büchsenpatronen werden regelmäßig Drücke um 4.000 bar erzeugt.

Je nach Einsatzgebiet werden unterschiedliche **Geschosskörper** verwendet. Sport-Munition enthält meist Geschosse mit Bleikern, die mit einem Stahl- oder Tombak-Mantel überzogen sind.

Unterschieden werden bei den heute gebräuchlichen Patronensorten **Zentralfeuerzündung** und **Randfeuerzündung**. Letztgenannte wird hauptsächlich für Waffen im Kaliber .22 lfB sowie für Zimmerstutzen (4 mm) verwendet. Eine **Patrone mit Zentralfeuerzündung** trägt im Hülsenboden ein **Anzündhütchen**. Schlägt der Schlagbolzen auf das Anzündhütchen, entzündet sich der Inhalt des Anzündhütchens. Im Anzündhütchen befindet sich in der Regel ein Sinoxid- oder ein Sintox-Zündsatz.

Der **Sinoxid-Zündsatz**, auch als „rostfreier Zündsatz" bezeichnet, begegneten einer schlechten Eigenschaft von Nitropulver – im Gegensatz zu Schwarzpulver entstehen bei seiner Umsetzung Stoffe, die im Lauf zu Rostbildung führten, allerdings nur dann, wenn das Pulver durch eine **Kaliumchlorat-Zündung** umgesetzt wurde. Der Sinoxid-Zündsatz, entwickelt 1926 bei RWS, gilt als erster rost- und erosionsfreier Zündsatz.

Der **Sintox-Zündsatz** moderner Patronenmunition, insbesondere für Sportschützen, geht noch einen Schritt weiter – er schützt nicht nur die Waffen, sondern auch die **Gesundheit** der Schützen. Er ist nicht nur rostfrei (siehe Sinoxid), sondern auch frei von Blei und Barium.

Das Anzündhütchen ist direkt mit dem Pulverraum verbunden – durch Öffnungen kann die Zündflamme in das Pulver schlagen und die Pulverladung zünden. **Boxer-Anzündhütchen** haben eine einzige Öffnung zum Pulverraum der Patrone, **Berdan-Anzündhütchen** in der Regel mehrere Öffnungen. Bei einer **Patrone mit Randfeuerzündung** sitzt die Anzündladung im Rand des Hülsenbodens und wirkt direkt auf das Pulver.

Werden Patronen mit stärkerer Ladung hergestellt, die in den Außenabmessungen Patronen mit schwächerer Ladung gleichen, wird die Hülse der stärkeren Patronen bei einigen Kalibern mit einem **Gürtel** versehen. Der Gürtel dient dabei vornehmlich der Bildung des Verschlussabstands.

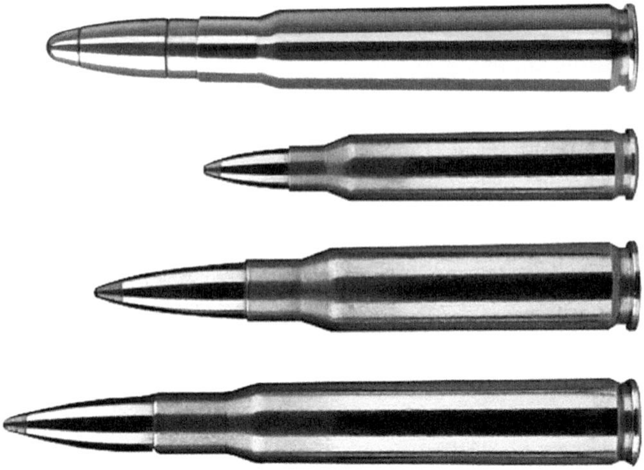

Abb.: Verbreitete Patronen verschiedener Kaliber im Vergleich

2.8.1 Schrotpatrone

Nur für Flinten, aus denen Randpatronen verschossen werden, gilt: Patronen für kürzere Lager dürfen auch aus längeren Patronenlagern verschossen werden, umgekehrt führt die Schussabgabe zu gefährlich hohen Gasdrücken – beim Laden der Waffe ist das meist nicht zu bemerken. Grund dafür ist das Verhalten der Hülse bei Abgabe des Schusses.

Schnittmodell einer Rottweil-Tribore-Choke-Flinte ohne Laufverengung vor der Patrone mit eingelegter Patrone mit Teilanschnitt

Der vorn umgebördelte Teil rollt sich nach Zünden des Pulvers nach vorn aus und gibt so den Weg frei für die Schrote. Wenn nun das Patronenlager zu kurz ist, ragt die abgeschossene Hülse in den Übergang hinein und verengt den Weg der Schrote – dadurch entsteht im Lauf unter Umständen ein gefährlich hoher Gasdruck, der zu Laufsprengungen führen kann und damit zu schwersten Verletzungen des Schützen und umstehender Personen.

Schrotvorlage	**Flintenlaufgeschoss**
GECO Jagd 30	GECO Competition Slug
Geschossart: Schrote	Geschossart: Solid (Bleikörper)
36 g / 2,7 mm	28,5 g
$V_{2,5}$ = 380 m/s	$V_{2,5}$ = 435 m/s

Flintenlaufgeschosse erzielen größere Schussweiten als Schrotgarben. Mit einem Gewicht um 30 g haben sie zudem eine „überzeugende Wirkung“. Im Polizeibereich werden sie erfolgreich zum „Ausschalten“ von Fahrzeugmotoren eingesetzt. Dabei wird bei einem Treffer der Motor-Block nicht durchschlagen, sondern so stark erschüttert, dass Kolben, Wellen etc. aufgrund der Vibration blockieren – der Motor stirbt ab.

2.8.2 .308 Win. / 7,62 x 51 mm NATO

In Sportschützenkreisen ist diese Patrone sehr beliebt. Munition dieses Kalibers ist aufgrund der großen Verbreitung günstig in der Anschaffung.

Die tiefgestellte Zahl ist der Abstand des Geschosses zur Laufmündung, m/s steht für „Meter pro Sekunde“, J steht für die Energie-Einheit „Joule“:

v_0 ***Geschwindigkeit** bei Verlassen des Laufes,* „Mündungsgeschwindigkeit“

v_{100} *Geschwindigkeit nach 100 m Flugstrecke*

E_0 ***Energie** bei Verlassen des Laufes*

E_{100} *Energie nach 100 m Flugstrecke*

Hinweis: Alle Angaben sind beispielhaft.

Geschossgewicht / Lauflänge 10,7 g / 600 mm

v_0 820 m/s

v_{100} 731 m/s

E_0 3.597 J

E_{100} 2.859 J

Ende 1953 wurde diese Patrone als NATO-Standardpatrone eingeführt. Sie löste die bis dahin im amerikanischen Militär verwendete .30-06 Springfield (eingeführt 19**06**, wie auch aus dem Namen hervorgeht) ab. Entwicklungstechnisch wurde die .308 Win. durch Kürzen der Hülse aus der .30-06 Springfield abgeleitet.

Zu beachten sind die minimalen Unterschiede in den Maßen der Patronen aus militärischer und ziviler Fertigung für diesen Patronentyp. Da sich unter anderem die Geometrie der Hülsenschulter von .308 Win. und 7,62 x 51 NATO unterscheidet, kann es bei besonders exakt gearbeiteten Waffen zu Problemen kommen, insbesondere bei halbautomatischen Waffen.

2.8.3 .223 Rem. / 5,56 x 45 mm NATO

Die Patrone des M16 und des G36 sowie der HK SL8 – das geringe Gewicht ist ein Vorteil dieser Patrone (im Vergleich zur .308 Win. nur 11 g gegenüber 24 g!).

Geschossgewicht / Lauflänge 3,6 g / 600 mm

V_0 990 m/s

V_{100} 834 m/s

E_0 1.764 J

E_{100} 1.252 J

Schon Ende der 50er Jahre entwickelte Remington diese Patrone, die die 7,62 x 51 mm NATO in der US-Armee ablösen sollte. Der Grund lag im taktischen Bereich – das geringere Gewicht. Das AR-15-Gewehr sollte mit dieser Patrone die Überlegenheit der amerikanischen Truppen erhöhen. Spätestens das Versagen der leichten Geschosse im Dschungel Vietnams machte die Überlegenheit der schwereren 7,62 x 51 mm NATO oder der 7,62 x 39 mm Kalashnikov zumindest für diesen Bereich aber deutlich, und auch in der Gegenwart werden in einzelnen Teilen der Bundeswehr wieder Waffen im alten Kaliber 7,62 x 51 mm NATO beschafft und eingesetzt.

Heute ist die Patrone als .223 Rem. im Bereich des Sportschießens weit verbreitet. Die Einführung im Bereich der Bundeswehr durch Umstellung vom Gewehr G3 auf das Gewehr G36 sorgte für eine stärkere Beachtung dieser Patrone.

2.8.4 .30-06 Springfield (7,62 x 63 mm)

In der US-Armee eingeführt im Jahre 1906. In Deutschland als Jagdkaliber gebräuchlich, da es auch für größere Wildarten geeignet ist.

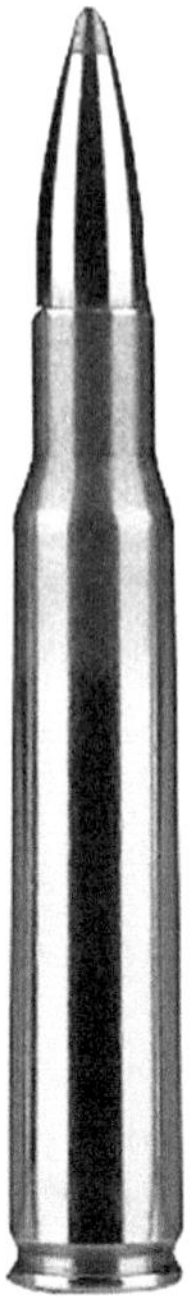

Geschossgewicht / Lauflänge 10,7 g / 600 mm

v_0 870 m/s

v_{100} 767 m/s

E_0 4.049 J

E_{100} 3.147 J

Vor Ablösung durch die Patrone 7,62 x 51 NATO war die .30-06 Springfield die Standardpatrone der US-Armee. Sie war aus der Armeepatrone .30-03 entwickelt worden.

Noch heute schätzen Jäger die Eigenschaften des schlanken, aber energiereichen Geschosses, bei der Jagd auf größeres Wild. Darum werden Neuentwicklungen im Bereich der Jagdwaffen meist auch in diesem Kaliber angeboten.

2.8.5 8 x 57 IS / 7,92 x 57 mm

In Deutschland wird diese Patrone vorwiegend von Jägern und Besitzern des Karabiners 98 verwendet.

Geschossgewicht / Lauflänge 11,7 g / 600 mm

V_0 820 m/s

V_{100} 717 m/s

E_0 3.934 J

E_{100} 3.007 J

1888 führte das Deutsche Reich diese Patrone als neue Standard-Militärpatrone mit der Bezeichnung 8 x 57 I („I" für „Infanterie") ein. 1905 wurde das bis dahin verwendete **Ogival-Geschoss**, das zu den Rundkopfgeschossen gezählt wird, durch ein **Spitzgeschoss** ersetzt – die neue Bezeichnung der Patrone lautete „IS" für „Infanterie Spitz", der Geschossdurchmesser wurde vergrößert. Bei der Kaliberbezeichnung wird synonym auch das Kürzel JS anstelle von IS verwendet. Patronen, die einen **Rand** aufweisen (Patronen für Kipplaufbüchsen), werden als 8 x 57 IR bzw. IRS bezeichnet.

2.8.6 .22 lfB / .22 lr („Kleinkaliber")

Das Kürzel „lfB" steht für „lang für Büchse", engl. „long rifle", „lr". Preiswerte Übungsmunition **für Lang- und Kurzwaffen**, in Wechselsystemen oder Einsteckläufen. Die Angaben gelten für ein **Bleigeschoss von 2,6 g**, verschossen aus Langwaffe (Lauflänge 650 mm) und Kurzwaffe (Lauflänge 150 mm).

Lauflänge	650 mm	150 mm
V_0	330 m/s	285 m/s
V_{50}	295 m/s	262 m/s
E_0	142 J	106 J
E_{50}	113 J	89 J

Mit dem Begriff „Kleinkaliber", der zunächst mehrere Kaliber unterhalb von sechs Millimeter Durchmesser umfasste, wird heutzutage nur noch diese **Randfeuer-Patrone** bezeichnet. Davon abzugrenzen sind die ebenfalls erlaubnispflichtigen Waffen im sogenannten „**Kleinstkaliber**" 4 mm M20, die einen noch geringeren Geschossdurchmesser, zudem aber auch eine sehr viel geringere Mündungsenergie besitzen.

Die geringen Abmessungen und der geringe Rückstoß dieser Patrone dürfen aber keinesfalls über ihre Gefährlichkeit hinwegtäuschen – Kleinkaliber-Waffen stehen in dem Ruf, im Bereich der Geheimdienste durch die Möglichkeit des fast geräuschlosen und unauffälligen Einsatzes für Attentate eingesetzt zu werden.

Als Übungsmunition für Großkaliberschützen ist diese Patrone nur für das Scheibenschießen zu empfehlen. Im Bereich des Verteidigungsschießens fehlt dem Schützen dagegen die Aufgabe, das durch den Rückstoß und das Hochschlagen der Waffe verlorene Ziel schnell wieder anzuvisieren.

2.9 Munition für Kurzwaffen

Im Folgenden werden Sie, wie schon im Kapitel „Zielballistik“ (ab Seite 249), mehrfach den Begriff „Mannstopwirkung“ finden – er sollte Sie immer daran erinnern, dass Schusswaffen eine Gefahrenquelle darstellen und eine Waffe immer als geladen zu betrachten und zu behandeln ist.

Neben den nun vorgestellten Kalibern gibt es zahlreiche weitere, teilweise auch unterschiedliche Ausführungen eines Kalibers. Insbesondere die Geschosstypen und verschieden starken Ladungen machen das Ausprobieren einer neuen Munitionssorte immer wieder zu einem Experiment.

Alle hier gemachten Angaben sind Beispiele und beziehen sich auf die angegebenen Geschossarten und –gewichte sowie den verwendeten Lauf.

Zunächst eine Übersicht im direkten **Maßstabsvergleich**:

cal. 7,65 mm

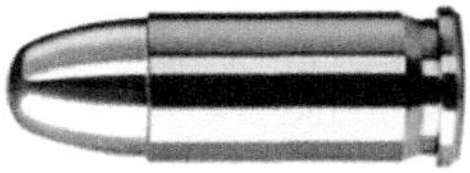

cal. 9 mm x 19

cal. .45 ACP

cal. .40 S&W

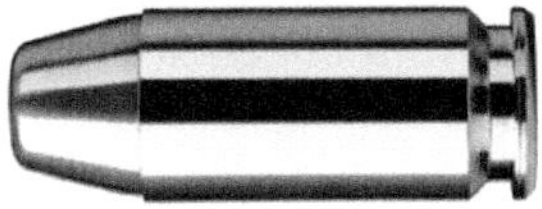

cal. .38 Spec.

cal. .357 Mag.

2.9.1 9 mm Luger (9 mm x 19) (auch: 9 mm Parabellum)

Das in Deutschland meistgenutzte Kaliber für Pistolen ist die „9 Millimeter". Aufgrund der unterschiedlichen Laborierungen muss die optimale Patronensorte für ein Pistolenmodell meist im Praxisbetrieb ermittelt werden.

Geschossmasse / Art / Lauflänge

8,0 g / VM / 125 mm

v_0 360 m/s

v_{25} 337 m/s

E_0 518 J

E_{25} 454 J

Diese Patrone wurde 1902 entwickelt. Namensgeber war der österreichische Erfinder Georg von Luger (1849-1923), der nach Abschluss seiner Militärzeit und einer Anstellung bei einer Bank in Wien als Handelsvertreter in die Dienste der DWM Loewe („**D**eutsche **W**affen- und **M**unitionsfabrik Loewe") in Berlin eintrat. Die von Luger weiterentwickelte „Pistole 08" mit dem berühmten „Kniegelenkverschluss" war für diese Patrone eingerichtet.

Die 9 mm Luger ist die weltweit meistverwendete Patrone für Pistolen und ältere Maschinenpistolen, insbesondere im militärischen Bereich. Der Maximaldruck in der Patrone liegt bei 2.600 bar.

2.9.2 .38 Special

Seit Anfang des 20. Jahrhunderts gebräuchliche Patrone für Revolver, die auch aus Waffen des Kalibers .357 Magnum verschossen werden kann.

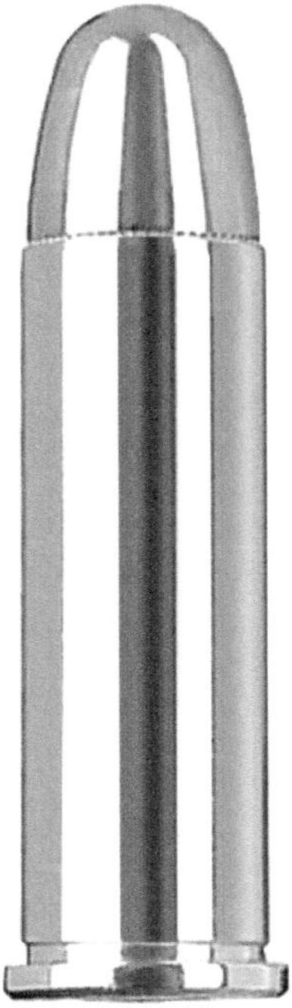

Geschossmasse / Art / Lauflänge

10,2 g / VM / 150 mm

v_0 320 m/s

v_{25} 309 m/s

E_0 522 J

E_{25} 487 J

Ursprünglich für das US-Militär entwickelt, wurde diese Patrone 1902 von „Smith & Wesson" in den zivilen und polizeilichen Markt eingeführt. Die nach Aussage von Fachleuten „beliebteste Revolverpatrone der Welt" lässt sich auch aus Waffen des Kalibers .357 Magnum verschießen, erzeugt aber im Vergleich zu diesem Kaliber einen deutlich geringeren Rückstoß.

2.9.3 .357 Magnum

Weiterentwicklung der Patrone .38 Special und mit Teilmantelgeschoss (gute Mannstopwirkung) besonders im Sicherheitsbereich verbreitet.

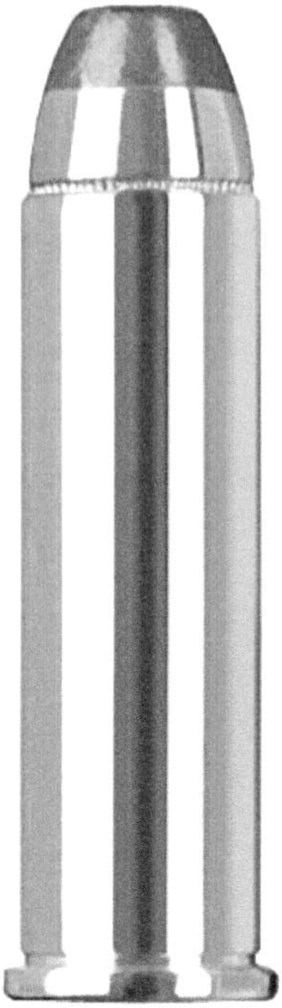

Geschossmasse / Art / Lauflänge

10,2 g / TM / 210 mm

V_0 422 m/s

V_{25} 394 m/s

E_0 908 J

E_{25} 792 J

Anders als die Patrone .38 Special gibt die Patrone .357 Magnum in ihrem Namen das genaue Maß des Geschossdurchmessers wieder. 1935 kam diese Patrone, entwickelt von Elmer Keith (1899-1984), auf den Markt und bediente den Wunsch nach mehr Energie und Durchschlagskraft, insbesondere im Bereich der Sicherheitskräfte.

Die Hülse der im Außendurchmesser mit der .38 Special identischen Patrone wurde um ca. 3,4 mm verlängert, um zu verhindern, dass diese starke Patrone in einem .38-Special-Revolver geladen wird – dessen Trommel kann mit eingeführter .357-Magnum-Patrone nicht eingeschwenkt werden, da die längere .357-Magnum-Patrone nicht vollständig in der Trommel „verschwindet“.

2.9.4 .44 (Remington-) Magnum

Es handelt sich um eines der schwersten Kaliber für Kurzwaffen mit sehr hoher Mannstopwirkung (als Teilmantel).

Bitte beachten: Die Angaben für Distanzen 0 m und 50 m basieren auf Daten der Fa. MagTech!

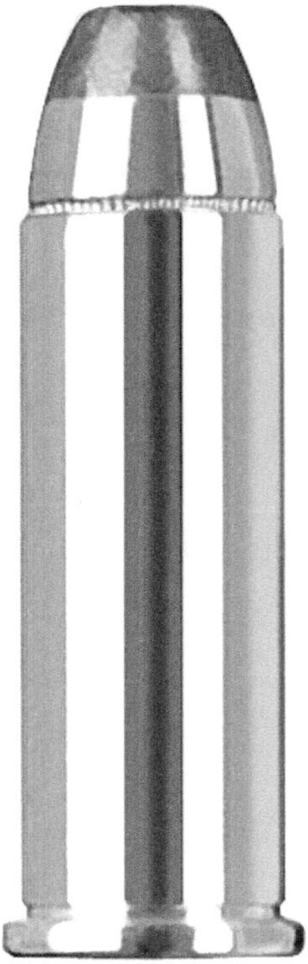

Geschossmasse / Art / Lauflänge

15,5 g / TM / 125 mm

V_0 360 m/s

V_{50} 326 m/s

E_0 1010 J

E_{50} 828 J

Diese Patrone, eine der stärksten Kurzwaffenpatronen, kam 1955 zusammen mit dem Revolvermodell „Smith & Wesson Modell 29" auf den Markt. S&W hatte die neue Patrone gemeinsam mit Remington und Elmer Keith entwickelt.

Wie die .357-Magnum-Patrone ist auch die .44-Magnum-Patrone länger (etwa 3,2 mm) als die kalibergleiche, aber schwächere Patrone .44 Special, die seit 1907 auf dem Markt war.

2.9.5 .40 S&W

Seit Anfang der 1990er Jahre setzt sich dieses Kaliber immer mehr durch. Gefühlt eine deutlich stärkere Patrone als die 9 mm Luger, aber trotzdem noch gut beherrschbar – durch den höheren Preis konnte sie bislang der Patrone 9 mm Luger nicht den Rang ablaufen.

Geschossmasse / Art / Lauflänge

11,0 g / VM-Kegelstumpf / 125 mm

V_0 355 m/s

V_{25} 330 m/s

E_0 693 J

E_{25} 599 J

Die Einführung dieser Patrone fand insbesondere in Kreisen der amerikanischen Polizei große Beachtung. Die im Vergleich zur 9 mm Luger stärkere Patrone bietet eine gute „Mannstopwirkung“, ohne dabei den Schützen durch einen übermäßigen Rückstoß zu belasten.

In Deutschland setzen insbesondere IPSC-Schützen gern diese Patrone ein. Aufgrund des höheren Preises nutzen viele Anwender dabei die Möglichkeit, mittels eines Wechsellaufs die günstigere Patrone 9 mm Luger im Übungsbetrieb zu verwenden, die sich bezüglich der Daten nicht wesentlich unterscheidet (siehe Daten).

2.9.6 .45 ACP

ACP steht für **A**utomatic **C**olt **P**istol. Die wohl bekannteste Waffe dieses Kalibers ist der Colt Government 1911.

Geschossmasse / Art / Lauflänge

14,9 g / VM / 125 mm

v_0 262 m/s

v_{25} 256 m/s

E_0 511 J

E_{25} 488 J

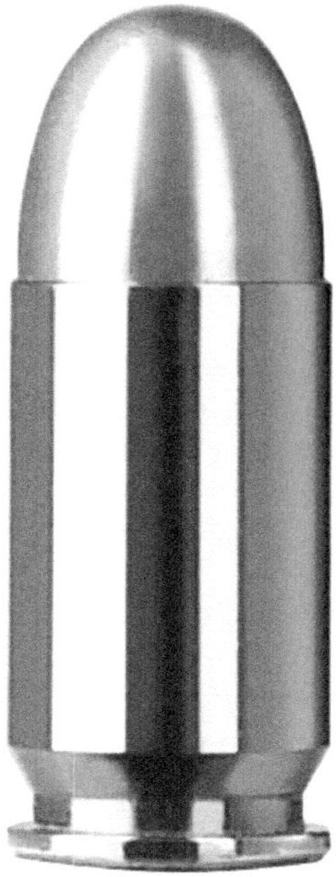

John Moses Browning (1855-1926), der Ende des 19. Jahrhunderts die Patrone .32 ACP (7,65 Browning, nicht zu verwechseln mit 7,65 Para) entwickelt hatte, stellte 1905 mit der .45 ACP eine überaus beeindrucke Patrone aus Sicht des Zieles vor – die Mündung einer Kurzwaffe in diesem Kaliber ist nachgewiesenermaßen ein überzeugendes Argument zur Aufgabe (Stichwort: Drohwirkung).

Seit 1911 setzt die US-Armee diese Patrone ein, insbesondere durch den Colt Government wurde sie in der ganzen Welt bekannt. Die große Masse des Geschosses gleicht seine geringe Geschwindigkeit (Unterschall) aus.

2.10 Kaliberangabe

Für die **Kaliberangabe von Flinten** wird aus historischen Gründen eine Art „Gewichtsverfahren" benutzt, die sich auf ein englisches Pfund Blei (454 g) bezieht. Ähnliches findet sich bei Kaliberangaben von Kanonen („X-Pfünder").

Die Berechnung anhand des Kalibers 12: Gießen Sie aus einem englischen Pfund Blei 12 gleich große Bleikugeln. Der Durchmesser einer dieser Kugeln ist der Durchmesser des Laufes im Kaliber 12.

Folgende Laufdurchmesser ergeben sich für die Kaliberbezeichnungen:

10 = 19,7 mm   12 = 18,5 mm   16 = 16,8 mm   usw.

Je kleiner also die erste Zahl der Kaliberangabe (etwa **12**/70), desto weiter ist also die Lauföffnung. Die zweite Zahl der Kaliberangabe (12/**70**) beschreibt die **Hülsenlänge nach Abschuss** der Schrote. Die Kaliberangabe enthält keine Hinweise auf die Schrotgröße („Körnung") oder das Gesamtgewicht der Schrotladung.

Kaliberangaben für Kugelpatronen beziehen sich auf den Durchmesser des Geschosses. Die Bezeichnung „9mm x 19" etwa nennt erst den Durchmesser des Geschosses (9 mm) und dann die Länge der Hülse (19 mm). Im englischsprachigen Raum wird das Kaliber in Zoll (1 Zoll = 25,4 mm) angegeben. Zur Umrechnung muss lediglich die Kaliberangabe mit 25,4 multipliziert werden. So ergibt sich für eine Patrone im Kaliber .40 S&W eine Kaliberangabe von 10,16 mm (0,4 multipliziert mit 25,4).

Während **Schrotpatronen** problemlos aus längeren Patronenlagern verschossen werden können (siehe vorstehende Erklärung), darf bei **Kugelpatronen** grundsätzlich nur die Patrone in das Patronenlager eingeführt werden, deren Kaliberangaben mit denen des Lagers übereinstimmt – Ausnahmen gelten lediglich für einige Patronen mit Rand (z. B. Patrone .38 Spec. aus Revolver im Kaliber .357 Mag.). Bei nicht passender Hülsenlänge kann es bei Hülsenmundanliegern und Schulteranliegern aufgrund von Spiel und mangelnder Abdichtung zu schwersten Verletzungen des Schützen kommen.

2.11 Einteilung Kurzwaffen- und Langwaffenkaliber

Die gesetzlich begründete Zuordnung eines Munitionstyps erfolgt auf Grundlage der sogenannten **Maßtafeln**[290]. Dies ist beispielsweise bedeutsam bei der Frage, welche Munition von einem Jäger mit einem gültigen Tages- oder Jahresjagdschein erworben werden kann – Langwaffenmunition ist für diesen Personenkreis nach § 13 WaffG von der Erlaubnis zum Erwerb freigestellt, Kurzwaffenmunition dagegen nicht.[291]

Nach der Ausschlussmethode gilt, dass die Munitionstypen, die nicht in Tabelle 3 der Maßtafeln verzeichnet sind, Langwaffenmunition sind. **Neuere Entwicklungen**, die nicht in den Maßtafeln aufgeführt sind, sind analog einzuordnen, zum Beispiel unter Zugrundelegung der Patrone, aus welcher der neue Typ entwickelt wurde.

Zu beachten ist allerdings, dass die WaffVwV den Erwerb und Besitz von Munition, die für Langwaffen geeignet ist, für Inhaber eines gültigen Jagdscheines als erlaubnisfrei ansieht– damit ist die Zuordnung eines Kalibers durch die Maßtafeln in der Praxis nicht mehr maßgeblich, sondern lediglich die mögliche Verwendbarkeit mit einer Langwaffe.[292]

Tabelle 3 „Zentralfeuermunition für Kurzwaffen" (10.1.2000)

5,45 x 18	5,75 Velodog
6,35 Browning	6,35 x 19 Fiocchi
7,62 Nagant	7,62 x 25 Tokarev
7,62 x 26,5 W.C.	7,5 Ord. Suisse
7,63 Mauser	7,65 Browning
7,65 Long	7,65 Parabellum
8 mm Lebel	8 mm Gasser
8 mm Steyr	9 x 18
9 mm Browning court	9 mm Bergmann Bayard
9 mm Makarov	9 mm Browning long
9 mm Luger	9 mm Mauser

[290] *gemäß den Vorgaben der Beschussverordnung*

[291] *so auch VG Berlin 1 A 388.08, Urteil vom 2. Dezember 2009*

[292] *WaffVwV zu § 13 WaffG 13.5*

9 mm Federal	9 mm Steyr
9 x 21	9 x 22 MJR
9 x 25 Super Auto G	9 mm FX & CQT
10,4 Ord. It.	10 mm Auto
.221 Rem. Fireball	.22 Rem. Jet CF Mag.
.32 Short Colt	.32 Long Colt
.32 S&W Long Wad Cut.	.32 S&W
.32 H&R Mag.	.32 S&W Long N.P.
.320 Short	.320 Long
.357 Auto Mag.	.356 TSW
.38 Special A.M.U.	.357 Mag.
.357 SIG	.357 Maximum
.38/.357 FX	.38-45 ACP
.38 Long Colt	.38 Super Auto
.38 S&W Colt N.P.	.38 Short Colt
.38 Special WC	.38 Special
.40 S&W	.41 Rem. Mag.
.41 ACT EXP	.41 Long Colt
.44 S&W Russ.	.44 Rem. Mag.
.44-.357 Bain Davis	.44 S&W Special
.44 Auto Mag.	.442 Webley
.45 HP	.45 Auto.
.45 Colt	.45 Auto Rim
.45 Win. Mag.	.454 Casull
.455 Webley	.455 MK II
.450 Short	.455 Colt Eley Enfield
.50 AE	

Beachten Sie auch die zuvor in diesem Kapitel gegebenen Hinweise zu alternativen Bezeichnungen für bestimmte Munitionsarten!

2.12 Vergleichsliste Munitionsbezeichnungen

Die folgenden Informationen sind als Hilfen bei der Identifikation von Munition nutzbar; oftmals sind auf der Umverpackung lediglich die vom Hersteller bevorzugten Kaliberangaben abgedruckt. Doch auch Unterschiede bei den Angaben in der Erwerbserlaubnis und auf dem Kaufbeleg können aufgrund von abweichenden Bezeichnungen für ein und dasselbe Kaliber zu vermeidbaren Irrtümern führen.

2.12.1 Kurzwaffenkaliber

6,35 Browning

6,35 mm ACP, 6,35 mm Browning Pistole, 6,35 mm Browning Beretta, 6,35 x 15.5, DWM 508 A, .25 ACP, .25 Colt Automatic, .25 Auto, .25 ASP, .25 -, 6,35 mm Auto, .25 Auto(matic),

7,62 Nagant

7,5 mm Russisch Nagant, 7,62 mm Polnisch Nagant, 7,62 x 38 (G.R.684), 7,62 mm Griechisch N. 95, 7,62 mm Griechisch N. 1912, 7,62 mm Russisch Nagant, 8 mm Russisch Nagant, GR 684, 7,62 mm Rev. Patr. 2602 (r)

7,62 Tokarev

7,62 mm Pist.Patr.2601 (r), 7,62 mm Typ P, 7,62 Tokarev M 34/38, 7,62 mm Tokarev M 40, 7,62 x 24,6, 7,62 mm Typ 50, 7,62 mm Tokarev M.30, 7,62 mm P. (Tokarev), 7,62 mm Russ. Tokarev A.P.

7,62 x 26 S.W.C.

7,62 x 26 R Russian Targ., 7,62 x 26 R Target, 7,62 x 26 R

7,63 mm Mauser

7,63 mm Mauser Pistole, 7,63 mm Mauser M. 1896, 7,63 mm (30) Maus. Pistol, 7,63 x 24.6, GR 829, .30 Automatic (M & B), .30 Mauser Automatic, .30 (7,63) Mauser, DWM 403

7,65 mm Browning

7,65 mm ACP, 7,65 mm Browning M 1897, 7,65 mm Holland P.S. No19, 7,8 x 17.5, DWM 479 A, .32 Automatic Pistole, .32 Colt Automatic, .32 - 7,65 mm Auto, .30 Browning, GR 619, .32 Auto(matic), .32 ACP

7,65 mm long

7,65 long, 7,65 Frankreich Pistole, 7,65 mm long Auto Pistol, 7,65 x 19,7, 7,65 Frankreich long, 7,65 mm French long, 7,65 L pour Pistolet

7,65 Parabellum

7,65 Luger, DWM 471, .30 Luger, 7,65 Para

8 mm Steyr

8 Roth-Steyr, 8 mm Roth M7 Steyr, 8 mm Steyr M 7, 8 mm M7 Schf.R.P., 8 mm Roth Steyr Mod. 1907, 8,2 x 20,7 mm autom.Pist., GR 592, GR 696, 8,2 x 18,8 Roth

9 mm Bergmann-Bayard

9 mm Bayard, 9 mm Bergmann 1910/21, 9 mm Largo, DWM 456 B, 9 mm Campo Giro, 9 mm Largo, 9 mm dänische Pistolenp., 9 mm Star Auto-Pistol, DWM 456 C, 9 mm Astra M. 1921

9 mm Browning court

9 mm Browning kurz, 9 mm Pist. Patrone 400(h), 9 mm M.34, 9 mm kurz, DWM 540, .380 ACP, .380 Auto Webley, .38 Colt Auto.-Hammerless, .380 (9 mm) Auto, .380 C.A.P.H.

9 mm Browning long

DWM 538, 9 mm lang, 9 mm Long Remington, 9 mm Armee – Browning, 9 mm schwedisch m/07, 9 mm lang Browning, 9 mm Selbstlade-Pistole

9 mm Federal

9 x 19 R

9 mm Luger

9 mm Parabellum, 9 x 19, 9 mm M 38, 9 mm Nato (Parabellum), 9 mm sk ptr m/39 B, 9 mm schwedisch m/34, DWM 480 C-D-487 C, 9 mm Pistolenpatrone 08, 9 mm Beretta (1915), 9 mm lang

9 mm Mauser

9 mm Mauser Export, 9 mm Mauser Export Modell, 9 mm Mauser Selbstladedep., DWM 487

9 mm Steyr

9 mm Mannlicher, 9 mm Steyr-Hahn, 9 mm Steyr Selbstladep., 9 x 23, GR 892, 9 M 12, 9 mm Steyr M. 1911, 9 mm Steyr Modell 12, DWM 577

9 x 18

9 mm Police, 9 x 18 Ultra, 9 mm Ultra, 9 mm Super

9 x 21

9 mm IMI, 9 mm IMI/Jaeger, 9 x 21 mm IMI, 9 mm x 21

.22 Rem Jet CF Mag.

.22 Center Fire Magnum, .22 Rem. Jet, .22 Jet, .22 Rem. Centerfire Mag.

.221 Rem. Fireball

.221 Fireball, .221 Remington

.32 H & R Mag.

.32 Magnum, 8 x 27 HR

.32 Long Colt

.32 Colt, .32 L.C.F, .32 L.C, Revolver Kal. .32 lg., .32 Long Centerfire, .32 Long, .32 Long Colt (Outs.Lubr.)

.32 S & W Long N.P.

.32 Colt Police Positive, .32 S & WL, .32.Long, S. & W., .32 Police,

.32 Colt New Police, .32 S & W Long (C.N.P.), .32, S & W Long, Revolver S. & W. Cal. .32 lang, .32 Colt N.P.

.32 S & W

.32 S&W Revolver, .32-6-85 Smith & Wesson, 8,15 x 15,30 S&W, S.&W. Cal. .32 kurz, DWM 202, GR 930, GR 971, .32 S&W Short, 7,9 x 15,0 - S&W .32, 8,15 x 15,8 S&W, .32 S.& W. SA, DWM 260

.32 Short Colt

.32 Short C.F., .32 S.C.F., .32 Webley, .32.short

.320 Long

.320 Long C.F., .320 Rook, 7 x 19 - .320 Lang, 8 x 19.5 mm English Kal. .320, GR 101, .320 Long Revolver, .320-8-80 Long, 7,55 x 20 - .320 lang, DWM 219, DWM 219 A

.320 Short

.320 C.F., .320-6-80 REVOLVER, 7 x 16 - .320 kurz, 8 x 16.5 mm – English, GR 97, .320 REVOLVER, .320 (7 mm) REVOLVER, 7,5 x 16 - .320 kurz, DWM 194, DWM 233

.357 Auto Mag.

.357 A.M.P., .357 Auto Mag. Pistole, .357 Mag. US, .357 S.& W. Magnum, .357 S & W, Super .38 SPL, .356 Magnum

.357 Maximum

.357 Rem. Max., .357 Super Maximum, .357 Super Magnum, 9 x 40,5 R

.38 Long Colt

.38 L.C.F, .38 Long Colt D.A., .38 Long Colt Double Act., .38 Colt Army

.38 Special W.C.

.38 Wadcutter, 38 Special

.38 Special A.M.U.

.38 Spl. AMU, 38 Special Semi-rim

.38 Special

.38 Special (38-44), .38 SPL, 9 x 29.5 mm Revolver, GR 682, GR 974, .38 S.&W. Special, .38-44 Special, .38-44 S.W. Special, GR 933, S.&W. Cal. .38 Special

.38 Super Auto

.38 ACP (Super), .38 Automatik Super-X, .38 Automatic Super Speed, .38 Colt Super Automatic

.380 Long

.380 Long. C.F., .380 Rook Rifle, .380 Long (Rifle), .380 Long Rifle (L.Colt)

.41 ACT EXP

.41 Express, 10.4 x 22 mm

.41 Long Colt

.41 L.D.A., .41 long D.A

.41 Rem.Mag.

.41 Magnum, .41 S & W Magnum, .41 Remington

.44 Auto Mag.

.44 AMP, .44 Auto Mag. Pistole

.44 Rem.Mag.

.44 S.&W. Magnum, .44 Magnum

.44 S&W Russian

.44 No.3 Russian, .44 R.-23-225, S.&W. Cal. .44 russisch, GR 960

.44 S & W R, 19,9 x 23,7 -S.&W. .44, DWM 242

.442 Webley

.44 Webley, .442 Revolver C.F., Revolver Cal. .442, 10,9 x 17,5 - R.N. .442 k, GR 909, .442 British Tranter, .442 Tranter Revolver, 10,5 x 17 - .442 kurz, DWM 221

.45 Auto Rim

.45 A.R., .45 Automatic Rim

.45 Auto

.45 Auto A.C.P., .450 Automatic, .45 Ball M 1911, .45 A.C. Government Model, .45 Auto. Colt M. 11, US-Caliber .45,

.45 A.C.P., .45 Colt Automatic, .45 M 1911, DWM 513 A

.45 Colt

.45 Colt Long, „.45 Colt, Army & Double A.“, .45 Colt USA, .45 Long Colt

.450 Short

.450 C.F., .450 English Revolver, .450 short Revolver, Cal. .450 - 12 mm, DWM 192, .450 Colt, 11 x 18 - .450 kurz, .450 (12 mm) Revolver C.F., .450 - 13 - 200 Revolver, GR 78

.455 Colt Eley Enfield

.455 Colt, .455 Enfield MK II, .455 Revolver MK I, 11,7 x 22.0 - R.N. .455, .455 Eley, .455 MK II, .455 Revolver MK II

.455 Webley MK II

.455 Webley Rev. MK. I

.22 Claybirding

.22 L.R. Shot Claybirding, .22 Skeet-Ball

.22 long rifle

.22 lfb, .22 l.r., .22 lfB, .22 L.R.

.22 short

.22 Court, .22 kurz

2.12.2 Langwaffenkaliber

5,6 x 39

5,6 mm Russisch, 5,6 mm Vostock, 5,6 mm Sportivnyj, 5,6 x 39 Russian, .220 Russian

5,6 x 61 SE v.H.

5,6 mm SE v.H., 5,6 x 61 mm vom Hofe Super, Express, DWM 431 P

6 mm Rem.

6 x 57, .244 Rem.

6,5 x 52 Carcano

6,5 mm Italien, 6,5 x 52 mm Mannl. Carcano (M1891), 6,5 x 52,5 M.C. M 1910, 6,5 Mle 91, DWM 473, 6,5 mm ital. Ordonanz, 6,5 mm Paravicino Carc., 6,5 Termi, 6,5 Stato

6,5 x 54 M.Sch.

6,5 mm Griechisch-Mannl., 6,5 x 53 M.-Sch., .256 Mannlicher Schönauer, DWM 477 Mannlicher Schönauer 6,5 mm, 6,5 Mannlicher Schönauer, 6,7 x 54 M.S., GRG 32

6,5 x 55 S.E.

6,5 mm Norwegen Krag, 6,5 mm Norwegen M 1910, 6,5 mm Luxemburg, 6,5 mm Krag-Jörgensen, .256 Krag-Jörgensen, 6,5 Swedish, 6,5 Norwegian, GR 502, DWM 431 C

6,5 x 58 Mauser

6,5 mm Mauser Vergueiro, 6,5 mm Portug. Mauser, 6,5 x 58 Portuguese Vergueiro, DWM 457, 6,5 mm Mauser Portugal, 6,5 x 58 Mauser V.P.M 1904, GR 203? (758?)

7 x 57

7 mm Mauser, 7 x 57 M 9,3 7 x 57 DWM, 7 mm Chile Mauser, DWM 380 M 527 A, 380 L , 511, 7 mm Spanish Mauser, 7 x 57 Mauser M/06, 7 mm Mexican Mauser, .275 Rigby Mauser, .276 Mauser, .275 HV Rigby, „GR 574, 649, 664", 7 mm Beretta, 7 mm Bresèl, .275 Rimless, .275 HV Rigby, .275 Rigby

7 x 64

7 x 64 Brenneke, 7,2 x 64, DWM 557, .276 Brenneke

7,62 x 39; 7,62 x 39 Kalashnikov

7,62 Kalashnikov, 7,62 mm M 43, sowj. Patrone 43, 7,62 mm Typ 56, 7,62 x 39/M 43/Russian, 7,62 x 39 Court Mle. 43 R, 7,62 russ. Kurz, 7,62 mm russ. Kurz, 7,62 mm M 57, 7,62 x 38, 7,62 Russian short, 7,62 mm Modell 60

7,65 x 53 Arg.

7,65 x 53 Belgien Mauser, 7,65 mm Patr.260 (b), 7,8 x 53-301, .301 Mauser, 7,65 mm Argentinien Mauser, DWM 367, GR 412

7,7 Japanese Arisaka

7,7 mm prooved Japanese, 7,7 mm Jap. T-99, .31 Jap., 7,7 x 58 Arisaka Rimless

7,92 x 33 kurz

7,92 mm Pistolen Patrone, 7,9 mm Mkb Patrone S, 7,92 MP 44

7 mm SE v.H.

7 mm vom Hofe Express, 7,6 x 66 mm vom Hofe Super,

7 x 73 Super Express v. Hofe (vor 1945)

8 x 51 (Mauser K)

8 x 51 kurz, Modell 88/8 mm kurz, DWM 366 L M 88 H, GR 681

8 x 56 M-Sch

DWM 528, 8,2 x 56 M-Sch, GR 787

8 x 57 J

M 88/8 mm, DWM 560, 8 x 57 (I) Mauser, 8 mm (7.92) Mauser, GR 392/GR 362?

8 x 57 JS

DWM 366, DWM 561, Gr 362?

8 x 60 S

8 x 60 (S), 8 x 60 S Magnum, Schweizer Nr. 282 a, DWM 542 MB, 8 x 60 S Magnum Bombe

8 x 60

DWM 542, 8 x 60 Magnum, Schweizer Nr. 282, DWM 542 MB

8 x 64 S

DWM 558, 8,2 x 64 Brenneke

8 x 64

8 x 64 Brenneke

8 x 68 S

8 x 68 (S) Magnum

9 x 56 Mannlicher-Schoenauer

Roth Nr. 700, .355-9x56 MS, DWM 491 (E), DWM 491 E

9 x 57

DWM 491-A, 57/9 mm, M/88/9 mm, 9,2 x 57 Mauser

9,3 x 53 (Schweiz)

Patr. Nr. 160, 9,3 Rubin Schmitt, 9,3 x 53 - Mod. 25

9,3 x 57

9,2 mm Mauser, 9,3/8 x 57 Mauser, 9,2 x 57 Mauser

9,3 x 62

9,3 / 474 C, 9,3 Mauser 366

9,3 x 64 Brenneke

9,3 x 64

10,75 x 68

10,75 x 68 Mauser, 10,75 (10,5) mm Mauser, DWM 575 A, Kynoch 10,75 mm M, 10,75 mm Mauser, .423 Mauser, M 68/10,75 mm

11,2 x 60

11,2 x 60 Schueler, 11,15 x 59,8 Schueler, 11,15 x 59,8 Roth, GR 728, DWM 41.A

11,2 x 72 Schueler

11 x 71,5 Roth, 11,2 x 72 GR 780

12,5 x 70 Schueler

.500 Schueler, .500 Rimless Schueler, .500 Jeffery Rimmless, 12,7 x 70 Schueler, .500 Schueler Jumbo

.17 Rem.

4,53 x 45,5, .17 USA, .17 AMA, .17 T 216

.22-250 Rem.

5,6 x 48,5, .22 Varminter, .220 WOS

.220 Swift

5,6 x 56 HV

.222 Rem.Mag.

5,6 x 47, .22 Experimental

.222 Rem.

5,56 x 43, 5,6 x 43

.223 Rem.

5,6 x 45, .223 Rem.Special, .223 Armalite, .222 Rem. Special, 5,56 x 45, 5,56 Mle F, 5,6 mm Nato M 193, 5,5 mm Gew. Pat. 90, 5,56 mm Patrone/StG 77

.243 Win.

6 x 52, 6 mm / .308 Winch.

.244 Rem.

6 x 57, 6 mm Remington

.25 Rem.

6,5 x 52, DWM 519 A

.25-06 Rem.

.25-06 (.25 Niedner), .25 Niedner, 6,5 x 63, .25/30-06 Springfield

.250 Savage

6,5 x 48,5, .250-Hi Power, .250-3000, .250-3000 Savage

.30 Carbine

.30 Carbine M1, .30 M1 Carbine, 7,62 x 33, 7,62 Schrot, 7,62 K

.30 Rem.

7,62 x 52

.30-06 Springfield

.30-06 USA Springfield, 30 Springfield, .30-200-06, .30 Browning,
7,62 mm long, .30/06 Springfield, 7,62 x 63, 7,62 largo, DWM 379 E, GR 984

.300 Savage

7,67 x 48, .30 Light Rifle, 7,62 x 47,5

.308 Win.

7,62 mm Nato, 7,62 Nato, 7,62 mm-S-Patrone/StG 58, 7,62 x 51, .30 Cal. T 65, .30 Nato, 7,62 mm Mle 54

.32 Rem.

7,65 x 52, 8 x 52 32 Rimless

.35 Remington

8,5 x 48,5, .35 Remington Auto.

.350 Mag.Rigby

.350 Rimless Magnum, 8,5 x 69,5, 9 x 70, .350 Rigby, .350 Rigby Magnum

.358 Win.

9 x 51, 8,8 x 51, 8,8 Win.

.404 Riml. N.E.

10,75 x 7,3, .404 Jeffery, .404 Riml. N.E. 27/8", .404 x 73, DWM 555, .404 Magn., .404 Eley, .404 Riml. Nitro Express, .404 Jeffery Nitro Express, .404 Jeffery Rimless

.416 Rigby

10,5 x 74

.505 Mag. Gibbs

.505 Rimless Magnum Gibbs, .505 Gibbs Magnum

5,6 x 35 R

Vierling 5,6 mm, DWM 539

5,6 x 50 R Mag.

5,6 mm Magnum DWM

5,6 x 61 R SE v.H.

5,6 x 61 R vom Hofe Super Express, DWM 431 M

6,5 x 27 R

6,5 mm Einzelladerbüchse, P 27/6,5 mm, DWM 463 A, 6,5 x 27 P,
DWM 476, GR 746

6,5 x 51 R (Arisaka)

6,5 x 51 (Arisaka), 6,5 x 50 Arisaka, 6,5 Japanese, 6,5 x 50 Japanese Arisaka, .256 Jap. Arisaka, .256 Ball, DWM 481

6,5 x 53 R .

.256 Mannlicher Rim., 6,5 x 53 Dutch Mannlicher, 6,5 x 53 R Mannlicher M 1895, .256 Mannlicher, GR 393, 394, DWM 394, 395 C

6,5 x 58 R Krag. Jörgensen

6,5 x 58,5 R, 6,6 x 58,5 R, „SS 58 1/2/6,6", 6,5 x 58 R Sauer, 6,6 x 58,5 R Sauer, DWM 463, 6,6 x 58 1/2 R S & S, 6,6 x 58,5 R S & S

7 x 65 R

7,2 x 65 R Brenneke, DWM 557 A

7 x 72 R

DWM 573

7 x 75 R SE. v. H.

7 x 75 R vom Hofe Super Express, 7 mm SE. vom Hofe, 7 x 75 R vom Hofe Rimmed

7,62 x 53 R

7,62 x 54 R Mosin-Nagant, Patrone S 262 (r), 7,62 x 54 R Russian, DWM 378, GR 683, 7,62 mm Russisch lang, 7,62 Moisin Nagant M 91

8 mm Lebel (M/93) (Mle 86)

8 x 50 R Lebel, 8 mm French M 86, Patrone S 304 (f), 8 mm Mle 1886 M, 8 x 51 R, DWM 472

8 x 48 R

DWM 462 A, 8 x 48 R Sauer, SS 48/8 mm

8 x 50 R

8 mm Bulgarian Mannlicher, 8 x 50 R Austrian Mannlicher M 93, DWM 358 C, GR 460/474?, 8 mm Steyr, 8 mm Grec., 8 mm Hongrois

8 x 56 R M 30

8 mm M 30, Austrian 8 mm M 31, Hungarian Mle 35, 8 mm Ungarn Modell 31, 8 mm Hungarian Mannlicher, 8,2 x 56 P, 8 mm Österreich Modell 30 S, DWM 587-588-589

8 x 57 JR Mle 88 A

DWM 366 B

8 x 57 JR Mle 88 B

DWM 366 D 1

8 x 57 JRS

7,92 mm Holland, 7,92 x 57 R, 7,9 x 57 R Nederland (Mitrailleur) ,7,92 mm Holland Rand, 8 x 57 IRS

8 x 58 R

8 mm Krag M 1908, 8 mm Krag Dänemark, 8 mm Krag-Jörgensen, 8 mm Norwegian Remington, 8 mm Swedish Remington, DWM 385

8 x 58 R

8 x 58 R Sauer & Sohn, DWM 462, DWM 562

8 x 65 RS

8 x 65 RS Brenneke, DWM 558 A

8 x 65 R

8 x 65 R Brenneke

8 x 72 R

8 x 72 R Brenneke, 8,1 x 72 R, DWM 574, GR 755, .360 x 72,

8 x 72 R/360, 8 x 72 R Sauer & Sohn, 8 x 72 R S & S, 8 x 72 R Sauer

8,15 x 46 R

8,15 x 46,5 Normal, 8,2 x 46 R Normal, 8,2 x 46 R Österreich?, DWM 455, GR 553, 8,15 x 46 mm, 8,15 x 46 R Normal, Hirtenberg 581 H

8,15 x 52 R

8,15 mm Frohn lang

9 x 57 R

9 x 57 R Mauser (M88/9R), DWM 491 B

9,3 x 53 R (Schweiz)

9,3 mm R Schweiz M 26, 9,3 x 53 R Swiss M 26

9,3 x 65 R

9,3 x 65 R Brenneke, 9,3 x 65 R Collath (nicht identisch mit 9,3 x 65 R), 9,3 x 65 R.Teschner-Collath, DWM 72 D, DWB 294 B, DWM 504

9,3 x 72 R

9,3/72 Normal, 9,3 x 72 R Sauer & Sohn, GR 635, DWM 77 D

10,3 x 60 R

10,3 x 60 R Schweiz M 30 10,3 x 60 R Schw., Schweiz 3 Patronentypen No.102, 170 und 270 (Modell 30) nicht austauschbar, 10,3 mm M 30, Schweiz 10,3 x 60 R Swiss

11,15 x 60 R

11,15 x 60 R Mauser Mle 1871, .43 Mauser, Roth-Nr. 56, M 60 x 11,15, .433 Mauser, 11,15 mm Mauser, DWM 41

11,15 x 65 R Express

11,15 x 65 R Lancaster, LK 65/11,15

.22 Hornet

.22 W.C.F. Hornet, .22 W.R.A. Hornet, 5,6 x 35 Hornet Vierling rasant, .22 Winchester Hornet, .22 x 36 HO, DWM 578

.22 Savage

.22 High Power, 5,6 x 52 R, .22 Savage HP

.225 Win.

5,6 x 49 R

.25-20 Win.

.25-20 W.C.F., .25/32-20 W.C.F., 6,5 x 33 R

.256 Win. Mag.

.256 Winchester

.297/230 Morris long

GR 400, .297/230-5-38 Morris, 5,6 x 20 mm Revolver, 5,7 mm Long Morris, .297/20 Long, 5,6 x 20 Morris, 5,6 x 21,0-R.N., .297/230 1a, .297/230 Morris lg

.297/230 Morris sh

.297/230 Short, 5,6 x 14,7-R.N., .297/230 ku, .297/230-3-38 Morris ,5,7 mm Short Morris, .297/230 Morris Short

.30-30 Win.

.30 W.C.F., 7,62 x 51 R, 7,62 x 52 R, 7,62 x 51 R M 94, .30-30,

DWM 543, .30-30 - 165

.30-40 Krag

7,62 x 59 R, 30 Krag-Jörgensen, .30 US Gov't, .30 US-Army, DWM 379

.300/295 Rook Rifle

.300 Long C.F., .300 Long Revolver, .300-10-80, 7,5 x 30.30 Revolver, .300 C.F. Long, .300 Rook, 295-10-80, 7,55 x 29,25 - R.N. .300 1a

.303 British

.303 Lee Enfield M1892, .303 Lee Metford, 7,9 x 56 R, .303 Vickers,

.303 Bren, 7,7 mm Breda, 7,7 mm Patrone S 272, 7,7 x 56 R, DWM 453, 7,7 mm Japan Typ 92, 7,7 x 56 mm Enfield, .303 MK II, 7,62 x 56 R

.303 Savage

.301 british, 7,62 x 51 R, .301 Savage England

.32 Win.Spec.

.32 Spl., 7,65 x 52 R

.32-20 Win.

.32 Winchester C.F., 32 C.L.M.R., .32 Winchester, .32-20 Marlin,

8 x 33 Winchester, .32 Marlin, .32 W.C.F., .32-20 Hi-Power, .32-20 W.C.F., 32-20-100 Marlin Safety, .32 W.C.F.

.32-40 Win.

.32-40 Ballard, 7,65 x 54 R, .32.40-165, 8 x 52 R, .32-40 Marlin

.33 Win.

8 x 53,5 R, .33 W.C.F.

.348 Win.

8,5 x 58 R, .34 Winchester, .34 W.C.F., .348 W.C.F.

.35 Win. SL (Self Loading)

8,5 x 29, 9 x 29

.35 Win.

8,5 x 61 R, 9 x 62 R, .35 Win. Model 1895

.351 Win. SL (Self Loading)

8,5 x 35 HR, .351 SL, 8,8 x 35, GR 785, .351 WSL, 9 x 35

.375 Super Mag.

.375 SM, 9,5 x 42 R

.38-40 Win.

.38 W.C.F., .38 Win. HV, 9,65 x 46 R

.38-55 Win.

.38-55 Ballard, .38-55 Marlin, .38-55 Marlin Et Ballard

.400 N.E.B.P. 3 Purdey

.400 N.E. Black Powder 3"P, 10,2 x 76 R, .400 Nitro For Black Powder (3"), .400 Jeffery

.401 Win. SL (Self Loading)

10 x 38, 10,3 x 38, .401 Win., .401 WSL

.405 Win.

10,5 x 65 R, .405 W.C.F, .405 Win. CFM 1895, 10 x 65,5

.44-40 Win.

.44 W.C.F, .44 C.L.M.R, .44 Winchester M. 1873, .44-40 Marlin, GR 191, .44-40-200, Mle Colt, DWM 329 (Colt), .44 L.M. Rifle, .44-40 Center Fire, DWM 149 (Winchester), 10,75 x 33,3 USA Win. Rep., 11 x 33 R

.45-70 Government

.45 US Militärgewehr, .45-70-405, .45 US Army M 73, .45 Springfield, .45-70-500, .45-70-405 Winchester et Marlin, 11,4 x 53,5 R, .45 Trap Door

.450 N.E. 3" 1/4

11,6 x 82,4, Roth-Nr. 77 82,5/11,5 mm

.470 N.E.

11,9 x 82 R, .470 Nato Bochness Rigby, 12 x 82,5 R

.475 No 2 N.E. 3" 1/2

.475 Nitro Express No. 2, 12 x 89 R

.500 N.E. 3"

12,7 x 76 R, .500 Nitro 3", 76/12,9 mm, DWM 72, GR 139

.500/465 N.E.

11,4 x 82 R, .500/450

.577 N.E. 3"

12,7 x 76 R

.577 Sld. Snider

.577 Solid Snider, .577 Snider, .57 Snider, .577 Solid Snider 2", 14,5 x 51 R, .577 MK I DWM 298

.577/450 Sld. Mart. H.

11,4 x 59 R, 11,43 x 60 R (61 R), M. 1871, DWM 167, GR 259

.600 N.E.

15,2 x 76 R, .600 N.E. 3 ", 15,5 x 76 R

3 Ballistik

3.1 Grundlagen

Der Begriff „**Ballistik**" leitet sich vom griechischen Wort für „werfen" ab und steht für die ***Lehre von den geworfenen Körpern***.

Somit lassen sich alle physikalischen Gesetze, die wir im Schulunterricht lernen mussten, auch auf die Ballistik der Schusswaffen anwenden. Denn auch hier erhalten Körper Bewegungsenergie, sind während des Fluges dem Luftwiderstand ausgesetzt und unterliegen der Erdanziehungskraft.

Ein Beispiel: Wenn Sie einen Minigolfball in die Luft werfen, und zwar möglichst senkrecht nach oben, wird er nach kurzer Zeit wieder herunterfallen. Je nachdem, wie stark Sie den Ball nach oben geworfen haben, verlässt er ihre Hand mit einer gewissen Geschwindigkeit (**Mündungsgeschwindigkeit** v_0, gesprochen: „V-Null") und steigt bis zu einer maximalen Höhe, von wo aus er wieder herabfällt. Der Abstand zwischen dem Abwurfpunkt und dem höchsten Punkt des senkrechten Aufstiegs wird als **maximale Steighöhe** bezeichnet.

Wenn Sie den Ball jetzt nicht senkrecht nach oben werfen, sondern damit eine Dose umwerfen wollen, die in einigen Metern Entfernung steht, ändern Sie die Richtung des Wurfes. Wieder verlässt der Minigolfball Ihre Hand mit einer v_0 und er wird nicht auf einer Geraden sein Ziel erreichen, sondern Sie werden die Dose aus Erfahrung etwas höher anvisieren.

Der Grund: Sie wissen, dass auf den Minigolfball (den Luftwiderstand können wir hier vernachlässigen) immer die Schwerkraft der Erde einwirkt und dadurch von der theoretisch geraden Flugbahn abgelenkt wird.

Gleiches gilt in anderem Maßstab auch für ein Geschoss, das den Lauf der Waffe mit einer bestimmten v_0 verlassen hat und nun der natürlichen Schwerkraft ausgesetzt ist. Je länger die Flugbahn des Geschosses ist, desto deutlicher ist der Höhenverlust. Darum müssen Sie bei einem Schuss auf ein Ziel auch immer die ungefähre Entfernung ermitteln, um Ihre Visiereinrichtung entsprechend zu justieren.

Die Ballistik gliedert sich in die Bereiche Innenballistik, Abgangsballistik, Außenballistik und Zielballistik.

Gegenstand der **Innenballistik** sind die **Vorgänge im Lauf** einer Waffe nach Betätigung des Abzugs, zum Beispiel der Gasdruckverlauf.

Die **Abgangsballistik** oder **Mündungsballistik** befasst sich mit den **Vorgängen im Bereich der Laufmündung** – ein interessantes Gebiet, das im Rahmen der grundlegenden Ausbildung allerdings meist nicht behandelt wird und darum auch hier übergangen wird.

Die **Außenballistik** beschreibt die Vorgänge **während des Fluges** am Projektil.

Die **Zielballistik** beschreibt die **Wirkung des Geschosses im Ziel** sowie die Vorgänge am Projektil selbst.

Für Ihre Sachkundeprüfung müssen Sie Grundkenntnisse der Innen- und Außenballistik nachweisen, ebenso der Zielballistik – Stichwort Trefferwirkung. **Insbesondere die Gefahrenbereiche der gängigsten Waffen- und Munitionstypen müssen Sie sich einprägen!**

Bei den nun folgenden Beschreibungen sollen Sie verstehen, welche grundsätzlichen Vorgänge ablaufen werden, wenn Sie die Waffe auf ein Ziel richten und den Abzug Ihrer Waffe betätigen. Dieses Verstehen dient auch Ihrer Sicherheit – schließlich kann man mit einer Maschine sicherer umgehen, wenn man ihre Arbeitsweise kennt. Und letztendlich ist auch eine Schusswaffe nur eine Maschine.

3.2 Innenballistik

Das Geschoss, das Sie aus Ihrer Waffe verschießen wollen, muss dem Kaliber der Waffe entsprechen. So simpel dies klingt, so grundlegend ist diese Aussage. Denn alle Vorgänge rund um die Abgabe des scharfen Schusses beruhen auf dem exakten Zusammenwirken verschiedener, sehr genau gearbeiteter Bauteile.

Das Geschoss ist heute meist Teil der Patrone und steckt fest in der Hülse. Die Kraft, die man benötigt, um das Geschoss aus der Hülse zu ziehen, ist je nach Patronensorte verschieden, aber sollte pro Sorte immer annähernd gleich sein. Sie wird **Ausziehkraft** genannt.

Wenn das Pulver in der Hülse gezündet wird, baut sich in der Hülse ein enormer Gasdruck auf. Das aus dem Pulver entstandene Gas will sich auszudehnen und wählt, wie immer in der Natur, den einfachsten Weg – es breitet sich dorthin aus, wo das einengende Material nachgibt. Und das ist in diesem Fall der Boden des Geschosses. Von dem sich ausdehnenden Gas angetrieben, wird das Geschoss aus der Hülse in den **Lauf** gedrückt.

Vier Bedingungen sind also Voraussetzung für die Abgabe eines Schusses:

1. Der **Lauf**, der aus einem **ausreichend festen Material** besteht.

2. Der **Verschluss**, der dem Druck im Patronenlager widersteht.

3. Das **Geschoss** – ein Körper, der groß genug ist, um den Lauf nach vorn abzudichten, aber gleichzeitig klein genug, um noch durch den Lauf getrieben werden zu können.

4. Der **Gasdruck** – erzeugt durch Umsetzung der Treibladung.

Die Punkte 1 bis 3 sind unabdingbar für die Funktionsfähigkeit einer Schusswaffe. Gäbe das Material von Lauf oder Verschluss nach, wäre eine Waffensprengung mit erheblichen Verletzungen für die Umstehenden die Folge. Wäre das Geschoss zu klein oder auch zu weich, könnte der Druck ungehindert und nutzlos nach vorn durch den Lauf entweichen.

Der **Gasdruck** im Lauf ist **nicht konstant**. Zwei Faktoren beeinflussen ihn – zum einen der **zeitliche Verlauf**, da das Pulver erst allmählich umgesetzt wird („Umsetzung" könnte auch als „Verbrennung" beschrieben werden), zum anderen der sich **vergrößernde Raum**, der sich aus der Vorwärtsbewegung des Geschossbodens durch den Lauf ergibt.

Maximale Gasdrücke gängiger Kaliber für Kurz- und Langwaffen

.22 lfB.	2.050 bar	.223 Rem.	4.300 bar
9 mm x 19	2.350 bar	.308 Win.	4.150 bar
.357 Mag.	3.000 bar	8 x 57 IS	3.900 bar
.357 SIG	3.050 bar	9,3 x 72 R	2.000 bar
.38 Spec.	1.500 bar	9,3 x 64	4.400 bar
.44 Rem. Mag.	2.800 bar	8 mm Rem. Mag.	4.600 bar
.45 ACP	1.300 bar	.300 Lapua Mag.	4.700 bar
.454 Casull	3.900 bar	cal. 12/70 (Schrot)	740 bar
.40 S&W	2.250 bar	cal. 20/70 (Schrot)	830 bar

Das Ideal des geschlossenen Raumes zwischen Geschoss und Hülsenboden wird beim Revolver konstruktionsbedingt nicht erreicht. Um die Drehung der Trommel zu ermöglichen, befindet sich zwischen Lauf und Trommel der meisten Revolver ein schmaler Spalt, der **„Trommelspalt"**. Die Spaltbreite liegt bei hochwertigen, in engen Toleranzen hergestellten Waffen zwischen 0,1 und 0,25 mm. Hält man einen Revolver gegen das Licht, ist die Spalt mit bloßem Auge oft nicht zu sehen. Mit der Zeit kann sich die Spaltbreite allerdings vergrößern und damit der Druckverlust, der bei Abgabe eines Schusses auftritt. Denn hat das Geschoss die Trommel verlassen und den Trommelspalt überwunden, kann der Gasdruck den „bequemeren Weg" wählen und, statt das Geschoss anzutreiben, durch den Trommelspalt entweichen. Der Energieverlust beläuft sich auf bis zu 20 Prozent im Vergleich zu Pistolenläufen. Dieser Wert steigt mit zunehmender Spaltbreite – eine regelmäßige Überprüfung durch einen Büchsenmacher ist daher bei Waffen mit hohen Schussleistungen angeraten.

Grundsätzlich unterscheiden wir **glatte** und **nicht-glatte Läufe**, letztere unterteilen sich in **gezogene Läufe** und **Polygonläufe**. Den Unterschied zwischen den nicht-glatten Läufen zeigen die folgenden Beispiele (links gezogen, rechts polygonal) einer HK USP.

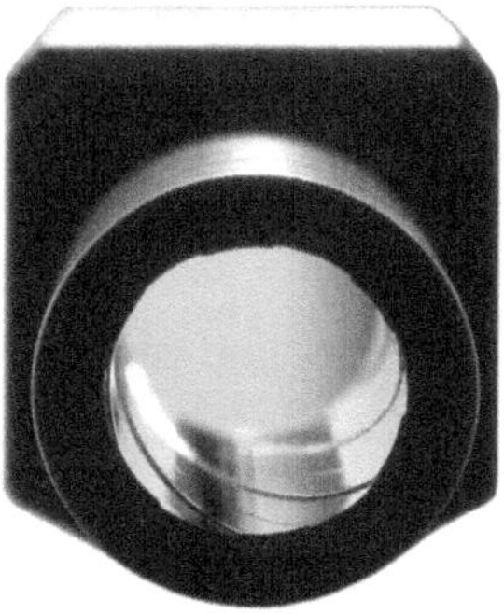

Wenn es sich um einen **gezogenen Lauf** handelt, ist die Laufinnenseite nicht glatt, sondern enthält **Felder** und **Züge** (daher der Begriff „gezogen"). Sie werden durch Hämmern, Drücken oder Ziehen (spanabhebend) hergestellt. Die Felder sind gegenüber den Zügen erhaben und so bemessen, dass das Geschoss nicht ohne weiteres durch den Lauf gleiten kann – es muss hindurchgepresst werden, weil der **Feld-Durchmesser** des Laufes geringer ist als der Querdurchmesser des Geschosses. Den Zusammenhang verdeutlicht nachstehende Grafik mit der dazugehörenden Erläuterung auf der folgenden Seite.

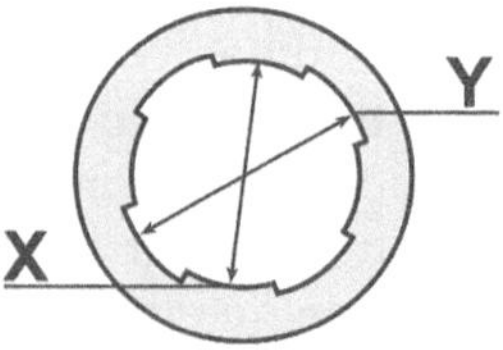

Die Grafik zeigt den Querschnitt eines gezogenen Laufes mit **vier Zügen**. Der Abstand zwischen zwei gegenüberliegenden Zügen wird **Zugdurchmesser (Y)** genannt, jener zwischen gegenüberliegenden Feldern **Felddurchmesser (X)**. Die Dimensionen der Züge und Felder sind hier nicht maßstabsgetreu wiedergegeben, um das Prinzip zu verdeutlichen. Der Unterschied liegt zwischen 0,05 und 0,25 mm.

Ein gezogener Lauf im Kal. 9 mm x 19 kann diese Daten aufweisen:

Zugdurchmesser: 9,02 mm

Felddurchmesser: 8,82 mm

Der **Geschossquerdurchmesser** liegt zwischen diesen beiden Werten, in diesem Falle sind es 9,0 mm. Um zu erfassen, was nun geschehen muss, um das Geschoss durch den eigentlich zu engen Lauf zu bringen (schließlich ist der Felddurchmesser kleiner als der Geschossquerdurchmesser), müssen wir unsere Phantasie bemühen.

Stellen Sie sich vor, Sie haben einen Klumpen Knetmasse in der Hand. Sie formen ihn zu einer Kugel, die einen Durchmesser von 50 mm hat. Wenn Sie jetzt versuchen, diese Knetkugel in ein Metallrohr mit nur 45 mm Durchmesser zu schieben, müssen Sie die Knetkugel mit dem Daumen hineindrücken, also Druck auf die Kugel ausüben, um die Kugel zu verformen.

Im Prinzip geschieht mit dem Geschoss das Gleiche. Der Gasdruck presst das Geschoss in den etwas zu engen Lauf. Der Außendurchmesser des Geschosses ist etwas größer als der Felddurchmesser des Laufes, aber diese kleine Differenz reicht aus, um das Geschoss an die Züge und Felder im Lauf anzupassen. Der Gasdruck treibt nun das Geschoss durch den Lauf, und die Felder, die sich in einer gestreckten Spiralform durch den Lauf ziehen, zwingen das Geschoss in eine Drehbewegung um seine eigene Achse, was **Drall** genannt wird. Als **Drall-Länge** wird die Strecke bezeichnet, die das Geschoss während einer vollständigen Drehung um seine Bewegungsachse zurücklegt. Dabei ist insbesondere bei Kurzwaffen die Drall-Länge deutlich größer als die Lauflänge.

Die Bewegung des Geschosses beginnt mit der Zündung der Patrone. Durch den schlagartig ansteigenden Gasdruck wird das Geschoss aus der Patronenhülse herausgetrieben und bewegt sich in den Lauf hinein, allerdings noch ohne Rotation. Erst durch den Kontakt mit den Zügen des Laufes erhält das Geschoss die für den Drall notwendige Energie.

Vor der Hülsenöffnung befindet sich der **Übergangskonus** (ÜK).

Das Geschoss ist in dieser schematischen Darstellung in den Hülsenmund eingesetzt. Die **Einsetztiefe** (ET) ist die Strecke, auf der sich das Geschoss nach Zündung der Patrone mit Kontakt zur Hülse nach vorn bewegt.

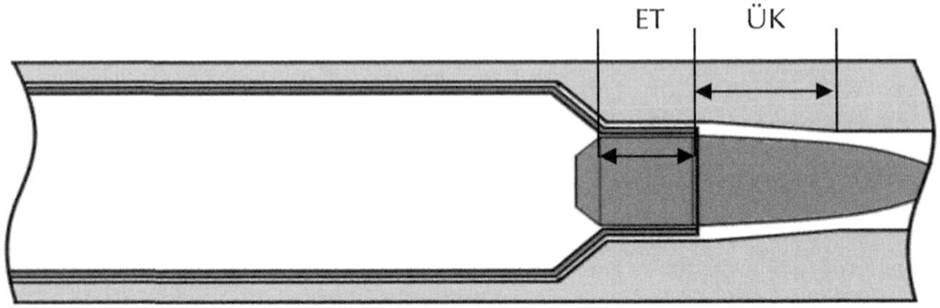

Die Strecke, die das Geschoss bis zum ersten Kontakt mit den Zügen zurücklegt, der das Geschoss zu einer Drehung um die Achse seiner Bewegungsrichtung zwingt, ist der **rotationslose Geschossweg**. Der **Freiflug** beginnt, sobald das Geschoss nicht mehr durch die Patronenhülse geführt wird. Sobald das Geschoss die Züge berührt, ist der Freiflug beendet.

Wenn das Geschoss schließlich den Lauf verlassen hat, hat es nicht nur Bewegungsenergie gespeichert, die es geradeaus fliegen lässt, sondern rotiert auch um die eigene Achse. Denken Sie nun wieder an die Ballistik – neben der eigenen Bewegungsenergie und der Eigenrotation wirkt auch die Schwerkraft auf das Geschoss.

Die **Rotation** stabilisiert die Flugbahn des Geschosses und verhindert ein Überschlagen, wenn das Geschoss ausreichend lang ist. Ohne Rotation wäre kein präziser Schuss über weite Entfernungen möglich.

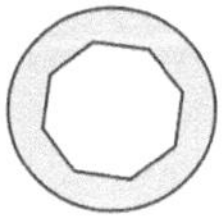

Eine andere Art des nicht-glatten Laufes ist der **Polygonlauf**. Für Drall und Drall-Länge gelten die Aussagen für den gezogenen Lauf. Das Geschoss wird allerdings nicht durch Feldkanten, sondern Führungsbänder zur Drehung gezwungen, wobei weniger Gasdruck nach vorn entweicht. Dadurch steigt aber auch der Gasdruck bei einigen Kalibern im Vergleich zum konventionellen Zug-Feld-Profil, ebenso die Mündungsgeschwindigkeit.

Polygonläufe sind haltbarer, ihre Sprengsicherheit ist größer und sie sind leichter zu reinigen. Geschosse, die aus einem Polygonlauf verschossen wurden, weisen keine Riefen auf (Hinweis auf Lauf mit Zügen und Feldern), sondern regelmäßige Abflachungen. **Waffenrechtlich** zählen Polygonläufe zu den **gezogenen Läufen**.

Der **glatte Lauf** ist im Prinzip nur ein Rohr, das einem Geschoss oder, im Falle einer Schrotgarbe, mehreren Geschossen zugleich eine gewisse Führung gibt. Da **keine Züge oder Felder** vorhanden sind und es sich meist um ein kreisrundes Rohr handelt, erhält ein sich im Lauf nach vorn bewegendes Geschoss keinen Drall – es wird aus dem Lauf herausgestoßen und verfügt nur über eine Bewegungsenergie in Richtung des Laufes.

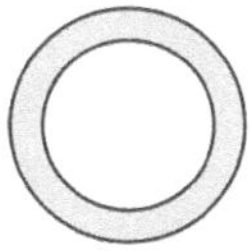

Glatte Läufe werden zum Verschießen von Schrotladungen oder Flintenlaufgeschossen verwendet. Um die Streuung der Schrotgarbe einzuschränken, können sogenannte **Chokes** (Würgebohrungen) in den Lauf eingeführt werden – sie engen den Lauf ein und verändern so das Trefferbild.

Auch das Auslösen des Schusses zählt zur Innenballistik. Hier ist der Begriff der **Kadenz** bei vollautomatischen Waffen zu nennen – er gibt die Feuergeschwindigkeit in Schuss pro Minute an.

3.3 Außenballistik

Die Außenballistik beschreibt die Vorgänge am Projektil während des freien Fluges. Der Moment, in dem das Geschoss den Lauf verlässt, ist der Übergang von der Innen- zur Außenballistik. Das Geschoss hat eine Masse m (Maßeinheit: Kilogramm, kg), aus der sich in Verbindung mit der Geschwindigkeit v (Maßeinheit: Meter pro Sekunde, m/s) die Energie E (Maßeinheit: Joule, J) des Geschosses errechnen lässt. E und v können um Angaben zur Entfernung des Messpunkts von der Laufmündung ergänzt werden.

Die **Mündungsgeschwindigkeit** wird als **v_0** (in „Meter pro Sekunde“, m/s) und die **Mündungsenergie** als **E_0** (angegeben in „Joule“, J) bezeichnet. Um die Geschwindigkeit oder Energie nach einer bestimmten Flugstrecke anzugeben, gibt die nachgesetzte Zahl an, in welcher Entfernung (in Metern) von der Laufmündung die Messung erfolgt (zB E_{100} für Energie nach **100** m).

Gängige Kurzwaffenkaliber erreichen in der Regel Mündungsgeschwindigkeiten von 280 bis 400 m/s, mittlere Büchsenkaliber (Großkaliber-Langwaffen) dagegen 700 bis 1000 m/s.

Die **kinetische Energie** E ist das Produkt aus der halben Masse und dem Quadrat der Geschwindigkeit, mathematisch ausgedrückt:

$$E = \frac{1}{2} \cdot m \cdot v^2$$

Die Energie nimmt mit dem Quadrat der Geschwindigkeit zu. Verdoppelt sich also die Geschwindigkeit, vervierfacht sich gleichzeitig die Energie.

Eine **Beispielrechnung** für eine Patrone 9 mm x 19 mit einem Geschossgewicht von **8 g** und einer Mündungsgeschwindigkeit von **360 Metern pro Sekunde**. Als Quadrat der Geschwindigkeit ergibt sich der Wert „129600". Wichtig für die Berechnung: Die **Masse** wird **in Kilogramm** gerechnet – folglich wird nicht mit 8 g, sondern mit 0,008 kg gerechnet. Es ergibt sich (und rechnen Sie es zur Übung einmal mit Taschenrechner oder App nach):

$$\mathbf{0{,}5 * 0{,}008\ kg * 129600\ m^2/s^2 = 518{,}4\ J}$$

Wind und Regen, sogar Fluginsekten können die Flugbahn beeinflussen. Wie sich ein Kontakt auf die Flugbahn auswirkt, ist abhängig von Geschossmasse und Geschwindigkeit, aber auch von dem berührten Objekt.

Während des Fluges wirkt die Erdanziehungskraft auf das Geschoss. Das Geschoss beschreibt auf seiner Flugbahn eine **ungleichförmige Kurve**, die mit zunehmender Entfernung von der Mündung immer steiler abfällt.

(Höchst-) **Reichweite** ist die Distanz von der Laufmündung bis zum weitest erreichbaren Punkt, dem Auftreffpunkt bei perfektem Abschusswinkel. Der Begriff **Rasanz** beschreibt die Krümmung der Schussbahn. Je geringer die Flugbahn gekrümmt ist, desto besser ist die Rasanz eines Geschosses.

Im Flug taumelt die Spitze des rotierenden Geschosses um dessen Schwerpunkt, genauer um die theoretische Flugbahn. Das Ausmaß dieses Taumelns beschreibt die **Präzession**.

Bei einer erheblichen Änderung der Zielentfernung ist die Visierung neu einzustellen. Bei einem Wechsel von 25 auf 50 Meter ist das meist nicht nötig - es ist allerdings zu beachten, dass sich, bei Waffen mit einem großen Abstand zwischen Kornspitze und Laufseele, die **Visierlinie** der Waffe und die **Fluglinie** des Geschosses, die bei kurzen Distanzen und hohen Geschwindigkeiten nahezu gerade ist, zwischen Mündung und Ziel zweimal kreuzen können. Die Grafik überzeichnet den Effekt – der Kreuzungspunkt der Linien ist die ideale Entfernung zum Ziel, somit die **Einschussentfernung**; liegt das Ziel weiter entfernt, kann ein Hochschuss die Folge sein.

Ist eine Waffe auf 25 m „Fleck eingeschossen" (Fleckschussweite), etwa bei Benutzung eines Leuchtpunktvisiers, würde bei 50 m der rote Punkt deutlich unter dem tatsächlichen Treffpunkt leuchten. Hier müsste entweder bei längerfristiger Änderung der Schussdistanz die Waffe neu eingeschossen werden oder durch Probeschüsse ein neuer Haltepunkt ermittelt werden.

3.4 Zielballistik

Wenn das Geschoss auf das Ziel trifft, wandelt sich die Bewegungsenergie in die sogenannte „**Auftreffenergie**" um – allerdings nur rechnerisch. Auf dem Flug hat das Geschoss Bewegungsenergie verloren, und zwar durch den Luftwiderstand. Wie viel Energie an den getroffenen Körper abgegeben wird, hängt von der Deformation des Geschosses ab. Vollmantelgeschosse geben kaum Energie an den Körper ab, sie gehen oftmals unverändert und nur leicht abgebremst durch ihn hindurch, können sich aber nach einer kurzen Strecke innerhalb des Zielkörpers überschlagen. Anders Deformations- oder Ganzbleigeschosse – sie verformen sich (wofür auch ein Teil der Energie verbraucht wird) und geben durch die größere Oberfläche oder Splitter mehr Energie an den Zielkörper ab. Machen Sie doch einfach in Gedanken folgenden Versuch: Sie springen vom 3-Meter-Brett ins Schwimmbecken – mit den Händen nach vorn und „stromlinienförmig gestreckt" tauchen sie schmerzfrei und ohne größere Fontäne ins Becken. Bei einem „Bauchklatscher" haben Sie mehr Oberfläche, es wird sicherlich kein Vergnügen und die Fontäne wird kolossal sein.

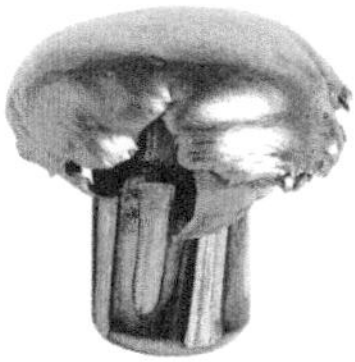

Je nach Verformung des Geschosses beim Aufprall wird ein bestimmtes Maß an Wirkung erzielt – in diesem Zusammenhang wird von der sogenannten **Aufhaltekraft** oder „**Mannstopwirkung**" gesprochen. Nach der **Hatcher-Formel**, entwickelt von US-General Hatcher 1934, kann die Mannstopwirkung berechnet werden.

Grundsätzlich gilt: Je mehr Energie ein Geschoss hat und je mehr Energie es an das Ziel abgeben kann, desto größer ist die Aufhaltekraft. Unterschieden werden Mantelgeschosse (Vollmantel, Teilmantel) und Vollgeschosse (Solids, Ganzbleigeschosse, auch Geschosse, die vollständig aus einem Material hergestellt wurden).

Die Stufen des sogenannten „**Aufpilzens**“ im getroffenen Körper zeigt diese Bildfolge.

Deformationsstadien eines Projektils (Jagdgeschoss „RWS Evolution“)

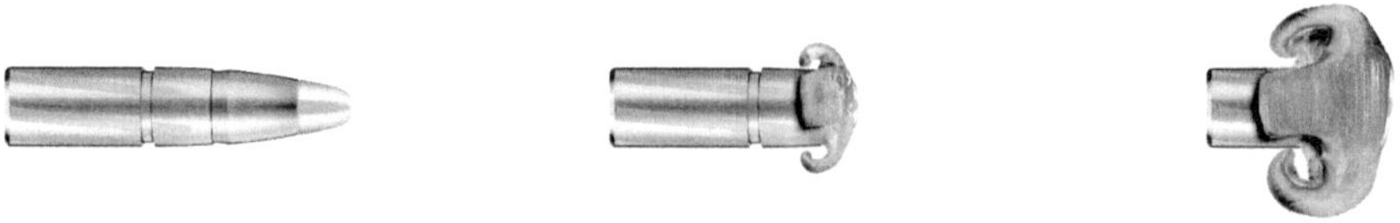

Für die Berechnung der Auftreffenergie gilt die Formel aus dem vorigen Kapitel zur Außenballistik auf Seite 247.

Hier sehen Sie in der direkten Gegenüberstellung zwei Geschosse gleichen Kalibers, die ein Ziel getroffen haben, sogenannte „**Restkörper**“, links Teilmantel, rechts Vollmantel – gleiches Kaliber, aber deutlich unterschiedliche Deformation und Energieabgabe.

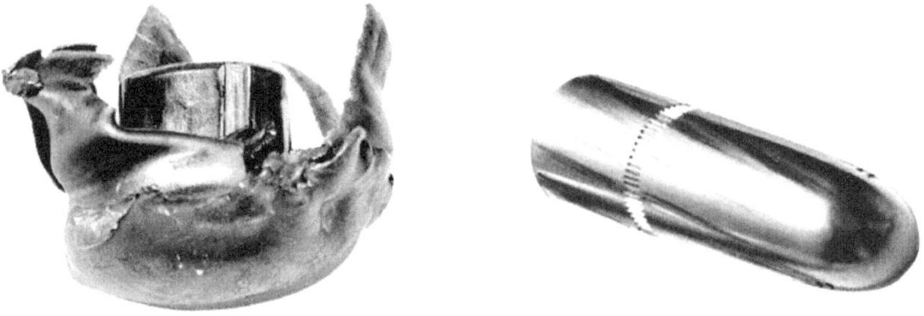

3.5 Gefahrenbereich

Geschosse in Bewegung sind gefährlich. Daraus leitet sich die Grundregel für den **Gefahrenbereich** ab, die Sie immer beherzigen sollten: Die höchste Reichweite einer Waffe oder die Flugweite eines Geschosses ist immer der Gefahrenbereich.

Die größten Schussweiten (**Maximalschussweiten**) werden bei einem Abschusswinkel um 30 Grad erzielt. In der Praxis wird man diese Distanz selten erreichen, doch um jede Gefährdung auszuschließen, müssen Sie immer von der maximal möglichen **Reichweite** ausgehen. Aus Gründen der Vereinfachung sind in der Tabelle die Maximalschussweiten auf volle 500-m-Schritte (Langwaffen: 1000-m-Schritte) aufgerundet worden!

Hinweis: Die im Fragenkatalog 2018 des BVA angegebenen Daten (Fragen 66 ff. im Kapitel II), die Gegenstand der schriftlichen Sachkundeprüfung sein können, sind in der zweiten Spalte angegeben.

Kaliber	***BVA-Katalog***	**Maximalschussweite und Gefahrenbereich**			
„Luftgewehr" 7,5 J		175 m			
4 mm M20	300 m	500 m			
.22 kurz		1.000 m			
.32 S&W long NP	1.200 m		1.500 m		
.22 lfB/lr	1.500 m		1.500 m		
7,65 mm			1.500 m		
.38 Spec.	1.500 m		1.500 m		
9 mm Luger	2.000 m			2.000 m	
.357 Mag.				2.000 m	
.44 Rem. Mag.	2.000 m			2.000 m	
.45 ACP				2.000 m	
.223 Rem.	4.300 m				5.000 m
.308 Win.	5.000 m				5.000 m

Als Gefahrenbereich von **Schrotpatronen** gilt **in Schussrichtung** das Hundertfache des Millimeter-Durchmessers der Einzelschrotkugeln in Metern – für 4-mm-Jagdschrote beispielsweise ergibt sich ein Gefahrenbereich von 400 m.

Zu beachten ist auch die **Breitenstreuung** der Schrote:

Distanz	**Schrotgröße 2,5 mm**	**Schrotgröße 3,5 mm**
40 m	4 m	3 m
80 m	11 m	8 m
150 m	46 m	35 m

Davon zu unterscheiden ist die **Streuung**, die durch den Schützen selbst erzeugt wird – der Begriff beschreibt die **Abweichung einer Reihe von Treffern zueinander bei gleichem Haltepunkt**, was auch als **Schützenstreuung** bezeichnet wird.

Flintenlaufgeschosse, die aus glatten Läufen verschossen werden, haben durch ein anderes Verhältnis von Masse und Oberfläche eine deutlich höhere Maximalschussweite als Schrote - sie liegt bei 1.200 m. Aus gezogenen Läufen verschossen steigt dieser Wert aufgrund der Stabilisierung durch die wirksame Eigenrotation, was als Drall bezeichnet wird.

4 Persönliche Sicherheitsmaßnahmen

Schusswaffen können sowohl durch ballistische wie auch durch akustische Wirkung die Gesundheit schädigen. Gleiches gilt für die beim Schießen entstehenden Gase und Dämpfe. Und nicht allein das Geschoss, sondern auch kleine Splitter aus der Wand des Standes oder vom Geschossmantel bzw. der Waffe können im Auge des Schützen oder von Dritten schwere Verletzungen verursachen.

In diesem Kapitel des Buches werden grundlegende Maßnahmen zum Schutz vor Verletzungen dargestellt. Die Grundregel lautet: Die Benutzung einer zugelassenen und von einem Sachverständigen regelmäßig überprüften Schießstätte ist die Grundlage für alle Maßnahmen zum persönlichen Schutz. Beachten Sie daher:

- **Energiegrenzen** gemäß Standzulassung beachten
- **Lüftungsanlage** verwenden
- **Schäden** an der Anlage dem Betreiber **melden**
- **Gehörschutz** verwenden
- **Schutzbrillen** verwenden
- Waffen vor dem Schießen **auf Schäden prüfen** (auf Sicht)
- Waffen nur **nach Anweisung** aufnehmen
- Lauf immer in Richtung des Geschoss**fanges** halten

Bei Schießübungen von **Berufswaffenträgern** ist besondere Vorsicht geboten – die Aufsicht kann hier nicht voraussetzen, dass sich jeder Teilnehmer intensiv mit dem Thema „Sicherer Umgang mit der Schusswaffe" befasst, anders als etwa ein Sportschütze, der Woche für Woche trainiert. Hier kommt einer disziplinierten Führung der Aufsicht und einer einleitenden Einweisung aller Teilnehmer durch die Standaufsicht eine grundlegende Bedeutung zu. Das gilt sowohl für statisches Schießen auf 25 m wie auch für komplexere Übungen im Verteidigungsschießen mit aktiver Bewegung des Schützen.

4.1 Gehörschutz

Die Gefahr für Schützen durch Lärm wird oftmals unterschätzt – noch immer sieht man auf Schießständen Menschen, die auf professionellen Gehörschutz verzichten. Die Wahl des richtigen Gehörschutzes ist abhängig von der Art des Schießens und zudem die Voraussetzung dafür, das Gehör dauerhaft zu erhalten.

Der Schussknall wird beschrieben als Impulslärm mit einer Lautstärke bis zu 160 dB. Die Frequenz liegt bei 4000 Hz. Wer sich ungeschützt einem Schussknall aussetzt, kann schon bei einem einzelnen Schuss sein Gehör nachhaltig massiv schädigen – man spricht von einem **Knalltrauma**.

Um diese Verletzung zu verstehen, ist es notwendig zu verstehen, wie wir hören, also Umgebungsgeräusche wahrnehmen. Die Ohrmuschel fängt Schallwellen wie ein Trichter ein und leitet sie durch den Gehörgang zum Trommelfell. Das Trommelfell schützt das Mittelohr vor dem Eindringen von Bakterien, in gesundem Zustand schließt es den Gehörgang vollständig vom Mittelohr ab. Das Trommelfell überträgt die winzigen Druckunterschiede, die die Schallwellen bedeuten, auf die Gehörknöchelchen – das sind Hammer, Amboss und Steigbügel, der kleinste Knochen des menschlichen Körpers, der nur halb so groß wie ein Reiskorn ist. In der mit Flüssigkeit gefüllten Ohrschnecke wandeln nun Haarzellen die mechanische Bewegung in Nervenimpulse um, die vom Hörnerv zur Hirnrinde geleitet werden und so unser Hören ermöglichen.

Die Symptome eines Knalltraumas sind vielfältig. So kann neben einem fast vollständigen Verlust des Gehörs auch das Gefühl eines verstopften Ohres entstehen. Auch ein Tinnitus (Ohrensausen) oder eine Überempfindlichkeit des Gehörs können Symptome eines Knalltraumas sein. Der Grad der Verletzung sollte immer durch einen HNO-Arzt umgehend abgeklärt werden. Durch rechtzeitige Gabe von Präparaten können Langzeitschäden abgemildert werden.

Während die längere Belastung mit Lärm das Trommelfell und die Gehörknöchelchen schädigt, zerstört der Impuls des Schussknalls (nur wenige Millisekunden) die Haarzellen in der Ohrschnecke. Schon ein solches Impulsereignis kann das Gehör schwer schädigen und so die Lebensqualität deutlich beeinträchtigen.

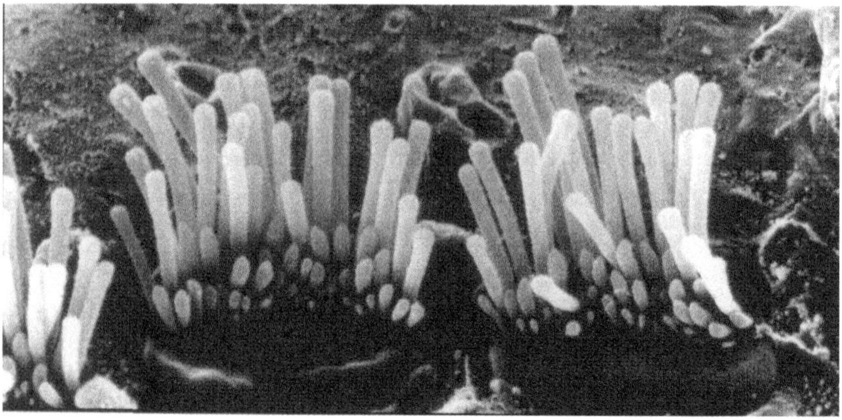

Diese elektronenmikroskopische Aufnahme des Innenohres zeigt intakte Haarzellen. Sie sitzen auf kleinen Hügeln in der Ohrschnecke.

Die Folgen eines Knalltraumas (auch die Folgen länger andauernder Lärmbelastungen über 85 dB) zeigt die folgende Aufnahme. Die Haarzellen sind geschädigt, teilweise völlig zerstört (man spricht auch vom „Untergang der Haarzellen"). Der Verlust der Hörfähigkeit betrifft bei fortschreitender Schädigung des Hörorgans zunächst den Frequenzbereich um 4000 Hz, später auch tiefere Frequenzen, insbesondere Sprachfrequenzen (unter 3000 Hz).

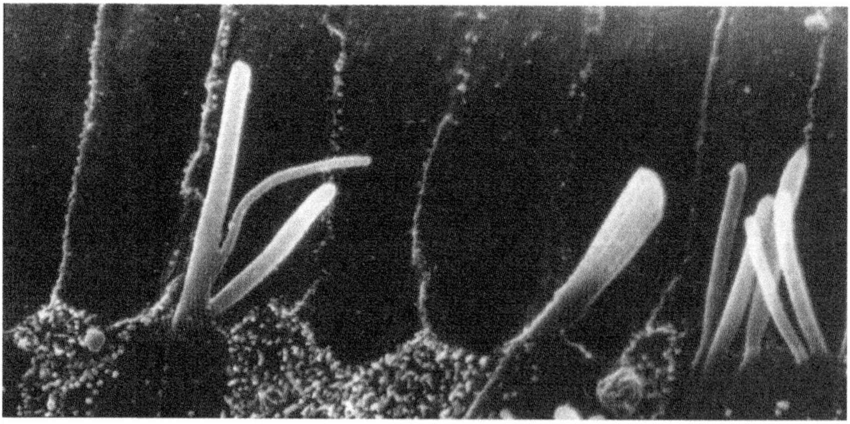

Nicht nur in geschlossenen Schießständen ist der Einsatz von Gehörschutz unverzichtbar. Der Zutritt des Schallimpulses in den Gehörgang muss wirksam unterbunden werden. Dies kann im einfachsten Falle dadurch geschehen, dass man den Gehörgang verstopft. Es wurden schon Schützen beobachtet, die sich Patronen in den Gehörgang schoben – diese recht rustikale Art des Gehörschutzes sollte allerdings keine Nachahmung finden.

Zu unterscheiden sind heute passive und aktive Gehörschützer. Je nach Einsatzart sind unterschiedlich starke Dämpfungen erforderlich, dazu kommen unterschiedliche Anforderungen an die Größe des Gehörschutzes oder seine Ausstattung mit elektronischen Hilfen.
Die hier vorgestellten **passiven** Kapselgehörschützer unterscheiden sich hinsichtlich ihrer Konstruktion und damit verbundenen Dämpfung. Ein flach gestalteter Gehörschutz (Abbildung links) bietet Langwaffenschützen eine ausreichende Dämpfung beim Einsatz im Außenbereich, da sich hier der Schall ungehindert ausbreiten kann.

Während beim dynamischen Anschlag mit der Flinte ein stark auftragender Gehörschutz vom Gewehrkolben angestoßen werden und verrutschen könnte, ist das mit einem flach konstruierten Modell in der Regel kein Problem. Das geringe Gewicht eines flach konstruierten Gehörschutzes wirkt sich ebenfalls positiv auf die Akzeptanz durch den Schützen aus.

Peltor Bull's Eye I

Prinzip: passiv

SNR: 27 dB

Peltor Bull's Eye II

Prinzip: passiv

SNR: 31 dB

Peltor Bull's Eye III

Prinzip: passiv

SNR: 35 dB

In geschlossenen Räumen wirkt der Schussknall dagegen wesentlich stärker auf das Ohr ein – ein Gehörschutz mit höherem Dämpfungswert ist für diesen Einsatz unabdingbar. Gleiches gilt für das Schießen im Freien, wenn die Schussabgabe in der Nähe von Wänden erfolgt, die den Schussknall reflektieren – hier reicht ein flach konstruierter Schützer oft nicht aus.

Für den Ausbildungsbetrieb sowie Situationen, in denen man sich mit anderen Schützen auch im Lärmbereich unterhalten will, sind **aktive Gehörschützer** unverzichtbar. Eine in den Kapselkörper integrierte Elektronik nimmt über Mikrofone die Außengeräusche auf und gibt sie im Innern des

Gehörschutzes über Lautsprecher wieder. Übersteigt die Lautstärke einen bestimmten Wert, regelt die Elektronik die Lautstärke vorübergehend auf einen ungefährlichen Wert ab. Auf diese Weise können zB Anweisungen von Schießaufsichten oder Ausbildern sicher verstanden werden.

Insbesondere bei der **Beaufsichtigung mehrerer Schützen** kommt dem Gehör der Standaufsicht besondere Bedeutung zu – nicht jeder Schütze, der eine Waffenstörung melden will, macht durch Handzeichen auf sich aufmerksam, insbesondere dann nicht, wenn zu Beginn des Schießens keine umfassende Einweisung für die Beteiligten durchgeführt wurde. Die Standaufsicht sollte also schon aus Sicherheitsgründen nicht nur genau hinsehen (was allerdings auf eine bestimmte Blickrichtung beschränkt ist, sondern auch hinhören – und das ist nur durch den Einsatz elektronisch gesteuerter Kapselgehörschützer möglich.

Die bereits geschilderten Einschränkungen bezüglich des Einsatzes flacher oder stark auftragender Gehörschützer gelten auch hier. Gerade für Jäger wird der Einsatz aktiver Gehörschützer empfohlen – geringes Gewicht und ungehinderte Anschlagsmöglichkeit mit der Langwaffe sprechen für diese Modelle. Für die Ausbildungssituation im Schießen mit der Kurzwaffe ist ein Gehörschutz mit starker Dämpfung zu empfehlen. Wenn der Schutz länger getragen werden soll, ist auf eine gute Polsterung zu achten. Aus hygienischen Gründen sollten die Innenseiten des Schutzes regelmäßig gereinigt werden, im Bedarfsfall können diese Teile ausgetauscht werden.

Peltor SportTac

Prinzip: aktiv

Dämpfung (4 kHz) 38,3 dB, SNR 26 dB

Peltor ProTac II

Prinzip: aktiv

Dämpfung (4 kHz) 38,7 dB, SNR 32 dB

Der Abdruck der Abbildungen in diesem Kapitel erfolgt mit freundlicher Genehmigung der 3M Deutschland GmbH.

Sie wurden zur Verfügung gestellt von TELCOM electronics trade GmbH, Hamburg (www.telcom-germany.de).

4.2 Schutzbrille

Die Verwendung einer Schutzbrille dient in erster Linie dem Schutz der Augen vor Splittern, die sich von dem Geschossmantel, von der Waffe oder aus der Wand der Schießstätte lösen können. Sie muss daher das Auge vollständig umschließen – eine einfache Sehbrille schützt dagegen nur bei Splittereinwirkung von vorn, die aber eher selten ist.

Eine **Schießbrille als Sehhilfe** muss, wenn sie ohne eine Schutzbrille getragen werden soll, über einen seitlichen Eintrittsschutz verfügen. Meist sind Schutzbrillen groß genug, um das gleichzeitige Tragen einer Sehhilfe darunter zu ermöglichen. Beachten Sie, dass die Tragebügel des Augenschutzes nicht die Funktion des Gehörschutzes stören dürfen.

4.3 Videos zur sicheren Handhabung

Zum besseren Verständnis stehen auf der Internet-Präsenz verschiedene Lehrvideos zur sicheren Handhabung von Schusswaffen zur Verfügung. Ein solches Video ersetzt keinen Waffensachkunde-Lehrgang, vermittelt aber zumindest einen Eindruck von der Funktionsweise und Bedienung der unterschiedlichen Waffenarten.

Diese Videos stehen Ihnen auf der Website

www.busche-lernsystem.de

zur Verfügung.

5 Gesetzliche Regelungen für Schießanlagen

Für die Errichtung und den Betrieb von Schießstätten, insbesondere aber nichtmilitärischen Schießstätten, sind grundsätzlich drei Genehmigungsvorbehalte zu beachten und bereits bei der Planung zu berücksichtigen. Die öffentliche Sicherheit und Ordnung, der Schutz der Umwelt und die innere und äußere Sicherheit sind die Leitgedanken, die sich in sinnvollem Zusammenwirken bei der Bewältigung eines derartigen Projektes wiederfinden müssen.

Wesentliche rechtliche und sicherheitstechnische Bestimmungen ergeben sich aus:

- dem Waffengesetz (WaffG)
- der Allgemeine Waffengesetzverordnung (AWaffV)
- der jeweiligen Landesverordnung zur Ausführung des WaffG dem Bundes-Immissionsschutzgesetz (BImSchG)
- Umweltschutzbestimmungen
- Baurechtliche Vorschriften
- Richtlinien für die Errichtung, die Abnahme und das Betreiben von Schießständen (Schießstandrichtlinie)
- der Verwaltungsvorschriften über Ausführungsgenehmigungen für fliegende Bauten und deren Gebrauchsabnahmen (FlBauVwV)
- einschlägigen allgemeinen Sicherheitsbestimmungen (z.B. UVV)

5.1 Waffenrechtliche Bestimmungen

Auf der Rechtsgrundlage der allgemeinen Bestimmungen des Waffengesetzes regelt dieses Gesetz den Umgang mit Waffen oder Munition unter Berücksichtigung der Belange der öffentlichen Sicherheit und Ordnung.[293] Dabei bestimmt der § 1 Absatz 3 des Gesetzes, dass derjenige, der schießt, Umgang mit einer Waffe oder Munition hat.

Im Sinne des Waffengesetzes schießt, wer mit einer Schusswaffe Geschosse durch einen Lauf verschießt, Kartuschenmunition abschießt, mit Patronen-

---

[293] *§ 1 Abs. 1 WaffG*

oder Kartuschenmunition Reiz- oder andere Wirkstoffe verschießt oder pyrotechnische Munition verschießt.[294]

Erlaubnisse für einzelne Arten des Umganges regelt das Waffengesetz und legt grundsätzlich fest, dass die Erlaubnis zum Schießen mit einer Schusswaffe durch einen Erlaubnisschein erteilt wird.[295]

In der Folge räumt das Waffengesetz aber im Rahmen dieser Festlegungen verschiedene Ausnahmen ein. So ist im § 12 Absatz 4 WaffG beispielsweise festgelegt, dass einer Erlaubnis zum Schießen mit einer Schusswaffe nicht bedarf, wer auf einer genehmigten Schießstätte gemäß § 27 WaffG schießt.

Beachten Sie auch die Ausführungen in Kapitel 1.7.

5.1.1 Zweck von Schießstätten

Schießstätten sind nach § 27 WaffG ortsfeste oder ortsveränderliche **Anlagen**, die ausschließlich oder neben anderen Zwecken dem Schießsport oder sonstigen Schießübungen mit Schusswaffen, der Erprobung von Schusswaffen oder dem Schießen mit Schusswaffen zur Belustigung dienen.

Von einer **Anlage** nach § 27 Abs. 1 WaffG ist auszugehen, wenn der Ort, an dem geschossen werden soll, für diesen Zweck besonders hergerichtet ist. Hiervon ist insbesondere dann auszugehen, wenn schießtechnische Ausstattungen und / oder sicherheitstechnische Einrichtungen zur Abwehr von Gefahren für die öffentliche Sicherheit und Ordnung sowie von sonstigen Gefahren oder erheblichen Nachteilen für die Benutzer einer Schießstätte, die Nachbarschaft oder die Allgemeinheit vorgehalten werden. Fehlt es an einer solchen Anlage, so ist das Schießen mit einer Schusswaffe nur nach § 10 Abs. 5 WaffG erlaubt.

Der **Betreiber** einer Schießstätte ist eine natürliche oder juristische Person (BGB) oder eine Personenvereinigung (schießsportliche oder jagdliche Vereinigung), der oder die für die Umsetzung der Pflichten verantwortlich ist.

Das Betreiben einer Schießstätte bedeutet, sie entsprechend ihrer Zweckbestimmung im eigenen Namen, auf eigene Rechnung und in **eigener Verantwortung** zu führen und zu nutzen.

---

[294] *Anlage 1 A2 Nummer 7 WaffG*

[295] *§ 10 Abs. 5 WaffG*

§ 14 BGB
(1) Unternehmer ist eine natürliche oder juristische Person oder eine rechtsfähige Personengesellschaft, die bei Abschluss eines Rechtsgeschäftes in Ausübung ihrer gewerblichen oder selbständigen beruflichen Tätigkeit handelt.
(2) Eine rechtsfähige Personengesellschaft ist eine Personengesellschaft, die mit der Fähigkeit ausgestattet ist, Rechte zu erwerben und Verbindlichkeiten einzugehen.

Mit **eigener Verantwortung** wird der Umstand bezeichnet, dass jemand gegenüber einer Instanz oder einem anderen für sein Handeln Rechenschaft abzulegen hat. Das bedeutet auch für den Sachbearbeiter, dass er für die Rechtmäßigkeit seiner dienstlichen Handlung die volle Verantwortung trägt.[296]

Verantwortung ist Verpflichtung und Berechtigung, zum Zweck der Erfüllung einer Aufgabe oder in einem eingegrenzten Funktionsbereich selbständig zu handeln.

Diese Grundsätze der Verantwortung gelten nicht nur für den Betreiber einer Schießstätte, sondern auch für den Sachbearbeiter, der mit der Überprüfung von Schießanlagen beauftragt ist.

In diesem Zusammenhang muss deshalb geprüft werden, ob

- die Aufgabe im Sachgebiet personell angemessen berücksichtigt ist
- eine Einweisung erfolgt und eine Aus- und Fortbildung sichergestellt ist
- Entsprechende Fachliteratur und Messmittel zur Verfügung stehen

5.1.2 Erlaubnispflicht

Wer eine Schießstätte betreiben oder in ihrer Beschaffenheit oder in der Art ihrer Benutzung wesentlich ändern will, bedarf der Erlaubnis der zuständigen Behörde. Die Erlaubnis darf nur erteilt werden, wenn der Antragsteller die erforderliche Zuverlässigkeit (§ 5) und persönliche Eignung (§ 6) besitzt

---

[296] *§ 63 BBG*

und eine Versicherung gegen Haftpflicht für aus dem Betrieb der Schießstätte resultierende Schädigungen in Höhe von mindestens 1 Million Euro – pauschal für Personen- und Sachschäden – sowie gegen Unfall für aus dem Betrieb der Schießstätte resultierende Schädigungen von bei der Organisation des Schießbetriebs mitwirkenden Personen in Höhe von mindestens 10.000 Euro für den Todesfall und 100.000 Euro für den Invaliditätsfall bei einem im Geltungsbereich dieses Gesetzes zum Geschäftsbetrieb befugten Versicherungsunternehmen nachweist.[297]

5.1.3 Ausnahmen von der Erlaubnispflicht

Keiner Erlaubnis[298] bedürfen Schießstätten, die in geschlossenen Räumen ausschließlich zur Erprobung von Schusswaffen oder Munition durch

- Waffen- oder Munitionshersteller,
- Waffen- oder Munitionssachverständige oder
- wissenschaftliche Einrichtungen

betrieben werden.

Der Betreiber einer derartigen Schießanlage hat die Aufnahme und die Beendigung des Schießbetriebes der örtlich zuständigen Behörde zwei Wochen vorher schriftlich anzuzeigen. Da derartige Anlagen nicht auf der Grundlage einer waffenrechtlichen Erlaubnis betrieben werden, gibt es keine Erlaubnis, die mit Auflagen verbunden werden kann. Dennoch ist es möglich, für derartige Schießanlagen Auflagen zu erteilen, weil das WaffG in § 9 Abs. 3 ausdrücklich festlegt, dass

(3) Gegenüber Personen, die Waffenherstellung oder den Waffenhandel nach Anlage 2 Abschnitt 2 Unterabschnitt 2 Nr. 4 bis 6 oder eine Schießstätte nach § 27 Abs. 2 ohne Erlaubnis betreiben dürfen, können Anordnungen zu den in Absatz 1 genannten Zwecken getroffen werden.

---

[297] *§ 27 Abs. 1 WaffG*

[298] *§ 27 Abs. 2 WaffG*

Bei ortsveränderlichen Schießstätten ist eine einmalige waffenrechtliche Erlaubnis vor der erstmaligen Aufstellung ausreichend.

Der waffenrechtlichen Genehmigungsbehörde ist vor der Aufnahme des erstmaligen Schießbetriebes eine bau- und sicherheitstechnische Bauartzulassung für diese Schießstätte vorzulegen, die nach Prüfung Teil des Genehmigungsbescheides ist.

Die Behörde **kann** im Rahmen der Auflagenerteilung vor **jeder** erneuten Aufnahme des Schießbetriebes eine Gebrauchsabnahme anordnen. Das gilt insbesondere für solche ortsveränderlichen Schießstätten, für die keine Bauartzulassung vorliegt. Liegt eine Bauartzulassung vor, ist insbesondere zu prüfen, ob der Aufbau der Schießanlage mit der Bauartzulassung übereinstimmt und die Teile, die auch bei bestimmungsgemäßer Nutzung dem Verschleiß unterliegen, denn sicherheitstechnischen Anforderungen genügen.

Hallen für das Ausüben von Paintball-Spielen fallen nicht unter den Begriff der Schießstätte, da es an den für die Schießanlage typischen Vorrichtungen mangelt. Die Rechtsprechung sieht zudem einen Verstoß gegen die Menschenwürde durch Paintball oder Reball mittlerweile nicht mehr gegeben.

5.1.4 Auflagenerteilung

Die Erlaubnis kann nach § 9 WaffG zur Abwehr von Gefahren für die öffentliche Sicherheit und Ordnung inhaltlich beschränkt werden, insbesondere um Leben und Gesundheit von Menschen gegen die aus dem Umgang mit Schusswaffen oder Munition entstehenden möglichen Gefahren und erheblichen Nachteilen zu schützen.

Erlaubnisse können

- befristet oder mit
- Auflagen verbunden werden.

Zudem Auflagen können **nachträglich** aufgenommen, geändert oder ergänzt werden.

5.1.5 Überprüfung von Schießstätten

Schießstätten müssen vor der ersten Inbetriebnahme, bei Änderung der Beschaffenheit oder bei wesentlichen Nutzungsänderungen hinsichtlich der sicherheitstechnischen Anforderungen überprüft werden.

In regelmäßigen Abständen von mindestens vier Jahren sind die Schießstätten von der zuständigen Behörde zu überprüfen, wenn auf ihnen mir erlaubnispflichtigen Schusswaffen geschossen wird.

Ist das Schießen auf einer Schießstätte nur mit erlaubnisfreien Schusswaffen zulässig, so ist eine Überprüfung mindestens alle sechs Jahre erforderlich.[299]

Aus der Formulierung „von der zuständigen Behörde zu überprüfen" ergibt sich zwangsläufig die Verantwortlichkeit der Behörde zur Fristenüberwachung.

Schießstätten, die von der Genehmigungspflicht nach § 27 Abs. 1 WaffG ausgenommen sind (z.B. Schießstätten nach § 27 Abs. 2 Satz 1 WaffG, behördliche Schießstätten nach § 55 WaffG), unterliegen nicht den periodischen Überprüfungspflichten nach § 27a WaffG. Soweit in den Anlagen nach § 27 Abs. 2 Satz 1 WaffG jedoch erlaubnispflichtige Schusswaffen und Munition verwendet werden, ist nach § 9 Abs. 3 WaffG zu prüfen, ob gegebenenfalls Auflagen zu sicherheitstechnischen Überprüfungen festzusetzen sind, die sich möglicherweise an der Intensität der Nutzung orientieren können.

Falls Zweifel an dem ordnungsgemäßen Zustand oder den erforderlichen sicherheitstechnischen Einrichtungen bestehen, kann die zuständige Behörde die Schießstätte in sicherheitstechnischer Hinsicht überprüfen oder von dem Erlaubnisinhaber die Vorlage eines Gutachtens eines anerkannten[300] Schießstandsachverständigen verlangen.

Die Kosten hierfür sind vom Erlaubnisinhaber zu tragen.[301]

Die örtliche Zuständigkeit ergibt sich aus dem Landesrecht.

Es ergeben sich aus diesem Sachzusammenhang heraus verschiedene Möglichkeiten, diese gesetzliche Regelung umzusetzen:

1. Erfassung aller Schießstätten, Anlage eines Terminkalenders und eigene Überprüfung.

---

[299] *§ 27a Abs. 1 WaffG*

[300] *§ 27a Abs. 1, 4 WaffG*

[301] *§ 27a Abs. 1 Satz 5 WaffG*

2. Die Erteilung einer befristeten Betriebserlaubnis von 4 bzw. 6 Jahren. Das bedeutet, dass der Betreiber vor Ablauf dieser Zeit einen erneuten Antrag zur Prüfung und Genehmigung durch den Betreiber vorgelegt werden muss.

3. Die Erteilung einer unbefristeten Betriebserlaubnis mit der Auflage, innerhalb der Frist von 4 bzw. 6 Jahren ein sicherheitstechnisches Gutachten vorzulegen. Wenn das Gutachten nicht fristgerecht bei der Behörde vorliegt, kann die Behörde ein entsprechendes Gutachten auf Kosten des Betreibers und auf der Grundlage des Gesetzes über die Vergütung von Sachverständigen erstellen lassen oder nach Fristsetzung die Betriebserlaubnis widerrufen.

Werden bei der Überprüfung Mängel festgestellt, die eine Gefährdung der Benutzer der Schießstätte oder Dritter befürchten lassen, kann die zuständige Behörde die weitere Benutzung der Schießstätte bis zur Beseitigung der Mängel untersagen. Der weitere Betrieb oder die Nutzung der Schießstätte ist im Falle der Untersagung nach Satz 1 verboten.[302]

5.1.6 Zusammenfassung, Anerkennung von Sachverständigen

Die derzeitige Rechtslage begründet für die zuständige Behörde zweifelsfrei die Verpflichtung, alle genehmigten Schießstätten in regelmäßigen Abständen von vier bzw. sechs Jahren zu überprüfen (Regelprüfungen).

§ 27a Abs. 1 Satz 4 WaffG gibt der zuständigen Behörde aber <u>**über die Regelprüfung hinaus**</u> die Befugnis,

1. eine „Sonderprüfung“ der Schießstätte außerhalb der Regelprüfung vorzunehmen oder

2. vom Erlaubnisinhaber die Vorlage eines Gutachtens eines anerkannten Schießstandsachverständigen zu verlangen,

sofern Zweifel am ordnungsgemäßen Zustand der Schießstätte oder ihrer sicherheitstechnischen Einrichtung bestehen.

---

[302] *§ 27a Abs. 2 WaffG*

Die WaffVwV weist in ihrer Nr. 27.1.6 ausdrücklich darauf hin, dass es diese beiden Anlässe zur Überprüfung Regelprüfung bzw. anlassbezogene Sonderprüfung gibt.[303]

An gleicher Fundstelle gibt die WaffVwV den Hinweis, dass sich die zuständige Behörde auch für die Regelprüfung nach Satz 1 Nummer 1 in der Regel eines anerkannten Schießstandsachverständigen bedient, indem sie den Auftrag zur Prüfung erteilt.

Die Anerkennung und das Verfahren zur Anerkennung von Schießstandsachverständigen ist nach § 27a Abs. 4 WaffG durch eine Landesveordnung zu regeln. Ist eine solche Landesverodnung noch nicht erlassen worden, sind nach § 58 Abs. 23 WaffG die Regelungen in § 12 Abs. 4 bis 6 AWaffV in der am 19. Februar 2020 geltenden Fassung[304] anzuwenden:

(4) Anerkannte Schießstandsachverständige nach Absatz 1 sind

1. öffentlich bestellte und vereidigte Sachverständige für das Fachgebiet „Sicherheit von nichtmilitärischen Schießständen", die auf der Grundlage der in Absatz 3 genannten Schießstandrichtlinien in der jeweils geltenden Fassung von Lehrgangsträgern ausgebildet sind,

2. auf der Basis polizeilicher oder militärischer Regelungen als Schießstandsachverständige ausgebildete Personen, die auf der Grundlage der in Absatz 3 genannten Schießstandrichtlinien in der jeweils geltenden Fassung regelmäßig fortgebildet worden sind.

(5) Eine Bestellung darf erfolgen, wenn die fachlichen Bestellungsvoraussetzungen auf dem Sachgebiet „Sicherheit von nichtmilitärischen Schießstätten" (herausgegeben vom Institut für Sachverständigenwesen e.V., Köln) in einer Prüfung nachgewiesen worden sind. § 16 findet entsprechende Anwendung.

(6) Als anerkannte Schießstandsachverständige gelten auch diejenigen, die bis zum 31. März 2008 auf der Grundlage bisheriger Schießstandrichtlinien ausgebildet und regelmäßig fortgebildet worden sind. Die Anerkennung nach Satz 1 erlischt zum 1. Januar 2015, sofern keine öffentliche Bestellung für das Fachgebiet „Sicherheit von nichtmilitärischen Schießständen" erfolgt ist.

---

[303] *In diesem Buch abgedruckt, siehe Seite 415*

[304] *Abgedruckt auch ab Seite 428*

Als Inhaber einer waffenrechtlichen Erlaubnis nach § 27 WaffG kann den Schießanlagenbetreibern der durch eine Regelprüfung entstandene Verwaltungsaufwand in Rechnung gestellt werden. Dabei sind in dem Verwaltungsaufwand auch die Kosten einzurechnen, die der Behörde z. B. durch die Beauftragung eines Sachverständigen entstanden sind.

Durch das Grundsatzurteil vom 01.09.2009 (Az. 6 C 30.08) hat das Bundesverwaltungsgericht abschließend entschieden, dass der Inhaber einer waffenrechtlichen Erlaubnis Gebührenschuldner des durch eine Regelprüfung entstandenen Verwaltungsaufwandes ist, da er die Vornahme dieser Amtshandlung veranlasst hat. Dieses Urteil wird auch maßgebliche Grundlage für die Kostenentscheidung der Regelprüfung nach § 27a Abs. 1 WaffG sein.

Auf Veranlassung ergeht eine Amtshandlung außer in den Fällen der formellen Antragstellung nämlich auch dann, wenn auf andere Weise ein Arbeitsvorgang der Waffenbehörde im Pflichtenkreis des Betroffenen erfolgen muss. Dies ist bei der Regelprüfung der Fall, da die Behörde zur Prüfung gesetzlich verpflichtet und eine solche Prüfung Voraussetzung für die weitere Inhaberschaft einer waffenrechtlichen Erlaubnis ist.

Ein Beispiel aus der Praxis...

Für die zuständige Behörde gibt es wenigstens zwei Möglichkeiten:

Variante 1: Die Behörde fordert vom Schießstandbetreiber eine Regelprüfung durch einen anerkannten Schießstandsachverständigen.

Ergebnis: Alles ist so wie es in den meisten Fällen immer war.

Der Außenstehende mag im Glauben sein, dass jede diesbezügliche Tätigkeit des Sachverständigen ein Gutachten ist und darin kein Unterschied zur Regelprüfung besteht.

Dem ist eben nicht so und es drückt sich deutlich im Umfang und letztendlich auch in den damit verbundenen Kosten aus.

Variante 2: Die Behörde beauftragt einen anerkannten Schießstandsachverständigen, im Auftrag der Behörde die Regelprüfung der Schießanlage durchzuführen.
Ergebnis: Dann ist dieser Sachverständige an die Gebührenordnung für Zeugen und Sachverständige gebunden.

Das bedeutet:

- *Wenigstens 130,00 € / Std. (nach Anlage 1 zu § 9 Abs. 1 S. 1 JVEG für Sachgebiet 24.4, „Maschinen und Anlagen") vom Verlassen des Büros zum Ortstermin bis zur Rückkehr ins Büro.*
- *Das bedeutet: 130,00 € für jede Stunde der häuslichen Arbeit.*
- *Das bedeutet Kosten für jede geschriebene Seite, für jedes Bild und für jede Kopie.*
- *Das bedeutet einen Verwaltungskostenzuschlag für die Behörde, weil nicht der Schießstandbetreiber, sondern die Behörde der Auftraggeber für den Sachverständigen ist.*
- *Das bedeutet, dass dem Sachverständigen keine Möglichkeit bleibt, seinen Vertrag selbst zu gestalten und z. B. für die Regelprüfung zum Kindervogelschießen zu Selbstkosten direkt mit dem Betreiber auch zu niedrigeren Sätzen oder pauschal abzurechnen.*

Während die Kosten für die Regelprüfung durch die Entscheidung des Bundesverwaltungsgerichtes abschließend beschieden ist, wird für die „Sonderprüfung" in § 27a Abs. 1 WaffG bereits festgestellt, dass die Kosten für die Maßnahme (egal ob nach Nr. 1 oder Nr. 2) vom Erlaubnisinhaber zu tragen sind.

5.1.7 Aufsichten

Informationen zum Themenkreis „Aufsicht" finden Sie im Kapitel „Betreiberpflichten" ab Seite 360 sowie im Kapitel 1.7.3 ff.

5.1.8 Ausnahmen von den Erlaubnispflichten auf Schießstätten

Eine Ausnahme zum Erwerb und Besitz einer Schusswaffe bedarf nicht, wer diese auf einer Schießstätte lediglich vorübergehend zum Schießen auf dieser Schießstätte erwirbt.[305]

Eine Erlaubnis zum Erwerb und Besitz von Munition bedarf nicht, wer diese zum Schießen und damit zum sofortigen Verbrauch lediglich auf dieser Schießstätte erwirbt.[306]

---

[305] *§ 12 Abs. 1 Nr. 5 WaffG*

[306] *§ 12 Abs. 2 Nr. 2 WaffG*

Eine Erlaubnis zum Führen einer Schusswaffe bedarf nicht, wer mit Zustimmung eines anderen diese auf dessen Schießstätte zu einem von seinem Bedürfnis umfassten Zweck oder im Zusammenhang damit führt.[307]

Eine Erlaubnis zum Führen einer Langwaffe bedarf nicht, wer sie nicht schussbereit als Teilnehmer einer Sportveranstaltung auf festgelegter Wegstrecke führt und an Schießständen schießt.[308] (Biathlon)

Eine Erlaubnis zum Schießen mit einer Schusswaffe bedarf nicht, wer auf einer Schießstätte schießt.[309]

Beachten Sie die ausführlicheren Ausführungen in Kapitel 1.5.1 ff.

5.2 Umweltschutzrecht

5.2.1 Bundes-Immissionsschutzgesetz (BImSchG)

Zweck dieses Gesetzes ist es, Menschen, Tiere und Pflanzen, den Boden, das Wasser, die Atmosphäre sowie Kultur- und sonstige Sachgüter vor schädlichen Umwelteinwirkungen und, soweit es sich um genehmigungsbedürftige Anlagen handelt, auch vor Gefahren, erheblichen Nachteilen und erheblichen Belästigungen, die auf andere Weise herbeigeführt werden, zu schützen und dem Entstehen schädlicher Umwelteinwirkungen vorzubeugen.

Auf der Ermächtigungsgrundlage des § 4 Absatz 1 Satz 3 des BImSchG wurde die Vierte Verordnung zur Durchführung des BImSchG vom 02.05.2013 erlassen. Durch diese Verordnung wird das vereinfachte Verfahren für bestimmte Anlagen geregelt.

§ 1 (Genehmigungspflichtige Anlagen) bestimmt, dass die Errichtung und der Betrieb der im Anhang genannten Anlagen bedürfen einer Genehmigung bedürfen.

Auszug aus dem Anhang:

---

[307] *§ 12 Abs. 3 Nr. 1 WaffG*

[308] *§ 12 Abs. 3 Nr. 2 WaffG*

[309] *§ 12 Abs. 4 WaffG*

10.18 – Schießstände für Handfeuerwaffen, ausgenommen solche in geschlossenen Räumen und solche für Schusswaffen bis zu einem Kaliber von 5,6 mm lfB (.22 l.r.) für Munition mit Randfeuerzündung, wenn die Mündungsenergie der Geschosse höchstens 200 Joule (J) beträgt, (Kleinkaliberwaffen) und Schießplätze, ausgenommen solche für Kleinkaliberwaffen;

Die **Betreiberpflichten** einer genehmigungsbedürftigen Anlage ergeben sich aus § 5 BImSchG. Z.B:

- Schädliche Umwelteinwirkungen und sonstige Gefahren
- Maßnahmen zur Emissionsbegrenzung
- Reststoffvermeidung
- Nutzung der Abwärme

Der Betreiber hat sicherzustellen, dass auch nach der Betriebseinstellung derartige Beeinträchtigungen nicht auftreten und vorhandene Reststoffe ordnungsgemäß und schadlos verwertet oder als Abfälle ohne Beeinträchtigung des Wohles der Allgemeinheit beseitigt werden.[310]

Der überwiegende Teil der Geschosse wird bestimmungsgemäß durch den Geschossfang aufgenommen. Dennoch können je nach der Art des Geschossfanges Geschosse, Geschossreste oder Bleistaub den Boden belasten.

Im weitesten Sinne sollte jeder Betreiber einer Schießanlage, auch der einer nichtgenehmigungsbedürftigen Anlage, ein Entsorgungskonzept für die auf der Anlage anfallenden Reststoffe nachweisen, weil auch hier außer Hausmüll bleihaltige Geschossreste, Patronenhülsen oder Treibladungspulverreste anfallen. Auch auf nichtgenehmigungsbedürftigen Anlagen fallen außer Hausmüll bleihaltige Geschossreste, Patronenhülsen oder Treibladungspulverreste an.

5.2.2 Weitere umweltrechtliche Regelungen

5.2.2.1 Grundwasserverordnung

Vor allen ist bei dem Betrieb von Wurfscheibenanlagen auf mögliche Belastungen des Grundwassers zu achten.

---

[310] *BImSchG § 5 Abs. 3*

Stoffe der Liste I der GrundwasserVO dürfen nicht in das Grundwasser gelangen. (Das sind z.B. polycyklische aromatische Kohlenwasserstoffe – PAK der Standardwurfscheibe)

Stoffe der Liste II (Blei) dürfen das Grundwasser nicht schädlich verunreinigen.

5.2.2.2 Wasserhaushaltsgesetz (WHG)

§ 26 Absatz 1 des WHG bestimmt, dass feste Stoffe nicht in ein Gewässer eingebracht werden dürfen, um sich ihrer zu entledigen.

5.2.2.3 Sicherheitsdatenblätter der EG über Blei

Nach Inhalt der Datenblätter sind ökotoxische Wirkungen insbesondere auf Wasserorganismen zu erwarten. Eine besondere Gefahr für das Trinkwasser besteht dann, wenn das biologische Gleichgewicht zwischen den Wasserorganismen gestört wird.

5.2.2.4 Bundesbodenschutzgesetz

Das Bundesbodenschutzgesetz[311] schreibt notwendige Untersuchungen vor, wenn Anhaltspunkte für eine schädliche Bodenveränderung vorliegen.

5.3 Baurechtliche Bestimmungen

5.3.1 Allgemeine Hinweise und Bestimmungen

§ 27a WaffG verwendet den Begriff des anerkannten Sachverständigen, ohne eine gesetzliche Definition zu geben. Aufgrund der Übergangsbestimmungen in § 58 Abs. 23 WaffG gelten die Vorschriften des § 12 Abs. 4 bis 6 AWaffV[312] in der am 19. Februar 2020 geltenden Fassung fort, solange eine Landesregierung für ihren Zuständigkeitsbereich keine neue Rechtsverordnung nach § 27a Abs. 4 WaffG erlassen hat.

---

[311] *§ 9 Abs. 2 BBSchG*

[312] *§ 12 Abs. 4 - 6 AWaffV, in diesem Buch abgedruckt ab Seite 428*

5.3.1.1 Der Schießstandsachverständige

Beachten Sie zum Begriff des „anerkannten Schießstandsachverständigen“ die Ausführungen in Kapitel 5.1.6.

Aufgaben der Schießstandsachverständigen sind

- o Beratung bei der Planung und der Ausführung und
- o gutachterliche Tätigkeit für Errichter und Behörden

Er ist zur persönlichen Weiterbildung verpflichtet.

Aus- und Fortbildung des Sachverständigen, insbesondere aber die Tätigkeit nach den Regeln der Sachverständigenordnung der IHK, unterliegen unter anderem folgenden Anforderungen:

- o unabhängig, weisungsfrei, gewissenhaft und unparteiisch,
- o Verpflichtung zur Fortbildung
- o Verpflichtung zur Verschwiegenheit
- o Haftung und
- o Versicherung

5.3.1.2 Rechtsbegriffe für die Sachverständigentätigkeit

Wesentliche Bewertungskriterien für Inhalt, Umfang und Ergebnis der Sachverständigentätigkeiten resultieren aus allgemeinen unbestimmten Rechtsbegriffen, die für jede Tätigkeit Maßstäbe gesetzt haben und nach den Bedingungen des Einzelfalles spezifiziert und konkretisiert werden müssen.

5.3.1.2.1 Sorgfalts- oder Verkehrssicherungspflicht

Für Tätigkeiten aller Art verlangt die Rechtsordnung, die jeweils angemessenen Sorgfalts- oder Verkehrssicherungspflichten zu beachten und bei eigenem Handeln (oder Unterlassen) ausreichend zu berücksichtigen.

Diese allgemeine Sorgfaltspflicht ist eine Pflicht

- o zum Handeln - oder Unterlassen
- o zum Vermeiden, Verhindern oder Vermindern von - abwendbaren - Gefahren für Benutzer oder Dritte

Für die Sachverständigentätigkeiten leitet sich daraus nachfolgende Verpflichten ab:

Wer

- o eine Gefahrenquelle schafft,
- o erkennt oder
- o hätte erkennen können hat die zum Schutze der Benutzer und unbeteiligter Dritter notwendigen und erforderlichen Maßnahmen zu ergreifen, um Gefahren aller Art bei bestimmungsgemäßer Verwendung vorbeugend sicher zu vermeiden.

Für das konkrete Auslegen der sich aus dieser allgemeinen Definition ergebenden Anforderungen an die einzelnen unterschiedlichen Sachverständigentätigkeiten kommt es auf die Bedingungen des jeweiligen Einzelfalles an,

- o auf die zutreffenden allgemein anerkannten Regeln der Technik,
- o das technisch Notwendige zu spezifizieren,
- o das technisch Erforderliche durch den stets darüber hinausgehenden Stand der Technik, zu differenzieren und nach den einzelnen Arbeitsbereichen zu definieren.

Die Inhalte und Grenzen werden durch zwei weitere unbestimmte Rechtsbegriffe gesetzt:

- o das technisch Mögliche und
- o das wirtschaftlich Zumutbare.

5.3.1.2.2 Das technisch Mögliche

Das notwendige Mindestmaß des technisch Möglichen wird produktspezifisch und anwendungsbezogen durch die dafür zutreffenden allgemein anerkannten Regeln der Technik bestimmt, die jeweils zeitpunktbezogen die konkreten, technisch inhaltlichen Anforderungen an Handeln - oder Unterlassen setzen.

5.3.1.2.3 Technische Regeln

Mit drei Grundformen

- o allgemein anerkannte Regeln der Technik,

- Stand der Technik und
- Stand von Wissenschaft und Technik.

werden – in Anlehnung an die vom Bundesverfassungsgericht in der Kalkar-Entscheidung (BVerfGE 49, 89 ff.) entwickelte Auslegung – bestimmte, gegeneinander abgegrenzte Anforderungsniveaus bezeichnet.

Welche der drei Grundformen zu wählen ist, richtet sich nach dem Gefährdungspotential der Materie, die geregelt werden soll, und seiner technischen Beherrschbarkeit.

„Allgemein anerkannte Regeln der Technik" sind schriftlich fixierte oder mündlich überlieferte technische Festlegungen für Verfahren, Einrichtungen und Betriebsweisen, die nach herrschender Auffassung der beteiligten Kreise (Fachleute, Anwender, Verbraucher und öffentliche Hand) geeignet sind, das gesetzlich vorgegebene Ziel zu erreichen, und die sich in der Praxis allgemein bewährt haben oder deren Bewährung nach herrschender Auffassung in überschaubarer Zeit bevorsteht.

„Der Stand der Technik" ist der Entwicklungsstand fortschrittlicher Verfahren, Einrichtungen und Betriebsweisen, der nach herrschender Auffassung führender Fachleute das Erreichen des gesetzlich vorgegebenen Zieles gesichert erscheinen lässt. Im Rahmen der gesetzlichen Zielvorgabe sind, als Teil der Verhältnismäßigkeitserwägungen, wirtschaftliche Gesichtspunkte zu berücksichtigen, in Teilbereichen, je nach gesetzlicher Zielvorgabe, allerdings nur nachrangig. Verfahren, Einrichtungen und Betriebsweisen oder vergleichbare Verfahren, müssen sich in der Praxis bewährt haben oder sollten – wenn dies noch nicht der Fall ist – möglichst im Betrieb mit Erfolg erprobt worden sein.

Stand von Wissenschaft und Technik ist der Entwicklungsstand fortschrittlichster Verfahren, Einrichtungen und Betriebsweisen, die nach Auffassung führender Fachleute aus Wissenschaft und Technik auf der Grundlage neuester wissenschaftlich vertretbarer Erkenntnisse im Hinblick auf das gesetzlich vorgegebene Ziel für erforderlich gehalten werden und das Erreichen dieses Ziels gesichert erscheinen lassen. Dabei können im Bereich der Gefahrenabwehr wirtschaftliche Gesichtspunkte – als Teil der Verhältnismäßigkeitserwägungen – keine Rolle spielen. Im Bereich der Vorsorge hat die Gefahrenabwehr Vorrang vor wirtschaftlichen Gesichtspunkten.

5.3.1.2.4 Stand der Technik im Waffenrecht

Die sicherheitstechnischen Anforderungen, die an Schießstätten zu stellen sind, ergeben sich aus den „Richtlinien für die Errichtung, die Abnahme und das Betreiben von Schießständen (Schießstandrichtlinien)". Das Bundesministerium des Innern hat die Schießstandrichtlinien nach Anhörung von Vertretern der Wissenschaft, der Betroffenen und der für das Waffenrecht zuständigen obersten Landesbehörden als **dem Stand der Technik** entsprechende Regeln erstellt und diese im Bundesanzeiger veröffentlicht.[313]

Verweist ein Gesetz auf den „Stand der Technik", dann ist eine Heranziehung eines Sachverständigen regelmäßig erforderlich.

Urteil BGH vom 24.05.2012 (VZR 182/12)

„DIN-Normen sind keine Rechtsnormen, sondern private technische Regelungen mit Empfehlungscharakter, die hinter den anerkannten Regeln der Technik zurückbleiben können, weil technische Entwicklungen und wissenschaftliche Erkenntnis in einem ständigen Wandel begriffen sind. (.......)

Ob es sich so verhält, kann zuverlässig nur durch Einholung eines Sachverständigengutachtens geklärt werden.

Verzichtet die Behörde auf den Sachverständigen, muss sie dies begründen (u.a. OVG Münster 9 A 129/08 vom 24.02.2011).

5.3.1.2.5 Das wirtschaftlich Zumutbare

Der wirtschaftliche Maßstab für Umfang und Inhalt des danach technisch Notwendigen und Erforderlichen wird beschrieben durch die wirtschaftliche Zumutbarkeit. Die wirtschaftliche Zumutbarkeit wird nicht durch Vorgaben der Betriebswirtschaft, des Käufers oder sonstiger wirtschaftlich orientierter Institutionen bestimmt. Das wirtschaftlich Zumutbare bestimmt sich allein aus den voraussehbaren Folgen beim Versagen der einzelnen Erzeugnisse, Anlagen, Maschinen unter allen voraussehbaren Einsatzbedingungen.

Die Ausrichtung des wirtschaftlich Zumutbaren an den voraussehbaren Folgen von Schäden schafft die notwendige Differenzierung nach den Folgen von Schäden. Sind Personenschäden voraussehbar, ist das Maß des

---

[313] § §27a Abs. 3 WaffG

wirtschaftlich Zumutbaren erheblich höher als wenn nur Sachschäden zu befürchten sind. Die sich daraus ergebenden einzelnen Abstufungen an die Inhalte der einzelnen Tätigkeiten sind produktspezifisch und anwendungsbezogen auszufüllen.

Aus den allgemeinen und abgeleiteten zu erfüllenden Sorgfaltspflichten der Handelnden leiten sich spezifische zu erfüllende Kardinalpflichten ab, die ebenfalls im Einzelfall zu definieren und zu konkretisieren sind.

Sogenannte Kardinalpflichten sind Pflichten, für die sich der Handelnde (oder Unterlassende) nicht freizeichnen und die er auch nicht auf andere Institutionen oder Personen delegieren kann. Was das konkret im Einzelnen enthält, kann wiederum nur aus den Bedingungen des Einzelfalles abgeleitet werden.

5.3.1.3 Prüfung der Schießstätte durch den Sachbearbeiter mit oder ohne den Sachverständigen

Betrachten wir zunächst die gesetzliche Grundlage für die sicherheitstechnische Prüfung einer Schießstätte.

Waffengesetz (WaffG) § 27a

Sicherheitstechnische Prüfung von Schießstätten; Verordnungsermächtigung

(1) Schießstätten sind vor ihrer ersten Inbetriebnahme und bei wesentlichen Änderungen in der Beschaffenheit hinsichtlich der sicherheitstechnischen Anforderungen durch die zuständige Behörde unter Hinzuziehung eines anerkannten Schießstandsachverständigen zu überprüfen. Schießstätten, auf denen mit erlaubnispflichtigen Schusswaffen geschossen wird, sind zusätzlich alle vier Jahre nach Satz 1 durch die zuständige Behörde zu überprüfen. Ist das Schießen auf einer Schießstätte nur mit erlaubnisfreien Schusswaffen zulässig, so beträgt der Abstand zwischen den Überprüfungen nach Satz 2 höchstens sechs Jahre. Falls Zweifel an dem ordnungsgemäßen Zustand oder den erforderlichen schießtechnischen Einrichtungen bestehen, kann die zuständige Behörde die Schießstätte in sicherheitstechnischer Hinsicht unter Hinzuziehung eines anerkannten Schießstandsachverständigen überprüfen oder von dem Erlaubnisinhaber die Vorlage eines Gutachtens eines anerkannten Schießstandsachverständigen verlangen. Die Kosten für die Hinzuziehung eines anerkannten

Schießstandsachverständigen bei den Überprüfungen nach den Sätzen 1 bis 4 hat der Betreiber der Schießstätte zu tragen.

Absatz 1 des § 27a WaffG nimmt die zuständige Behörde in die Pflicht, bestimmt also, dass die zuständige Behörde tätig werden muss.

Ein Schießstandsachverständiger ist vor der ersten Inbetriebnahme und bei wesentlichen Änderungen oder wenn Zweifel an dem ordnungsgemäßen Zustand oder den erforderlichen schießtechnischen Einrichtungen bestehen unter Hinzuziehung eines anerkannten Schießstandsachverständigen zu überprüfen oder vom Erlaubnisinhaber die Vorlage eines Gutachten eines anerkannten Schießstandsachverständigen verlangen.

Zu beachten ist das Amtsermittlungsprinzip aus dem Untersuchungsgrundsatz nach § 24 VwVfG i. V. mit § 27 Abs. 1 WaffG.

§ 24 Untersuchungsgrundsatz

(1) Die Behörde ermittelt den Sachverhalt von Amts wegen. Sie bestimmt Art und Umfang der Ermittlungen; an das Vorbringen und an die Beweisanträge der Beteiligten ist sie nicht gebunden.

(2) Die Behörde hat alle für den Einzelfall bedeutsamen, auch die für die Beteiligten günstigen Umstände zu berücksichtigen.

(3) Die Behörde darf die Entgegennahme von Erklärungen oder Anträgen, die in ihren Zuständigkeitsbereich fallen, nicht deshalb verweigern, weil sie die Erklärung oder den Antrag in der Sache für unzulässig oder unbegründet hält.

Die Sicherung von Beweismitteln nach pflichtgemäßem Ermessen zur Ermittlung des Sachverhalts nach § 26 Abs. 1 Nr. 2 VwVfG kann insbesondere auch die Hinzuziehung von Sachverständigen (Beurteilungsspielraum) erfolgen.

§ 26 Beweismittel

(1) Die Behörde bedient sich der Beweismittel, die sie nach pflichtgemäßem Ermessen zur Ermittlung des Sachverhalts für erforderlich hält. Sie kann insbesondere

1. *Auskünfte jeder Art einholen,*
2. *Beteiligte anhören, Zeugen und Sachverständige vernehmen oder die schriftliche oder elektronische Äußerung von Beteiligten, Sachverständigen und Zeugen einholen,*
3. *Urkunden und Akten beiziehen,*
4. *den Augenschein einnehmen.*

(2) Die Beteiligten sollen bei der Ermittlung des Sachverhalts mitwirken. Sie sollen insbesondere ihnen bekannte Tatsachen und Beweismittel angeben. Eine weitergehende Pflicht, bei der Ermittlung des Sachverhalts mitzuwirken, insbesondere eine Pflicht zum persönlichen Erscheinen oder zur Aussage, besteht nur, soweit sie durch Rechtsvorschrift besonders vorgesehen ist.

(3) Für Zeugen und Sachverständige besteht eine Pflicht zur Aussage oder zur Erstattung von Gutachten, wenn sie durch Rechtsvorschrift vorgesehen ist. Falls die Behörde Zeugen und Sachverständige herangezogen hat, erhalten sie auf Antrag in entsprechender Anwendung des Justizvergütungs- und -entschädigungsgesetzes eine Entschädigung oder Vergütung.

5.3.2 Grundsätzlicher Aufbau und Inhalt eines Gutachtens

Beschreibung und Einordnung der Schießstätte im Sinne der Schießstandrichtlinien; Verwendung einheitlicher Begriffe

Ablagetisch
Tisch zur Ablage von Waffen oder Munition im Schützenstand.

Abpraller
Ein Abpraller ist ein Geschoss, das nach Abprallen von Flächen oder Anprallen an Gegenständen aus seiner ursprünglichen Flugrichtung ausgelenkt worden ist und nach einer gewissen Strecke wieder stabil fliegt, das heißt mit der Längsachse in Flugrichtung.

Antragshöhe
Als Antragshöhe wird der jeweils angenommene Ausgangspunkt im Schützenstand bezeichnet, von dem aus Höhe und Standort der ersten Hochblende berechnet werden müssen.

Anschlagshöhe
Die Anschlagshöhe ist der Abstand zwischen dem Niveau der Standfläche und der Mündung einer horizontal gehaltenen Waffe im stehenden, knienden oder liegenden Anschlag.

Anzeigerdeckung
Unter Anzeigerdeckung versteht man einen beschussgesicherten Raum im Bereich des Scheibenstandes, der zum Aufenthalt von Personen zur Trefferaufnahme dient.

Blende
Blenden sind allgemein schützenseitig angeordnete durchschusssichere Absicherungen von Öffnungen, Strom führenden Leitungen sowie Ver- und Entsorgungseinrichtungen gegen Projektileinwirkung.

Brüstung

Eine Brüstung ist eine quer zur Schussrichtung stehende meist durchgehende Ablagemöglichkeit in Schussrichtung hinter der Feuer- oder Schießlinie bei stationär genutzten Schießständen.

Druckluftwaffen (DL-Waffen)

Als DL-Waffen werden umgangssprachlich Druckluft-, Federdruckwaffen und Waffen bezeichnet, bei denen zum Antrieb der Geschosse kalte Treibgase in der Regel bis zu einer E_0 von 7,5 J verwendet werden; siehe auch Kapitel 1.6.2.2

Fangdach

Ein Fangdach befindet sich über einem Geschossfang und soll absetzende Geschosse oder Geschossfragmente auffangen sowie zusätzlich einen Witterungsschutz schaffen.

Feuerlinie

Als Feuerlinie (auch Schieß- oder Nulllinie) bezeichnet man diejenige Linie im Schützenstand, an der die Schützen ihre zulässige Position beim Schießen einnehmen. Bei Schießständen ohne Brüstung befindet sich die Feuerlinie als Markierung am Boden, die nicht überschritten werden darf (deshalb auch Fußlinie).

Freiflieger

Als Freiflieger werden solche Geschosse bezeichnet, die eine Schießbahn ungehindert verlassen.

Gefahrenbereich

Als Gefahrenbereich wird der Bereich eines offenen oder teilgedeckten Schießstandes bezeichnet, in dem in Schussrichtung bei fehlender oder unzureichender baulicher Absicherung eine Gefährdung des Hintergeländes durch Querschläger, Abpraller oder Freiflieger eintreten kann; siehe auch Kapitel 3.5

Gefahrenbereich Schrot

Bei Schrotschießständen (ohne Abschirmung des Gefahrenbereiches) ist der Gefahrenbereich aufgrund der Außenballistik der Schrote in einen unmittelbaren und einen mittelbaren Gefahrenbereich zu unterteilen; siehe auch Kapitel 3.5

Gefahrenbereich Einzelgeschosse

Der Gefahrenbereich wird durch einen Sicherheitswinkel von 25° seitlich der jeweils äußeren Schießbahnen und der maximalen Gesamtschussweite der auf dem Schießstand verwendeten Geschosse bestimmt; siehe auch Kapitel 3.5

Geschoss
Je nach Munitionsart unterscheidet man Einzelgeschosse und Schrote. Einzelgeschosse können wie Schrote vollkommen aus Blei oder aus überwiegend bleihaltigen Geschosskernen bestehen, die von Geschossmänteln aus Kupfer, Tombak oder Stahl ummantelt sind (Mantelgeschosse); siehe auch Kapitel 2.6

Geschossbahn
Unter Geschossbahn versteht man den Teilabschnitt einer Schießbahn, der sich zwischen einer Schützenposition und dem jeweiligen, diesem zuzuordnenden Teil des Scheibenstandes bis zum Geschossfang befindet.

Geschossfang
Ein Geschossfang ist eine in sich geschlossene Baugruppe, die als technische Einrichtung oder Anlage in Schießständen dazu dient, die Geschossenergie gefahrlos abzubauen und die Geschosse (Projektile) bzw. deren Teile aufzunehmen.

Geschossfangkammer
Unter Geschossfangkammer versteht man den Raum, der zur Aufnahme des Geschossfanges bzw. des Geschossfangmaterials dient.

Hochblenden
Hochblenden sind über der Schießbahn eingebaute, quer zur Schussrichtung angeordnete durchschusssichere Bauteile, die die Höhensicherung bei offenen Schießständen gewährleisten.

Höhensicherung
Höhensicherung ist die unter dem in den Schießstandrichtlinien vorgegebenen Höhenwinkel notwendige durchschusssichere Absicherung eines Schießstandes nach oben hin.

Höchstschussweite
Unter Höchstschussweite versteht man die maximale Entfernung, die ein Geschoss bei günstigstem Abgangswinkel erreichen kann; siehe auch Kapitel 3.5

Jagdparcours

Auf einem Jagdparcours wird auf Flugziele in Form verschiedener Arten von Wurfscheiben sowie auf Bodenziele (Rollhase) geschossen. Dazu wird in einem Gelände eine größere Anzahl von unterschiedlichen Wurfmaschinen aufgestellt, die außerhalb von Wurfschemas nach den genehmigten Sportordnungen oder Schießvorschriften die Ziele in Höhe und Weite darstellen.

Kaliber
Das Kaliber ist ein Maß sowohl für den Durchmesser von Geschossen als auch für den Innendurchmesser des Laufes einer Waffe. Handelt es sich um einen gezogenen Lauf, so unterscheidet man zwischen Feldkaliber (Durchmesser zwischen den Feldern) und dem Zugkaliber (Durchmesser zwischen den Zügen). Oft wird das Wort Kaliber auch in der Bedeutung einer Munitionsbezeichnung benutzt; siehe auch Kapitel 2.10

Kipphase

Der Kipphase ist eine mehrteilige Zieldarstellung aus Stahlblech mit den äußeren Konturen eines Hasen, die zum jagdlichen Übungsschießen mit Schrot verwendet wird.

Kompakt-Parcours

Als Kompakt-Parcours werden Schrotschießstände bezeichnet, die aus einer Trap- oder Skeet-Anlage bzw. einer kombinierten Trap- / Skeet-Anlage bestehen und durch Aufstellen zusätzlicher Maschinen für Flug- und/oder Bodenziele individuell erweitert werden.

Kurzwaffe / Langwaffe

Langwaffen (LW) sind im waffenrechtlichen Sinn Schusswaffen, deren Lauf und Verschluss in geschlossener Stellung insgesamt länger als 30 cm sind und deren kürzeste bestimmungsgemäß verwendbare Gesamtlänge 60 cm überschreitet; Kurzwaffen sind alle anderen Schusswaffen; siehe zur Bestimmung auch Kapitel 2.1.4 ff.

Mehrdistanzschießen

Beim Mehrdistanzschießen erfolgt eine Schussabgabe nicht nur von einem festen bzw. stationären Schützenstand aus, sondern von verschiedenen Schützenpositionen innerhalb der Schießbahn. Es ist zwischen dem stationären und bewegungsorientierten Mehrdistanzschießen zu unterscheiden.

Patrone

Eine Patrone besteht als sogenannte Einheitsmunition aus Hülse, Anzündung (Zündhütchen), Treib- bzw. Pulverladung sowie Einzelgeschoss oder Schrotvorlage; siehe auch Kapitel 2.5 ff.

Pritsche

Eine Pritsche ist eine Einrichtung im Schützenstand, von der die Person liegend oder kniend schießt.

Projektil
Ein Projektil ist ein verschossenes Geschoss.

Querschläger
Ein Querschläger ist ein unstabil fliegendes Geschoss, das mit seiner Längsachse quer zur Flugrichtung fliegt.

Raumschießanlage
Eine Raumschießanlage (RSA) ist ein vollständig geschlossener Schießstand, dessen Umfassungsbauteile (Wände, Decke, Boden) verhindern, dass Geschosse diesen verlassen können.

Schallschutzschleuse
Eine Schallschutzschleuse befindet sich bei Raumschießanlagen zwischen dem Schießstand und Fluren oder Aufenthaltsräumen. Sie dient dazu, beim Betreten der RSA eine Schallübertragung in diese Räume zu unterbinden.

Schallimmissionsprognose
Unter einer Schallimmissionsprognose versteht man die Berechnung von Schalldruckpegeln am Immissionsort, die sich anhand des Waffentyps, der Lauflänge und der Geschossenergie abschätzen lassen. Dabei wird der über die beabsichtigte Nutzung der Schießanlage errechnete Beurteilungspegel mit dem Immissionsrichtwert verglichen.

Es wird zum einen unterschieden zwischen detaillierten Prognosen mit hohem Genauigkeitsgrad, die üblicherweise für genehmigungsbedürftige Anlagen vorgelegt werden müssen. Zum anderen sind überschlägige Prognosen mit geringerem Genauigkeitsgrad für die Planung und diejenigen Fälle anzuwenden, in denen die nach ihr berechneten Beurteilungspegel voraussichtlich zu keinem Überschreiten der Immissionsrichtwerte führen.

Scheibe (Zielscheibe)

Eine Scheibe ist die Kombination aus Zieldarstellung und dem Teil der umgebenden Kontrastfläche, also der zur Feststellung der Lage des in der Zielebene (= Messebene) aufgetroffenen Geschosses notwendigen Zielfläche. Bei Scheiben aus Papier oder Pappe befinden sich hier Ringeinteilungen als

Wertungs- bzw. Trefferzone. Die gesamten Scheibenformate (siehe die entsprechenden Vorgaben der genehmigten Sportordnungen der Schießsport betreibenden.

Bei elektronischen Scheiben gleichen die Scheibenbilder denen von Papierscheiben, die Ringeinteilung auf dem Scheibenbild kann fehlen. Der Spiegel und alle zählenden Ringe müssen messtechnisch erfasst werden können. Auf dem jeweiligen Schützenmonitor wird der gewertete Schuss in einem Bild mit der entsprechenden Ringscheibe dargestellt.

Scheibenstand
Der Scheibenstand umfasst den Bereich einer Schießbahn, der für die als Ziele dienenden festen oder beweglichen Zielobjekte sowie Zieldarstellungsflächen mit den notwendigen Vorrichtungen vorgesehen ist.

Schießbahn
Die Schießbahn umfasst den Raum ab dem Schützenstand bzw. der Feuer- oder Schießlinie (Null-Linie, 0-Linie) bis zum Schießbahnabschluss.

Schießbahnabschluss
Der Schießbahnabschluss stellt den durchschusssicheren Abschluss einer Schießbahn hinter dem Geschossfang dar. Man unterscheidet natürliche und gebaute Systeme.

Schießbahnsohle
Die Schießbahnsohle ist die Bodenfläche der Schießbahn.

Schießbude
Als Schießbude bezeichnet man eine ortsveränderliche Schießstätte zum Schießen mit Schusswaffen zur Belustigung.

Schießkino
Als Schießkino wird eine Raumschießanlage mit Bildwandtechnik bezeichnet.

Schießlinie
siehe Feuerlinie

Schießplatz
Der Begriff Schießplatz wird im Zusammenhang mit dem „Schießen" mit Modellkanonen und im militärischen Sprachgebrauch verwendet. Waffenrechtlich wird dieser Begriff im Zusammenhang mit einer Schießstätte oder als gleichbedeutender Begriff genannt.

Schießrampe
Die Schießrampe ist beim Biathlon der Teil des Schützenstandes, der zum Schießen zur Verfügung steht.

Schießstand
Der Schießstand ist die Örtlichkeit, auf bzw. in der geschossen wird. Er besteht aus dem Schützenstand und der Schießbahn mit Sicherheitsbauten bzw. Umfassungsbauteilen sowie ggf. dem Geschossfang.

Schießstätte
Als Schießstätte (Schießanlage) bezeichnet man die gesamte Anlage, die aus einem oder mehreren Schießständen sowie logistischen Einrichtungen, Umkleide- und Aufenthaltsräumen besteht. Zur Schießstätte gehört auch das Betriebsgrundstück mit eventuellen Parkplätzen.

Schneise
Als Schneise bezeichnet man die Strecke im Scheibenstand, auf der eine laufende oder fahrende Scheibe beschossen werden kann.

Schützenposition
Eine Schützenposition stellt den Teil des Schützenstandes dar, von dem aus auf eine oder mehrere Ziele geschossen wird.

Schützenstand
Der Schützenstand besteht in der Regel aus der Mehrzahl von Schützenpositionen eines Schießstandes einschließlich des Bereichs hinter den Schützen, der dem Aufenthalt der verantwortlichen Aufsichtspersonen, Kampfrichter etc. dient.

Seitensicherung
Unter Seitensicherung versteht man Sicherheitsbauten, die die Sicherheit eines Schießstandes zu den Seiten hin in Schussrichtung gesehen ergeben. Seitensicherungen sind z. B. Erdwälle oder Mauern.

Sicherheitsbauten
Sicherheitsbauten sind Bauteile eines Schießstandes, mit denen die innere und äußere Sicherheit beim ordnungsgemäßen Betrieb der Anlage gewährleistet wird.

Skeet

Wurfscheibenschießen, bei dem die Schützen im Halbkreis abwechselnd von 7 bzw. 8 Positionen (die sich auf der Kreislinie befinden) schießen. Die Wurfscheiben werden aus einem Hoch- und einem Niederhaus in gleichbleibender Weise (Entfernung, Höhe, Winkel und Richtung) geworfen.

Trap

Wurfscheibenschießen, bei dem bis zu 5 Schützen 11 Meter (jagdlich) oder 15 Meter (sportlich) hinter einem Unterstand stehen, aus dem mit bis zu 15 Wurfmaschinen (sog. Olympischen Graben) die Wurfscheiben in festgelegten Flugweiten, Flughöhen und Flugrichtungen bis zu einem Winkel von 45 Grad zu jeder Seite geworfen werden.

Zieldarstellungslinie
Die Zieldarstellungslinie ist der Bereich im Scheibenstand, an der sich eine Fläche zur Projektion der Zieldarstellungen befindet.

Zielobjekte

Zielobjekte sind mehrdimensionale reale bildlich wahrnehmbare Objekte, die bei Beschuss einen einzelnen Treffer nachvollziehbar darstellen, durch mechanische Reaktion (teilweise interaktiv) den Auftreffpunkt eines Geschosses optisch sichtbar bzw. erkennbar machen oder mittels elektroakustischer oder elektrooptischer Messverfahren den Auftreffpunkt des Projektils berechnen und bildlich darstellen lassen.

Zielobjekte als Scheiben müssen derart dargestellt werden, dass sie mit den nach den genehmigten Sportordnungen der anerkannten, Schießsport betreibenden Verbände bzw. die Schießvorschriften der jagdlichen Verbände zugelassenen Visier- bzw. Zielvorrichtungen der verwendeten Waffen eindeutig erkennbar sind. Diese Zieldarstellung erfolgt dabei in der Regel kontrastreich vor einem hellen Hintergrund.

Zwischenblende

Eine Zwischenblende ist eine bauliche Abtrennung mittig zwischen zwei Schützenpositionen und soll insbesondere bei zu geringem seitlichem Abstand Behinderungen der Schützen verhindern.

Zweck des Gutachtens

Planungs-, Abnahme-, Überprüfungsgutachten oder gutachterliche Stellungnahme (Einzelproblematik) unter Nennung des Auftraggebers. Hinweis, dass das Gutachten nur zu dem genannten Zweck verwendet werden darf (UrhG), Inhaltsverzeichnis.

Grundlagen und Unterlagen zum Gutachten

Bezug ist herzustellen zu den Schießstandrichtlinien, Rechtsgrundlagen, Bauplänen, Bauzeichnungen, Baubeschreibungen, Skizzen; Prüfung und Bewertung ob die Unterlagen gutachtenrelevant sind; Beschreibung des Aufgabenfeldes und Ausschluss anderer Bereiche; Hinweis auf einschränkende Bedingungen;

Ortsbesichtigung und / oder Objektbesichtigung

Ort, Datum und Beteiligte;

Planung und / oder Feststellungen vor Ort

Detaillierte Planung und / oder Darstellung der Feststellungen, Soll- / Ist-Abgleich, Anwendung ggf. auch alter Richtlinien zur Begründung des Bestandsschutzes; Abweichungen sind im Einzelfall zu begründen, die Begründungen sind ausführlich zu erläutern; der Stand der Technik ist zu beachten, notwendige Fachausdrücke sind zu erläutern.

Bewertung und Zusammenfassung

Mängelbezogene Bedingungen, mängelbezogene Auflagen, anlage- und nutzungsbezogene Auflagen

Folierung des Gutachtens

Nennung aller Seiten (durchlaufende Seitennummerierung), einschließlich Deckblatt und aller Anlagen; Angabe der Anzahl der Ausfertigungen;

Quellenangaben
benutzte Fachliteratur oder andere Informationsquellen nennen;

Unterschrift und ggf. Stempel

Der Sachverständige hat das Gutachten

- zeitgerecht und mängelfrei zu erstellen
- unter Anwendung aktueller Vorschriften, Richtlinien oder sonstiger Normen zu fertigen.
- objektiv und ohne jede äußere Beeinflussung zu erstellen.
- allgemeinverständlich und in den wesentlichen Teilen nachvollziehbar darzustellen.

Der Sachverständige hat in seinem Gutachten eine eindeutige Aussage darüber zu machen, ob

- die Anlage mängelfrei ist und für den weiteren Schießbetrieb freigegeben werden kann.
- die Anlage geringe Mängel hat und trotzdem möglicherweise mit Auflagen weiterbetrieben werden darf.

  Bei geringen Mängeln muss eine klare Aussage gemacht werden, ob die Schießstätte erneut besichtigt werden muss oder ob die schriftliche Erklärung des Betreibers ausreicht, dass die Mängel abgestellt sind.
- die Anlage erhebliche Mängel hat und der Schießbetrieb einzustellen ist. Bei erheblichen Mängeln, die zur Einstellung des Schießbetriebes geführt haben, ist grundsätzlich eine erneute Abnahme erforderlich.

Der Auftraggeber / Betreiber

- hat die Pflicht zur Informations- und / oder Auskunftserteilung und Vorlage aller ggf. bisherigen Erlaubnis- und Genehmigungsbescheide; er hat diesbezüglich eine Mitwirkungspflicht.
- ist zur Beachtung des Urheberrechts verpflichtet (keine Weitergabe des Gutachtens an Dritte ohne Zustimmung des Gutachters).
- darf das Gutachten nicht kürzen oder auszugsweise an Dritte weitergeben.
- er darf das Gutachten nur zu dem Zweck verwenden, für den es vertraglich bestimmt ist.
- darf nur für eigene Zwecke Fotokopien fertigen.
- hat die Pflicht zur Abnahme des beauftragten Gutachtens und zur Zahlung des Honorars incl. aller Nebenkosten und Auslagen.

5.3.3 Antrags- und Genehmigungsverfahren

Die Antragstellung durch den Betreiber erfolgt mit folgenden Unterlagen:

1. Für offene und geschlossene Anlagen:

- Bauzeichnungen mit Darstellung der Sicherheitsbauten
- Erläuterung der schießtechnischen Einrichtungen
- Beschreibung der für die Sicherheitsbauten vorgesehenen Baustoffe
- Angaben der zur Verwendung kommenden Munition
- Schießdisziplinen
- Betriebsanweisungen (Entwurf)

2. Für offene oder teilgedeckte Schießanlagen zusätzlich:

- Übersichtsplan
- Lageplan, Flurkarte
- Geländeprofilschnitte

3. Planungsgutachten

Dem Planungsgutachten kann eine Bauvoranfrage vorausgehen oder es kann Teil der Bauvoranfrage sein.

Im Rahmen eines geordneten Verfahrens wir der Betreiber alle geforderten Unterlagen im Rahmen des Planungsgutachtens bei der zuständigen Behörde einreichen.

Insbesondere bei umfangreichen Anlagen kann die Behörde einen zweiten Gutachter beauftragen, der in diesem Fall im Auftrag der Behörde die Planung überprüft und der Behörde Änderungen in der Ausführung oder Auflagen vorschlägt.

Die Kosten hat der Antragsteller/Betreiber zu tragen. Sie richten sich nach dem Gesetz über die Vergütung von Sachverständigen, Dolmetschern und Übersetzern sowie die Entschädigung von ehrenamtlichen Richtern, Zeugen und Dritten. (JVEG in der jeweils gültigen Fassung)

6 Technische Grundlagen für Schießanlagen

6.1 Baustoffe

Für die Herstellung von sicherheitstechnischen Einrichtungen in Schießständen sind Baustoffe einer bestimmten Art und Beschaffenheit erforderlich und daher zwingend vorzuschreiben. Die Materialien müssen vor ihrer Verwendung auf ihre Durchschusssicherheit bzw. Durchschusshemmung mit solchen Waffen und Munitions- bzw. Geschossarten, für die der Schießstand maximal zugelassen werden soll, erprobt worden sein. Für gebräuchliche Kaliber sind die erforderlichen Baumaterialien in entsprechenden Tabellen der Nr. 2.7 der Schießstandrichtlinien enthalten.

In den Ausführungen der Richtlinien stehen jedoch auch unbestimmte Baustoffe oftmals mit dem Hinweis „oder gleichwertige Materialien“. Hier muss zwingend auf die Nr. 2.7.4 der Richtlinie hingewiesen werden, die an die Verwendung anderer Baustoffe Beschussversuche voraussetzt, die entsprechend protokolliert und dokumentiert werden müssen.

Bei der Festlegung der Nutzung sind grundsätzlich folgende Geschossenergien der zur Verwendung kommenden Waffen zu Grunde zu legen:

Waffenart	**Geschossenergie (Standardwert)**
Langwaffen aller Kaliber	7.000 Joule
Kurzwaffen aller Kaliber	1.500 Joule
Vorderladerwaffen	Gebrauchsladung (BeschussV)
Waffen Kaliber .22 lfB.	200 Joule
Zimmerstutzen Kal. $\leq$ 4,65 mm	30 Joule
Armbrust	nach Messprotokoll E_1
Druckluft- und CO_2-Waffen	7,5 Joule
Flinten bis 12/76, Schrote 2,5 mm	nach Herstellerangabe

Die Prüfung anderer oder spezieller Materialien durch Beschuss kann in Anlehnung an die EN 1063 für durchschusshemmende Verglasungen erfolgen. Bei der Durchführung der Beschussprobe muss ein Schießstandsachverständiger anwesend sein. Der Beschuss gilt als erfüllt, wenn auf der Rückseite der Probe weder ein Durchschuss noch ein Splitterabgang festzustellen ist. Über das Ergebnis ist eine Niederschrift anzufertigen.

Neben der Durchschusssicherheit sind Rück- und/oder Abprallsicherheit der Baustoffe gesondert zu bewerten.

6.2 Be- und Entlüftung

Beim Schießen entsteht in teilgedeckten aber insbesondere in geschlossenen Schießanlagen eine Belastung der Atemluft durch Gase und Stäube. Eine ausreichend dimensionierte Be- und Entlüftungsanlage hat dafür zu sorgen, dass im Atembereich der Benutzer eines Schießstandes keine belastete Luft vorhanden ist bzw. die entstandene Belastung abtransportiert wird.

Die Leistungsanforderung der Be- und Entlüftungsanlage wird im Wesentlichen vom Raumvolumen, von der Art des Schießens und den Nutzern bestimmt. Wird die Anlage neben dem sportlichen Schießen auch gewerblich, z.B. von Bewachungsunternehmern genutzt, so sind zusätzliche Kriterien, die sich aus den einschlägigen Vorschriften zum Arbeitsschutz ergeben, zu beachten.

In teilgedeckten Anlagen ist das Lüftungsproblem in den meisten Fällen auf einfache Weise zu lösen, indem hinter dem Schützen Luft in Schussrichtung eingeblasen wird (offene Kolbenlüftung). Wird der Schießstand für das Schwarzpulverschießen zugelassen, so ist auch in teilgedeckten Anlagen eine derartige Belüftung grundsätzlich vorzusehen.

Aufgrund der komplizierten technischen Zusammenhänge ist für die Planung von Be- und Entlüftungsanlagen für Raumschießanlagen die Einschaltung eines Fachingenieurs zwingend notwendig. Dies sollte bereits bei der Planung des Schießstandes erfolgen, weil auch nur dann der entsprechende Platzbedarf für die gesamte Lüftungsanlage vorgesehen werden kann.

Grundsätzlich lassen sich zwei Lüftungsarten unterscheiden, die vom Aufbau und der Wirkungsweise und daher auch vom Einsatzbereich sehr unterschiedlich sind, nämlich Verdrängungslüftung und Mischlüftung.

Verdrängungslüftung (Kolbenlüftung)

Bei der Verdrängungslüftung wird die Zuluft turbulenzarm vornehmlich hinter dem Schützen und möglichst über die gesamte Rückwand eingeblasen. Die Absaugung der Luft geschieht in der Regel oben und an den Seiten des Geschossfanges. Die Luft schiebt sich bei dieser Art der Lüftung durch den gesamten Raum, wobei keine Rückströmung auftreten darf. Diese Be- und Entlüftung wird durch eine Luftaustrittsgeschwindigkeit an der Quellwand von ca. 0,25 m/s bezogen auf den gesamten Raumquerschnitt, bestimmt.

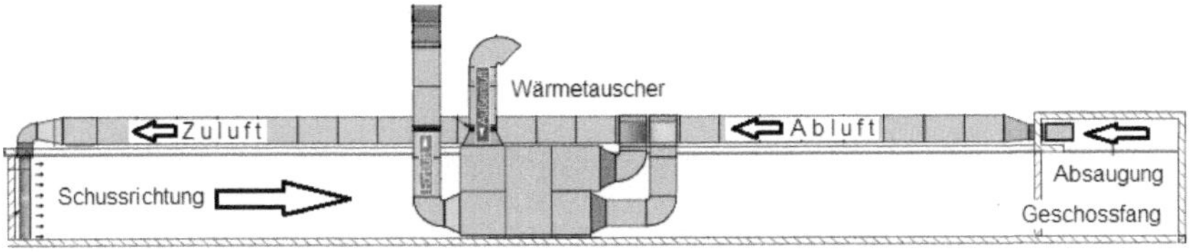

Mischlüftung (Verdünnungslüftung)

Bei der Mischlüftung wird Zuluft turbulent aus entsprechend gestalteten, Luftauslässen mit hoher Geschwindigkeit in den Schießraum geblasen, wobei sich die Zuluft mit der Raumluft vermischt. An unterschiedlichen Stellen der Schießbahn wird dann die belastete Luft abgesaugt. Diese Art der Lüftung wird durch einen erforderlichen Luftwechsel pro Stunde, bezogen auf den Bereich, in dem sich die Pulverschwaden nach dem Schuss hauptsächlich befinden, bestimmt. Neben dem zu berücksichtigendem Bereich bestimmen die Art und Menge der Munition und die Form der Nutzung das erforderliche Luftvolumen.

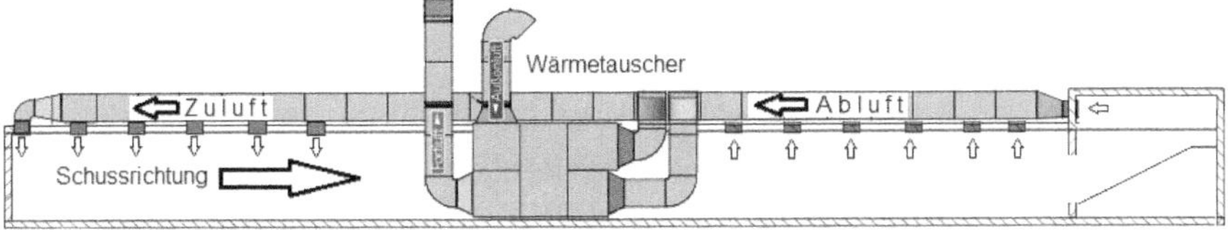

Planungshinweise

Bei der Planung und dem Betrieb raumlufttechnischer Anlagen sind nachfolgende grundsätzliche Hinweise zu beachten:

- Als Mindestluftgeschwindigkeit ist ein mittlerer Wert von 0,25 m/s, bezogen auf den gesamten Raumquerschnitt, nachzuweisen. Dadurch wird gewährleistet, dass neben den gasförmigen Luftbelastungen auch die meisten Feinstäube abgeführt werden. Diese Strömungsgeschwindigkeit von 0,25 m/s ist insbesondere dann einzuhalten, wenn in der RSA mit großkalibrigen Kurzwaffen bei hoher Nutzungsintensität geschossen werden soll.
- Die RLT-Anlage soll mehrstufig schaltbar sein.
- Die Luftströmung muss in Schussrichtung erfolgen.
- Luftwirbel und Rückströmungen sind zu vermeiden.
- Brüstungen sind luftdurchlässig herzustellen.
- Die Abluft ist im Geschossfangbereich bzw. vor der Zielprojektion oben und seitlich abzusaugen.
- Die Abluft aus Bereichen, in denen Feuerwaffen verwendet werden, darf nicht als Umluft wiederverwendet werden.
- Die Menge der zugeführten Frischluft muss grundsätzlich der Abluftmenge entsprechen; ein geringer Unterdruck in der Schießanlage ist anzustreben.
- In der Benutzungsanweisung soll bestimmt werden, dass ein Schießen nur bei eingeschalteter Lüftung erfolgen darf.

Besondere Hinweise zur technischen Ausführung:

- Die Zu- und Abluftanlage sind mit Luftfiltern zu versehen.
- In den Zu- und Abluftkanälen sind Schalldämpfer vorzusehen, die den Schallaustritt nach außen auf das gesetzlich vorgeschriebene Maß reduzieren; für die Anordnung sind die vorgesehenen Filterpositionen zu beachten, d. h., dass der Schalldämpfer in Strömungsrichtung nicht vor dem Filter montiert werden darf (somit korrekte Reihenfolge in Strömungsrichtung: Filter – Motor – Schalldämpfer).

- Die Zu- und Abluftkanäle sind erforderlichenfalls schallgedämmt auszuführen und schwingungsgedämpft aufzuhängen.

Luftfilter

Filterarten

Es gibt unzählige Filterarten, die nach Anwendungsbereichen (Luft, Wasser, Gase), Funktionen (Partikel, Chemikalien) und Technologien (Sandfilter, Aktivkohle) unterschieden werden.

In RLT-Anlagen werden im Wesentlichen drei Filterarten verwendet:

Mattenfilter / Flächenfilter

Falten- oder Z-Linienfilter

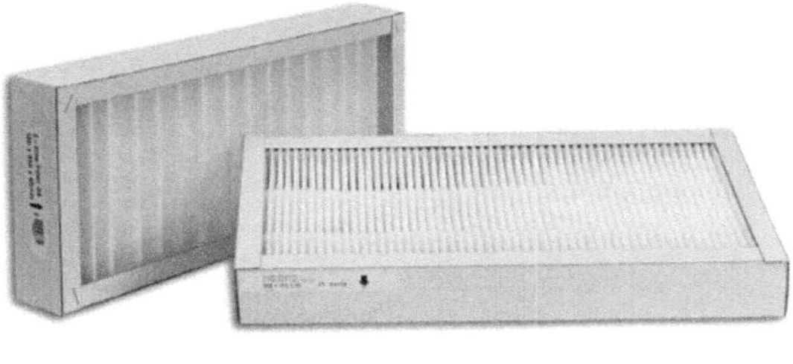

Taschenfilter

Filterklassen

Filterklassen dienen der standardisierten Einordnung von Luftfiltern basierend auf ihrer Fähigkeit, Partikel verschiedener Größen aus der Luft abzuscheiden. Seit 2018 ist die globale Norm ISO 16890 der maßgebliche Standard für die allgemeine Raumlufttechnik und hat die alte europäische Norm EN 779 abgelöst.

Hauptgruppen der ISO 16890

Die Klassifizierung erfolgt nach dem Abscheidegrad für verschiedene Feinstaubfraktionen (PM = Particulate Matter):

- ISO Coarse: Filtert weniger als 50 % des PM10-Feinstaubs (entspricht grobem Staub, Haaren, Sand).
- ISO ePM10: Filtert mindestens 50 % von Partikeln ≤ 10 µm (z. B. Pollen, Stein- oder Wüstenstaub).
- ISO ePM2,5: Filtert mindestens 50 % von Partikeln ≤ 2,5 µm (z. B. Bakterien, Pilzsporen).
- ISO ePM1: Filtert mindestens 50 % von Partikeln ≤ 1 µm (z. B. Viren, Verbrennungspartikel, Ruß).

Filterklassen

DIN EN 779 -2002	DIN EN 779-2012	ISO 16890
F5	M5	ePM10 ≥ 50%
F7	F7	ePM1 ≥ 50%
F9	F9	ePM1 ≥ 80%

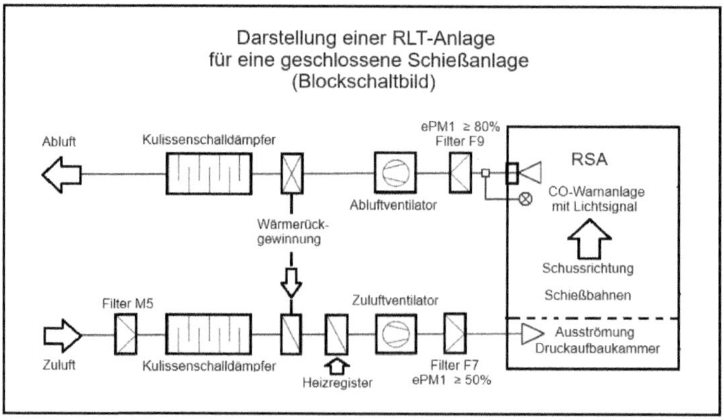

Darstellung einer RLT-Anlage
für eine geschlossene Schießanlage
(Blockschaltbild)

Abnahme der raumlufttechnischen Anlage für eine geschlossene Schießanlage (RSA)

Bei der Abnahme der RLT sind insbesondere die DIN EN 12599 – 2013-01 „Prüf- und Messverfahren für die Übergabe eingebauter raumlufttechnischer Anlage“ sowie Nr. 5.7.4 der Schießstandrichtlinien.

Nach der VOB Teil C – DIN 18379 ist eine Abnahmeprüfung nach DIN EN 12599 für die Übergabe raumlufttechnischer Anlagen durchzuführen.

Die Abnahmeprüfung besteht im Wesentlichen aus mehreren Einzelprüfungen:

- Vollständigkeitsprüfung

  Überprüfung aller Komponenten und Dokumente der Anlage

- Funktionsprüfung

  Testlauf, ob die Anlage wie geplant funktioniert

- Funktionsmessung

  Messungen von Luftströmen, Temperaturen, Luftfeuchtigkeit usw.

Die Funktionsmessung in Form der Rastermessung ist Teil dieser Abnahmeprüfung. Durch sie soll festgestellt werden, ob die RLT-Anlage die vertraglich vereinbarten Leistungen erfüllt und die Sollwerte wie z. B. den Luftvolumenstrom, die Lufttemperatur oder die Luftfeuchtigkeit erreicht werden.

Es wird davon ausgegangen, dass die Vollständigkeitsprüfung und die Funktionsprüfung der RLT-Anlage vor der Rastermessung stattgefunden haben.

Messverfahren

Die Messung ist bei leerer Raumschießanlage durchzuführen. Die RLT-Anlage ist mindestens 15 Minuten vor Beginn der Messung einzuschalten.

Die Messung hat bei jeder Schaltstufe zu erfolgen. Die Messung hat auf jede Schießbahn und angepasst an die entsprechenden Anschlagarten/Höhen der Schussabgabe und die Schützenpositionen z. B. beim Mehrdistanzschießen zu prüfen.

Über die Messung ist ein Messprotokoll zu fertigen. Die erforderlichen Mindestdaten ergeben sich aus dem nachfolgenden Messprotokoll.

Angaben zur ausführenden Fachfirma mit Qualifikation
Projektbeschreibung:
Auftraggeber (mit vollständiger Adresse):
Projektbezeichnung (mit vollständiger Adresse):
Projektkurzbeschreibung:
Raumbreite/-höhe:
Oberflächen:
Messdatum:
Messpersonal:
Messgeräte:
RLT-Anlage
• Zuluftgerät und Lufteintritt
• Abluftgerät
• Außenlufttemperatur
• Raumtemperatur
• Unterdruck in der RSA
Schaltstufen:

Messprotokoll

Beispielhafte Abbildung für die Messtabelle einer Messstelle:

- Entfernung zur Zielebene 25 Meter
- Vier Schießbahnen
- Anschlagarten:
  - liegend (0,30 m)
  - kniend (1,00 m)
  - stehend (1,70 m)

Höhe	**Bahn 1 (m/s)**	**Bahn 2 (m/s)**	**Bahn 3 (m/s)**	**Bahn 4 (m/s)**	**Mittelwert Messhöhe**
1,70 m (stehend)					
1,00 m (knieend)					
0,30 m (liegend)					
Mittelwert Rastermessung 25 m über gesamten Querschnitt bei Stellung 1 in m/s:					

6.3 Schallschutz

Für alle Arten von Schießanlagen gilt, dass zum Schutze der im Schießstand befindlichen Personen gegen Gehör schädigenden Lärm ein persönlicher Gehörschutz (persönliche Schutzausrüstung, „PSA“) in Form von Stöpsel, Kapsel oder Helm vorzuschreiben ist. Diese Verpflichtung ist in die Benutzungsordnung aufzunehmen und durch das blaue Gebotszeichen an den entsprechenden Stellen deutlich bekannt zu machen.

Bei der Auslegung optimal wirkender Schallschutzmaßnahmen müssen je nach Entstehungsort und Art der Geräusche die erforderlichen Schutzeinrichtungen fachgerecht ausgewählt und dimensioniert werden. Auf Schießständen ist mit nachfolgenden Geräuschquellen zu rechnen:

- Mündungsknall
- Geschossknall
- Auftreffgeräusch des Geschosses
- Nebengeräusche z.B. durch die Scheibenzuganlage oder die Raumlufttechnische Anlage

Diese Geräuschquellen entwickeln sich auf den verschiedenen Bauausführungen der einzelnen Schießstände und sind demnach immer gesondert zu beurteilen. In diesem Zusammenhang kann man von vier grundsätzlichen Bauweisen für Schießanlagen ausgehen.

1. vollkommen offene Schießstände (Schrotschießstände, militärische Anlagen).
2. offene Schießstände mit Umschließung der Schützenstände.
3. teilgedeckte Schießstände mit Umschließung (Abdeckung über die erste Hochblende hinaus.
4. geschlossene Schießstände (Raumschießanlagen)

Der Schallschutz sollte so früh wie möglich erfolgen. D.h., die Minderung muss bereits an der Schallquelle durch Absorption erfolgen und auf dem Ausbreitungsweg durch Schalldämmung und Abschirmung fortgesetzt werden. Im konkreten Einzelfall erforderliche Schallschutzmaßnahmen sollen durch einen dafür anerkannten Sachverständigen für Schallschutz festgestellt werden. Bei entsprechender, frühzeitiger Planung können unter Umständen erhebliche Kosten eingespart, Verzögerungen und Ärger mit der Nachbarschaft vermieden werden.

6.3.1 Schallschutz bei offenen Schießständen

Der Schallschutz bei offenen Schießständen beginnt bereits in der Planungsphase mit der Wahl des Standortes. Bei bestehenden Schießanlagen kann der nach der TA Lärm zulässige Lärmpegel nur durch technische oder organisatorische Maßnahmen eingehalten werden. Dabei sind technische Maßnahmen mit einem finanziellen Aufwand verbunden, zudem bedeuten organisatorische Maßnahmen eine vorübergehende Beeinträchtigung des Schießbetriebes.

Dabei können nachfolgende technische Lösungen bei Verwendung geeigneter Materialien zur Minderung beitragen:

- Anbau des Schützenstandes durch Verlängerung des Daches und der Wände
- Schalltechnische Ausbau der Decke und der Wände des Schützenstandes
- Schalltechnische Verkleidung der Hochblenden auf der Vorder- und Rückseite

Maßnahmen zur Lärmminderung bei Schießständen für den Schrotschuss sind besonders schwierig auszuführen, da der Schütze im Allgemeinen den Abschussplatz wechselt oder die verschiedenen Schussrichtungen durch die Wurfmaschine vorgegeben werden und sich dadurch der Entstehungsort und die Ausbreitungsrichtung ändert. Minderung des Lärmpegels für unbeteiligte Dritte kann meist nur durch die natürliche Pegelabnahme infolge günstiger Geländeformen, großflächige Umgebungsbepflanzung und die Entfernung zum Bezugsobjekt bringen.

6.3.2 Schallschutz in geschlossenen Schießanlagen

Bei geschlossenen Schießanlagen gibt es grundsätzlich keine Probleme mit den Anliegern, wenn die Schießanlage insgesamt als Schallquelle bewertet wird. Dafür ist es erforderlich, dass die Umfassungsbauteile unter Einbeziehung der Öffnungen für Licht, Be- und Entlüftung und der Zugang zur Schießanlage schalltechnische ausreichen ausgebaut sind. Schallabsorbierende Verkleidung der Wände mindert nicht nur den Baukörperschall, sondern verringert auch die Schallbelastung der Nutzer, weil dadurch

- der Lärmpegel im Entstehen und
- durch Absorption in der Reflexion

vermindert wird. Dabei ist aber darauf zu achten, dass schallabsorbierende Wand- und Deckenverkleidung in Schießständen mindestens der Baustoffklasse B 1 gemäß DIN 4102, Teil 1 (schwerentflammbar) entsprechen muss. Wegen der Ablagerung von Stäuben und unverbrannten Treibladungspulverresten sind insbesondere Wandverkleidungen mit profilierten Oberflächen grundsätzlich nicht geeignet.

Die sichtbare Oberfläche sollte insbesondere bei Schießständen für das Verteidigungsschießen abriebfest und gegen mechanische Belastung geschützt sein.

Geschossgeräusche, die durch den Aufprall im Geschossfang erzeugt werden, können durch die Auswahl entsprechender Geschossfangeinrichtungen beseitigt werden.

Funktionspersonal das sich nicht im Schießraum aufhalten muss und Zuschauer sind durch schalldämmende Wände mit Glasdurchsichtsflächen abzutrennen, wenn durch den Schießbetrieb das Gehör schädigender Lärm zu erwarten ist.

6.4 Geschossfangsysteme

Geschossfangsysteme sind in sich geschlossene Baugruppen, die als technische Einrichtungen oder Anlagen in Schießständen die Bewegungsenergie der auftreffenden Projektile gefahrlos abbauen. Sie müssen derart konstruiert und gebaut sein, dass

- die Aufnahme oder Abweisung bzw. Ableitung auftreffender Projektile sicher erfolgt
- eine Kontamination des Bodens verhindert wird
- beim Schießen aus Nahdistanzen für den Schützen eine gefahrlose Schussabgabe gewährleistet ist.

Jedes Geschossfangsystem ist sicherheitstechnisch als eine in sich geschlossene Baugruppe, die mit den anderen sicherheitstechnischen Einrichtungen die innere Sicherheit eines Schießstandes und bei offenen Schießanlagen auch die äußere Sicherheit einer Schießanlage gewährleisten. Der Geschossfang ist wesentliches Element für die Festlegung der für den Schießstand zulässigen maximalen Bewegungsenergie der Geschosse.

Waffen / Munition	**Bewegungsenergie**
Druckluft-, Federdruck- und CO_2-Waffen	E_0 = 7,5 J
Handfeuerwaffen im Kaliber 4,65 mm (Zimmerstutzen) und Armbrust	E_0 = 30 J
Waffen für Randfeuerpatronenmunition (bis Kaliber .22 lfB)	E_0 = 200 J
Kurze Handfeuerwaffen (Pistole und Revolver)	E_0 = 1.500 J
Lange Handfeuerwaffen (Büchsen und kombinierte Waffen)	E_0 = 7.000 J
Langwaffen (Flinten)	E_0 = 4.000 J

Tabelle: Einteilung der Geschossfangsysteme

Nach der Bauart und Art des zur Anwendung kommenden Bremsmediums kann man vier wesentliche Systeme bzw. Wirkmechanismen unterscheiden, mit oder in denen die Bewegungsenergie der Geschosse aufgezehrt wird:

1. Gleit- oder Prallflächen
2. Sand oder Granulat
3. durchdringbare Materialien
4. Flüssigkeiten

Dabei ist eine Kombination verschiedener Elemente möglich.

6.4.1 Geschossfangsysteme mit Prall- und Gleitflächen

Die Konstruktion muss gewährleisten, dass die Geschosse nach dem Abgleiten von Prallflächen sicher in einem Behälter aufgenommen werden. Die Prallflächen müssen so groß sein, dass die zur Anwendung kommenden größten Scheiben an den Rändern allseitig um ca. 10 – 20 mm überragen. Die Materialstärke und Materialfestigkeit der Prall- und Gleitflächen richtet sich nach der zum Einsatz kommenden Geschosse und der zu erwartenden Auftreffenergie. Die Neigung sollte bezogen auf die Schussrichtung 30° bis 45° betragen.

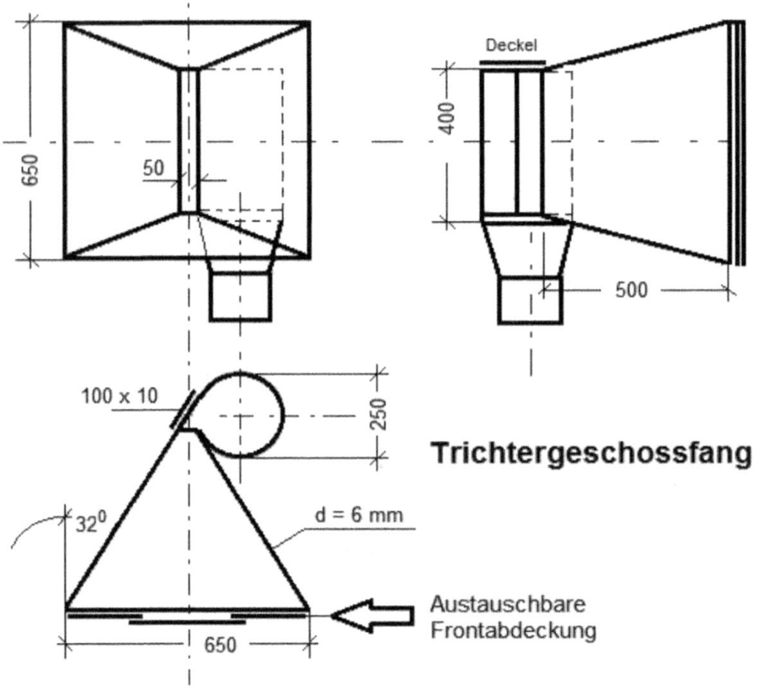

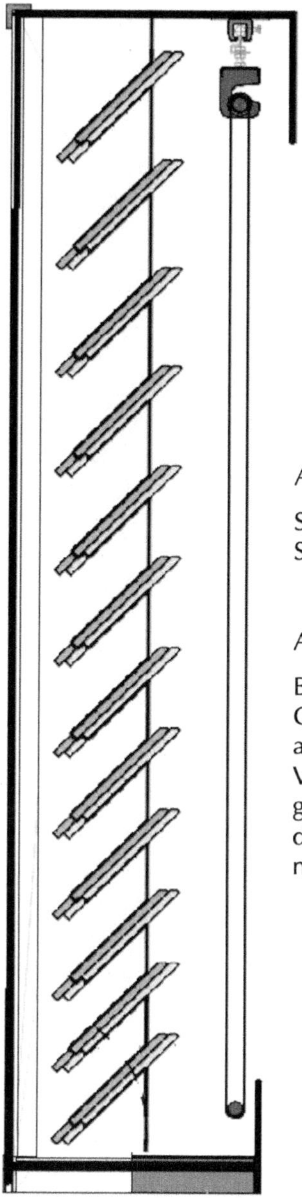

Abb. links:

Stahllamellengeschossfang mit Splitterschutz

Abb. unten:

Bei der Verwendung sogenannter duktiler Geschosse (z. B. PolizeiEinsatzgeschosse aus Messing und / oder Kupfer) sind die Vorderkanten der Stahllamellen so zu gestalten (z. B. durch Anfasen), dass auf die Lamellenkante treffende Geschosse nicht zurückprallen können.

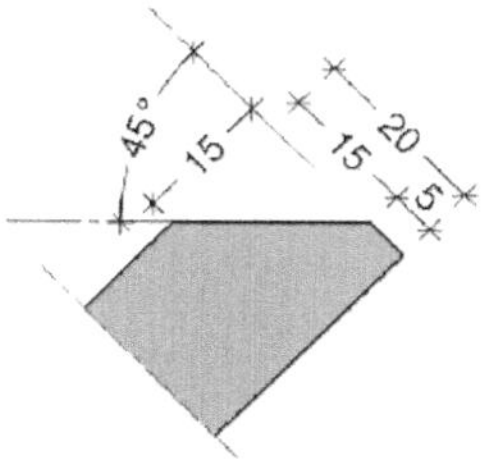

Hinweis: Bei kleineren Wirkflächen ist der Stahllamellengeschossfang als fest verbauter Geschossfangkasten auch als mobiler Geschossfangkasten zu verwenden.

6.4.2 Geschossfangsysteme mit Sand- / Granulatfüllung

Bei Geschossfangsystemen mit Sand- oder Granulatfüllung muss gewährleistet werden, dass die verwendeten Materialien ohne großen Aufwand, z. B. durch Sieben, von den Geschossresten trennen lassen. Die Stärke der Füllung in der Haupttrefferzone richtet sich nach der Energie der verwendeten Munition. Durch technische Maßnahmen oder betriebliche Regelungen ist zu gewährleisten, dass keine Geschossnester, aus denen es zu Rückprallern kommen kann, entstehen können.

Die Höhe der Geschossfangkammer ist auf die Höhensicherung (Durchschusshöhe und Standort der Blenden) abzustimmen. Die Bautiefe des Geschossfanges ist kaliberabhängig.

Ein Vlies-Vorhang in der Geschossfangkammer soll Staub binden. Die Schießbahnabschlusswand ist rückprallsicher zu verkleiden.

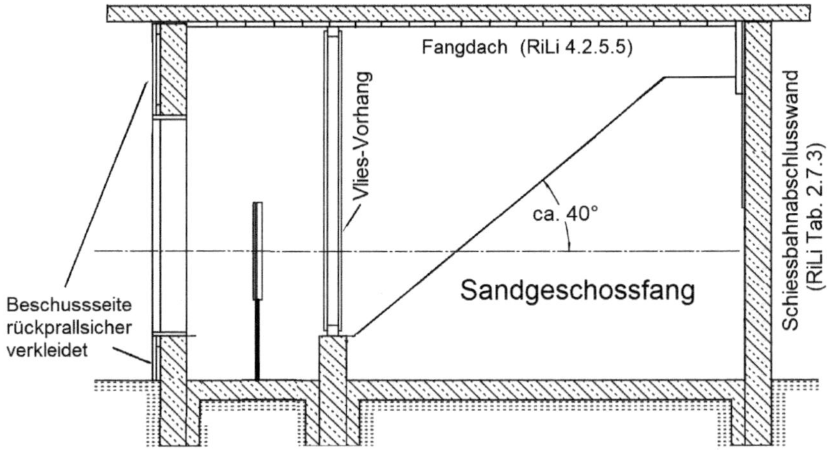

Besondere Hinweise zu Sandgeschossfängen:

Bei der Wahl des geeigneten Geschossfangsystems soll darauf geachtet werden, dass die verwendeten Materialien eine möglichst einfache Trennung von den eingebrachten Geschossen erlauben und einer geordneten Entsorgung sowie gegebenenfalls Wiederverwertung zugeführt werden können.

Technische Richtlinie Geschossfangsysteme:

- *„Sie (Geschossfänge) müssen derart gebaut sein, dass eine möglichst vollständige Entsorgung des Geschossmaterials und dessen Trennung vom Fangmaterial möglich wird.*
- *„Bei Geschossfangsystemen mit Sand- oder Granulatfüllung muss gewährleistet werden, dass die verwendeten Materialien ohne großen Aufwand durch Sieben von den Geschossresten trennen lassen. Die Siebintervalle sind durch den Anbieter für jedes System anzugeben, die Siebe sollen mitgeliefert werden."*

Aus dieser Formulierung ist zu schließen, dass die Trennung wohl überwiegend von Hand erfolgen soll. Leider werden keine weiteren Aussagen hinsichtlich der dafür erforderlichen Sicherheitsvorkehrungen getroffen. Dabei dürfte die gesundheitliche Gefährdung ausgesiebter Kugelfangsande insbesondere bei der Trockensiebung zu einer erhöhten Staubbelastung und zu einer signifikanten Schwermetallbelastung der ausführenden Personen aus dieser Tätigkeit kommen.

Es sind deshalb allgemeingültige rechtliche Vorschriften heranzuziehen, die für Sportvereine, Jagdgenossenschaften und auch für Schützenvereine Gültigkeit haben. Das sind in erster Linie das Arbeitsschutzgesetz und die Berufsgenossenschaftliche Vorschrift DGUV Vorschrift 1 "Allgemeine Vorschriften", ehemals BGV A1. Verantwortlich für die Einhaltung dieser Vorschriften ist der jeweilige Vorstand des Vereins als Betreiber. Für die Arbeitssicherheit bei allen anfallenden Arbeiten auf einer Schießstätte ist allein der Betreiber der Anlage verantwortlich. Dies ist in der Regel der Inhaber der waffenrechtlichen Erlaubnis nach § 27 WaffG.

Bezüglich des Problems des Aussiebens von Geschossen aus (Sand-) Geschossfängen lassen sich folgende gesundheitliche Gefahren für die mit dem Aussieben beschäftigten Personen festhalten:

- Mechanische Verletzung insbesondere der Hände durch scharfkantige Metallsplitter.

- Aufnahme von schwermetallhaltigem Feinstaub über die Atemwege und über die Haut.
- Verschleppung der Schadstoffe durch Arbeitskleidung und –gerät oder durch Umwelteinflüsse (Wind, Regen etc.).

In der Verordnung zum Schutz vor gefährlichen Stoffen (GefStoffV) und spezielle für Blei in der Technischen Regel TRGS 505 „Blei und bleihaltige Gefahrstoffe" sind die Grundsätze für den Umgang mit diesen Stoffen festgehalten.

Um den betroffenen Personen einen ausreichenden Schutz zu bieten, sind folgende Verhaltensweisen von besonderer Bedeutung:

- Tragen von Handschuhen mit langen Stulpen.
- Tragen von abwaschbaren Schutzstiefeln
- Tragen von Feinstaubatemschutzmasken der Schutzklasse P3
- Arbeiten im Freien oder mit Raumluftabsaugung.

Alle verwendeten Arbeitsgeräte und Schutzausrüstungen müssen am Arbeitsplatz verbleiben und sind nach Abschluss der Arbeiten gründlich zu reinigen oder zu beseitigen. Die mit den Arbeiten beauftragten Personen haben sich vor dem Verlassen des Arbeitsortes gründlich zu reinigen.

Unter dem Aspekt des Kreislaufwirtschafts- und Abfallgesetzes ist die weitere Verwendung der ausgesiebten Sande aus Geschossfanganlagen nicht unproblematisch. Grundsätzlich handelt es sich dabei um mineralischen Abfall mit schädlichen Verunreinigungen. Damit fallen Geschossfangsande unter die besondere Überwachungsbedürftigkeit für Abfälle, sind damit Sonderabfall und dürfen nur unter Beteiligung der zuständigen Abfallbehörde verwertet und oder beseitigt werden.

Bei einer Beseitigung (Entsorgung) ist grundsätzlich davon auszugehen, dass eine Andienungspflicht besteht und das Material über die jeweils zuständige Sonderabfallgesellschaft beseitigt werden muss. Für den Transport der Geschossfangsande ist demnach eine entsprechende Transportgenehmigung erforderlich, über die in der Regel nur anerkannte Entsorgungsfachbetriebe verfügen.

6.4.3 Geschossfang mit Granulatschüttung

Bei einem Geschossfang mit Granulatschüttung wird ein Sandkern hergestellt, der mit einer Trennfolie abgedeckt wird.

Darauf erfolgt eine Granulatschüttung (Gummi- oder Kunststoffgranulat), die ebenfalls abgedeckt wird. Zur Verfestigung der Granulatauflage wird eine Stützkonstruktion eingebaut.

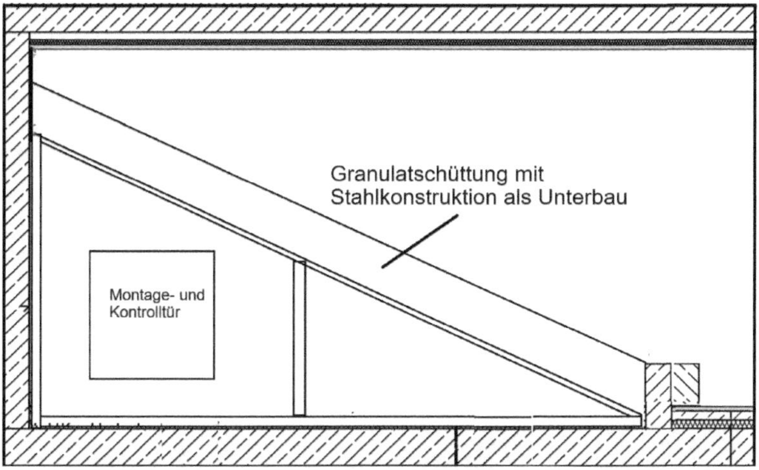

Bei einem Geschossfang mit Granulatschüttung wird ein Sandkern hergestellt oder im Rahmen einer wesentlichen Änderung ein vorhandener Sandkern soweit erforderlich abgetragen und mit einer Trennfolie abgedeckt. Darauf erfolgt eine Granulatschüttung (Gummi oder Kunststoffgranulat), in die eine Stützkonstruktion eingebaut wird. Diese Stützkonstruktion soll das Granulat soll das Granulat am großvolumigen Abrutschen hintern. Das Granulat kann dann mit einem Netz oder mit einer Folie abgedeckt werden (unteres Bild).

6.4.4 Geschossfangkasten mit Granulatfüllung

Bei Geschossfangkästen mit Granulatfüllung werden z.B. Gummi- oder Kunststoffgranulate als Bremsmittel verwendet. Die Stärke der Füllung (Eindringtiefe) wird durch die zu Verwendung kommenden Geschosse und die damit verbundene und zu berücksichtigende Energie bestimmt.

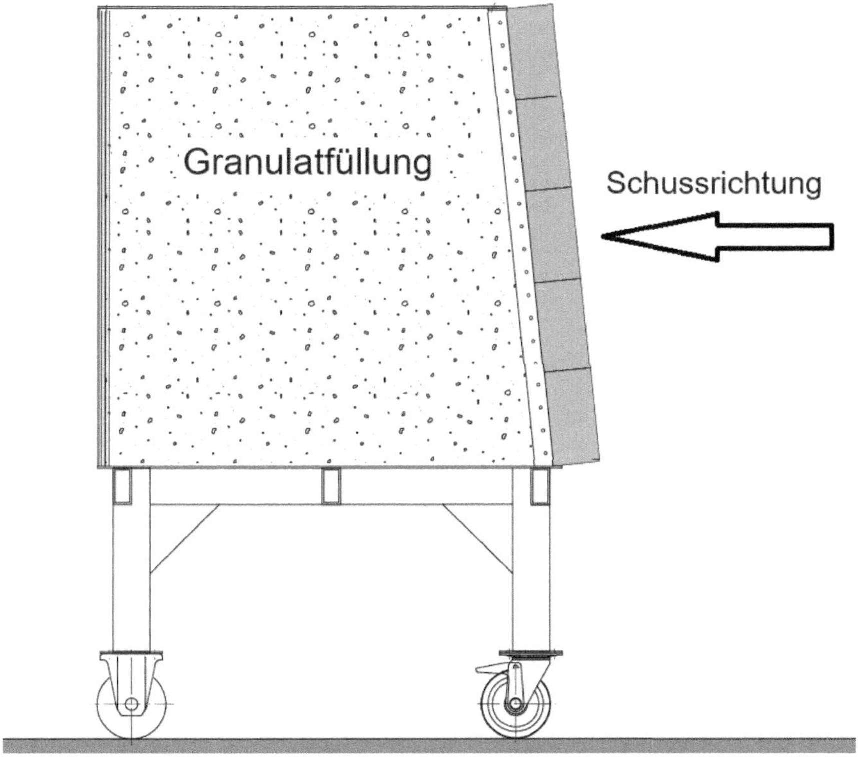

Die Stärke der Frontplatte ist so zu wählen, dass sie von den Geschossen durchdrungen wird. Wenn die Frontplatte zu dick gewählt wird, bilden sich Geschossnester, die die Standzeit bis zur nächsten erforderlichen Wartung verringern.

6.4.5 Funktionsgeschossfang

In einem Funktionsgeschossfang wird lediglich die Funktion der Waffe geprüft. Typische Beispiele dafür sind der amtliche Beschuss oder die Funktionsprüfung nach der Fertigung oder der Instandsetzung

Die Schusswaffe wird zunächst in die, an der Stirnseite befindlichen Einschussöffnung geführt und dann abgefeuert. Das Geschoss trifft auf die zwischen den Seitenwänden der Konstruktion bis zu einem Winkel von anfangs ca. 15 Grad nacheinander eingebauten Ableitflächen und wird nach unten abgelenkt und weiter zu einer kreisförmigen Bewegung gezwungen.

Der Reibungswiderstand des Geschosses an den Gleitflächen und die zurückgelegte Strecke vermindern die Bewegungsenergie des Geschosses so weit, bis es letztendlich über einen Schlitz an der Unterseite auf ein Sieb fällt, das sich in einem unter dem Funktionsgeschossfang befindlichen Sammelbehälter befindet (obere Abbildung; Behälter gestrichelt).

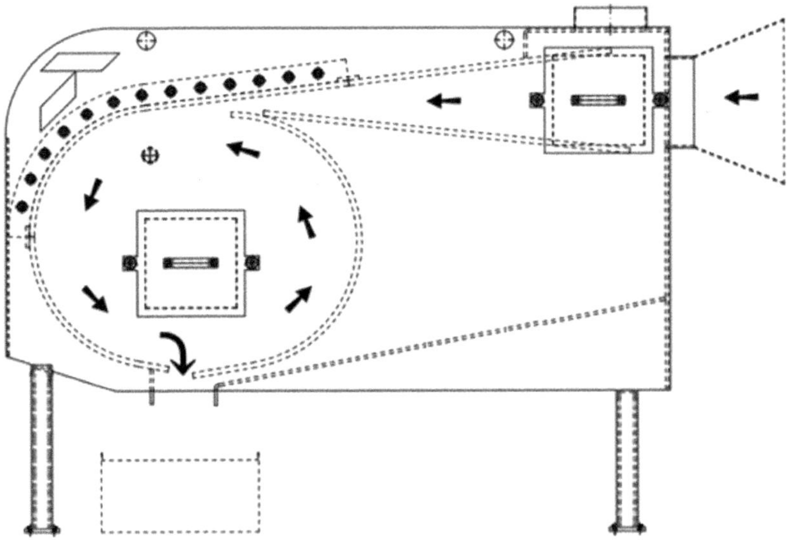

6.5 Offene Schießanlagen für den Kugelschuss

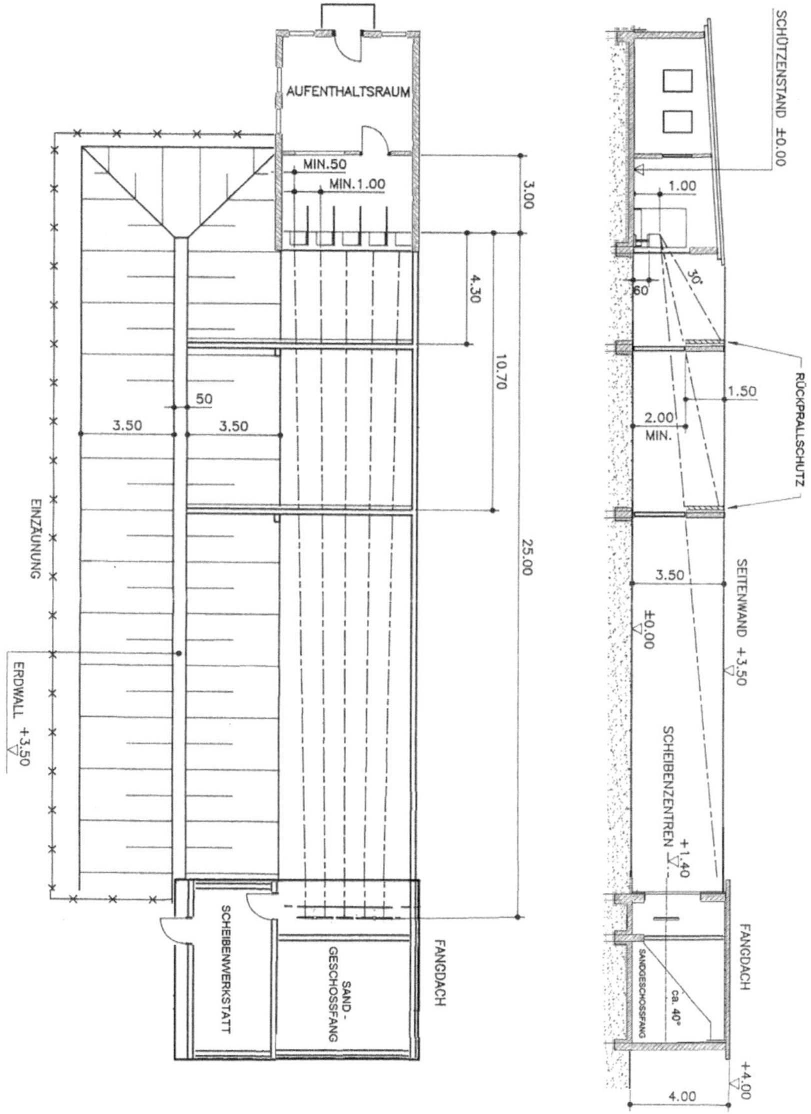

Abb.: Schießstand mit Seitenwand und Wall

6.5.1 Allgemeines

Ortsfeste offene Schießstätten für Handfeuerwaffen bedürfen einer Genehmigung nach den §§ 4 und 16 BImSchG. Es handelt sich um Anlagen im Sinne der Nummer 10.18 Spalte 2 des Anhangs zur 4. Bundes-Immissionsschutzverordnung (4. BImSchV).

Offene Schießstätten sind so zu errichten und zu betreiben, dass zur Gewährleistung eines hohen Schutzniveaus für die Umwelt insgesamt

- schädliche Umwelteinwirkungen und sonstige Gefahren, erhebliche Nachteile und erhebliche Belästigungen für die Allgemeinheit und die Nachbarschaft nicht hervorgerufen werden können,
- Vorsorge gegen schädliche Umwelteinwirkungen und sonstige Gefahren, erhebliche Nachteile und erhebliche Belästigungen getroffen wird, insbesondere durch die dem Stand der Technik entsprechenden Maßnahmen,
- Abfälle vermieden, nicht zu vermeidende Abfälle[314] verwertet und nicht zu verwertende Abfälle ohne Beeinträchtigung des Wohls der Allgemeinheit beseitigt werden und
- Energie sparsam und effizient verwendet wird.

---

[314] *Abfälle sind nicht zu vermeiden, soweit die Vermeidung technisch nicht möglich oder nicht zumutbar ist; die Vermeidung ist unzulässig, soweit sie zu nachteiligeren Umweltauswirkungen führt als die Verwertung; die Verwertung und Beseitigung von Abfällen erfolgt nach den Vorschriften des Kreislaufwirtschaftsgesetzes (KrWG) und den sonstigen für die Abfälle geltenden Vorschriften*

6.5.2 Gefahrenbereich

Der Begriff Gefahrenbereich wird in der Schießstandrichtlinien definiert: Der Gefahrenbereich weist den Teil des Hintergeländes aus, in dem bei unzureichender Absicherung oder vorschriftswidriger Durchführung des Schießens eine Gefährdung durch Freiflieger oder Querschläger eintreten kann.
Der Gefahrenbereich wird von 25° seitlich der äußeren Schießbahnen und der möglichen Gesamtflugweite des Geschosses bestimmt.

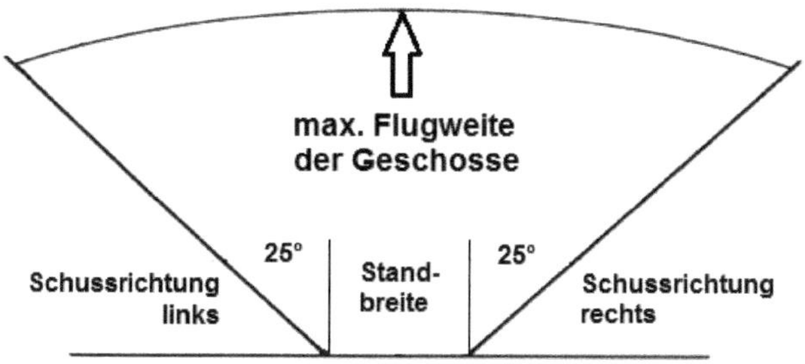

Nach den in der Praxis gewonnenen Erkenntnissen ist bei Schießständen für

- DL-Waffen sowie LW für Randfeuerpatronen bis zu einer E_0 von 30 J (sog. Zimmerstutzen) und Armbrust ein Winkel von 20°
- lange und kurze Feuerwaffen ein Winkel von 30°

in Schussrichtung nach oben abzusichern.

Dabei ist für die 1. Hochblende eine Antragshöhe (AH) von 1,0 m und für die Zweite und alle nachfolgenden Hochblenden eine AH von 0,3 m anzusetzen, wenn keine Brüstung vorhanden ist.

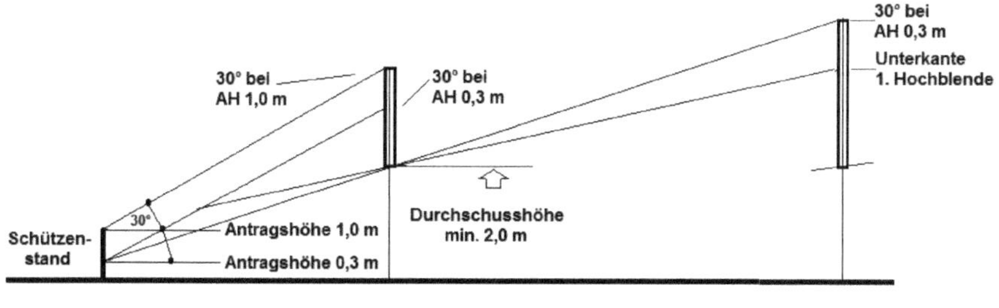

6.5.2.1 Notwendige Sicherheitsbauten

Offene Schießbahnen für DL-Waffen sind nach außen immer durch eine mind. 2 m hohe fugenlose Schutzwand (z.B. aus 2 cm dicke Weichholzbretter, gefalzt oder überlappend angebracht, mit einer rückprallsicheren Verkleidung), die bündig auf dem Boden aufsitzen muss, abzuschließen. Ein Abschirmen durch Seiten- und Hochblendenabdeckung kann entfallen, wenn das Gelände in Schussrichtung in einer Tiefe von 250 m und seitlich in einem Winkel von 25° zur Schussrichtung gegen ein Betreten abgesichert wird. Eine solche Maßnahme kommt insbesondere in den sog. schwach besiedelten Gebieten i. S. d. Nr. 4.5 der Schießstandrichtlinien in Betracht.

6.5.2.2 Umzäunung und Warnzeichen

Um das Betreten einer Schießstätte durch Unbefugte zu verhindern, ist die Anlage ≥ 2,00 m hoch einzuzäunen. Der Zaun ist vorzugsweise aus ≥ 1,50 m hohem Maschendraht mit drei darüber angebrachten Stacheldrähten auszuführen.

Dabei muss an dieser Stelle über die Ausführung des Zaunes in die Diskussion eingetreten werden, weil die Höhe des Zaunes mit 2,00 m keine Gewähr bietet, dass die Schießstätte unberechtigter Weise betreten wird. Der Hinweis vorzugsweise in der Richtlinie schreibt deshalb auch nicht zwingend den Abschluss mit drei Reihen Stacheldraht vor.

Sollen als Seitensicherung von Schießbahnen Erdwälle verwendet werden, ist die Einzäunung außerhalb der Wälle und nicht auf ihren Kronen zu errichten, damit ein Besteigen der Wälle von außen unterbunden wird. Bei Schießständen, deren Schießbahnsohle tiefer als das umgebende Geländeniveau liegt, ist die Umzäunung so weit zurückzusetzen, dass ein Einblick von außen in die Schießbahn (entgegen der Schussrichtung) nicht möglich ist.

Auf die Gefährdung innerhalb des eingefriedeten Gebietes von Schießstätten ist durch sichtbare Warntafeln, die in genügenden Abständen voneinander an oder in der Umzäunung sichtbar anzubringen sind, hinzuweisen.

6.5.2.3 Schwach besiedelte Gebiete

Ein Gelände ist als schwach besiedelt und wenig begangen anzusehen, wenn es z.B.

- aus wenig besuchten Wasserflächen, Mooren oder ähnlichen, wenig begangenen Flächen besteht oder
- nur land- und forstwirtschaftlich genutzt und während des Schießens abgesperrt und/oder durch Posten kontrolliert wird oder
- nur von Nutzungsberechtigten oder deren Beauftragten zur Vornahme zeitbedingter, nicht in die Schießzeiten fallende Arbeiten betreten wird

und der Gefahrenbereich

- nicht von Hochspannungsleitungen, Eisenbahnen, Straßen oder Fahr- und Wanderwegen durchzogen wird,
- frei von Ortschaften, Ansiedlungen, Freizeiteinrichtungen, feuer- und explosions-gefährdeten Anlagen und dgl. ist.

Ist die angegebene Absperrung des Gefahrenbereiches nicht durchführbar oder befinden sich hier Straßen, Wanderwege bzw. Bebauung, so sind die Schießbahnen durch abgestimmte Sicherheitsbauten in Form von Seitenwände und Hochblenden abzuschirmen. Die maßgebliche Höhensicherung beträgt bei solchen Schießständen 20°, bezogen auf die Schussrichtung und die jeweilige Antragshöhe (liegender Anschlag 30 cm, ansonsten tatsächliche Brüstungshöhe). Ansonsten ist die tatsächliche Brüstungshöhe anzusetzen.

6.5.2.4 Ortsveränderliche Schießstätte

Ortsveränderliche Schießstätten, die dem Schießen zur Belustigung dienen, werden im Volksmund als „Schießbuden" bezeichnet und finden sich traditionell als „Schießbude" oder „Schießwagen" auf vielen Volksfesten. Weitverbreitet sind aber auch ortsveränderliche Schießstätten bei Schützen- oder Dorffesten und Vogelschießen. Sie lassen sich oft in Maschinenhallen oder Feldscheunen unterbringen, so dass die entsprechende Abschirmung des Gefahrenbereiches durch diese Gebäudeteile gewährleistet sein kann. In diesen Fällen muss aber auf die innere Sicherheit des Schießstandes, insbesondere hinsichtlich gefährlicher Rückpraller von Einrichtungen oder Bauteilen, geachtet werden.

An den Schützenständen muss in solchen Anlagen eine Absperrung über die ganze Breite der Schießbahnen vorhanden sein. Bei der Seitensicherung ist darauf zu achten, dass diese deutlich bis hinter die Schützenstände reicht, weil insbesondere beim Spannen und Laden im liegenden Anschlag ansonsten Gefährdungen für seitlich stehende Zuschauer auftreten könnten. Für die Waffen, die beim Sommerbiathlon in den Schützenständen zurückgelassen werden, sind entsprechende Gewehrständer bereitzustellen und die abgestellten Waffen durch eine geeignete Person zu beaufsichtigen.

Da nur im stehenden und liegenden Anschlag geschossen wird, sind die Klappscheibenanlagen in entsprechenden Höhen anzubringen. Die gesamte Abschlusswand muss rückprallsicher gestaltet sein. Bei Eigenbauten muss darauf geachtet werden, damit von den Abdeckungen der Klappscheiben keine rückprallenden Geschosse hervorgerufen werden.

6.5.2.5 Grundsätzliches zum Bau von Schießanlagen zur Belustigung (Schießbude)

Der Schießraum muss nach beiden Seiten, in Schussrichtung und nach oben geschlossen gebaut sein. Er muss so beschaffen sein, dass Geschosse, auch dann, wenn sie ihr Ziel verfehlen oder im Geschossfang nicht aufgenommen werden, den Schießraum nicht verlassen können. Durch bauliche Maßnahmen ist dafür zu sorgen, dass niemand durch ab- bzw. rückprallende Geschosse verletzt werden kann. Der Schießraum ist gegen unbefugtes Betreten zu sichern; Türen in den Seitenwänden müssen von innen absperrbar / verriegelbar sein.

Elektrische Einrichtungen im Schießraum müssen wegen der Gefahr von Kurzschlüssen vor direkten Schüssen geschützt werden (z. B. keine beschießbaren Strom führenden Leitungen sowie nicht abgedeckte Schalter und Steckdosen). Als durchschusssichere Abdeckung ist Stahlblech der Dicke ≥ 2 mm zu verwenden. Die Beleuchtung im Schießraum und über den Schützen muss mit einer transparenten rückprallsicheren Abdeckung versehen sein, damit keine Gefährdungen von Schützen und Bedienungspersonal durch herabfallende Splitter entstehen können, oder beschusssicher verblendet werden. Splittersichere Glühlampen mit einer Abdeckung aus Polycarbonat (auch sog. Acrylglas grundsätzlich möglich) sind zulässig.

Die im Schießraum gelagerten Gegenstände (auch Gewinne, Preise), soweit sie von Schüssen erreicht werden können, müssen rück- und abprallsicher beschaffen sein (nur weiche oder lose gelagerte kleine Gegenstände, keine harten, runden Gegenstände wie zum Beispiel Flaschen, Gasflaschen oder Kunststoffbehälter). Ansonsten sind die o. g. Gegenstände über Schießtischhöhe so zu schützen, dass sie nicht zu gefährlichen Rückprallern führen können.

Spanplatten oder federnde Kunststoffbeläge ohne Stahlblechbeschlag (für Abdeckungen, Regale, Schubladen u. Ä.) sind bei Einbauten unzulässig, weil durch diese Materialien eine erhebliche Gefahr besteht, dass Geschosse gefährlich zu den Schützen zurückprallen. Diese Materialien sind allenfalls bei waagerecht und parallel zur Schussrichtung stehenden Einbauten, wie z. B. Ablageflächen, zulässig (nur bei Beschlag der Kanten mit Stahlblech der Dicke d ≥ 2 mm).

Ebenso sind Abdeckungen von Bemalungen oder Beschriftungen durch transparente dünne Kunststoffplatten nicht zulässig.

6.5.2.5.1 Abschlusswand der Schießbahn (Rückwand)

Die Abschlusswand der Schießbahn (Rückwand des Schießraumes) muss senkrecht und aus fugenlos aneinander gefügten Weichholzbrettern oder gleichwertigen durchschusssicheren Materialien der Dicke d ≥ 2 mm bestehen. Im Bereich der Zielobjekte ist die Abschlusswand auf der den Schützen zugekehrten Seite durch ein Stahlblech der Dicke ≥ 1,5 mm zu verstärken (vorzugsweise kaltgewalztes Feinblech in Tafeln, mit geschnittenen Kanten, Güte DC 01 nach DIN EN 10130). Sofern die Zielobjekte nicht bis zu den Seitenwänden oder die Decke heranreichen, muss das Stahlblech den Zielbereich um mindestens 50 cm überdecken.

Befinden sich vor der Abschlusswand Vorrichtungen zum Anbringen von Zielgegenständen (z. B. Röhrchen zum Aufstecken von Blumen), dann sind im Abstand von ≥ 5 cm vor der Rückwand Stoffbahnen (z. B. Wollstoff, Zeltstoff oder Jute) lose aufzuhängen oder andere geeignete Vorrichtungen anzubringen, die ein gefährliches Rückprallen von Geschossen verhindern (z. B. Lamellen- oder Trichtergeschossfang aus Stahlblech).

Werden dagegen Zielgegenstände unmittelbar an der Rückwand angebracht oder können aus anderen Gründen lose Stoffbahnen zwischen Zielgegenstand und Rückwand nicht aufgehängt werden, muss die Rückwand so beschaffen sein, dass rückprallende Geschosse oder Teile der Zielgegenstände, die eine Gefährdung von Personen bedingen, nicht auftreten können.

6.5.2.5.2 Seitenwände und Dach

Die Seitenwände des Schießraumes müssen so beschaffen sein, dass durch ein Weichbleigeschoss beim Auftreffen in einem Winkel von 90° die Wand nicht durchschossen wird und dass außerdem bei einem Aufprallwinkel bis zu 45° der Abprallwinkel 45° nicht übersteigt. Diese Forderungen werden, bezogen auf einen kritischen Durchmesser von 4,5 mm und eine E_0 von 7,5 J, durch Seitenwände aus folgenden Baustoffen erfüllt:

- Stahlbleche d ≥ 0,5 mm
- Polycarbonatplatten d ≥ 1,5 mm
- Weichholzbretter d ≥ 20 mm

Vor Seitenwänden aus Werkstoffen (z. B. profilierten Stahlblechen), bei denen bei einem Auftreffwinkel von 45° der Abprallwinkel größer als 45° sein kann, müssen Stoffbahnen oder dergleichen angebracht werden, um Gefährdungen durch mehrfaches Abprallen der Geschosse zu unterbinden.

Zur Sicherung (Rück- bzw. Abprallschutz) nach oben genügen unterhalb des Daches angebrachte Behänge aus Stoff oder einem anderen Gewebe gleicher Güte oder Vorrichtungen entsprechender Wirksamkeit (z. B. Zwischendecke auf Abstand montiert aus dünnen Polycarbonatplatten, Gipskarton etc.).

6.5.2.5.3 Pfosten und Ständer

Pfosten, Ständer und dgl. müssen, soweit sie nicht am Schießtisch angeordnet sind (z. B. zur Befestigung der Röhrchenhalter), einen rechteckigen Querschnitt haben und, sofern sie nicht aus Stahl bestehen, mit Stahlblech der Dicke ≥ 2 mm beschlagen sein. Innerhalb des freien Schießraumes dürfen sich keine Pfosten, Ständer und dgl. befinden. Regale über Schießtischhöhe müssen aus weichen Werkstoffen bestehen oder entsprechend bekleidet sein.

6.5.2.5.4 Schießtische (Brüstung)

Schießtische sind unverrückbar zu befestigen. Die dem Schützen zugekehrte Seite bzw. Kante des Tisches muss mindestens 2,40 m vom Ziel entfernt sein. Schießtische sollen zwischen 40 cm und 75 cm breit sein. Bei einer oberen Breite der Brüstung von mehr als 75 cm ist zu prüfen, ob mit LW seitlich aus dem Schießraum herausgeschwenkt werden kann. Sofern dies der Fall ist, müssen seitliche Blenden vorgesehen werden.

Durch bauliche Maßnahmen, z. B. geringere Breite oder Aussparungen des Schießtisches oder Absperrung (Seil) des Bedienungsraumes, sowie durch Vorrichtungen für die Trefferanzeige kann sichergestellt werden, dass die Bedienungspersonen nicht unbeabsichtigt vor die Mündungen in Anschlag gebrachter Gewehre oder in den freien Schießraum gehen können.

Zielobjekte (Vorrichtungen in Schießräumen, auf denen Röhrchen zum Aufstecken von Blumen und dgl. befestigt werden) sind mit ihren oberen Flächen waagerecht oder rückwärts nach unten geneigt anzuordnen. Die vordere Fläche muss mindestens 20° gegen die Senkrechte nach unten rückwärts geneigt sein und, sofern die Vorrichtung nicht aus Stahl besteht, mit mindestens 2 mm dickem Stahlblech beschlagen sein. Der Abstand ihrer Halterungen untereinander ist so zu bemessen, dass die Vorrichtungen beim Beschuss nicht federn können. Stahlbeschläge müssen auf ihren Unterlagen fest aufsitzen und dürfen keine Vor- oder Rücksprünge aufweisen. Scheiben, Schießtrichter und bewegte Ziele müssen so beschaffen sein, dass Geschosse von ihnen nicht gefährlich zurückprallen können, auch wenn sie schräg auftreffen. Gegenstände, die zu Dekorationszwecken zwischen Schießtisch und Ziel aufgestellt werden, müssen so beschaffen oder angeordnet sein, dass sie nicht zu gefährlichen Rückprallern führen können.

6.5.3 Offene Schießanlage für den Kugelschuss: „Laufender Keiler“

Die Schießanlage “laufender Keiler“ im jagdlichen Bereich „flüchtiger Überläufer“ dient zum Training des präzisen Kugelschusses auf bewegliche Ziele. In einer Entfernung von 50 Metern läuft eine Scheibe, die ein flüchtiges Wildschwein darstellt, quer zu dem Schützen über eine Schneise.

Die Scheibe wird mit einer Geschwindigkeit von 3 m/sec. gefahren und ist für den Schützen auf einer Strecke (Schneisenbreite) von sechs oder zehn Meter sichtbar und zu beschießen.

Die Tiefe des dahinterliegenden Sandgeschossfanges wird durch die von der Behörde zugelassenen Munition (E_0) bestimmt.

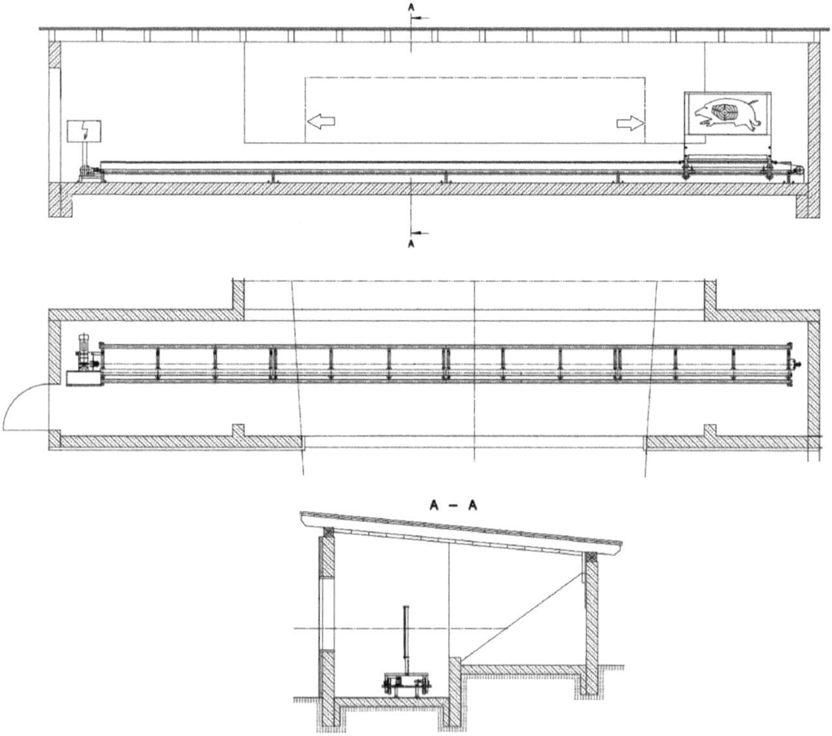

6.6 Geschlossene Schießanlagen

In geschlossene Schießanlagen (RSA) soll überwiegend nach den Regeln der Sportordnung (Training und Wettkampf) anerkannter Schießsportverbände (z.B. DSB, BDMP, DSU), den Schießvorschriften des Deutschen Jagd-Verband e.V. (DJV), durch Sicherheitsdienste, zu technischen Zwecken (z.B. Büchsenmacher/ Waffenhändler) und zur Belustigung geschossen werden.
Es ist deshalb erforderlich, die Baumaßnahme, insbesondere die schießtechnische Ausstattung, auf die jeweilige Art der Nutzung abzustimmen.

6.6.1 Allgemeine Anforderungen an Raumschießanlagen (RSA)

Schießbahn

Das Raumprogramm der Schießbahn ist nach dem beabsichtigten Nutzungsumfang und einer bestmöglichen Auslastung festzulegen. Bei der Auslegung sind die Anforderungen an ein Raumprogramm ggfs. unter Einbeziehung eines fächerübergreifenden Situationstrainings mit Schusswaffen zu berücksichtigen.

Im Allgemeinen ist für die Schiebahn eine Länge von 25 Meter und eine Breite von 9,0 Meter vorgesehen. Daraus ergibt sich eine Gesamtlänge des Raumes einschließlich Geschossfang und Schützenstand von ca.47,0 Meter.

Dabei ist gewährleistet, dass von festen Stationen als auch von beliebigen Positionen der Schießbahn auf Zwischendistanzen von 3 m - 25 m geschossen werden kann und wechselnde Aufbauten zur Situationsdarstellung auf den Schießbahnen erfolgen können.

Die Breite des Schießraumes ist nach der Anzahl von 6 Schießbahnen mit je 1,5 Meter festzulegen.

6.6.2 Bauliche Anforderungen

(Wesentliche Auszüge aus den Schießstand-Richtlinien)

Rohbau

Alle durch Beschuss gefährdeten Decken, Wände und Böden sind durchschusssicher auszuführen.
Für die Herstellung der durchschusssicheren Umschließungsflächen sind Baustoffe einer bestimmten Art und Beschaffenheit vorgeschrieben. In der folgenden Auflistung sind nur solche Baustoffe angeführt, die sich zweifelsfrei für eine Verarbeitung bei Sicherheitsbauten und sicherheitstechnischen Einrichtungen eignen. Grundsätzlich sind im Schießstandbau nur diese Baustoffe zugelassen. Bei der Auswahl der Baustoffe sind die entsprechenden EN-Vorschriften in der jeweils aktuellen Fassung zu beachten. Das trifft im Weiteren auf alle aufgeführten DIN-Bezeichnungen zu.

- Die Güte des zu verwendenden Betons ist aus der folgenden Auflistung zu ersehen. Maßgebend für Beton und Stahlbeton gilt das Normblatt DIN EN 1045-1.
- Als Mauerziegel sind stets Vollziegel nach DIN 105, Mz 8 und Mz 12 nur verputzt, oder Mz 20 zu verwenden. Gleichwertig sind Kalksandvollsteine nach DIN 106 KS 12 oder KS 20.
- Hohlblöcke aus Beton (Hbn) müssen nach DIN 18153 hergestellt sein und das Güteprüfzeichen der zuständigen Aufsichtsbehörde tragen. Sie sind mit Zementmörtel zu vermauern.
- Für Mauerwerk ist nur Zementmörtel (MGr III) nach DIN 1053 zu verwenden.
- Für Bleche findet die EN 10130 Anwendung.
- Holz für Verschalungen / Rückprallsicherung muss astfreies Weichholz sein und der DIN 1052 entsprechen.

Nicht in den folgenden Kapiteln aufgeführte Materialien müssen vor ihrer Verwendung auf ihre Durchschusssicherheit bzw. -hemmung mit solchen Waffen und Munitions- bzw. Geschossarten, für die der Schießstand maximal zugelassen werden soll, erprobt worden sein. Die Prüfung von Baustoffen durch Beschuss soll in Anlehnung an die EN 1063 „Durschusshemmende Verglasungen“ sowie an die Prüfrichtlinie „Materialien und Konstruktionen zur Vermeidung von ab- und rückprallenden Geschossen“ der VPAM erfolgen.

Als durchschusssicher gelten nach den Richtlinien für die Errichtung, die Abnahme und das Betreiben von Schießständen (Schießstandrichtlinien):

Wenn die Bewegungsenergie (Mündungsenergie) wie hier vorgesehen, der zur Verwendung kommenden Geschosse einen maximalen Wert von E_0 = 7.000 Joule nicht übersteigt, sind für Seitenwände und Decken nachfolgende Baustoffe vorzusehen, sofern die Tragwerksplanung bzw. die statische Auslegung keine höheren Anforderungen verlangen:

- Stahlbeton ≥ C 20/25 in einer Materialdicke von ≥ 150 mm. Für die Schießbahnabschlusswand muss die Materialdicke ≥ 250 mm betragen.
- Unbewehrter Beton ≥ C 12/15 in einer Materialdicke von ≥ 300 mm.
- Mauerwerk aus Ziegeln Rohdichtklasse (RDK) ≥ 1,4 und Steinfestigkeitsklasse (SFK) ≥ 20 mit Dünnbett- und Normalmörtel ≥ M 15 in einer Materialdicke von ≥ 240 mm.

Abweichend davon wird die **Schießbahnabschlusswand** als Teil der Geschossfangkammer schützenseitig zusätzlich ganzflächig mit einer 12 mm dicken Stahlplatte mit einer Zugfestigkeit von min. 1.200 N/mm² verkleidet. Dabei müssen die Stahlplatten mindestens 1,00 Meter unterhalb der Schüttlinie in den Sand oder ein vergleichbares Bremsmedium hineinreichen.

Die **Blenden** müssen

- bei **Schießbahnen für das Schießen** bis zu einer maximalen Bewegungsenergie der Geschosse von 7.000 Joule aus Stahlblech mit einer Zugfestigkeit von mindestens 1.200 N/mm² in 12 mm Stärke oder einem Verbundaufbau bestehen.

- Die Blenden sind mit Weichholz (2,4 cm dick) oder vergleichbarem Material im Abstand von mindestens 2 cm zum Unterbau schützenseitig rückprallsicher zu verkleiden oder es sind Gummigranulatplatten bzw. Holzwolleleichtbauplatten 35 mm (Brandstoffklasse B1) zu verwenden.

Der gesamte Bereich (Schießbahn – einschließlich Regie- und Technikraum) der **Raumschießanlage** ist als **Brandabschnitt** auszubilden. Dazu sind tragende Bauteile sowie Trennwände zu angrenzenden Räumen mindestens feuerbeständig (F 90 nach DIN 4102) auszuführen.

Der **Innenbereich des Schießstandes** ist grundsätzlich von Versorgungseinrichtungen oder schutzbedürftigen Anlagen freizuhalten. Installationsteile sind nach Möglichkeit außerhalb des Schießstandes oder in den Umfassungsbauteilen beschusssicher zu verlegen.

Installationsteile, die nicht beschusssicher verlegt werden können, sind beschuss-, splitter- und rückprallsicher zu verkleiden.

Die Verkleidung muss Fehlschüsse bis 30° von der Schießstandlängsachse und einer Antragshöhe von 1,0 Meter aufnehmen.

6.6.3 Innenausbau

Grundsätzliche Anforderungen an den Innenausbau

Die Schießbahn der Raumschießanlage muss eine körperschallentkoppelte Decken- und Wandinnenschale (Ausbaukonstruktion) erhalten.

Durch diese Innenschale sollen

- der Lärm- und Arbeitsschutz,
- der vorbeugende Brandschutz
- die Ab- und Rückprallsicherheit und die
- Beschusssicherheit

sichergestellt werden.

Die Innenschale soll nachfolgende grundsätzliche Anforderungen erfüllen:

- Bei der Auswahl von Materialien und ihrer Verarbeitung beim Ausbau ist Voraussetzung, dass Gefahren durch Rückpraller und Querschläger mit größtmöglicher Sicherheit verhindert werden.
- Wand- und Deckenverkleidungen sind so zu gestalten, dass unter einem Winkel von 30° bis 90° zur Oberfläche auftreffende Geschosse ab- und rückprallsicher aufgenommen werden.
- Die Oberflächen der Baustoffe sind so zu wählen, dass sich Stäube und unverbrannte bzw. nur teilweise verbrannte Pulverreste nicht

konzentriert ablagern können. Profilierte Oberflächen (Pyramiden- oder Waffelstruktur) sind nicht zulässig.

- Die Schießbahnen müssen schalldämmend und schwingungsfrei mit schwerentflammbaren oder nicht brennbaren Materialien (gemäß DIN 4102, Teil 1, Baustoffklasse B 1 oder A) ausgekleidet werden.
- Die sichtbare Oberfläche muss glatt und widerstandsfähig gegen Abrieb und mechanische Belastung (z.B. durch ausgeworfene Hülsen) sein.
- Materialien mit einer harten Oberfläche sollten nicht Verwendung finden, da hierdurch eine zusätzliche Schallreflexion auftritt, die zu einer Verlängerung der Nachhallzeit führt.
- Zerschossene bzw. beschädigte schallabsorbierende Elemente müssen ohne großen Zeit- und Kostenaufwand austauschbar sein.
- In an die Raumschießanlage angrenzenden Büroräumen, darf der Schallpegel 45 dB (A) nicht überschreiten. Aufgrund einer Berechnung des Beurteilungspegels (gleichwertiger Dauerschallpegel) nach der TA Lärm wird sich ohne bauliche Maßnahmen in der Regel ein höherer Wert ergeben. Für die Raum- und Bauakustik müssen daher, gerade im Hinblick auf die angrenzenden Räume und die Umgebung des Schießstandes, besondere Maßnahmen der Schalldämmung und Schalldämpfung ergriffen werden, damit der vom Betrieb der Anlage nach außen wahrnehmbare Lärm auf den gesetzlich zulässigen Immissionsrichtwert (IRW) für Gewerbegebiete nach Ziffer 6.1 b der TA Lärm von 65 dB(A) in der Zeit von 06:00 Uhr bis 22:00 Uhr nicht überschritten wird.
- Die mittlere Nachhallzeit über einen Frequenzbereich von 500 bis 2000 Hz darf 0,5 s nicht überschreiten.
- Die Unterbietung der nach dem Immissionsschutzgesetz zulässigen Richtwerte ist anzustreben.

In eine abgehängte Profildecke können durch Beschuss gefährdete Anlagen, Anlagenteile und Versorgungseinrichtungen mit durchschusssicheren Blenden der entsprechenden Absicherung eingebracht werden.

<u>Ausführungsvorschlag Wand und Decke</u>:

- Lattung und Konterlattung aus Nadelholz DIN 68365 Güteklasse 1;
- vorbeugender chemischer Holzschutz DIN 68800,
- gesalzen, B1;(schwer entflammbar)
- vertikale Lattung 40 mm x 60 mm unter Verwendung eines Dämpfungselementes und zugelassener Befestigungselement / Dübel

als von der Wand mit einem Abstand von 50 mm freistehendes Ständerwerk montieren.

- Konterlattung 40 mm x 60 mm im Abstand von 60 cm horizontal auf vertikale Lattung verschrauben.
- Anstelle der Lattung und Unterlattung in Nadelholz ist hier auch ein entsprechendes C-Profil mit Dämpfungselementen zum Baukörper zugelassen.
- Zwischen der Konterlattung ist eine 60 mm starke Dämmschicht aus mineralischem Faserdämmstoff DIN 18 165 Teil1; dichtstoßend zu verlegen.
- Beidseitige Aufbringung eines vollflächigen nicht brennbaren Rieselschutzes.
- Die Decke ist mit Noniusabhängern auf zweifache Sicherheit von der Rohdecke als Schwingungsträger zur Unterbrechung akustischer (Schallentkoppelung) und thermischer Brücken abzuhängen. Ein Rieselungsschutz auf der Oberseite entfällt.
- Raumseitiger Abschluss:
- Als Abschluss der Wand- und Deckenbekleidung ist eine Akustikplatte der Baustoffklasse B1 nach DIN 4102 anzubringen.

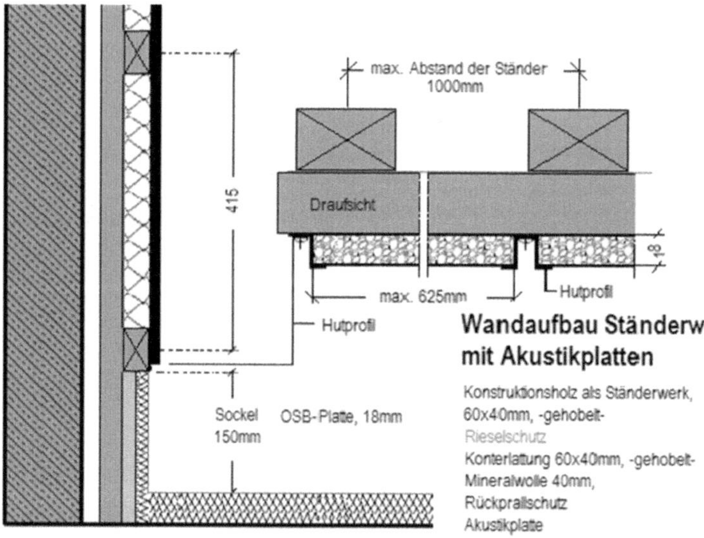

Alle **Holzbauteile** müssen gemäß DIN 4102 durch ein bauaufsichtlich zugelassenes Beschichtungssystem die Baustoffklasse B1 erhalten.

Alle Beschusssicherungen sind vor deren Überbauung von einem Schießstandsachverständigen abzunehmen und zu protokollieren.

Deckenaufbau am Unterzug mit Deckenbeleuchtung:

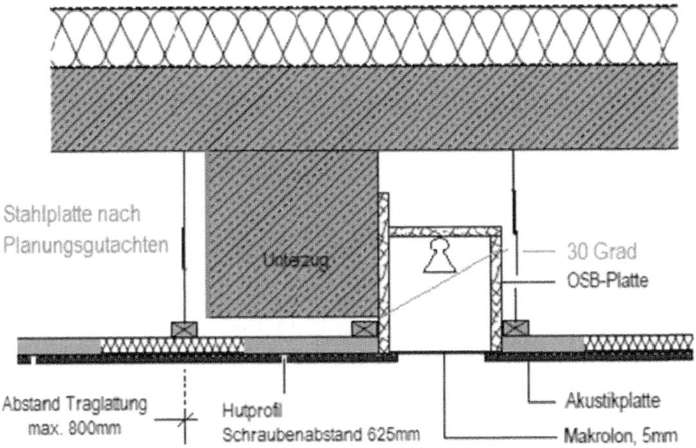

Schießbahnsohle

Wenn in der Raumschießanlage auch auf Zwischenentfernungen geschossen werden soll, sind an die Oberfläche der Schießbahnsohle folgende Anforderungen zu stellen:

- Auftreffende Geschosse müssen bei Auftreffwinkeln zwischen 30° und 90° sicher aufgenommen werden; weder Projektile noch Teile davon dürfen von der Oberfläche absetzen bzw. abprallen. Eindringende Projektile dürfen den Boden nicht aufwölben.
- Die Oberfläche muss leicht zu reinigen und widerstandsfähig gegen Reinigungsmittel sein. Die Verlegung von offenporigen Materialien ist aus Gründen der Brandgefahr durch unverbrannte Pulverreste und Stäube in den Poren nicht zulässig.
- Die Fußbodenoberfläche muss dem Schützen jederzeit einen festen und sicheren Stand ermöglichen (Rutschsicherheit).
- An den Seiten- und Stirnwänden muss der Bodenbelag in einen ca. 15 cm hohen fugenlosen Fußbodensockel übergehen.

- In die Oberbodenbeschichtung sind die Schützenstände (Stationen) für die geforderten Entfernungen mit Farbmarkierungen als weiße Linien abriebfest einzuarbeiten und beidseitig im Seitenwandabstand mit den Entfernungsangaben zu kennzeichnen.
- Die 3-m-Linie ist als vorderste Feuerlinie und Mindestabstand zur Zielprojektion mit einer durchgehenden roten Linie gesondert zu kennzeichnen.

Der Fußbodenbelag muss zumindest in der Oberfläche schwerentflammbar gemäß Baustoffklasse B 1 nach DIN 4102 Teil 1 sein.

Türen, Notausgänge, Flucht- und Rettungswege

Die Raumschießanlage muss zwei entgegengesetzte Ausgänge haben, wovon einer unmittelbar ins Freie führen soll. Dabei ist eine Verbindung durch eine Schallschutzschleuse als direkt ins Freie zu betrachten.
Der Zugang zu einem Schießstand von einem sonst anders genutzten Raum oder Gebäudeteil darf nur vom Flur über eine Schallschutzschleuse erfolgen. Die Nebenräume können unmittelbar von Fluren und Treppen zugänglich sein.
Notausgangstüren im Bereich des Schießstandes (Schießbahn) müssen nach außen aufschlagen und selbständig schließen. Die Notausgangstür im Geschossfangbereich darf nur von innen zu öffnen sein.
Sie sind schalldämmend, feuerhemmend und erforderlichen Falls durchschusssicher auszuführen und rückprallsicher zu verkleiden.

Das Öffnen des Schließmechanismus jeder Notausgangstür ist durch ein optisches (orangefarbene Rundumleuchte) und akustisches Signal, das von jedem Schützenstandort aus sicht- und hörbar sein muss, anzuzeigen.

Türen zum Geschossfang, zu Betriebsräumen und zur Schießbahn sind für den Geräte- und Materialtransport in entsprechender Größe vorzusehen.

Das Fenster vom Regieraum zur Schießbahn ist schalldämmend auszuführen.

Die Fluchtwege sind entsprechend DIN 4844 bzw. ASR A.1.3 zu kennzeichnen und in die Sicherheitsbeleuchtungsanlage einzubeziehen. Die Sicherheitsbeleuchtung muss ausreichen, um z.B. auch bei plötzlichem Stromausfall das Entladen der Waffe kontrollieren zu können.

Geschossfang

Allgemeine Anforderungen

Da die Zieldarstellung u.a. durch Bildwandtechnik erfolgt, ist die bauliche Umschließung als Geschossfangkammer herzurichten. Alle zum Auffangen von Geschossen vorgesehenen Systeme müssen so beschaffen sein, dass

- die Aufnahme oder Abweisung der Geschosse aus den für die RSA zugelassenen Waffen und der Munition durch Energieaufzehrung zuverlässig und sicher erfolgt,
- ein Geschossrückprall aus dem Geschossfang wirksam verhindert wird,
- der Geschossfang soweit überdeckt wird, dass ein direkter Schuss von der geringsten zugelassenen Schussentfernung aufgenommen wird,
- vom Geschossfang keine erhöhte Brandgefahr ausgeht,
- eine Trennung der Geschosse vom Geschossfangmaterial möglich ist,
- eine geregelte Entsorgung des Geschossfangmaterials erforderlichen Falls sichergestellt ist,
- eventuell vorhandenes Füllmaterial wieder verwendbar ist,
- kein Staub oder gesundheitsgefährdender Bleiabrieb entsteht,
- beim Geschossdurchtritt keine gesundheitsgefährdenden Gasemissionen durch Materialerhitzung oder -verdunstung auftreten,
- bei Geschosseinwirkung keine Schallübertragung (Körperschall) auf das Gebäude erfolgt,
- sich in den Haupteinschusszonen keine Geschossnester (Bleinester) bilden,
- die Haupteinschusszonen gegebenenfalls problemlos ausgewechselt werden können,
- die Stabilität und der sichere Halt des Geschossfangmaterials bei allen Temperaturen und Belastungszuständen der RSA gewährleistet sind und
- die Position der Energieabsorberelemente definiert ist und eine unkontrollierte Lageveränderung ausgeschlossen werden kann.

Auswahl und Beschaffung eines Geschossfangsystems

Die in den allgemeinen Anforderungen beschriebenen Eigenschaften sind bei der Planung zu beachten und zu bewerten.

Dabei sind insbesondere folgende Fragen zu prüfen:

- Kann das Geschossfangsystem bei der vorgesehenen Nutzung die eingetragene Energie im Einzelfeuer und im Feuerstoß aufnehmen?
- Wie hoch ist die gewährleistete Schussbelastungslebens-/Nutzungsdauer insbesondere bei Beschuss mit den zur Verwendung kommenden Waffen und der zugehörigen Munition in der Schießaus- und -fortbildung?
- Herstellungskosten?
- Welcher Instandsetzungsaufwand ist erforderlich und wie hoch sind die Unterhaltungskosten (Standzeiten)?

Ein Geschossfang in Sand- / Granulat-Schüttung ist derzeit Stand der Technik.

Die Abschlusswand ist unbeschadet statischer Erfordernisse in Stahlbeton C20/25 und mindestens 20 cm dick auszuführen. Sie ist mit 15 mm Stahlblech Zugfestigkeit ca. 500 MPa vollflächig zu belegen. Das Spaltmaß zwischen einzelnen Plattenteilen darf maximal 2,5 mm betragen. Eine Belegung der Seitenwände im Geschossfang für die Schießröhre ist auf Grund der hier nur begrenzt möglichen Schusswinkel nicht erforderlich.
Die Wände des Geschossfangraumes sind im Bereich oberhalb und bis auf eine Tiefe von mindestens 50 cm mit Gummigranulatplatten d = ca. 40 mm auf einer Holzunterkonstruktion zu bekleiden, damit Schrägschüsse oder Geschossabpraller aufgenommen werden können.
Dabei soll die Unterkonstruktion in Schussrichtung angebracht werden.

6.6.4 Elektrische Versorgung und Anlagen (EVA)

Allgemeine Anforderungen

Die gesamte zum Betrieb der RSA erforderliche Elektroinstallation, einschließlich Schwachstrom- und Steuerleitungen zu allen in der Anlage erforderlichen Geräten, ist durch eine bauseitig heranzuführende Leitung zur Verteilung im Betriebsraum / Technikraum und zur Unterverteilung im Regieraum vorzusehen.

Eine außerhalb eines Technikraumes vorgesehene Verteilung oder Unterverteilung ist verschließbar, wenn möglich, in die Wandverkleidung einzubauen und muss alle Stromkreissicherungen, Steuer- und Schaltgeräte für die gesamte RSA bzw. ihre Teilbereiche aufnehmen.

Elektrische Einrichtungen sind so zu verlegen, dass sie von Schüssen nicht getroffen werden können, ggf. muss die Installation beschuss- und rückprallsicher erfolgen.

Hinter dem Sichtfenster im Regieraum ist ein Bedienpult für die Steuerung und Bedienung der elektrischen Anlagen und Geräte, wie z. B.

- Anschluss für Monitore der Treffer- und Datenanzeige,
- PC-Anschlüsse,
- Leerdosen für zusätzliche Datenanschlüsse,
- Sprechstelle der Gegensprech- und Rufanlage,
- amtsberechtigter Fernsprechanschluss,
- Warn-, Blitzlicht- und Reflexanlage und
- RLT - Anlage und Störungsanzeige

anzuordnen.

Für die Raumschießanlage muss die innere und äußere Sicherheit ständig gewährleistet sein. Daher sind die Türen zum Schießstand mit Türkontakten zu versehen und an eine elektrisch betriebene Warnanlage anzuschließen, die den geöffneten Zustand der Türen optisch und akustisch anzeigt. Die optische Anzeige erfolgt durch eine orangefarbene Rundumleuchte, die im Bereich der Projektionsnische größtmöglich vor Beschuss geschützt installiert wird. Für die akustische Anzeige ist ein Starktonhorn zu verwenden. Die Warnanlage darf nur über einen besonderen Schlüsselhalter im Bedienpult abschaltbar sein. Der abgeschaltete Zustand der Warnanlage muss über den Zugangstüren zum Schießstand und am Bedienpult optisch angezeigt werden.

Technische Ausführung

An die technische Ausführung der EVA werden nachstehende Anforderungen gestellt:

- Beleuchtung und Lüftung müssen über einen Hauptschalter gemeinsam zu schalten sein.
- Beschuss- und Rückprallsicherheit ist zu gewährleisten.
- Auf den Stationen 10, 15, 20 und 25 sollen Anschlüsse für die Kontroll- (Bahn-) monitore und weitere Steckdosen vorgesehen werden.
- In jeder Anlage sind 3 Wechselstromsteckdosen (240 V/ 16 A), 2 x in der Schießbahn und 1 x im Geschossfangbereich, und eine Drehstromsteckdose in der Schießbahn anzubringen.
- Die Beleuchtungsanlage muss eine helle (Lichtfarbe „neutral weiß"), gleichmäßige und schattenfreie Ausleuchtung erzeugen.

Beleuchtungsstärken von
- mind. 300 Lux, in 1,50 m Höhe über Schießstandsohle, in den Schießbahnen und im Schützenstand sowie
- 1000 bis 1200 Lux in der Scheibenebene (Station 0), von 0% -100 % stufenlos regelbar.
- Beleuchtungsbänder auf den Schützenständen (feste Schießpositionen) müssen einzeln und gruppenweise schaltbar ausgeführt werden.
- Beleuchtungseinrichtungen sind ggf. beschuss- und rückprallsicher zu verblenden und gegen Zerstörung durch ausgeworfene Hülsen oder Splitter zu sichern. Ausgenommen sind Beleuchtungseinrichtungen, die im einer Kleinspannung (Wechselspannung bis 50 Volt) betrieben werden.
- Im Bereich des Geschossfanges ist eine Arbeitsbeleuchtung (Weißlicht mit ca. 500 Lux Beleuchtungsstärke) vorzusehen. Diese Beleuchtung muss gesondert schaltbar sein.
- Für die Bildwandhinterleuchtung sind vorzugsweise IR-Kaltlicht-Scheinwerfer mit ausreichender Leistung zu installieren.
- Verkehrswege sind ausreichend - mind. 15 Lux - zu beleuchten.

Notbeleuchtung
- Notbeleuchtung ist der Oberbegriff für alle Beleuchtungssysteme und umfasst sowohl die Sicherheitsbeleuchtung als auch die Ersatzbeleuchtung, die bei Stromausfall anspringen, während die Sicherheitsbeleuchtung ein Teilbereich davon ist, die sich spezifisch um die sichere Orientierung und Evakuierung von Personen (Fluchtwege, Arbeitsplätze mit Gefahren befasst.
- Eine Sicherheitsbeleuchtung ist erforderlich, wenn während der Arbeitszeit / Nutzungszeit durch das Tageslicht ein Mindestwert der Beleuchtungsstärke für Fluchtwege nicht gegeben ist.

- Die Notbeleuchtung soll bei Ausfall der normalen Beleuchtung den Aufsichtspersonen ermöglichen, die Schützen weiterhin zu beaufsichtigen.
- Wenn auf Zwischenentfernungen geschossen werden darf, dann ist eine Sicherheits- und Notbeleuchtung auch für diese Bereiche vorzusehen. Das gilt insbesondere dann, wenn diese Positionen nicht durch eine Notausgangsbeleuchtung abgedeckt werden.
- Neben der Allgemeinbeleuchtung ist zusätzlich eine netzunabhängige Ersatzbeleuchtung im Bereich der Schützenstände nach DIN EN 1838 bereitzuhalten.
- Eine Sicherheitsbeleuchtung nach VDE 0108 bzw. DIN VDE 0100-718 ist bereitzuhalten. Sie muss unabhängig vom Versorgungsnetz betreibbar sein und über eine sich selbsttätig einschaltende Ersatzstromquelle mit mind. 1-stündiger Betriebsdauer verfügen, die eine Waffenhandhabung auch bei Stromausfall sicher gewährleistet.
- Da es sich um einen Arbeitsplatz mit besonderer Gefährdung handelt, ist die Schießanlage mit einer Notbeleuchtung i. S. d. DIN EN 1838 auszustatten. D.h. spätestens nach 0,5 Sekunden ist die künstliche mit einer minimalen geforderten Beleuchtungsstärke zu übernehmen.

6.6.5 Raumlufttechnische Anlagen (RLT-Anlagen)

Planungsgrundlagen der RLT-Anlage

Nachfolgende Hinweise sind zu beachten:

- Ausgehend von der max. Schussbelastung, wie sie in der Schießaus- und Fortbildung auftritt, ist ein Volumenstrom erforderlich, der ein Überschreiten der maximalen Arbeitsplatzkonzentration gesundheitsschädlicher Stoffe (MAK-Werte) verhindert.
- Die Raumlufttechnische Anlage muss unabhängig von anderen Anlagen arbeiten. Sie ist in einem eigenen „Technikraum" unterzubringen, der sich neben z. B. der Schießbahn befindet. Um Luftwirbel und damit Rückströmung von Schadstoffen zu verhindern, muss die Lüftungsanlage nach derzeitigem Stand der Technik grundsätzlich nach dem Prinzip der Luftverdrängung (Kolbenströmung) arbeiten. Die Zuluft ist hinter dem Schützen großflächig, d.h. über die gesamte Rückwand, einzublasen. Im Bereich des Fensters in der Rückwand muss die

Zuluftführung so ausgeführt werden, dass darüber/darunter ebenfalls Zuluft eingeblasen werden kann.

- Durch geeignete Maßnahmen ist sicherzustellen, dass der Schießbetrieb nur bei eingeschalteter störungsfrei arbeitender RLT- Anlage möglich ist.
- Der beim Schießen nicht vermeidbare Blei- und Pulverstaub ist wirksam abzusaugen. Dazu ist die Abluftführung im Bezug zum Schützenstand so vorzusehen und so zu gestalten, dass Rauchgase nicht in den Atembereich des Schützen gelangen können.
- Die Raumluftströmung muss in Schussrichtung erfolgen. Auf den Raumquerschnitt bezogen ist während des Schießbetriebes eine maximale Strömungsgeschwindigkeit im Schießstand von 0,25 m/s sicher zu stellen. Dadurch wird gewährleistet, dass neben den gasförmigen Belastungen auch die meisten Feinstäube abgeführt werden.
- Nach dem Ausschalten der Schießbahnbeleuchtung muss die RLT-Anlage 15 Minuten nachlaufen.
- Die Wirtschaftlichkeit einer Wärmerückgewinnungsanlage ist zu prüfen.
- Die RLT-Anlage ist regelbar (mind. dreistufig) auszuführen. Sie muss Verdrängungsströmungen bis maximal 0,25 m/s gewährleisten und ist so auszulegen, dass sie im Schießbetrieb mit voller Leistung einen 14-stündigen Dauerbetrieb gestattet.
- Die Menge der zugeführten Frischluft muss grundsätzlich der Abluftmenge entsprechen. Ein geringer Unterdruck in der Schießbahn ist anzustreben. Unter keinen Umständen darf sich in einer Schießbahn, egal bei welchen Betriebsbedingungen, lufttechnisch gesehen ein Überdruck einstellen. Dieser Betriebszustand ist zu überwachen.
- Die Abluft darf nicht als Umluft wiederverwendet werden. Das Beimischen von nicht belasteter Abluft aus anderen Bereichen zur Frischluft ist zulässig.
- Im Regelfall ist die Zuluft zu erwärmen. Im Schießbetrieb ist in der Schießbahn eine Raumtemperatur von 18° C sicherzustellen. Bereitschafts- und Schulungsräume sind auf 20° C zu halten. Bei Nichtbenutzung ist die Anlage auf einer Temperatur von 8° C zu halten, Taupunktunterschreitungen dürfen in keinem Fall eintreten.
- Die Abluft der Schießbahnen ist im Bereich des Geschossfanges aber noch vor der Projektionsleinwand oben und seitlich abzusaugen. Die Aufteilung beträgt im Allgemeinen 60% oben und 40% seitlich.
- Vorhandene Projektoren sind zusätzlich mit unbelasteter Frischluft zu versorgen.

- Darüber hinaus sind die einschlägigen behördlichen Vorschriften in Bezug auf bauliche Ausführung, Brand- und Umweltschutz zu beachten.

Technische Ausführung

An die Technische Ausführung der RLT-Anlage sind nachfolgende grundsätzliche Anforderungen zu stellen:

- Die Zu- und Abluftanlagen sind mit Luftfiltern zu versehen. Die Filter sind generell in Luftrichtung vor dem Ventilator und soweit baulich möglich an der Entnahmestelle im Schießraum anzuordnen.
- Über eine Filterüberwachung muss der erforderliche Filterwechsel angezeigt werden.
- In den Zu- und Abluftanlagen sind Schalldämpfer vorzusehen, die den Schallaustritt nach außen auf den gesetzlich zulässigen Immissionsrichtwert (IRW) für Gewerbegebiete nicht überschreiten.
- In die Schalldämpfer sind nur solche Kulissen einzubauen, deren Oberfläche bis zu einer Durchtrittsgeschwindigkeit von 20 m/s abriebfest ist. Die Oberfläche kann z.B. mit Lochblechen geschützt sein.
- Die Schalldämpfer sind ebenfalls so anzuordnen, dass sie sich in Luftströmungsrichtung gesehen hinter den Filtern befinden.
- Die notwendigen Zu- und Abluftkanäle sind schwingungsisoliert aufzuhängen und so herzustellen bzw. zu behandeln, dass sie durch den Schalldruck der Schüsse nicht schwingen können.
- Damit sich möglichst wenige Ablagerungen festsetzen, sollten sie auf der Innenseite eine glatte Oberfläche haben (z.B. Blechkanäle).
- Aus diesem Grunde ist auch die Durchtrittsgeschwindigkeit der Luft in den Abluftkanälen an der oberen Grenze anzusetzen. Durch eine zweckmäßige Anordnung der Zu- und Abluftventilatoren sind die Luftkanäle so kurz wie möglich auszuführen.
- Um die Reinigung von Abluftkanälen und Ventilatoren zu ermöglichen, sind ausreichend große Revisionsöffnungen in genügender Anzahl vorzusehen.
- Die Abluftgitter sind so in die Kanäle einzubauen, dass sie zu Reinigungszwecken des Kanals ebenfalls leicht auszubauen sind.
- Bei Ventilatoren mit Keilriemenantrieb muss bei gerissenem Keilriemen der Defekt durch ein Signal angezeigt werden.

Für die Nutzung ohne Feuerwaffen und für Unterhaltsbetriebszeiten ist es zulässig, über Schlüsseltaster einen Minimalbetrieb vorzusehen.

Über die gesamte RLT-Ausstattung hat der Auftragnehmer eine Dokumentation (Technik, Leistungsprotokoll und Bedienung) in dreifacher Papierausfertigung und in digitaler Form zu liefern.

6.6.6 Schießtechnische Ausstattung (STA)

Allgemeine Anforderungen

Die Auswahl und Beschaffung der schießtechnischen Ausstattung hat unter Berücksichtigung der beabsichtigten Schießvorhaben, der verwendeten Waffen und der zugehörigen Munition zu erfolgen.

Die Zieldarstellung kann über eine Bildleinwand mit einer Projektionsfläche von ca. 9,0 x 3,0 Meter erfolgen, die im Geschossfangbereich so beschussgesichert untergebracht ist, dass eine Mindestschussentfernung von 3,0 Meter möglich ist.

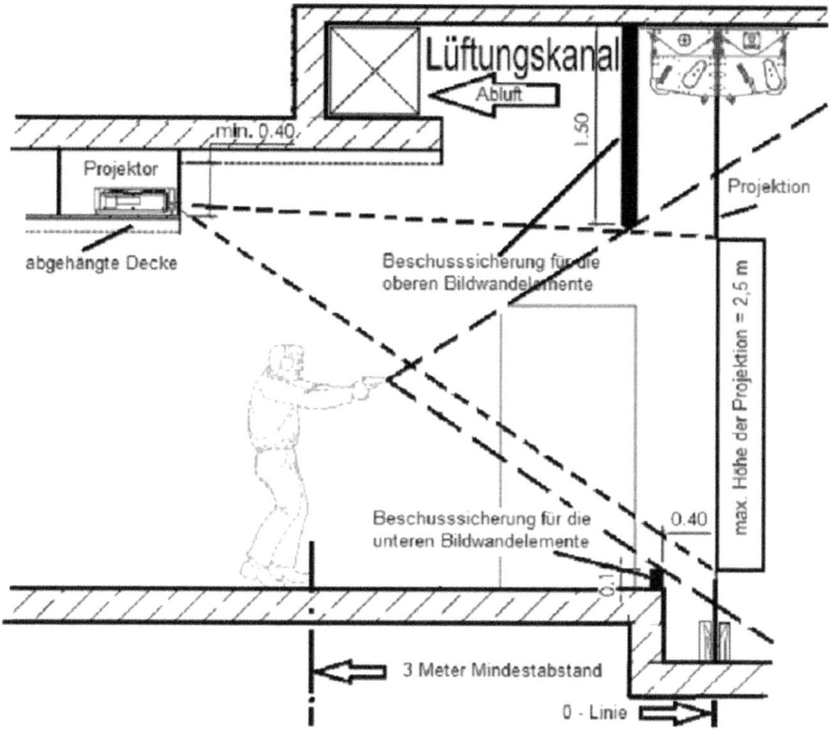

6.6.7 Sicherheitsausstattung

Für die Schießanlage ist ein Betriebsbuch zu führen.

Aushänge wie z.B.

- Gebot Gehörschutz,
- Schießstandordnung,
- Zulassung (Waffen/Munition),
- Reinigungsanforderung und
- Einweisung/Aufgaben des Reinigungspersonals sind vorzusehen.

Bereitstellung von

- Verbandskasten und
- 10 l Wasserlöscher im Regieraum und Geschossfangbereich

Der Feuerlöscher im Geschossfangbereich ist beschusssicher zu installieren. Bei jedem Feuerlöscher ist eine Fluchtmaske vorzusehen.
Im Technik- und im Maschinenraum sind für die technischen Geräte CO_2 – Feuerlöscher vorzusehen.

Zum regelmäßigen Reinigen der Schießbahnsohle, der Seitenwände und des Geschossfanges ist ein staubexplosionsgeschützter Staubsauger der zündquellenfreien Bauart 1 (B1) zu verwenden, der vom Berufsgenossenschaftlichen Institut für Arbeitssicherheit (BIA) geprüft und zugelassen wurde.

Die Verständigung zwischen Regieraum und den Schützen soll über eine Gegensprechanlage erfolgen.

6.6.8 Benutzungsanweisung / Betriebsbuch / Reinigung

Für die Schießanlage wird nach Festlegung des Ausstattungs- und des Nutzungsumfanges eine Benutzungsanweisung und ein Betriebsbuch erstellt, in dem der Betrieb der Anlage dokumentiert werden muss. Neben Nutzungszeiten und Schussbelastungen müssen dort besondere Vorkommnisse, Wartungs- und Instandsetzungsarbeiten und durchgeführte Reinigungsarbeiten nachgewiesen werden.

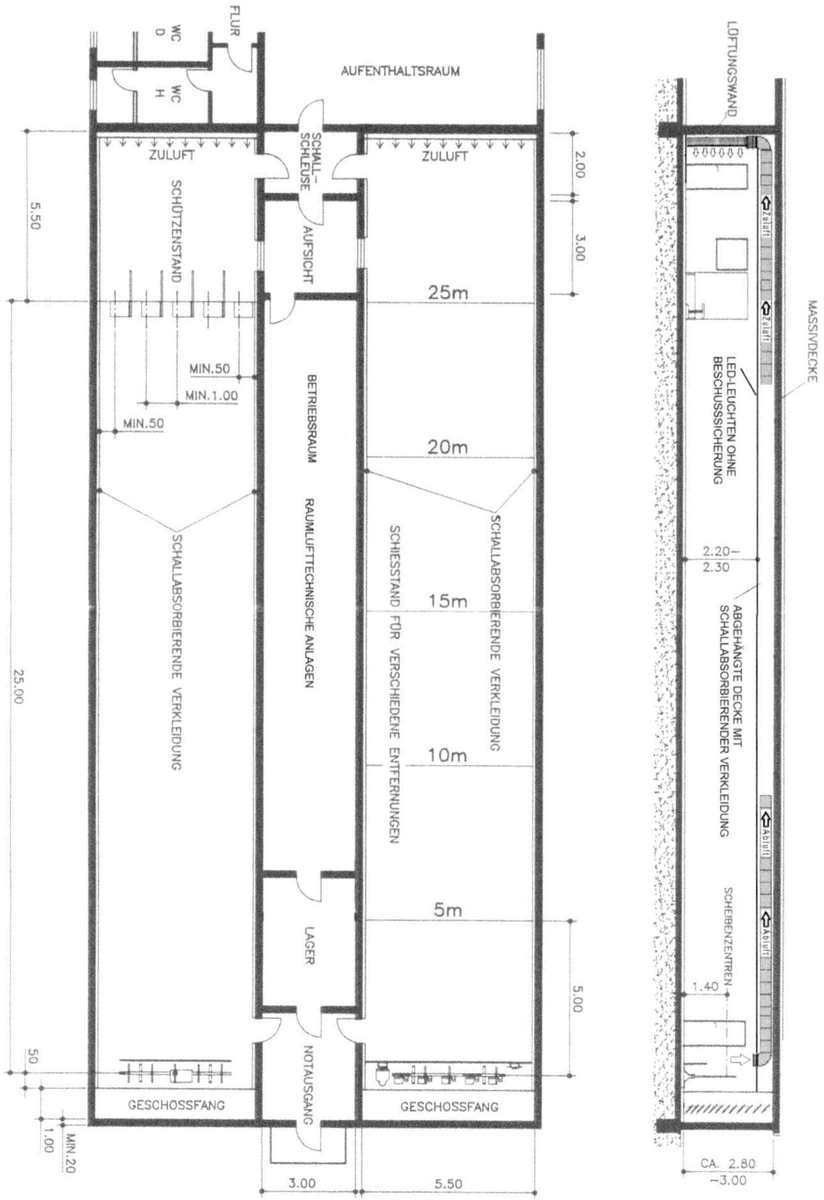

Abb.: Beispiel für Schießstand mit zwei Schießanlagen zu je fünf Schießbahnen

6.7 Röhren-Schießstand

Röhren-Schießstände werden z. B. zum Einzeltraining, beim Einschießen von Schusswaffen durch Büchsenmacher oder Waffenhersteller betrieben. Zur Trefferaufnahme dienen in der Regel Videoeinrichtungen oder elektronische Scheibensysteme. Der Schütze schießt durch eine zur sicheren Waffenhandhabung ausreichend bemessene Öffnung, zum Einschießen meist im sitzend aufgelegten Anschlag.

Der Anfang der Rohre bzw. der Umwandung muss so gelegt werden, dass zwischen Schützenstand und Rohrbeginn eine Knall- und Rauchschleuse der Länge ≥ 5 m errichtet werden kann. In dieser werden die aus der Mündung austretenden Treibladungspulver (TLP)-Reste abgefangen und ein Großteil des Mündungsknalles absorbiert. Bei dieser Schießstandart sind Mischluftsysteme zulässig. Die beim Schuss entstehenden Verbrennungsgase können aus der Kammer abgeführt werden, wobei im Schützenstand ein geringer Überdruck erzeugt werden muss. Die Stirnseiten der Rohre bzw. Mauern in der Knallschleuse sind rückprallsicher zu verblenden. Wände und Decken sind schallabsorbierend zu bekleiden.

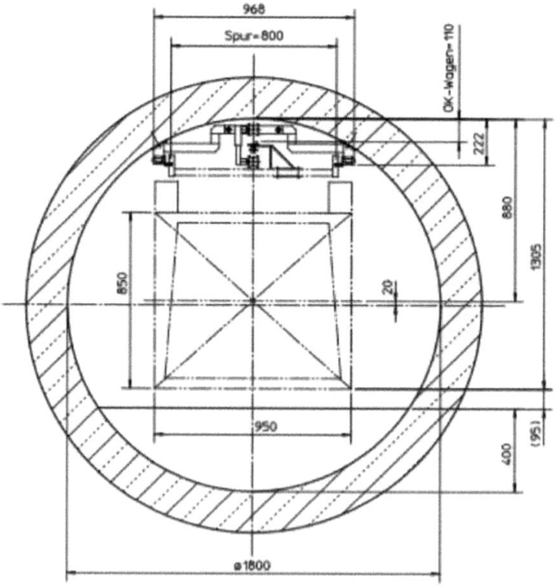

Abb.: Röhrenquerschnitt mit oben liegender Scheibenzuganlage

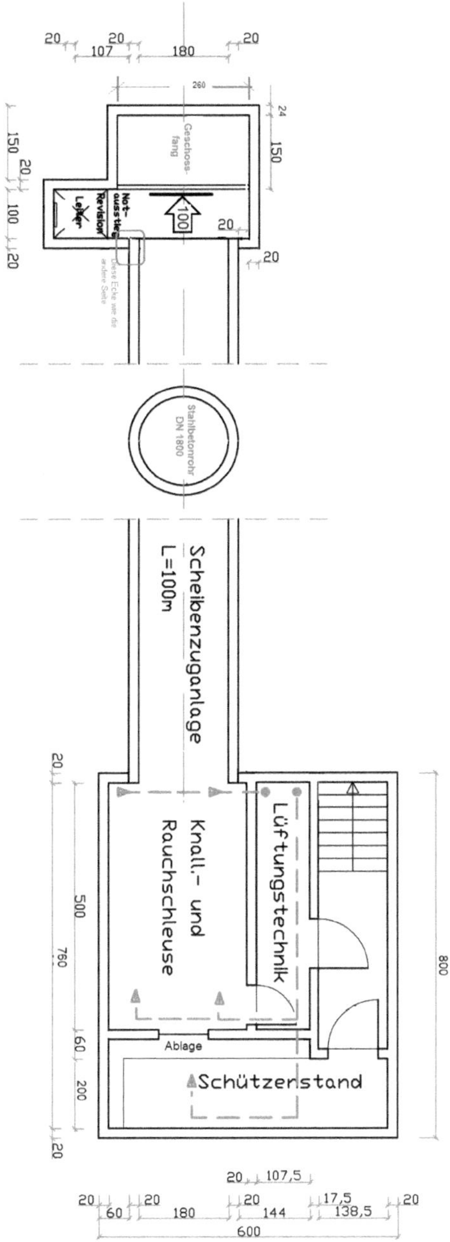

Abb.: Draufsicht

6.8 Schießanlagen, in denen ausschließlich Druckluft-, Federdruckwaffen und Waffen, bei denen zum Antrieb der Geschosse kalte Treibgase Verwendung finden und deren Mündungsenergie (E_0) max. 7,5 Joule beträgt (sog. DL-Waffen)

Schießstände für Druckluftwaffen und CO_2-Waffen sind erlaubnispflichtige Schießsportanlagen nach dem Waffengesetz. Sie sind wegen ihrer kompakten baulichen Abmessungen und den damit verbundenen relativ geringen Baukosten, die am weitesten verbreitete Schießsportanlagen in Deutschland.

Druckluft- und CO_2-Waffen werden auf eine Distanz von 10 Meter geschossen. Die dafür verwendeten Druckluft- und CO_2-Waffen bis zu einer maximalen Bewegungsenergie 7,5 Joule mit Beschusszeichen „F im Fünfeck" sind in Deutschland erlaubnisfreie Waffen, d.h. diese Sportwaffen dürfen gegen Altersnachweis an volljährige Personen verkauft werden. Eine waffenrechtliche Erlaubnis ist dafür nicht erforderlich. Für das Sportschießen werden in der Regel Bleikelchgeschosse (Diabolos, Eierbecher), im Kaliber 4,5 mm verwendet.

Für einen Druckluftwaffenstand mit einer Schussentfernung von 10 m werden laut aktuellen Schießstandrichtlinien folgende Maße verlangt:

Bereiche	**Entfernung**
Schießbahnbreite je Bahn	mind. 1,00 m
Schießbahnlänge (je nach verwendetem Ziel)	ca. 10,20 m
Schützenstandtiefe (nur für Stehendanschlag)	mind. 2,00 m
Schützenstandtiefe (für LG-Dreistellungskampf)	mind. 4,00 m
Schützenstandtiefe (für UIT-Wettkampfveranstaltungen)	mind. 5,00 m

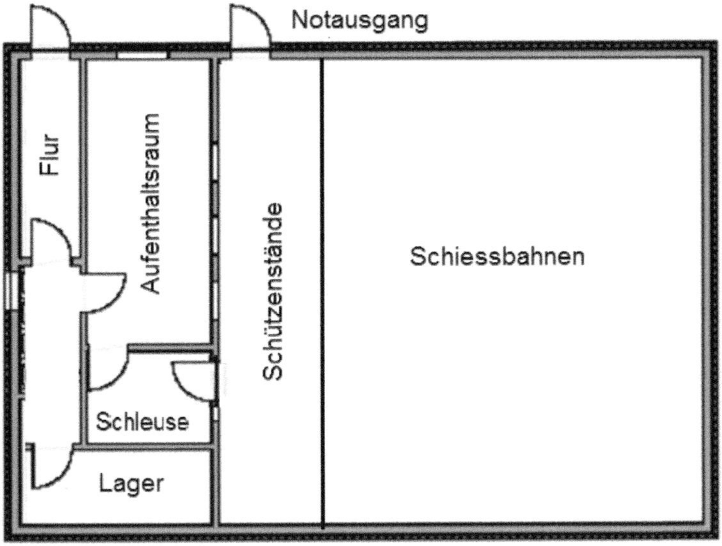

Abb.: Lageplan einer Schießstätte für Druckluftwaffen

Hinter dem Schützenstand kann der Zuschauerbereich angegliedert werden.

Beispiel: Eine 10 m Schießstandanlage mit 10 Schießbahnen benötigt einen Raum von ca. 10 x 15 m. Die Raumhöhe ist nicht vorgeschrieben, es empfiehlt sich jedoch eine Höhe von mind. 2,50 m.

Neben den veralteten mechanischen Scheibenzügen (Handkurbel) und den vor allen in den neuen Bundesländern verwendeten Scheibenwechselautomaten sind heute vor allem elektromechanische Scheibenzuganlagen in Gebrauch.

Bei den Olympischen Spielen von Barcelona wurden erstmals auch elektronische Scheiben für Druckluft- und CO_2-Waffen eingesetzt. Diese Technik bietet die mediengerechte, sofortige Auswertung und Darstellung der Schießergebnisse.

Auf der Basis der Auswertung der Druckwelle des auf einem Papierstreifen einschlagenden Geschosse, kann mit einer Messauflösung von 1/100 mm der genaue Wert ermittelt werden. Die Darstellung des Schusses erfolgt auf einem Monitor am Schützenstand. Hierbei wird die Schießscheibe originalgetreu simuliert und die Schussbilder dargestellt. Die Schüsse werden ständig von einem integrierten Drucker protokolliert und es besteht die Möglichkeit des Ausdrucks der Schussbilder.

Mit der Möglichkeit des Anschlusses eines Zusatzmonitors für Zuschauer und einer Kamera, die den Schützen von vorn zeigt, wird die elektronische Trefferanzeige zur Multimedia-Anlage.

Für die Schießdisziplin „laufende-Scheibe" ist ein spezielles Gewehr mit einem Zielfernglas, in welchem 2 Zielstachel integriert sind, ebenso erforderlich, wie eine spezielle Zuganlage, die die Scheibe nicht nur vor und zurück, sondern auch in Querrichtung in einer 2 m breiten Schneise führt, wo Scheibe von rechts nach links und umgekehrt laufend beschossen werden muss.

Mit Einführung der Disziplin mehrschüssige Luftpistole, die auf Treffer geschossen wird, hat ein neuer Schießspaß auf den Schießständen Einzug gehalten.

Fünf Trefferfelder fallen bei erfolgreichem Beschuss nach unten weg oder werden verdeckt und können nach der Serie wieder aufgezogen werden. Als Zubehör erhältliche Einsatzbleche ermöglichen die Verkleinerung der Trefferfläche und somit die Steigerung des Schwierigkeitsgrads.

Ein schallgedämmter Geschossfang mit einem Auffangbehälter für die Geschosse, sowie ein Scheibenwagen mit verstellbaren Scheibenhaltern komplettieren die Scheibenzuganlage.

Bei der Montage von Scheibenzug-Anlagen sollte man besonders auf die Anschusshöhe, das heißt die Höhe des Scheibenzentrums zum Niveau des Schützenstandes, achten. Diese beträgt bei allen Disziplinen für Druckluft- und CO_2-Waffen 1,40 m (± 0,05 m). Die geringe Toleranz von nur 5 cm wird bereits beim Wechsel von der Langwaffe (Gewehrscheibe)- auf die Kurzwaffe (Pistolenscheibe) aufgebraucht.

Auch beim 10 m Abstand zwischen der Scheibe (nicht der Wand, auf welcher das Ziel montiert wurde!) und der Schützenlinie (nicht der Brüstungskante!) beträgt die Toleranz nur ± 0,05 m. Die Schützenlinie wird in der Regel ca. 5-10 cm vor der Brüstungskante am Boden angebracht und darf von den Schützen nicht betreten werden. Diese Linie soll ein Anlehnen der Schützen an die Brüstungstische verhindern.

Soll der Schießstand auch für den Dreistellungskampf genutzt werden, hat der Betreiber die Wahl zwischen einer festen Brüstung mit zusätzlichen Schießpritschen oder einer höhenverstellbaren Brüstung und einer höhenverstellbaren Zieleinrichtung.

Die feste Brüstung mit den Schießpritschen wird in der Regel bei Vereinen verwendet, die nur eine relativ kleine Gruppe an Jungschützen aufzuweisen hat und mit 2 oder 3 Pritschen leicht auskommt. Der Schützenstand sollte dann allerdings genügend Standtiefe für die Unterbringung der Schießpritschen aufweisen. Als vorteilhaft haben sich umklappbare Pritschen mit einem Kniend-Auszug erwiesen, da die Pritsche beim Stehendschießen weniger Platz wegnimmt und darüber hinaus noch als Ausrüstungsablage dienen kann.

Für Stände mit geringer Standtiefe haben sich höhenverstellbare Brüstungen in Kombination mit höhenverstellbaren Zielen bestens bewährt. Dabei werden zum Kniend- und Liegendschießen die Brüstungen und Ziele so weit abgesenkt, dass die Schützen direkt vom Boden schießen können. Die Absenkung des Ziels erfolgt von Schützenstand mittels eines Seils, so dass niemand die Schießbahn betreten muss. Die Einzelpunktbeleuchtung kann an dem höhenverstellbaren Ziel mit befestigt werden, was eine gleichbleibende Ausleuchtung der Scheibe gewährleistet.

6.8.1 Anforderungen an geschlossene Schießstände für DL-Waffen

Die prinzipiellen Anforderungen an geschlossene Schießstände zum Schießen mit DL-Waffen ergeben sich aus den Schießstandrichtlinien. Hierbei wird grundsätzlich davon ausgegangen, dass die Umfassungsbauteile des Schießstandes durchschusssicher sind und somit die äußere Sicherheit gewährleistet ist.

Diese Durchschusssicherheit von Nadelholz ist nur dann gegeben, wenn es fugenlos gefügt und ≥ 20 mm dick verwendet wird. Dabei ist zu beachten, dass Nadelholz an der Schießbahnabschlusswand rückprallsicher bekleidet werden muss.

In der Schießbahn befindliche Türen und Fenster sind bei Schießbetrieb geschlossen zu halten (Bei Türen bedeutet dies natürlich, dass diese von außen nicht zu öffnen sind).

Soweit diese von direkten Schüssen getroffen werden können und nicht durchschusssicher sind, muss beschussseitig eine Verblendung angebracht werden.

Fenster in der Abschlusswand müssen sowohl durchschuss- als auch rückprallsicher schießbahnseitig bekleidet werden.

Es taucht immer wieder die Frage auf, ob doppelverglaste Isolierverglasungen durchschusssicher sind. Bei an Seitenwänden vorhandenen Fenstern ist dies zu bejahen; trotzdem sollte zum Schutz der Fenster selbst vor Beschädigungen auf eine Verblendung nicht verzichten werden. Eine solche Verblendung (Jalousien) schließt auch gleichzeitig störendem Lichteinfall aus.

Befinden sich in der Schießbahn Fenster, die aus einfachem Fensterglas bestehen und somit nicht durchschusssicher sind, müssen diese gegen direkten Beschuss abgeschirmt werden.

Für seitliche Beschusssicherungen, die nicht senkrecht zu den zulässigen Schussrichtungen stehen, sind folgende Baustoffe oder gleichwertige Materialien einzusetzen:

- Sperrholzplatten $d \geq 8$ mm
- Weichholz $d \geq 19$ mm
- Spanplatten $d \geq 18$ mm

6.8.2 Abstände der Schützenstände

Die Abstände der Schützenstände, von Standmitte zu Standmitte gemessen, müssen bei Neuanlagen mindestens ein Meter betragen, der Abstand zu den Seitenwänden die Hälfte dieses Maßes. Gerade bei der Erstellung von Bauplänen sollte die Gesamtbreite etwas großzügiger bemessen werden, damit auch Wandverkleidungen aus Holz o.ä. berücksichtigt werden. Soll in einem solchen Schießstand auch die Disziplin Dreistellungskampf unter Verwendung von Pritschen ausgeübt werden, so ist zwischen den jeweils genutzten Bahnen ein Schützenstand freizulassen. Teilweise wird auch gefordert, die Breite der Schützenstände bei "Dreistellung" auf mind. 1,20 m zu erhöhen, was aus der Sicht des Schießsports durchaus sinnvoll und notwendig sein kann (es verbleibt bei Pritschenbreite 0,8 m dann ein Gang von gerade 0,4 m).

6.8.3 Brüstung

Insbesondere im Breitensport soll eine Absperrung über die gesamte Breite der Schießbahnen bzw. des Raumes reichen, um ein Betreten der Schießbahnen bei Schießbetrieb zu unterbinden. Solche Brüstungen besitzen in der Regel eine Höhe von 0,80 m, wobei die Toleranz zwischen 0,7 und 1,0 m liegt. Die obere Breite muss mehr als 0,3 m betragen; eine solche ergibt sich meist von selbst aus der benötigten Montagefläche für die Scheibenzuganlagen.

Werden anstelle einer durchgehenden Brüstung einzelne Ablagetische verwendet (solche gibt es auch in der Höhe verstellbar für die Disziplin

"Dreistellungskampf"), so sind zwischen den einzelnen Tischen Absperrketten oder dgl. vorzusehen.

6.8.4 Trennwände

Erfolgt z.B. in einem größeren Saal der Zugang zu den Schützenständen seitlich neben der Schießbahn, so ist dieser begehbare Teil des Raumes mit einer fugenlosen Schutzwand abzuschirmen. Solche Trennwände bestehen meist aus transportablen Einzelelementen, müssen mindestens 2 m hoch sein und bündig auf dem Fußboden aufsitzen. Als Material kommen beispielsweise 18 mm dicke Holzfeinspanplatten (hier ist durch das seitliche Aufstellen keine Gefahr von Rückprallern gegeben!) oder 20 mm starke Weichholzbretter in Betracht, ebenso aber im Bezug auf die Durchschusssicherheit gleichwertige Materialien. Planen oder Decken sind nicht ausreichend.

Die Trennwände müssen an der Brüstung mind. 50 cm nach hinten reichen, damit die außen bzw. seitlich stehenden Schützen beim Hantieren mit ihren Waffen nicht neben die Trennwand gelangen können. Die einzelnen Teile solcher Wände sind so aufzustellen und miteinander zu verbinden, dass auch ein Dagegen lehnen oder Anstoßen nicht zu einem Verschieben der Elemente führen kann.

6.8.5 Seitenwände, Decke

Für die Verkleidung von Seitenwände und Decke bestehen keine speziellen Vorschriften.

Es erscheint aber sinnvoll, beim Einbau von Verkleidungen darauf Wert zu legen, dass diese günstigerweise schallabsorbierende Eigenschaften besitzen. So kann man bei abgehängten Decken auf im Innenausbau bewährte Systeme zurückgreifen, in die sich auch die Beleuchtungseinrichtungen blendfrei integrieren lassen.

Verkleidungen der Seitenwände mit Hinterfütterung aus künstlichen Mineralfasermatten, vor denen senkrechte Weichholzbretter mit Fugen angebracht werden, bieten neben guten akustischen Eigenschaften auch ein gutes optisches Bild. Teilweise wurde beanstandet, dass an den Seitenwänden der Schießbahn Holz (Ehren-) scheiben aufgehängt werden. Dies ist insbesondere dann nicht zu beanstanden, wenn die Scheiben höher als 2 m (freie Durchschusshöhe) angebracht sind.

6.8.6 Abschlusswand

Unter Abschlusswand versteht man die Wandfläche, auf der die Geschossfänge montiert sind. Diese ist aus Sicherheitsgründen so zu gestalten, dass keine gefährlichen Geschossrückpraller entstehen können. Holzverkleidungen dürfen aus diesem Grund keine Verwendung mehr finden. Als sehr problematisch haben sich insbesondere Holzfeinspanplatten erwiesen, von denen extreme Rückpraller bis weit in die Schützenstände auftreten können.

Die Abschlusswand ist deshalb bis zu einer Höhe von 3,0 Meter so zu gestalten, dass keine gefährlichen Geschossrückpraller auftreten können.

Als rückprallsicher gelten nach derzeitigem Stand der Technik z.B.

- Betonwände oder Mauerputz
- Stahlblech nach DIN EN 10130, Güte DC 01 d ≥ 2,0 mm dick
- mind. 2 cm starke Holzfaserplatten nach DIN EN 13171, die aber auf Abstandslattung montiert werden müssen
- Gipskarton-Bauplatten nach DIN EN 520 d ≥ 12,5 mm
- Holzwolleplatten nach DIN EN 13 168 d ≥ 25 mm

6.8.7 Geschossfangeinrichtung

Heute findet man in Schießständen für DL-Waffen überwiegend elektrische Scheibenzuganlagen, wobei die Anbieter hierzu auch entsprechende Geschossfangeinrichtungen liefern. Es handelt sich meist um Konstruktionen aus Stahlblech, bei denen das Abweisblech für die Geschosse zur Schießbahnsohle geneigt ist. Neuere Produkte besitzen Abweiser aus speziellen Kunststoffen, die ein geändertes Auftreffgeräusch hervorrufen und eine verminderte Zerlegung der Bleiprojektile bewirken sollen. Außerdem dienen Auffangbehälter dazu, die abgeleiteten Geschosse aufzufangen und deren Herumspritzen in der Schießbahn, auch wenn es nur im Geschossfangbereich ist, zu unterbinden.

In einigen Schießständen findet man immer noch Geschossfangeinrichtungen in Form von mehreren Zentimeter dicke Bleiplatten, die bei entsprechender Wartung ein zerstörungsfreies und vor allem leises Auffangen der Geschosse gewährleisten.

6.8.8 Beleuchtung

Die Schützenstände, eventuell die Schießbahn und die Scheiben bedürfen einer gleichmäßigen und ausreichenden Beleuchtung. Die Beleuchtungsstärken, die im Breitensport anzusetzen sind, betragen für die Schützenstände und Schießbahn mind. 150 Lux und für die Scheiben etwa 700 bis 800 Lux.

Die gemäß Sportordnung des DSB und von der ISSF vorgeschriebenen Beleuchtungsstärken betragen 300 Lux indirekt im Raum (auch in den Schützenständen) sowie 1.000 Lux auf den Scheiben. Das Messverfahren mit Photozellen wird in den Technischen Regeln der ISSF und in den Schießstandrichtlinien beschrieben.

Beleuchtungskörper, die bei einem möglichen Beschuss Schützen oder sich andere im Schießstandbereich aufhaltende Personen durch herabfallende Splitter gefährden können, sind mittels Blenden abzuschirmen oder mit einer transparenten Abdeckung so zu umschließen, dass Splitter aufgefangen werden. Dies gilt speziell für Beleuchtungskörper unmittelbar über oder vor den Schützenständen (nicht dahinter!) und innerhalb der Schießbahn sowie in dem begehbaren Teil des Raumes, soweit dort Beleuchtungseinrichtungen von direkten Schüssen getroffen werden können.

Befindet sich die Scheibenbeleuchtung nicht in handelsüblicher Form bei den Geschossfängen, sondern hinter einer durchgehenden Blende, so muss darauf geachtet werden, dass an dieser Blende keine gefährlichen Geschossrückpraller entstehen. Holzkonstruktionen müssen entweder rückprallsicher abgedeckt werden (z.B. Weichfaserplatten mit Abstand, Stahlblech etc.) oder so schräg zur Schussrichtung montiert sein, dass Geschosse nicht in die Schützenstände zurückprallen können.

Bei vielen Schießständen im Breitensport lässt sich bei der Überprüfung feststellen, dass diese nicht ausreichend beleuchtet werden. Die notwendigen 700 Lux werden auf der Scheibenoberfläche zwar oft noch erreicht, dafür aber sind Schießbahn und Schützenstände nahezu dunkel. Wie Praxiserfahrungen zeigen, liegt aber das Leistungsniveau von Schützen, die in ausreichend beleuchteten Schießständen - mit den geforderten 150 Lux in den Schützenständen – deutlich über dem Durchschnitt. Vielleicht ergibt sich hierdurch ein Anreiz für die Betreiber, die oben angeführten Beleuchtungsstärken durch Nachrüsten in ihren Schießständen zu erreichen.

Insbesondere bei der farblichen Gestaltung von Abschlusswänden taucht die Frage auf, welche Farbtöne aus schießsportlicher Sicht der Vorzug gegeben werden sollte. In der Praxis hat sich gezeigt, dass zartgrüne (RAL

6019) oder zartgraue (RAL 7038) Farbtöne (heute auch beige) dazu führen sollen, dass die Augen der Schützen nicht zu schnell ermüden und auch keine Blendwirkung durch zu helle Farbgebung der Abschlusswand um die Geschossfänge auftritt.

6.8.9 Lagerung von Gegenständen in der Schießbahn

Innerhalb der gesamten Schießbahn dürfen sich nur solche Gegenstände befinden, die für die Aufrechterhaltung des Schießbetriebes notwendig sind. Oft werden in Schießbahnen, insbesondere bei Mehrfachnutzung eines einer Gaststätte angeschlossenen Saales, Stühle, Bänke und Tische aufbewahrt. An diesen Gegenständen können, oft nicht reproduzierbar, für die Schützen gefährliche Geschossrückpraller (Augenverletzungen!) entstehen. Aus diesem Grund müssen die Schießbahnen von Möbeln freigehalten werden. Lässt sich dies in Einzelfällen nicht gewährleisten, so können durch Abdeckungen mit geeigneten Planen und dergleichen Rückpraller vermieden werden.

Neuerdings findet man vermehrt durch Schützenvereine angebrachte Tafeln mit den Werbeschriftzügen der Sponsoren in den Schießbahnen. In vielen Fällen bestehen diese aus Holzfeinspanplatten, die dann teilweise so schräg aufgestellt sind, dass an deren Oberfläche zurückprallende Bleigeschosse direkt in Augenhöhe – und dann noch auf kurze Distanzen – in die Schützenstände zurückfliegen. Deshalb sollten diese Werbeschriftzüge nur in Form von Folienbahnen und in Schussrichtung in der Schießbahn befinden.

6.8.9.1 Zusätzliche Zieleinrichtungen

Zum Beschießen mit DL-Waffen werden heute im Handel unterschiedlichste Vorrichtungen wie laufende Scheibe, Klappscheiben, Pins u. ä. angeboten. Derartige Ziele sind in keiner genehmigten Sportordnung enthalten und dienen damit ausschließlich dem Schießen zur Belustigung. Sie werden deshalb auch überwiegend in sog. Schießbuden verwendet. Dabei kann davon ausgegangen werden, dass handelsübliche Ziel- und Geschossfangeinrichtungen wie Gleitbleche und Schießtrichter den Richtlinien entsprechen.

Diese zusätzlichen Zieleinrichtungen dürfen aber nur eingebaut und genutzt werden, das Schießen zur Belustigung nach der Betriebserlaubnis zulässig ist.

6.8.9.2 Röhrchenziele

Die Leisten zur Befestigung der Röhrchen auf den Nägeln müssen rückprallsicher ausgeführt werden.

Das ist durch die Ausführung in Stahl möglich. Dabei muss der Stahl in einer Stärke ausgeführt sein, den sicherstellt, dass Fehlschüsse nicht zu Rückprallern führen.

Sind die Leisten in Holz ausgeführt, müssen die Vorderkanten mit mindestens 2 mm starkem Stahlblech beschlagen werden. Werden zur Befestigung der Bleche Nägel verwendet sind ausschließlich Flachkopfnägel zulässig.

Die Oberkanten der Leisten sind waagrecht oder schräg nach hinten/untern geneigt auszuführen.

Die Vorderkante der Leiste ist um mindestens 20° gegen die senkrechte nach unten rückwärts geneigt auszuführen.

Im Bereich der Röhrchenziele muss vor der Rückwand ganzflächig ein loser Stoffbehang zum Beispiel aus Rupfen angebracht sein.

6.8.9.3 Weitere Ziele

Als weitere Ziele sind z.B. bekannt:

- Herzchenschießen und andere flächige Ziele
- Walzenschießen
- Laufende Ziele
- Luftballonschießen
- Fotoschießen

Alle Ziele sind wesentliche Bestandteile der Schießanlage und damit genehmigungspflichtig. Eine zusätzliche Anbringung oder Änderung führt, mit Ausnahme des Wegfalls zur Erlöschung der Betriebserlaubnis und damit auch des Versicherungsschutzes.

Die Erlaubnisbehörde kann somit – eventuell unter Beteiligung eines Schießstandsachverständigen – eine Entscheidung herbeiführen, ob es sich hier um eine wesentliche Nutzungsänderung i. S. d. § 27 Abs.1 WaffG handelt, die dann der Erlaubnisbedarf. Im Regelfall kann man der Auffassung folgen, dass durch den nachträglichen Einbau von Klappscheibenanlagen etc. zwar eine Nutzungsänderung erfolgt, die aber nicht wesentlich i. S. d.

§ 27 Abs.1 WaffG sein muss und somit keiner zusätzlichen oder der Änderung einer bestehenden waffenrechtlichen Erlaubnis bedarf.

In § 27 Abs. 1 Waffengesetz (Schießstätten) wird u.a. sinngemäß ausgeführt: *"Wer eine Schießstätte betreiben oder in ihrer Beschaffenheit oder in der Art ihrer Nutzung wesentlich ändern will, bedarf der Erlaubnis der zuständigen Behörde."*

Die Formulierung „wesentlich ändern will" weist eindeutig darauf hin, dass die Genehmigung vor der Änderung erforderlich ist.

6.8.10 Anforderungen an offene Schießstände für DL-Waffen

Offene Schießstände zum Schießen mit Druckluft-, Federdruckwaffen und Waffen, bei denen zum Antrieb der Geschosse kalte Treibgase Verwendung finden, erhalten durch die erfreuliche Zunahme der Aktivitäten im Bereich Sommerbiathlon zunehmend Verbreitung. Oft handelt es sich um behelfsmäßig errichtete Anlagen, die nur für diese eine Veranstaltung genutzt werden. Hierbei ergibt sich häufig die berechtigte Frage, welche Mindestanforderungen an die Sicherheit erfüllt werden müssen, da aufwendige Sicherheitsbauten oft kaum in Relation zu der dann tatsächlichen Nutzungsdauer stehen. Für das eigentliche Gefährdungspotential selbst spielt die Nutzungsdauer naturgemäß natürlich keine Rolle.

Grundsätzlich muss unterschieden werden, ob der zu errichtende Schießstand in Bezug auf seinen Gefahrenbereich in einem freien, sog. schwach besiedelten Gebiet oder in einem bebauten, von Personen regelmäßig begangenen Bereich liegt.

6.8.11 Nutzung von DL-Anlagen mit Zimmerstutzen

Beim Schießen mit Zimmerstutzen ist nach den schießsportlichen Regeln des DSB eine Scheibenentfernung von 15 m ± 0,05 m vorgesehen. Bei einer Nutzung im Breitensport ist eine Scheibenentfernung von 10 m zulässig.

Beim Schießen mit Zimmerstutzen in DL-Anlagen ist von einer E_0 = 35 Joule der Geschosse auszugehen. Somit sind alle notwendigen Sicherheitsbauten (Seiten- und Höhensicherungen) und die Geschossfänge auf die höheren Geschossenergien abzustimmen.

6.8.12 Nutzung DL-Anlagen mit Armbrust

Beim Schießen mit der Armbrust sind geeignete Zuganlagen zu verwenden. Hinter der eigentlichen Zielscheibe befindet sich eine Scheibenunterlage meist aus Holz mit einem Zentrum aus Weichblei, in dem der Bolzen stecken bleibt und dann vom Schützen für den nächsten Schuss wieder herausgedreht wird. Die Bleieinlage muss bei der Schussentfernung von 30 m eine Kantenlänge von 5 cm x 5 cm oder für die 10 m-Disziplin einen Durchmesser von 10 cm haben. Die Dicke der Bleifüllung muss $d \geq 2$ cm betragen.

6.9 Schießstände für den Schrotschuss

Gegenüber den Einzelgeschossen ergeben sich beim Schrotschuss kürzere Flugweiten und geringere Durchschlagskraft, jedoch eine wesentlich größere Streuung der einzelnen, in einer Garbe fliegenden Schrote.

Mit dem Schrotschuss werden

- fliegende Ziele (Wurfscheiben)

  oder

- Bodenziele (Roll- oder Kipphase)

  (zum Üben des Schusses auf sich am Boden bewegendem Wild werden aus Metall gefertigte Kipp- oder Rollhasen in der Art von Wurfscheiben über schmale Schießbahnen bewegt)

beim Schießen mit Schrot beschossen.

6.9.1 Trapschießstand

Beim Trapschießen stehen die Schützen in einer Linie parallel vor den Wurfmaschinen und dürfen jeweils zwei Schüsse auf die in wechselnden Richtungen geworfenen Wurfscheiben abgeben.

Bei internationale Wettkämpfen werden bei Männern über 125 Wurfscheiben (fünf Serien à 25 Scheiben) und bei Frauen über 75 Wurfscheiben (drei Serien à 25 Scheiben) geworfen (Qualifikation).

Ein **Trapschießstand** besteht aus einem Unterstand, in dem mindestens eine, höchstens aber 15 Wurfmaschinen untergebracht sind.

Die Schützenstände befinden sich 11 bzw. 15 Meter dahinter.

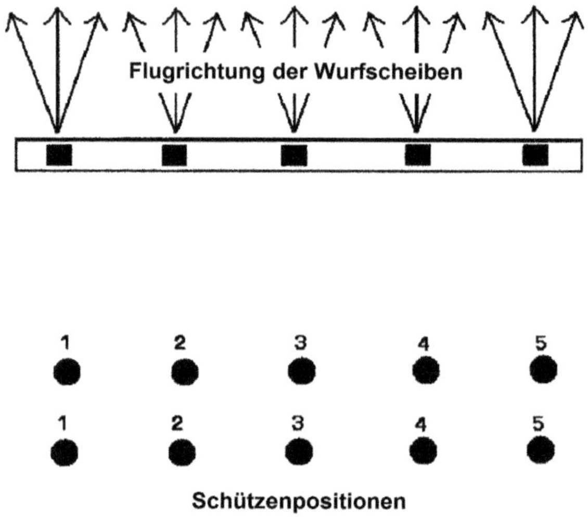

Die Einstellung der Wurfweite, der Wurfhöhe und der Winkeleinstellung der Scheiben erfolgt nach einem von insgesamt neun zur Verfügung stehenden Schemen. Die Wurfhöhe, gemessen von der Basisebene in 10 Meter Abstand von der Dachoberkante des sogenannte „Trapgrabens", variiert zwischen 1,5 und 3,5 m (+/-0,5 m). Die Flugweite beträgt 76 m (+/-1 m). Die maximalen Wurfwinkel betragen 45 Grad links beziehungsweise rechts. Die Einstellung der Scheiben erfolgt in der Folge: Höhe, Weite, Winkel.

6.9.2 Doppeltrap

Doppeltrapschießen wird in der Regel auf Trapanlagen durchgeführt. Dabei wir nur die mittlere Maschinengruppe 3 eingesetzt. Geschossen wird hier auf zwei gleichzeitig abfliegende Scheiben, sogenannte Dubletten.

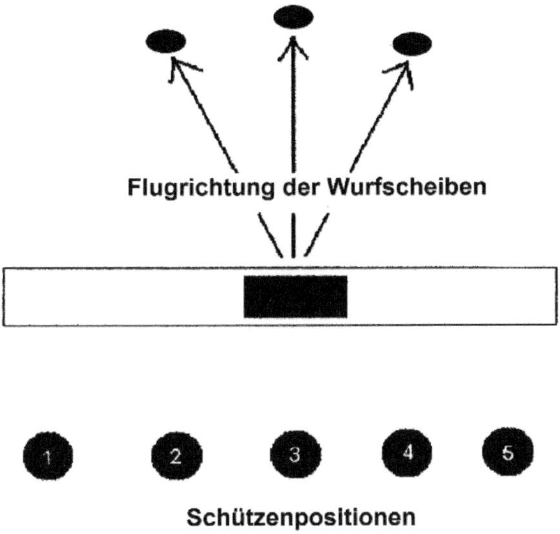

Die Einstellung der Wurfweite, der Wurfhöhe und der Winkeleinstellung der Scheiben/Dubletten erfolgt nach einem Schema. Die Wurfhöhe der Scheiben, gemessen von der Basisebene in 10 m Abstand von der Dachoberkante des sogenannten „Trapgrabens", variiert zwischen 3,0 und 3,5 m (+/- 0,1 m) je nach verwendetem Schema. Die Wurfweite beträgt 55 m (+ /- 1 m). Die Wurfwinkel betragen 0 Grad beziehungsweise 5 Grad links beziehungsweise rechts.

6.9.3 Skeetschießstand

Skeetschießstände bestehen aus zwei Türmen (Hoch- und Niederhaus), in denen je eine Wurfmaschine untergebracht ist.

Diese werfen die Wurfscheiben in gleichbleibender Richtung. Sieben Schützenstände befinden sich auf einem Kreissegment, ein achter Stand auf der Verbindungslinie zwischen Hoch- und Niederhaus. Nach einem gleich bleibenden Schema beschießen die Schützen nacheinander von Stand zu Stand einzelne Wurfscheiben oder Doubletten.

Die Einstellung der Wurfweite und der Wurfhöhe der Scheiben erfolgt nach einem genau vorgeschriebenen Schema. Die Wurfweite der Scheiben beträgt zwischen 65 und 67 m. Die Wurfhöhe beträgt 4,60 m, gemessen am Scheibenkreuzungspunkt zwischen dem Hoch- und Niederhaus. Die Wurfscheiben müssen innerhalb der Schussbegrenzung von 40,3 m (+/-0,1 m) zwischen den beiden Häusern getroffen werden. Der Schusssektor (Schussgrenze) wird mit gut sichtbaren Pfählen gekennzeichnet.

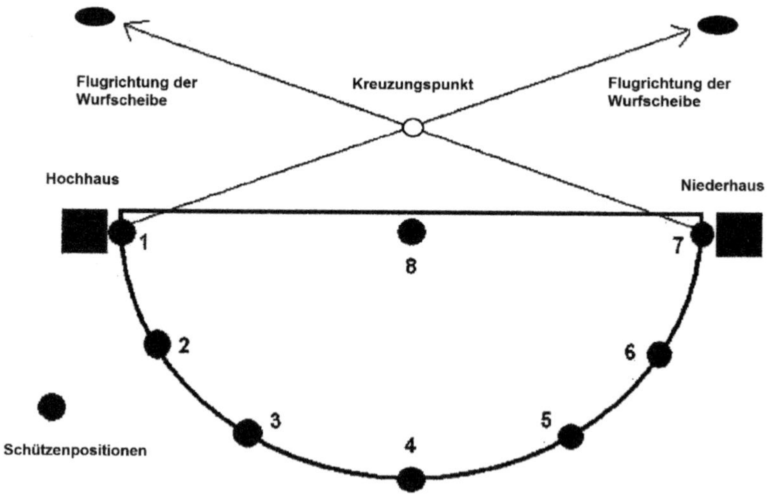

6.9.4 Kipphase

Die im Abstand von 30 Meter quer zur Schussrichtung laufende Hasenanlage besitzt zwei hintereinander auf dem Scheibenwagen angeordnete Hasenscheiben aus Verschleißstahl. Jede Hasenscheibe ist in drei Einzelsegmenten aufgeteilt, so dass die Trefferlage exakt erkennbar ist. In den Scheibenständen links und rechts werden die Hasenscheiben mittels Stellvorrichtungen umgelegt oder aufgerichtet.
Die Schneisenbreite beträgt 6,0 Meter.

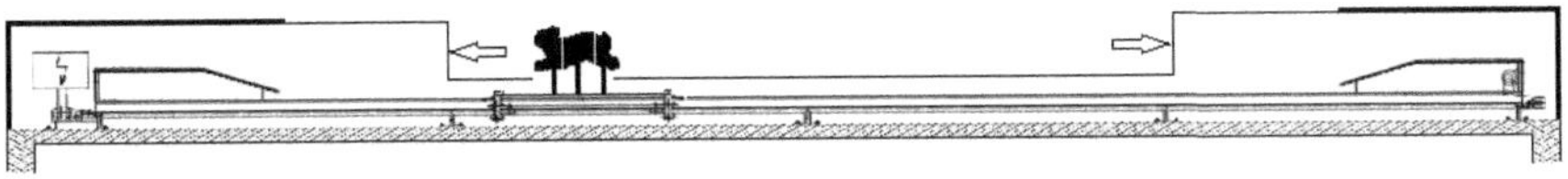

6.9.5 Rollhase

Schießstände für Rollhasen finden Verwendung als Bestandteil von Wurfscheiben- oder Parcoursanlagen. Die Ziele, auch Rabbits genannt, bestehen aus Rollscheiben (ähnlich den Wurfscheiben) und werden mithilfe einer speziellen Vorrichtung quer oder schräg über den Boden der Schießbahn gerollt. Die Vorrichtung dafür befindet sich oftmals auf der Flurebene im Hochhaus
Dabei wird die die Scheibe nicht wie beim Trap- oder Skeetschießen in die Luft katapultiert, sondern über den Boden gerollt, sodass die Bewegung eines fliehenden Hasen nachgeahmt wird.
Die „Rollbahnen" können befestigt oder mit Gummimatten belegt werden.

7 Betreiberpflichten

7.1 Allgemeines

Der verantwortliche Betreiber einer Schießstätte hat alle Gefahren, die sich aus dem Betrieb der Schießstätte ergeben, zu verhindern; dazu gehören auch Pflichten gegenüber Arbeitnehmern und arbeitnehmerähnlichen Beschäftigten. Sollten im Zusammenhang mit dem Betrieb der Schießstätte keine Arbeitnehmer oder arbeitnehmerähnliche Beschäftigte beschäftigt sein, so sind die folgenden Regelungen als Empfehlung zu betrachten.

Durch das Arbeitsschutzgesetz wird im Allgemeinen gefordert, dass

- alle Tätigkeiten zu beurteilen,
- alle Gefährdungen zu ermitteln und
- die Gefährdungsbeurteilung sowie die Ergebnisse zu dokumentieren sind.

Sicherheitsleuchten sind z. B. netzunabhängige Akkuleuchten, Batterie- und Dynamoleuchten und batteriegestützte Sicherheitsbeleuchtung, um bei Netzausfall eine Restbeleuchtung des Raumes zu gewährleisten

Die Sicherheitsbeleuchtung muss auch bei plötzlichem Stromausfall ausreichen, um z. B. das Entladen der Waffen kontrollieren und den Schießstand sicher verlassen zu können.

Feuerlöscheinrichtungen dienen zur Bekämpfung von Entstehungsbränden. Die Schießstände sind mit Handfeuerlöschern auszustatten. Wassersprühlöscher oder Schaumlöscher haben sich als geeignet erwiesen. Die Prüfung der Feuerlöscher hat danach spätestens alle zwei Jahre zu erfolgen.

Nebentüren zum Schießstand sind mit Türkontakten zu versehen und an eine elektrisch betriebene Warnanlage anzuschließen, die den geöffneten Zustand der Türen optisch und akustisch anzeigt. Die optische Anzeige erfolgt durch eine orangefarbene Rundumleuchte, die akustische durch ein Starkhorn, die beschusssicher zu installieren sind.

Elektrische Betriebsmittel unterliegen festgelegten Prüffristen. Diese sind vor der ersten Inbetriebnahme und nach Änderung oder Instandsetzung vor der Wiederinbetriebnahme und in bestimmten Zeitabständen durch eine Elektrofachkraft zu prüfen, damit entstehende Mängel, mit denen gerechnet werden muss, rechtzeitig festgestellt werden.

RLT-Anlagen (RaumLuftTechnische Anlagen) sind durch eine befähigte Person regelmäßig zu warten.

Die PSA (Persönliche Schutzausrüstung, z. B. Gehörschutz und Schießbrille) die dem Nutzer der Schießstätte durch den Betreiber bereitgestellt wird, ist regelmäßig zu warten und zu prüfen.

Zur Aufrechterhaltung des Betriebes und Gewährleistung der Sicherheit in RSA ist die regelmäßige sowie sachkundige Wartung und Reinigung der Anlagen erforderlich. Dies gilt insbesondere bei Schießständen zum Schießen mit Feuerwaffen (mit Ausnahme von Zimmerstutzen), in denen durch unverbrannte TLP-Reste (Treibladungspulver), die sich vornehmlich in Schussrichtung vor den Waffenmündungen auf der Schießbahnsohle ablagern, regelmäßige und generelle Reinigungsmaßnahmen notwendig sind. Bei jedem Schuss treten aus dem Lauf (je nach Waffenart und Munition bzw. Kaliber deutlich unterschiedliche und in der Regel geringe) unverbrannte TLP-Reste aus, die sich ohne regelmäßige Reinigung zu gefährlichen Mengen anhäufen und durch verschiedene Ursachen entzündet werden können.

Die Verantwortung für die Arbeitssicherheit, z. B. Reinigungsarbeiten, trägt der Betreiber. Er hat für eine ordnungsgemäße Reinigung und Wartung der Schießstätte und eine fachgerechte Entsorgung der unverbrannten TLP-Reste zu sorgen. Eine schriftliche Übertragung der Pflicht zur Reinigung auf andere unterwiesene Personen ist möglich.

Bei den Reinigungsarbeiten ist darauf zu achten, dass die Be- und Entlüftungsanlage in Betrieb ist. Sollte ein Nasswischen von Hand durchgeführt werden, so muss das Reinigungspersonal geeignete Handschuhe tragen.

Bei der periodischen Generalreinigung ist der anfallende Kehricht nur in so geringem Umfang mit TLP-Resten versetzt, dass es sich bei den damit verbundenen Tätigkeiten nicht um Umgang mit Stoffen im Sinne des SprengG handelt. Bei intensiv genutzten Schießständen (z. B. gewerbliche Nutzung) wird eine vierteljährliche Generalreinigung, in die auch die Decke einzubeziehen ist, notwendig.

Wird für die Reinigung der RSA ein Staubsauger verwendet, unterliegt auch dieser einer jährlichen Prüffrist durch eine befähigte Person

Über die durchgeführten Reinigungs- und Wartungsarbeiten ist ein Reinigungs- und Wartungsbuch zu führen, in dem die durchgeführten Arbeiten in Arbeitsblättern dokumentiert sind. Im Buch sind auch diese Betriebsanweisung und sonstige Sicherheitsbelehrungen bzw. Hinweise zur

Entsorgung unverbrannter TLP-Reste enthalten, die den verantwortlichen Personen zur Kenntnis gebracht werden.

Belehrung über Gefahren in der Raumschießanlage bei Arbeiten oder sonstigen Tätigkeiten innerhalb der Raumschießanlage für Mitarbeiter von Fremdfirmen.

Die Belehrung umfasst folgende Punkte:

- Flucht- und Rettungswege
- Feuerlöscheinrichtungen
- Erste-Hilfe-Material
- Absolutes Verbot des Rauchens und des Umganges mit offenem Feuer
- Brandwachen nach Brenn- und Schneidarbeiten
- Tragen von PSA beim Schießbetrieb
- Betreten von Räumen

Beachten Sie zu den Betreiberpflichten nach § 9 Abs. 1 Satz 3 AWaffV im Zuge der Überwachung des Schießbetriebs auch die Ausführungen im Falle des Schießens mit verbotenen Waffen in Kapitel 1.7.4.

7.2 Aufsicht auf Schießstätten

7.2.1 Aufsichtsperson

Grundsätzlich darf kein Schießen ohne die erforderliche Aufsicht erfolgen. Aufsicht beim Schießen auf einer Schießstätte kann der Betreiber einer Schießstätte, eine vom Betreiber bestellte Aufsichtsperson oder die Aufsicht einer schießsportlichen Vereinigung sein.

Die Aufsichtsperson muss

- volljährig,
- zuverlässig (§ 5 WaffG) und
- persönlich geeignet (§ 6 WaffG) sein.

Sie muss darüber hinaus die erforderliche **Sachkunde** und im Bedarfsfall die Eignung zur Kinder- und Jugendarbeit besitzen.

Der Begriff der Sachkunde in § 10 AWaffV ist **nicht gleichbedeutend** mit der Sachkunde nach § 7 WaffG, womit auch eine erfolgreich abgelegte

Jägerprüfung nicht zur Aufsichtsführung befähigt. Die Aufsichtsperson muss in der Lage sein, die Benutzungsordnung der Schießanlage, die allgemeinen und besonderen Sicherheitsbestimmungen für den Umgang mit Waffen und Munition sowie die Einhaltung der Sport- oder Schießordnung durchzusetzen. Dies setzt zwingend den Erwerb dieser Kenntnisse im Rahmen einer geeigneten Aus- und Fortbildung voraus.

Der Erlaubnisinhaber hat die Personalien der Aufsicht zwei Wochen vor dem Beginn der Tätigkeit der Behörde schriftlich anzuzeigen. Das Ausscheiden einer Aufsichtsperson und die Bestellung einer neuen Aufsichtsperson hat er unverzüglich anzuzeigen.

Wird die Aufsichtsperson durch einen schießsportlichen Verein beauftragt, hat der Verein die Aufsichtsperson zu registrieren, die vorgeschriebene Sachkunde und ggf. die Eignung zur Jugendarbeit zu prüfen. Diese Aufsicht mit der Befähigung zur Kinder- und Jugendarbeit beinhaltet eine besondere Obhutspflicht, die auch besondere Rechten und Pflichten mit sich bringt. Dazu gehört u. a. dass diese Aufsicht gegenüber anderen Aufsichten weisungsberechtigt ist, wenn die besonderen Belange der Kinder und Jugendlichen berührt werden.

Der Verein hat der Aufsichtsperson ein Nachweisdokument auszustellen, dass die Aufsichtsperson während der Wahrnehmung der Aufsicht mitzuführen und zur Kontrolle befugten Personen auf Verlangen zur Prüfung auszuhändigen hat.

An ortsveränderlichen Schießstätten, die dem Schießen zur Belustigung dienen, darf von einer verantwortlichen Aufsichtsperson Minderjährigen das Schießen mit Druckluft-, Federdruckwaffen und Waffen, bei denen zum Antrieb der Geschosse kalte Gase verwendet werden, gestattet werden.[315] Bei Kindern hat der Betreiber sicherzustellen, dass die verantwortliche Aufsichtsperson in jedem Fall nur einen Schützen bedient.[316]

Im Sinne des Waffengesetzes sind Kinder[317] Personen, die noch nicht 14 Jahre alt sind.

---

[315] *Anlage 2 A2 UA2 Nr. 1.1 und 1.2 WaffG*

[316] *§ 27 Abs. 6 WaffG*

[317] *Anlage 1 A2 WaffG*

Im Sinne des Waffengesetzes sind Jugendliche Personen, die 14, aber noch nicht 18 Jahre alt sind.

7.2.2 Pflichten der Aufsichtsperson

Die verantwortliche Aufsichtsperson hat vermeidbare Gefahren durch das Verhalten der Anwesenden zu unterbinden und das Schießen ständig zu beaufsichtigen.

Das gilt vor allen Dingen für die unzulässige Verwendung von Schusswaffen, die vom Schießsport ausgeschlossen[318] sind

- Kurzwaffen mit einer Lauflänge < 3 Zoll (7,62 cm)
- halbautomatische Schusswaffen mit Anschein einer vollautomatischen Kriegswaffe, wenn:
  - die Lauflänge weniger als 40 cm beträgt
  - die Hülsenlänge < 40 mm ist
  - das Magazin sich hinter der Abzugseinheit befindet.
- halbautomatische Langwaffen mit einer Magazinkapazität von mehr als 10 Patronen.

und die unzulässigen[319] Schießübungen

- Schießen aus der Deckung heraus
- Überwinden von Hindernissen nach Abgabe des ersten Schusses
- Schießen im deutlichen Laufen
- schnelles Reagieren auf plötzlich auftauchende, sich bewegende Ziele (ausgenommen Wurfscheibe oder laufende Scheibe)
- Überkreuzziehen von mehr als einer Waffe
- Schüsse ohne genaues Anvisieren der Ziele (Deutschüsse)

Benutzer der Schießstätte haben die Anordnungen der Aufsicht zu befolgen.

---

318 § 6 AWaffV

319 § 7 AWaffV

7.3 Regelauflagen für das Betreiben von Schießstätten

Bei der Nutzung von Schießstätten sind Auflagen anzuordnen und zu beachten, die sich aus dem Waffenrecht, der Zulassung, allgemeinen Sicherheitsbestimmungen und den Betreiberpflichten ableiten.

Allgemein gilt:

- Auf der Schießstätte darf nur mit den für diese zugelassenen Waffen- und Munitionsarten geschossen werden. Ein entsprechender deutlicher Aushang ist in den jeweiligen Schützenständen anzubringen.
- Es darf nur auf der im Abnahmegutachten bzw. Erlaubnisbescheid der zuständigen Behörde genannten maximalen Anzahl von Schießbahnen geschossen werden.
- Die Schützen haben nur auf die dem jeweiligen Schützenstand zugehörige Scheibe zu schießen; zugelassene Anschlagsarten sind zu beachten.
- In der Schießstätte müssen eine aktuelle Schießstandordnung und eine Tafel zum Anschreiben der verantwortlichen Aufsichtsperson(en) an gut sichtbarer Stelle vorhanden sein.
- Es darf nur unter Aufsicht verantwortlicher Aufsichtspersonen (Schießleiter) geschossen werden, die Vorgaben gemäß § 10 der AWaffV für Aufsichtspersonen sind zu beachten.
- Jedes Schießen darf erst begonnen werden, wenn die verantwortliche Aufsichtsperson anwesend ist und das Schießen freigegeben hat. Die Aufsichtsperson darf selbst während ihrer Aufsichtstätigkeit am Schießen nicht teilnehmen. Sie hat sicherzustellen, dass niemand mit einer geladenen Waffe den Schießstand verlässt.
- Im Schießstand bzw. in den Schützenständen dürfen sich während des Schießens nur die jeweiligen Schützen sowie die Aufsichtspersonen (mit den eventuell von diesen bestellten Helfern) aufhalten.
- Erkennbar unter Alkohol- oder sonstigem Rauschmitteleinfluss stehenden Personen ist das Schießen und der Aufenthalt im Schießstand zu untersagen.
- Waffen dürfen nicht auf Stühlen oder Bänken abgelegt werden. Gewehrständer oder Ablagen sind in ausreichender Anzahl von dem Betreiber der Schießstätte bereitzustellen.

- Die Schießbahnen sind von Gegenständen aller Art, die nicht dem Schießbetrieb dienen, freizuhalten.
- Bei Störungen z.B. der Scheibenzuganlagen dürfen die Schießbahnen erst betreten werden, wenn das Schießen auf allen Bahnen vorher eingestellt worden ist und alle Waffen entladen bzw. abgeschossen sind.
- Unbeschadet anderer Forderungen sind grundsätzlich in einer Schießstätte bereitzuhalten:
  - ausreichender und verwendbarer Verbandskasten
  - geeigneter und überprüfter Feuerlöscher
  - netzunabhängige Notbeleuchtung (mind. starke Taschenlampe)
- Die Verwahrorte der o.a. Gegenstände sind ordnungsgemäß zu kennzeichnen.
- Der zuständigen Behörde ist von dem Betreiber der Schießstätte ein Nachweis über den Abschluss einer ausreichenden Haftpflicht- und Unfallversicherung im gesetzlich vorgeschriebenen Rahmen (§ 27 Abs. 1 WaffG) z.B. über die Rahmenversicherung zu erbringen.
- Der Erlaubnisinhaber ist verpflichtet, die Schießstätte mit allen Sicherungseinrichtungen laufend auf einen ordnungsgemäßen Zustand hin zu überprüfen. Eventuelle Schäden wie z.B. an den Geschossfängen oder Einzäunungen bei offenen Anlagen sind unverzüglich zu beheben.
- Sollen Waffen und Munition in der Schießstätte aufbewahrt werden, so müssen diese diebstahlsicher entsprechend den einschlägigen Vorschriften (§ 36 WaffG und § 13 AWaffV) untergebracht sein.
- Jede wesentliche Änderung in der Beschaffenheit und der Art der Nutzung der Schießstätte bedarf der erneuten Erlaubnis. Die sicherheitstechnischen Auflagen und Festlegungen aus früheren Gutachten und Bescheiden gelten weiterhin, sofern sie nicht ausdrücklich aufgehoben worden sind.
- Auf die gesetzlichen Vorschriften bezüglich der Benutzung von Schießstätten (Abschnitt 4 der AWaffV), insbesondere in Bezug auf die Aufgaben der verantwortlichen Aufsichtspersonen und die Vorschriften über das Schießen von Kindern und Jugendlichen (siehe § 27 Abs. 3 WaffG) wird ausdrücklich hingewiesen.

- Der Schießbetrieb bei neuerstellten Schießständen darf erst begonnen werden, wenn die Schießstätte sicherheitstechnisch von einem Schießstandsachverständigen überprüft bzw. durch die zuständige Behörde abgenommen worden ist und dabei eventuell festgestellte Mängel beseitigt worden sind (siehe § 27a Abs. 1 WaffG).
- Vor der Inbetriebnahme muss der Erlaubnisbescheid gemäß § 27 Abs. 1 WaffG vorliegen.
- Die Aufgabe des Schießbetriebes bzw. die Auflassung der Schießstätte sowie eine Änderung in der Person des verantwortlichen Betreibers ist der zuständigen Erlaubnisbehörde unverzüglich mitzuteilen.

Neben der gültigen **Schießstandordnung**, deren Inhalt der Betreiber festlegen kann, die aber behördlich genehmigt werden muss, in der aktuellen Fassung sind für Schießveranstaltungen, die der Belustigung dienen, die nachfolgenden **Sicherheitsbestimmungen für das Schießen zur Belustigung** besonders zu beachten, weil

- Personen am Schießen teilnehmen, die im Umgang mit Waffen nicht die übliche Fertigkeit haben, wie man sie von Sportschützen erwarten kann, und
- auf Grund der befreienden Bestimmungen des § 27 Abs. 6 WaffG Kinder zum Schießen zugelassen sind.

Die Aufsichtspersonen haben bei Kindern in jedem Fall nur einen Schützen zu bedienen.

Der Schütze darf die Waffe nur dann selbst laden, wenn es offensichtlich ist, dass er mit dem Umgang von Schusswaffen vertraut ist.

Die Aufsicht hat den nächsten Schützen erst dann in den Schützenstand zu rufen, wenn sein Vorgänger auf der Schießbahn den Schützenstand verlassen hat.

Die Standaufsicht hat geladene Waffen, mit denen nicht sofort geschossen wird, umgehend zu entladen und zu entspannen.

7.4 Muster-Schießstandordnung

- Jeder Schütze ist den Bestimmungen dieser Schießstandordnung, der jeweils gültigen Sportordnung anerkannter Schießsportverbände sowie des Deutschen Jagd-Verbandes (DJV) und der Ausschreibung, die er durch seine Teilnahme anerkennt, unterworfen.

- Auf der Schießanlage darf nur mit solchen Waffen und Munitionsarten geschossen werden, die durch die behördliche Erlaubnis für diese zugelassen sind. Ein entsprechender Hinweis ist an gut sichtbarer Stelle im Schießstand angebracht.
- Das kampfmäßige Schießen auf Schießstätten (siehe § 15 Abs. 6 WaffG und § 27 Abs. 7 WaffG) sowie unzulässige Schießübungen gemäß § 7 AWaffV sind verboten.
- Das Laden sowie Entladen sowie das Vornehmen von Zielübungen ist im Schützenstand nur mit in Richtung der Geschossfänge zeigender Mündung gestattet. Grundsätzlich muss die Mündung so gerichtet sein, dass niemand durch einen sich unbeabsichtigt lösenden Schuss gefährdet bzw. verletzt werden kann.
- Schusswaffen sind unmittelbar nach Beendigung des Schießens zu entladen und die Magazine, sofern vorhanden, zu entnehmen bzw. zu entleeren. Waffen dürfen nur an den dafür vorgesehenen Stellen abgelegt oder abgestellt werden, wenn sie entladen und die Verschlüsse, soweit konstruktionsbedingt möglich, geöffnet sind.
- Im Falle von Ladehemmungen oder sonstigen Störungen ist die verantwortliche Aufsichtsperson zu verständigen. Die Waffen sind mit in Richtung der Geschossfänge zeigender Mündung zu entladen bzw. so zu handhaben, dass niemand gefährdet wird.
- Bei Störungen des Schießbetriebes, die eine Einstellung des Schießens erfordern, ist durch die verantwortliche Aufsichtsperson mit klaren Anordnungen bekannt zu geben, ob die Waffen zu entladen oder abzuschießen sind. Das Schießen darf auf allen Schießbahnen erst auf Anordnung der verantwortlichen Aufsichtsperson fortgesetzt werden.
- Schützen, die sich mit geladener Waffe im Schützenstand umdrehen oder sonst in leichtfertiger Weise andere gefährden, sind von der Teilnahme am Schießen auszuschließen und vom Stand zu verweisen.
- Personen, die durch ihr Verhalten den sicheren oder reibungslosen Ablauf einer Veranstaltung stören oder zu stören versuchen, können von der verantwortlichen Aufsichtsperson vom Stand verwiesen werden.
- Rauchen und offenes Feuer ist auf der Schießanlage untersagt.
- Die waffenrechtlichen Alterserfordernisse beim Schießen durch Kinder und Jugendliche sowie die waffenrechtlichen Vorgaben für

verantwortliche Aufsichtspersonen für die Eignung zur Kinder- und Jugendarbeit sind zu beachten.

- Jedes Schießen ist unter der Aufsicht einer verantwortlichen Aufsichtsperson, deren Namen an gut sichtbarer Stelle auszuhängen ist, durchzuführen. Verantwortliche Aufsichtspersonen haben das Schießen ständig zu beaufsichtigen sowie insbesondere dafür zu sorgen, dass die im Schießstand Anwesenden durch ihr Verhalten keine vermeidbaren Gefahren verursachen und die Regelungen dieser Schießstandordnung beachtet werden. Sie haben, wenn dies zur Verhütung von Gefahren erforderlich ist, das Schießen und den Aufenthalt im Schießstand zu untersagen.
- Personen, die sich auf dem Schießstand aufhalten, haben die Anordnungen der verantwortlichen Aufsichtsperson zu befolgen.
- Die Aufsichtsperson darf während der Aufsichtstätigkeit selbst nicht am Schießen teilnehmen. Eine zur Aufsichtsführung befähigte Person darf aber schießen, ohne selbst beaufsichtigt zu werden, wenn sichergestellt ist, dass sie sich allein auf dem Schießstand befindet.

8 Gesetzestexte in Auszügen

8.1 Das Waffengesetz (WaffG)

§ 1 Gegenstand und Zweck des Gesetzes, Begriffsbestimmungen

(1) Dieses Gesetz regelt den **Umgang** mit Waffen oder Munition unter Berücksichtigung der Belange der öffentlichen Sicherheit und Ordnung.

(2) **Waffen** sind

1. Schusswaffen oder ihnen gleichgestellte Gegenstände und

2. tragbare Gegenstände,

a) die **ihrem Wesen nach dazu bestimmt** sind, die **Angriffs- oder Abwehrfähigkeit** von **Menschen** zu beseitigen oder herabzusetzen, insbesondere Hieb- und Stoßwaffen;

b) die, **ohne dazu bestimmt** zu sein, insbesondere **wegen ihrer Beschaffenheit, Handhabung oder Wirkungsweise geeignet** sind, die Angriffs- oder Abwehrfähigkeit von Menschen zu beseitigen oder herabzusetzen, und die **in diesem Gesetz genannt** sind.

(3) **Umgang** mit einer Waffe oder Munition hat, wer diese erwirbt, besitzt, überlässt, führt, verbringt, mitnimmt, damit schießt, herstellt, bearbeitet, instand setzt oder damit Handel treibt. Umgang mit einer Waffe hat auch, wer diese unbrauchbar macht.

(4) Die **Begriffe** der Waffen und Munition sowie die **Einstufung** von Gegenständen nach Absatz 2 Nr. 2 Buchstabe b als Waffen, die Begriffe der Arten des Umgangs und sonstige waffenrechtliche Begriffe sind in der **Anlage 1** (Begriffsbestimmungen) zu diesem Gesetz näher geregelt.

§ 2 Grundsätze des Umgangs mit Waffen oder Munition, Waffenliste

(1) Der **Umgang** mit Waffen oder Munition ist nur Personen gestattet, die das **18. Lebensjahr** vollendet haben.

(2) Der Umgang mit Waffen oder Munition, die in der Anlage 2 (Waffenliste) Abschnitt 2 zu diesem Gesetz genannt sind, bedarf der Erlaubnis.

(3) Der Umgang mit Waffen oder Munition, die in der Anlage 2 Abschnitt 1 zu diesem Gesetz genannt sind, ist verboten.

(4) Waffen oder Munition, mit denen der Umgang ganz oder teilweise von der Erlaubnispflicht oder von einem Verbot ausgenommen ist, sind in der Anlage 2 Abschnitt 1 und 2 genannt. Ferner sind in der Anlage 2 Abschnitt 3 die

Waffen und Munition genannt, auf die dieses Gesetz ganz oder teilweise nicht anzuwenden ist.

(5) Bestehen Zweifel darüber, ob ein Gegenstand von diesem Gesetz erfasst wird oder wie er nach Maßgabe der Begriffsbestimmungen in Anlage 1 Abschnitt 1 und 3 und der Anlage 2 einzustufen ist, so entscheidet auf Antrag die zuständige Behörde. Antragsberechtigt sind

1. Hersteller, Importeure, Erwerber oder Besitzer des Gegenstandes, soweit sie ein berechtigtes Interesse an der Entscheidung nach Satz 1 glaubhaft machen können,

2. die zuständigen Behörden des Bundes und der Länder.

Die nach Landesrecht zuständigen Behörden sind vor der Entscheidung zu hören. Die Entscheidung ist für den Geltungsbereich dieses Gesetzes allgemein verbindlich. Sie ist im Bundesanzeiger bekannt zu machen.

§ 3 Umgang mit Waffen oder Munition durch Kinder und Jugendliche

(1) **Jugendliche** dürfen im Rahmen eines Ausbildungs- oder Arbeitsverhältnisses abweichend von § 2 Abs. 1 **unter Aufsicht eines weisungsbefugten Waffenberechtigten** mit Waffen oder Munition umgehen.

(2) **Jugendliche** dürfen abweichend von § 2 Abs. 1 Umgang mit **geprüften Reizstoffsprühgeräten** haben.

(3) Die zuständige Behörde kann für Kinder und Jugendliche allgemein oder für den Einzelfall **Ausnahmen** von Alterserfordernissen zulassen, wenn **besondere Gründe** vorliegen **und öffentliche Interessen** nicht entgegenstehen.

§ 12 Ausnahmen von den Erlaubnispflichten

(1) Einer Erlaubnis zum Erwerb und Besitz einer Waffe bedarf nicht, wer diese

1. als Inhaber einer Waffenbesitzkarte von einem Berechtigten

a) lediglich vorübergehend, höchstens aber für einen Monat für einen von seinem Bedürfnis umfassten Zweck oder im Zusammenhang damit, oder

b) vorübergehend zum Zweck der sicheren Verwahrung oder der Beförderung

erwirbt;

2. vorübergehend von einem Berechtigten zur **gewerbsmäßigen** Beförderung, zur **gewerbsmäßigen** Lagerung oder zur **gewerbsmäßigen** Ausführung von Verschönerungen oder ähnlicher Arbeiten an der Waffe erwirbt;

3. von einem oder für einen Berechtigten erwirbt, wenn und solange er

a) auf Grund eines Arbeits- oder Ausbildungsverhältnisses,

b) als **Beauftragter oder Mitglied einer jagdlichen oder schießsportlichen Vereinigung**, einer anderen sportlichen Vereinigung zur Abgabe von Startschüssen oder einer zur Brauchtumspflege Waffen tragenden Vereinigung,

c) als Beauftragter einer in § 55 Abs. 1 Satz 1 bezeichneten Stelle,

d) als Charterer von seegehenden Schiffen zur Abgabe von Seenotsignalen

den Besitz über die Waffe **nur nach den Weisungen des Berechtigten** ausüben darf;

4. von einem anderen,

a) dem er die Waffe vorübergehend überlassen hat, ohne dass es hierfür der Eintragung in die Erlaubnisurkunde bedurfte, oder

b) nach dem Abhandenkommen

wieder erwirbt;

5. auf einer **Schießstätte** (§ 27) **lediglich vorübergehend** zum Schießen auf dieser Schießstätte erwirbt;

6. auf einer Reise in den oder durch den Geltungsbereich des Gesetzes nach § 32 berechtigt mitnimmt.

(2) Einer Erlaubnis zum Erwerb und Besitz von Munition bedarf nicht, wer diese

1. unter den Voraussetzungen des Absatzes 1 Nr. 1 bis 4 erwirbt;

2. unter den Voraussetzungen des Absatzes 1 Nr. 5 zum sofortigen Verbrauch lediglich auf dieser Schießstätte (§ 27) erwirbt;

3. auf einer Reise in den oder durch den Geltungsbereich des Gesetzes nach § 32 berechtigt mitnimmt.

(3) Einer Erlaubnis zum Führen von Waffen bedarf nicht, wer

1. diese mit Zustimmung eines anderen in dessen Wohnung, Geschäftsräumen oder befriedetem Besitztum oder dessen Schießstätte **zu einem von seinem Bedürfnis umfassten Zweck** oder im Zusammenhang damit führt;

2. diese **nicht schussbereit** und **nicht zugriffsbereit** von einem Ort zu einem anderen Ort befördert, sofern der Transport der Waffe **zu einem von seinem Bedürfnis umfassten Zweck** oder im Zusammenhang damit erfolgt;

3. eine Langwaffe nicht schussbereit den Regeln entsprechend als Teilnehmer an genehmigten Sportwettkämpfen auf festgelegten Wegstrecken führt;

4. eine Signalwaffe beim Bergsteigen, als verantwortlicher Führer eines Wasserfahrzeugs auf diesem Fahrzeug oder bei Not- und Rettungsübungen führt;

5. eine Schreckschuss- oder eine Signalwaffe zur Abgabe von Start- oder Beendigungszeichen bei Sportveranstaltungen führt, wenn optische oder akustische Signalgebung erforderlich ist,

6. in Fällen der vorübergehenden Aufbewahrung von Waffen außerhalb der Wohnung diesen ein wesentliches Teil entnimmt und mit sich führt; mehrere mitgeführte wesentliche Teile dürfen nicht zu einer schussfähigen Waffe zusammengefügt werden können.

(4) Einer Erlaubnis zum Schießen mit einer Schusswaffe bedarf nicht, wer auf einer Schießstätte (§ 27) schießt. Das Schießen außerhalb von Schießstätten ist darüber hinaus ohne Schießerlaubnis nur zulässig

1. durch den Inhaber des Hausrechts oder mit dessen Zustimmung im befriedeten Besitztum

a) mit Schusswaffen, deren Geschossen eine Bewegungsenergie von nicht mehr als 7,5 Joule (J) erteilt wird oder deren Bauart nach § 7 des Beschussgesetzes zugelassen ist, sofern die Geschosse das Besitztum nicht verlassen können,

b) mit Schusswaffen, aus denen nur Kartuschenmunition verschossen werden kann,

2. durch Personen, die den Regeln entsprechend als Teilnehmer an genehmigten Sportwettkämpfen nach Absatz 3 Nr. 3 mit einer Langwaffe an Schießständen schießen,

3. mit Schusswaffen, aus denen nur Kartuschenmunition verschossen werden kann,

a) durch Mitwirkende an Theateraufführungen und diesen gleich zu achtenden Vorführungen,

b) zum Vertreiben von Vögeln in landwirtschaftlichen Betrieben,

4. mit Signalwaffen bei Not- und Rettungsübungen,

5. mit Schreckschuss- oder mit Signalwaffen zur Abgabe von Start- oder Beendigungszeichen **im Auftrag der Veranstalter** bei Sportveranstaltungen, wenn optische oder akustische Signalgebung erforderlich ist.

(5) Die zuständige Behörde kann im Einzelfall weitere Ausnahmen von den Erlaubnispflichten zulassen, wenn besondere Gründe vorliegen und Belange der öffentlichen Sicherheit und Ordnung nicht entgegenstehen.

§ 15a Sportordnungen

(1) Sportliches Schießen liegt dann vor, wenn nach festen Regeln einer genehmigten Sportordnung geschossen wird. Schießübungen des kampfmäßigen Schießens, insbesondere die Verwendung von Zielen oder Scheiben, die Menschen darstellen oder symbolisieren, sind im Schießsport nicht zulässig.

(2) Das Bundesverwaltungsamt entscheidet über die erstmalige Genehmigung und die Änderung der Teile der Sportordnungen von Verbänden und Vereinen, die für die Ausführung dieses Gesetzes und der auf seiner Grundlage erlassenen Rechtsverordnungen erheblich sind. Die erstmalige Genehmigung oder die Genehmigung von Änderungen erfolgt, wenn die zu prüfenden Teile der Sportordnungen den Anforderungen dieses Gesetzes und der auf Grundlage von Absatz 4 erlassenen Rechtsverordnung genügen. Eine Änderung gilt als genehmigt, wenn das Bundesverwaltungsamt nicht binnen drei Monaten nach Zugang aller erforderlichen Prüfunterlagen Änderungen verlangt oder dem Betroffenen mitteilt, dass die Prüfung aus anderen wichtigen Gründen nicht abgeschlossen werden kann.

(3) Die Genehmigung von Sportordnungen ohne gleichzeitige Anerkennung als Verband nach § 15 Absatz 1 erfolgt, wenn die Vorgaben des § 15 Absatz 1 Nummer 4 Buchstabe a und Nummer 7 sowie die Vorgaben des Absatzes 2 Satz 2 erfüllt sind.

(4) Das Bundesministerium des Innern wird ermächtigt, durch Rechtsverordnung mit Zustimmung des Bundesrates zur Abwehr von Gefahren für die öffentliche Sicherheit oder Ordnung unter Berücksichtigung der berechtigten Interessen des Schießsports Vorschriften über die Anforderungen und die Inhalte der Sportordnungen zum sportlichen Schießen zu erlassen und insbesondere zu bestimmen, dass vom Schießsport bestimmte Schusswaffen wegen ihrer Konstruktion, ihrer Handhabung oder Wirkungsweise ganz oder teilweise ausgeschlossen sind.

§ 27 Schießstätten, Schießen durch Minderjährige auf Schießstätten

(1) Wer

1. eine ortsfeste Anlage oder

2. eine ortsveränderliche Anlage,

die ausschließlich oder neben anderen Zwecken dem Schießsport oder sonstigen Schießsportübungen mit Schusswaffen, der Erprobung von Schusswaffen oder dem Schießen mit Schusswaffen zur Belustigung dient (Schießstätte), betreiben oder in ihrer Beschaffenheit oder in der Art ihrer Benutzung wesentlich ändern will, bedarf der Erlaubnis der zuständigen Behörde. Die Erlaubnis darf nur erteilt werden, wenn der Antragsteller die erforderliche

Zuverlässigkeit (§ 5) und persönliche Eignung (§ 6) besitzt und eine Versicherung gegen Haftpflicht für aus dem Betrieb der Schießstätte resultierende Schädigungen in Höhe von mindestens 1 Million Euro – pauschal für Personen- und Sachschäden – sowie gegen Unfall für aus dem Betrieb der Schießstätte resultierende Schädigungen von bei der Organisation des Schießbetriebs mitwirkenden Personen in Höhe von mindestens 10.000 Euro für den Todesfall und 100.000 Euro für den Invaliditätsfall bei einem im Geltungsbereich dieses Gesetzes zum Geschäftsbetrieb befugten Versicherungsunternehmen nachweist. § 10 Abs. 2 Satz 2 bis 5 gilt entsprechend. Abweichend von Satz 2 richtet sich die Haftpflichtversicherung für Schießgeschäfte, die der Schaustellerhaftpflichtverordnung unterliegen, nach § 1 Abs. 2 Nr. 2 dieser Verordnung. Bei ortsveränderlichen Schießstätten ist eine einmalige Erlaubnis vor der erstmaligen Aufstellung ausreichend. Der Inhaber einer Erlaubnis nach Satz 5 hat Aufnahme und Beendigung des Betriebs der Schießstätte der örtlich zuständigen Behörde zwei Wochen vorher schriftlich oder elektronisch anzuzeigen.

(2) Absatz 1 Satz 1 ist nicht anzuwenden auf Schießstätten, bei denen in geschlossenen Räumen ausschließlich zur Erprobung von Schusswaffen oder Munition durch Waffen oder Munitionshersteller, durch Waffen- oder Munitionssachverständige oder durch wissenschaftliche Einrichtungen geschossen wird. Der Betreiber hat die Aufnahme und Beendigung des Betriebs der Schießstätte der zuständigen Behörde zwei Wochen vorher schriftlich oder elektronisch anzuzeigen.

(3) Unter Obhut des zur Aufsichtsführung berechtigten Sorgeberechtigten oder verantwortlicher und zur Kinder- und Jugendarbeit für das Schießen geeigneter Aufsichtspersonen darf

1. **Kindern**, die das zwölfte Lebensjahr vollendet haben und noch nicht 14 Jahre alt sind, das Schießen in Schießstätten mit Druckluft-, Federdruckwaffen und Waffen, bei denen zum Antrieb der Geschosse kalte Treibgase verwendet werden (Anlage 2 Abschnitt 2 Unterabschnitt 2 Nr. 1.1 und 1.2),

2. **Jugendlichen**, die das 14. Lebensjahr vollendet haben und noch nicht **18** Jahre alt sind, auch das Schießen mit sonstigen Schusswaffen bis zu einem Kaliber von 5,6 mm lfB (.22 l.r.) für Munition mit Randfeuerzündung, wenn die Mündungsenergie höchstens 200 Joule (J) beträgt und Einzellader-Langwaffen mit glatten Läufen mit Kaliber 12 oder kleiner

gestattet werden, wenn der **Sorgeberechtigte schriftlich oder elektronisch sein Einverständnis erklärt** hat oder beim Schießen **anwesend** ist. Die verantwortlichen Aufsichtspersonen haben die schriftlichen Einverständniserklärungen der Sorgeberechtigten vor der Aufnahme des Schießens entgegenzunehmen und während des Schießens aufzubewahren. Sie sind der zuständigen

Behörde oder deren Beauftragten auf Verlangen zur Prüfung auszuhändigen. Die verantwortliche Aufsichtsperson hat die Geeignetheit zur Kinder- und Jugendarbeit glaubhaft zu machen. Der in Satz 1 genannten besonderen Obhut bedarf es nicht beim Schießen durch Jugendliche mit Waffen nach Anlage 2 Abschnitt 2 Unterabschnitt 2 Nr. 1.1 und 1.2 und nicht beim Schießen mit sonstigen Schusswaffen durch Jugendliche, die das 16. Lebensjahr vollendet haben.

(4) Die zuständige Behörde kann einem Kind zur Förderung des Leistungssports eine Ausnahme von dem Mindestalter des Absatzes 3 Satz 1 bewilligen. Diese soll bewilligt werden, wenn durch eine ärztliche Bescheinigung die geistige und körperliche Eignung und durch eine Bescheinigung des Vereins die schießsportliche Begabung glaubhaft gemacht sind.

(5) Personen in der **Ausbildung zum Jäger** dürfen in der Ausbildung **ohne Erlaubnis** mit Jagdwaffen **schießen**, wenn sie das 14. Lebensjahr vollendet haben und der Sorgeberechtigte und der Ausbildungsleiter ihr Einverständnis in einer schriftlichen oder elektronischen Berechtigungsbescheinigung erklärt haben. Die Person hat in der Ausbildung die Berechtigungsbescheinigung mit sich zu führen.

(6) An ortsveränderlichen Schießstätten, die dem Schießen zur Belustigung dienen, darf von einer verantwortlichen Aufsichtsperson Minderjährigen das Schießen mit Druckluft-, Federdruckwaffen und Waffen, bei denen zum Antrieb der Geschosse kalte Treibgase verwendet werden (Anlage 2 Abschnitt 2 Unterabschnitt 2 Nr. 1.1 und 1.2), gestattet werden. Bei Kindern hat der Betreiber sicherzustellen, dass die verantwortliche Aufsichtsperson in jedem Fall nur einen Schützen bedient.

(7) **Das kampfmäßige Schießen auf Schießstätten ist nicht zulässig.** Das Bundesministerium des Innern wird ermächtigt, durch Rechtsverordnung mit Zustimmung des Bundesrates zur Abwehr von Gefahren für die öffentliche Sicherheit oder Ordnung sowie von sonstigen Gefahren oder erheblichen Nachteilen für die Benutzer einer Schießstätte, die Bewohner des Grundstücks, die Nachbarschaft oder die Allgemeinheit

1. die Benutzung von Schießstätten einschließlich der Aufsicht über das Schießen und der Anforderungen an das Aufsichtspersonal und dessen besondere Ausbildung für die Kinder- und Jugendarbeit zu regeln,

2. Vorschriften über den Umfang der Verpflichtungen zu erlassen, die bei Lehrgängen zur Ausbildung in der Verteidigung mit Schusswaffen und bei Schießübungen dieser Art einzuhalten sind; darin kann bestimmt werden,

a) dass die Durchführung dieser Veranstaltungen einer Anzeige bedarf,

b) dass und in welcher Weise der Veranstalter die Einstellung und das Ausscheiden der verantwortlichen Aufsichtsperson und der Ausbilder anzuzeigen hat,

c) dass nur Personen an den Veranstaltungen teilnehmen dürfen, die aus Gründen persönlicher Gefährdung, aus dienstlichen oder beruflichen Gründen zum Besitz oder zum Führen von Schusswaffen einer Erlaubnis bedürfen,

d) dass und in welcher Weise der Veranstalter Aufzeichnungen zu führen, aufzubewahren und der zuständigen Behörde vorzulegen hat,

e) dass die zuständige Behörde die Veranstaltungen untersagen darf, wenn der Veranstalter, die verantwortliche Aufsichtsperson oder ein Ausbilder die erforderliche Zuverlässigkeit, die persönliche Eignung oder Sachkunde nicht oder nicht mehr besitzt,

3. Vorschriften über die sicherheitstechnische Prüfung von Schießstätten zu erlassen.

§ 27a Sicherheitstechnische Prüfung von Schießstätten; Verordnungsermächtigung

(1) Schießstätten sind vor ihrer ersten Inbetriebnahme und bei wesentlichen Änderungen in der Beschaffenheit hinsichtlich der sicherheitstechnischen Anforderungen durch die zuständige Behörde unter Hinzuziehung eines anerkannten Schießstandsachverständigen zu überprüfen. Schießstätten, auf denen mit erlaubnispflichtigen Schusswaffen geschossen wird, sind zusätzlich alle vier Jahre nach Satz 1 durch die zuständige Behörde zu überprüfen. Ist das Schießen auf einer Schießstätte nur mit erlaubnisfreien Schusswaffen zulässig, so beträgt der Abstand zwischen den Überprüfungen nach Satz 2 höchstens sechs Jahre. Falls Zweifel an dem ordnungsgemäßen Zustand oder den erforderlichen schießtechnischen Einrichtungen bestehen, kann die zuständige Behörde die Schießstätte in sicherheitstechnischer Hinsicht unter Hinzuziehung eines anerkannten Schießstandsachverständigen überprüfen oder von dem Erlaubnisinhaber die Vorlage eines Gutachtens eines anerkannten Schießstandsachverständigen verlangen. Die Kosten für die Hinzuziehung eines anerkannten Schießstandsachverständigen bei den Überprüfungen nach den Sätzen 1 bis 4 hat der Betreiber der Schießstätte zu tragen.

(2) Werden bei der Überprüfung Mängel festgestellt, die eine Gefährdung der Benutzer der Schießstätte oder Dritter befürchten lassen, kann die zuständige Behörde die weitere Benutzung der Schießstätte bis zur Beseitigung der Mängel untersagen. Der weitere Betrieb oder die Benutzung der Schießstätte ist im Fall der Untersagung nach Satz 1 verboten.

(3) Die sicherheitstechnischen Anforderungen, die an Schießstätten zu stellen sind, ergeben sich aus den „Richtlinien für die Errichtung, die Abnahme und das Betreiben von Schießständen" (Schießstandrichtlinien). Das Bundesministerium des Innern, für Bau und Heimat erstellt die Schießstandrichtlinien nach Anhörung von Vertretern der Wissenschaft, der Betroffenen und der für das Waffenrecht zuständigen obersten Landesbehörden als dem Stand der Sicherheitstechnik entsprechende Regeln. Das Bundesministerium des Innern, für Bau und Heimat macht die Schießstandrichtlinien im Bundesanzeiger bekannt; anzugeben ist, ab wann die Schießstandrichtlinien zu nutzen sind. Die Sätze 2 und 3 gelten entsprechend für Änderungen der Schießstandrichtlinien. Die Schießstandrichtlinien sind in der jeweils aktuell geltenden Fassung anzuwenden.

(4) Die Landesregierungen werden ermächtigt, durch Rechtsverordnung die Qualifikationsanforderungen für die Anerkennung als Schießstandsachverständiger nach Absatz 1 sowie das Verfahren der Anerkennung zu regeln. Wird eine Rechtsverordnung nach Satz 1 erlassen, ist in ihr insbesondere vorzusehen, dass eine Anerkennung als Schießstandsachverständiger nur erfolgen darf, wenn der Betreffende durch eine Prüfung hinreichende Kenntnisse der in Absatz 3 genannten Schießstandrichtlinien nachgewiesen hat.

§ 34 Überlassen von Waffen oder Munition, Prüfung der Erwerbsberechtigung, Anzeigepflicht

(1) Waffen oder Munition dürfen nur berechtigten Personen überlassen werden. Die Berechtigung muss offensichtlich sein oder nachgewiesen werden. Der Inhaber einer Erlaubnis nach § 21 Absatz 1 Satz 1 kann vor einer Überlassung zum Zweck der Prüfung der Erwerbsberechtigung des Erwerbers die Absicht zur Überlassung der zuständigen Behörde elektronisch anzeigen. Die zuständige Behörde prüft die Gültigkeit des Erlaubnisdokuments und teilt dem Anzeigenden nach Satz 3 elektronisch mit, wenn das Erlaubnisdokument im Nationalen Waffenregister nicht oder als nicht gültig registriert ist; Satz 2 bleibt unberührt. Für die Sätze 3 und 4 gilt § 9 des Waffenregistergesetzes.

(2) Werden Waffen oder Munition zur gewerbsmäßigen Beförderung überlassen, so muss die ordnungsgemäße Beförderung sichergestellt sein und es müssen Vorkehrungen gegen ein Abhandenkommen getroffen sein. Munition darf gewerbsmäßig nur in verschlossenen Packungen überlassen werden; dies gilt nicht beim Überlassen auf Schießstätten gemäß § 12 Absatz 2 Nummer 2 oder soweit einzelne Stücke von Munitionssammlern erworben werden. Wer Waffen oder Munition einem anderen lediglich zur gewerbsmäßigen Beförderung gemäß § 12 Absatz 1 Nummer 2 oder Absatz 2 Nummer 1 an einen Dritten übergibt, überlässt sie dem Dritten.

(3) Die Absätze 1 und 2 gelten nicht für denjenigen, der Schusswaffen oder Munition einem anderen, der sie außerhalb des Geltungsbereichs des Gesetzes erwirbt, insbesondere im Versandwege unter eigenem Namen überlässt. Die Vorschriften der §§ 29 und 30 bleiben unberührt.

(4) Wer Personen, die ihren gewöhnlichen Aufenthalt in einem anderen Mitgliedstaat haben, eine Schusswaffe nach Anlage 1 Abschnitt 3 (Kategorien B und C) oder Munition für eine solche überlässt, hat dies unverzüglich dem Bundesverwaltungsamt schriftlich anzuzeigen; dies gilt nicht in den Fällen des § 12 Abs. 1 Nr. 1 und 5.

(5) Wer erlaubnispflichtige Feuerwaffen nach Anlage 1 Abschnitt 1 Unterabschnitt 1 Nr. 2, ausgenommen Einzellader-Langwaffen mit nur glattem Lauf oder glatten Läufen, und deren wesentliche Teile, Schalldämpfer und tragbare Gegenstände nach Anlage 1 Abschnitt 1 Unterabschnitt 1 Nr. 1.2.1 einem anderen, der seinen gewöhnlichen Aufenthalt in einem Mitgliedstaat des Übereinkommens vom 28. Juni 1978 über die Kontrolle des Erwerbs und Besitzes von Schusswaffen durch Einzelpersonen (BGBl. 1980 II S. 953) hat, überlässt, dorthin versendet oder ohne Wechsel des Besitzers endgültig dorthin verbringt, hat dies unverzüglich dem Bundesverwaltungsamt schriftlich anzuzeigen. Dies gilt nicht

1. für das Überlassen und Versenden der in Satz 1 bezeichneten Gegenstände an staatliche Stellen in einem dieser Staaten und in den Fällen, in denen Unternehmen Schusswaffen zur Durchführung von Kooperationsvereinbarungen zwischen Staaten oder staatlichen Stellen überlassen werden, sofern durch Vorlage einer Bescheinigung von Behörden des Empfangsstaates nachgewiesen wird, dass diesen Behörden der Erwerb bekannt ist, oder

2. soweit Anzeigepflichten nach Absatz 4 oder nach § 30 Satz 3 bestehen.

(6) Das Bundesministerium des Innern wird ermächtigt, durch Rechtsverordnung mit Zustimmung des Bundesrates zur Abwehr von Gefahren für Leben und Gesundheit von Menschen zu bestimmen, dass in den in den Absätzen 2, 4 und 5 bezeichneten Anzeigen weitere Angaben zu machen oder den Anzeigen weitere Unterlagen beizufügen sind.

§ 36 Aufbewahrung von Waffen oder Munition

(1) Wer Waffen oder Munition besitzt, hat die erforderlichen Vorkehrungen zu treffen, um zu verhindern, dass diese Gegenstände abhandenkommen oder Dritte sie unbefugt an sich nehmen.

(2) (aufgehoben)

(3) Wer erlaubnispflichtige Schusswaffen, Munition oder verbotene Waffen besitzt oder die Erteilung einer Erlaubnis zum Besitz beantragt hat, hat der

zuständigen Behörde die zur sicheren Aufbewahrung getroffenen oder vorgesehenen Maßnahmen nachzuweisen. Besitzer von erlaubnispflichtigen Schusswaffen, Munition oder verbotenen Waffen haben außerdem der Behörde zur Überprüfung der Pflichten aus Absatz 1 in Verbindung mit einer Rechtsverordnung nach Absatz 5 Zutritt zu den Räumen zu gestatten, in denen die Waffen und die Munition aufbewahrt werden. Wohnräume dürfen gegen den Willen des Inhabers nur zur Verhütung dringender Gefahren für die öffentliche Sicherheit betreten werden; das Grundrecht der Unverletzlichkeit der Wohnung (Artikel 13 des Grundgesetzes) wird insoweit eingeschränkt.

(4) Die in einer Rechtsverordnung nach Absatz 5 festgelegten Anforderungen an die Aufbewahrung von Schusswaffen und Munition gelten nicht bei Aufrechterhaltung der bis zum 6. Juli 2017 erfolgten Nutzung von Sicherheitsbehältnissen, die den Anforderungen des § 36 Absatz 2 Satz 1 zweiter Halbsatz und Satz 2 in der Fassung des Gesetzes vom 11. Oktober 2002 (BGBl. I S. 3970, 4592; 2003 I S. 1957), das zuletzt durch Artikel 6 Absatz 34 des Gesetzes vom 13. April 2017 (BGBl. I S. 872) geändert worden ist, entsprechen oder die von der zuständigen Behörde als gleichwertig anerkannt wurden. Diese Sicherheitsbehältnisse können nach Maßgabe des § 36 Absatz 1 und 2 in der Fassung des Gesetzes vom 11. Oktober 2002 (BGBl. I S. 3970, 4592; 2003 I S. 1957), das zuletzt durch Artikel 6 Absatz 34 des Gesetzes vom 13. April 2017 (BGBl. I S. 872) geändert worden ist, sowie des § 13 der Allgemeinen Waffengesetz-Verordnung vom 27. Oktober 2003 (BGBl. I S. 2123), die zuletzt durch Artikel 108 des Gesetzes vom 29. März 2017 (BGBl. I S. 626) geändert worden ist,

1. vom bisherigen Besitzer weitergenutzt werden sowie

2. für die Dauer der gemeinschaftlichen Aufbewahrung auch von berechtigten Personen mitgenutzt werden, die mit dem bisherigen Besitzer nach Nummer 1 in häuslicher Gemeinschaft leben.

Die Berechtigung zur Nutzung nach Satz 2 Nummer 2 bleibt über den Tod des bisherigen Besitzers hinaus für eine berechtigte Person nach Satz 2 Nummer 2 bestehen, wenn sie infolge des Erbfalls Eigentümer des Sicherheitsbehältnisses wird; die berechtigte Person wird in diesem Fall nicht bisheriger Besitzer im Sinne des Satzes 2 Nummer 1. In den Fällen der Sätze 1 bis 3 finden § 53 Absatz 1 Nummer 19 und § 52a in der Fassung des Gesetzes vom 11. Oktober 2002 (BGBl. I S. 3970, 4592; 2003 I S. 1957), das zuletzt durch Artikel 6 Absatz 34 des Gesetzes vom 13. April 2017 (BGBl. I S. 872) geändert worden ist, und § 34 Nummer 12 der Allgemeinen Waffengesetz-Verordnung vom 27. Oktober 2003 (BGBl. I S. 2123), die zuletzt durch Artikel 108 des Gesetzes vom 29. März 2017 (BGBl. I S. 626) geändert worden ist, weiterhin Anwendung.

(5) Das Bundesministerium des Innern wird ermächtigt, nach Anhörung der beteiligten Kreise durch Rechtsverordnung mit Zustimmung des Bundesrates unter Berücksichtigung des Standes der Technik, der Art und Zahl der Waffen, der Munition oder der Örtlichkeit die Anforderungen an die Aufbewahrung oder an die Sicherung der Waffe festzulegen. Dabei können

1. Anforderungen an technische Sicherungssysteme zur Verhinderung einer unberechtigten Wegnahme oder Nutzung von Schusswaffen,

2. die Nachrüstung oder der Austausch vorhandener Sicherungssysteme,

3. die Ausstattung der Schusswaffe mit mechanischen, elektronischen oder biometrischen Sicherungssystemen

festgelegt werden.

(6) Ist im Einzelfall, insbesondere wegen der Art und Zahl der aufzubewahrenden Waffen oder Munition oder wegen des Ortes der Aufbewahrung, ein höherer Sicherheitsstandard erforderlich, hat die zuständige Behörde die notwendigen Ergänzungen anzuordnen und zu deren Umsetzung eine angemessene Frist zu setzen.

§ 39 Auskunfts- und Vorzeigepflicht, Nachschau

(1) Wer Waffenherstellung, Waffenhandel oder eine Schießstätte betreibt, eine Schießstätte benutzt oder in ihr die Aufsicht führt, ein Bewachungsunternehmen betreibt, Veranstaltungen zur Ausbildung im Verteidigungsschießen durchführt oder sonst den Besitz über Waffen oder Munition ausübt, hat der zuständigen Behörde auf Verlangen oder, sofern dieses Gesetz einen Zeitpunkt vorschreibt, zu diesem Zeitpunkt die für die Durchführung dieses Gesetzes erforderlichen Auskünfte zu erteilen; eine entsprechende Pflicht gilt ferner für Personen, gegenüber denen ein Verbot nach § 41 Abs. 1 oder 2 ausgesprochen wurde. Sie können die Auskunft auf solche Fragen verweigern, deren Beantwortung sie selbst oder einen der in § 383 Abs. 1 Nr. 1 bis 3 der Zivilprozessordnung bezeichneten Angehörigen der Gefahr strafrechtlicher Verfolgung oder eines Verfahrens nach dem Gesetz über Ordnungswidrigkeiten aussetzen würde. Darüber hinaus hat der Inhaber der Erlaubnis die Einhaltung von Auflagen nachzuweisen.

(2) Betreibt der Auskunftspflichtige Waffenherstellung, Waffenhandel, eine Schießstätte oder ein Bewachungsunternehmen, so sind die von der zuständigen Behörde mit der Überwachung des Betriebs beauftragten Personen berechtigt, Betriebsgrundstücke und Geschäftsräume während der Betriebs- und Arbeitszeit zu betreten, um dort Prüfungen und Besichtigungen vorzunehmen, Proben zu entnehmen und Einsicht in die geschäftlichen Unterlagen zu nehmen; zur Abwehr dringender Gefahren für die öffentliche Sicherheit oder

Ordnung dürfen diese Arbeitsstätten auch außerhalb dieser Zeit sowie die Wohnräume des Auskunftspflichtigen gegen dessen Willen besichtigt werden. Das Grundrecht der Unverletzlichkeit der Wohnung (Artikel 13 des Grundgesetzes) wird insoweit eingeschränkt.

(3) Aus begründetem Anlass kann die zuständige Behörde anordnen, dass der Besitzer von

1. Waffen oder Munition, deren Erwerb der Erlaubnis bedarf, oder

2. in Anlage 2 Abschnitt 1 bezeichneten verbotenen Waffen

ihr diese sowie Erlaubnisscheine oder Ausnahmebescheinigungen binnen angemessener, von ihr zu bestimmender Frist zur Prüfung vorlegt.

§ 40 Verbotene Waffen

(1) Das Verbot des Umgangs umfasst auch das Verbot, zur Herstellung der in Anlage 2 Abschnitt 1 Nr. 1.3.4 bezeichneten Gegenstände anzuleiten oder aufzufordern.

(2) Das Verbot des Umgangs mit Waffen oder Munition ist nicht anzuwenden, soweit jemand auf Grund eines gerichtlichen oder behördlichen Auftrags tätig wird.

(3) **Inhaber einer jagdrechtlichen Erlaubnis** und **Angehörige von Leder oder Pelz verarbeitenden Berufen** dürfen abweichend von § 2 Abs. 3 **Umgang mit Faustmessern** nach Anlage 2 Abschnitt 1 Nr. 1.4.2 haben, sofern sie diese Messer zur Ausübung ihrer Tätigkeit benötigen. Inhaber sprengstoffrechtlicher Erlaubnisse (§§ 7 und 27 des Sprengstoffgesetzes) und Befähigungsscheine (§ 20 des Sprengstoffgesetzes) sowie Teilnehmer staatlicher oder staatlich anerkannter Lehrgänge dürfen abweichend von § 2 Absatz 3 Umgang mit explosionsgefährlichen Stoffen oder Gegenständen nach Anlage 2 Abschnitt 1 Nummer 1.3.4 haben, soweit die durch die Erlaubnis oder den Befähigungsschein gestattete Tätigkeit oder die Ausbildung hierfür dies erfordern. Dies gilt insbesondere für Sprengarbeiten sowie Tätigkeiten im Katastrophenschutz oder im Rahmen von Theatern, vergleichbaren Einrichtungen, Film- und Fernsehproduktionsstätten sowie die Ausbildung für derartige Tätigkeiten. **Inhaber eines gültigen Jagdscheins** im Sinne von § 15 Absatz 2 Satz 1 des Bundesjagdgesetzes dürfen abweichend von § 2 Absatz 3 für jagdliche Zwecke **Umgang mit Nachtsichtvorsätzen und Nachtsichtaufsätzen** nach Anlage 2 Abschnitt 1 Nummer 1.2.4.2 haben. Jagdrechtliche Verbote oder Beschränkungen der Nutzung von Nachtsichtvorsatzgeräten und Nachtsichtaufsätzen bleiben unberührt. Satz 4 **gilt entsprechend für Inhaber einer gültigen Erlaubnis nach § 21** Absatz 1 und 2.

(4) Das Bundeskriminalamt kann auf Antrag von den Verboten der Anlage 2 Abschnitt 1 allgemein oder für den Einzelfall Ausnahmen zulassen, wenn die Interessen des Antragstellers auf Grund besonderer Umstände das öffentliche Interesse an der Durchsetzung des Verbots überwiegen. Dies kann insbesondere angenommen werden, wenn die in der Anlage 2 Abschnitt 1 bezeichneten Waffen oder Munition zum Verbringen aus dem Geltungsbereich dieses Gesetzes, für wissenschaftliche oder Forschungszwecke oder zur Erweiterung einer kulturhistorisch bedeutsamen Sammlung bestimmt sind und eine erhebliche Gefahr für die öffentliche Sicherheit nicht zu befürchten ist.

(5) Wer eine in Anlage 2 Abschnitt 1 bezeichnete Waffe als Erbe, Finder oder in ähnlicher Weise in Besitz nimmt, hat dies der zuständigen Behörde unverzüglich anzuzeigen. Die zuständige Behörde kann die Waffen oder Munition sicherstellen oder anordnen, dass innerhalb einer angemessenen Frist die Waffen oder Munition unbrauchbar gemacht, von Verbotsmerkmalen befreit oder einem nach diesem Gesetz Berechtigten überlassen werden, oder dass der Erwerber einen Antrag nach Absatz 4 stellt. Das Verbot des Umgangs mit Waffen oder Munition wird nicht wirksam, solange die Frist läuft oder eine ablehnende Entscheidung nach Absatz 4 dem Antragsteller noch nicht bekannt gegeben worden ist.

§ 41 Waffenverbote für den Einzelfall

(1) Die zuständige Behörde kann jemandem den Besitz von Waffen oder Munition, deren Erwerb nicht der Erlaubnis bedarf, und den Erwerb solcher Waffen oder Munition untersagen,

1. soweit es zur Verhütung von Gefahren für die Sicherheit oder zur Kontrolle des Umgangs mit diesen Gegenständen geboten ist oder

2. wenn Tatsachen vorliegen, die die Annahme rechtfertigen, dass der rechtmäßige Besitzer oder Erwerbswillige abhängig von Alkohol oder anderen berauschenden Mitteln, psychisch krank oder debil ist oder sonst die erforderliche persönliche Eignung nicht besitzt oder ihm die für den Erwerb oder Besitz solcher Waffen oder Munition erforderliche Zuverlässigkeit fehlt.

Tatsachen für das Fehlen der erforderlichen Zuverlässigkeit nach Satz 1 Nummer 2 liegen außer in den Fällen des § 5 Absatz 1 Nummer 1 Buchstabe a oder c, Nummer 2 oder Absatz 2 Nummer 2 bis 4 insbesondere vor, wenn die betroffene Person

1. wegen einer vorsätzlichen Straftat gegen die körperliche Unversehrtheit oder einer vorsätzlichen Straftat, die mit Gewalt oder durch Drohung mit gegenwärtiger Gefahr für Leib oder Leben begangen wurde, zu einer Freiheitsstrafe, Jugendstrafe oder Geldstrafe von mindestens 90 Tagessätzen rechtskräftig verurteilt worden ist oder bei der die Verhängung von Jugendstrafe

ausgesetzt worden ist, wenn seit dem Eintritt der Rechtskraft der letzten Verurteilung fünf Jahre noch nicht verstrichen sind, oder

2. wegen einer vorsätzlichen Straftat nach dem Waffengesetz, dem Gesetz über die Kontrolle von Kriegswaffen, dem Sprengstoffgesetz oder dem Bundesjagdgesetz zu einer Freiheitsstrafe, Jugendstrafe oder Geldstrafe von mindestens 90 Tagessätzen rechtskräftig verurteilt worden ist oder bei der die Verhängung von Jugendstrafe ausgesetzt worden ist, wenn seit dem Eintritt der Rechtskraft der letzten Verurteilung fünf Jahre noch nicht verstrichen sind.

Im Fall des Satzes 1 Nummer 2 ist die betroffene Person darauf hinzuweisen, dass sie die Annahme mangelnder persönlicher Eignung im Wege der Beibringung eines amts- oder fachärztlichen oder fachpsychologischen Zeugnisses über die geistige oder körperliche Eignung ausräumen kann; § 6 Absatz 2 findet entsprechende Anwendung.

(2) Die zuständige Behörde kann jemandem den Besitz von Waffen oder Munition, deren Erwerb der Erlaubnis bedarf, untersagen, soweit es zur Verhütung von Gefahren für die Sicherheit oder Kontrolle des Umgangs mit diesen Gegenständen geboten ist.

(3) Die zuständige Behörde unterrichtet die örtliche Polizeidienststelle über den Erlass eines Waffenbesitzverbotes.

§ 45 Rücknahme und Widerruf

(1) Eine Erlaubnis nach diesem Gesetz ist zurückzunehmen, wenn nachträglich bekannt wird, dass die Erlaubnis hätte versagt werden müssen.

(2) Eine **Erlaubnis** nach diesem Gesetz **ist zu widerrufen**, wenn nachträglich Tatsachen eintreten, die zur Versagung hätten führen müssen. Eine Erlaubnis nach diesem Gesetz kann auch widerrufen werden, wenn inhaltliche Beschränkungen nicht beachtet werden.

(3) Bei einer **Erlaubnis kann** abweichend von Absatz 2 Satz 1 im Fall eines vorübergehenden Wegfalls des Bedürfnisses, aus besonderen Gründen auch in Fällen des endgültigen Wegfalls des Bedürfnisses, **von einem Widerruf abgesehen werden**. Satz 1 gilt nicht, sofern es sich um eine **Erlaubnis zum Führen** einer Waffe handelt.

(4) Verweigert eine betroffene Person im Fall der Überprüfung des weiteren Vorliegens von in diesem Gesetz oder in einer auf Grund dieses Gesetzes erlassenen Rechtsverordnung vorgeschriebenen Tatbestandsvoraussetzungen, bei deren Wegfall ein Grund zur Rücknahme oder zum Widerruf einer Erlaubnis oder Ausnahmebewilligung gegeben wäre, seine Mitwirkung, so kann die Behörde deren Wegfall vermuten. Die betroffene Person ist hierauf hinzuweisen.

(5) Widerspruch und Anfechtungsklage gegen Maßnahmen nach Absatz 1 und Absatz 2 Satz 1 haben keine aufschiebende Wirkung, sofern die Erlaubnis wegen des Nichtvorliegens oder Entfallens der Voraussetzungen nach § 4 Abs. 1 Nr. 2 zurückgenommen oder widerrufen wird.

§ 46 Weitere Maßnahmen

(1) Werden Erlaubnisse nach diesem Gesetz zurückgenommen oder widerrufen, so hat der Inhaber alle Ausfertigungen der Erlaubnisurkunde der zuständigen Behörde unverzüglich zurückzugeben. Das Gleiche gilt, wenn die Erlaubnis erloschen ist.

(2) Hat jemand auf Grund einer Erlaubnis, die zurückgenommen, widerrufen oder erloschen ist, Waffen oder Munition erworben oder befugt besessen und besitzt er sie noch, so ordnet die zuständige Behörde an, dass er binnen angemessener Frist die Waffen oder Munition dauerhaft unbrauchbar macht oder einem Berechtigten überlässt und den Nachweis darüber gegenüber der Behörde führt. Nach fruchtlosem Ablauf der Frist stellt die zuständige Behörde die Waffen oder Munition sicher.

(3) Besitzt jemand ohne die erforderliche Erlaubnis eine Waffe oder Munition, so ordnet die zuständige Behörde an, dass er binnen angemessener Frist

1. die Waffe oder Munition dauerhaft unbrauchbar macht oder einem Berechtigten überlässt oder

2. im Fall einer verbotenen Waffe oder Munition die Verbotsmerkmale beseitigt und

3. den Nachweis darüber gegenüber der Behörde führt.

Nach fruchtlosem Ablauf der Frist stellt die zuständige Behörde die Waffe oder Munition sicher.

(4) Die zuständige Behörde stellt Erlaubnisurkunden sowie die in den Absätzen 2 und 3 bezeichneten Waffen oder Munition sofort sicher

1. in Fällen eines vollziehbaren Verbots nach § 41 Absatz 1 oder 2,

2. soweit Tatsachen die Annahme rechtfertigen, dass die Waffen oder Munition missbräuchlich verwendet sollen oder

3. soweit Tatsachen vorliegen, die die Annahme rechtfertigen, dass die Waffen oder Munition von einem Nichtberechtigten erworben werden sollen.

Die zuständige Behörde kann darüber hinaus für die Dauer der Prüfung von Rücknahme oder Widerruf Erlaubnisurkunden sowie Waffen oder Munition für einen Zeitraum von sechs Monaten sofort vorläufig sicherstellen,

1. sofern Tatsachen vorliegen, die die Annahme rechtfertigen, dass Personen, denen eine Erlaubnis nach diesem Gesetz erteilt worden ist, nicht die erforderliche Zuverlässigkeit oder Eignung besitzen, und

2. soweit tatsächliche Anhaltspunkte vorliegen, dass durch den weiteren Umgang mit Waffen oder Munition eine Gefährdung bedeutender Rechtsgüter droht.

(5) Zum Zweck der sofortigen Sicherstellung nach Absatz 4 sind die Beauftragten der zuständigen Behörde berechtigt, die Wohnung der betroffenen Person zu betreten und diese Wohnung nach Urkunden, Waffen oder Munition zu durchsuchen; Durchsuchungen dürfen nur durch den Richter, bei Gefahr im Verzug auch durch die zuständige Behörde angeordnet werden; das Grundrecht der Unverletzlichkeit der Wohnung (Artikel 13 des Grundgesetzes) wird insoweit eingeschränkt.

(6) Widerspruch und Anfechtungsklage gegen Maßnahmen der Absätze 1 bis 5 haben keine aufschiebende Wirkung.

(7) „Sofern der bisherige Inhaber nicht innerhalb eines Monats nach einer Sicherstellung nach Absatz 2 Satz 2, Absatz 3 Satz 2 oder Absatz 4 Satz 1 einen empfangsbereiten Berechtigten benennt oder im Fall der Sicherstellung verbotener Waffen oder Munition nicht in dieser Frist eine Ausnahmezulassung nach § 40 Absatz 4 beantragt, kann die zuständige Behörde die sichergestellten Waffen oder die sichergestellte Munition einziehen und verwerten oder vernichten. Dieselben Befugnisse besitzt die zuständige Behörde im Fall der unanfechtbaren Versagung einer für verbotene Waffen oder Munition vor oder rechtzeitig nach der Sicherstellung beantragten Ausnahmezulassung nach § 40 Absatz 4. Der Erlös aus einer Verwertung der Waffen oder Munition steht nach Abzug der Kosten der Sicherstellung, Verwahrung und Verwertung dem nach bürgerlichem Recht bisher Berechtigten zu.

§ 48 Sachliche Zuständigkeit

(1) Die Landesregierungen oder die von ihnen durch Rechtsverordnung bestimmten Stellen können durch Rechtsverordnung die für die Ausführung dieses Gesetzes zuständigen Behörden bestimmen, soweit nicht Bundesbehörden zuständig sind. Abweichend von Satz 1 ist für die Erteilung von Erlaubnissen an Bewachungsunternehmen für Bewachungsaufgaben nach § 28a Absatz 1 Satz 1 die für das Gebiet der Freien und Hansestadt Hamburg bestimmte Waffenbehörde zuständig.

(1a) Die Landesregierungen oder die von ihnen durch Rechtsverordnung bestimmten Stellen bestimmen durch Rechtsverordnung die nach Artikel 6 Absatz 5 Satz 2 der Verordnung (EU) Nr. 1214/2011 des Europäischen Parlaments und des Rates vom 16. November 2011 über den gewerbsmäßigen grenzüberschreitenden Straßentransport von Euro-Bargeld zwischen den Mitgliedstaaten des Euroraums (ABl. L 316 vom 29.11.2011, S. 1) zuständige Kontaktstelle.

(2) Das Bundesverwaltungsamt ist die zuständige Behörde für

1. ausländische Diplomaten, Konsularbeamte und gleichgestellte sonstige bevorrechtigte ausländische Personen,

2. ausländische Angehörige der in der Bundesrepublik Deutschland stationierten ausländischen Streitkräfte sowie deren Ehegatten und unterhaltsberechtigte Kinder,

3. Personen, die zum Schutze ausländischer Luftfahrzeuge und Seeschiffe eingesetzt sind,

4. Deutsche im Sinne des Artikels 116 des Grundgesetzes, die ihren gewöhnlichen Aufenthalt außerhalb des Geltungsbereichs dieses Gesetzes haben; dies gilt nicht für die in den §§ 21 und 28 genannten Personen, wenn sich der Sitz des Unternehmens im Geltungsbereich dieses Gesetzes befindet,

5. natürliche und juristische Personen, die im Geltungsbereich dieses Gesetzes im Sinne des § 21 Handel treiben, hier aber keinen Unternehmenssitz haben.

(3) Zuständig für die Entscheidungen nach § 2 Abs. 5 ist das Bundeskriminalamt.

(3a) Das Bundesamt für Wirtschaft und Ausfuhrkontrolle ist die zuständige Behörde zur Erteilung von Genehmigungen nach Artikel 4 der Verordnung (EU) Nr. 258/2012 des Europäischen Parlaments und des Rates vom 14. März 2012 zur Umsetzung des Artikels 10 des Protokolls der Vereinten Nationen gegen die unerlaubte Herstellung von Schusswaffen, dazugehörigen Teilen und Komponenten und Munition und gegen den unerlaubten Handel damit, in Ergänzung des Übereinkommens der Vereinten Nationen gegen die grenzüberschreitende organisierte Kriminalität (VN-Feuerwaffenprotokoll) und zur Einführung von Ausfuhrgenehmigungen für Feuerwaffen, deren Teile, Komponenten und Munition sowie von Maßnahmen betreffend deren Einfuhr und Durchfuhr (ABl. L 94 vom 30.3.2012, S. 1).

(4) Verwaltungsverfahren nach diesem Gesetz oder auf Grund dieses Gesetzes können über eine einheitliche Stelle nach den Vorschriften der Verwaltungsverfahrensgesetze abgewickelt werden.

§ 49 Örtliche Zuständigkeit

(1) Die Vorschriften der Verwaltungsverfahrensgesetze über die örtliche Zuständigkeit gelten mit der Maßgabe, dass örtlich zuständig ist

1. für einen Antragsteller oder Erlaubnisinhaber, der keinen gewöhnlichen Aufenthalt im Geltungsbereich dieses Gesetzes hat,

a) die Behörde, in deren Bezirk er sich aufhält oder aufhalten will, oder,

b) soweit sich ein solcher Aufenthaltswille nicht ermitteln lässt, die Behörde, in deren Bezirk der Grenzübertritt erfolgt,

2. für Antragsteller oder Inhaber einer Erlaubnis nach § 21 Abs. 1 sowie Bewachungsunternehmer die Behörde, in deren Bezirk sich die gewerbliche Hauptniederlassung befindet oder errichtet werden soll.

(2) Abweichend von Absatz 1 ist örtlich zuständig für

1. Schießerlaubnisse nach § 10 Abs. 5 die Behörde, in deren Bezirk geschossen werden soll, soweit nicht die Länder nach § 48 Abs. 1 eine abweichende Regelung getroffen haben,

2. Erlaubnisse nach § 27 Abs. 1 sowie für Maßnahmen auf Grund einer Rechtsverordnung nach § 27 Abs. 7 bei ortsfesten Schießstätten die Behörde, in deren Bezirk die ortsfeste Schießstätte betrieben wird oder betrieben oder geändert werden soll,

3.

a) Erlaubnisse nach § 27 Abs. 1 sowie für Maßnahmen auf Grund einer Rechtsverordnung nach § 27 Abs. 7 bei ortsveränderlichen Schießstätten die Behörde, in deren Bezirk der Betreiber seinen gewöhnlichen Aufenthalt hat,

b) Auflagen bei den in Buchstabe a genannten Schießstätten die Behörde, in deren Bezirk die Schießstätte aufgestellt werden soll,

4. Ausnahmebewilligungen nach § 35 Abs. 3 Satz 2 die Behörde, in deren Bezirk die Tätigkeit ausgeübt werden soll,

5. Ausnahmebewilligungen nach § 42 Abs. 2 die Behörde, in deren Bezirk die Veranstaltung stattfinden soll oder, soweit Ausnahmebewilligungen für mehrere Veranstaltungen in verschiedenen Bezirken erteilt werden, die Behörde, in deren Bezirk die erste Veranstaltung stattfinden soll,

6. die Sicherstellung nach § 46 Abs. 2 Satz 2, Abs. 3 Satz 2 und Abs. 4 Satz 1 auch die Behörde, in deren Bezirk sich der Gegenstand befindet.

§ 52 Strafvorschriften

(3) Mit Freiheitsstrafe bis zu drei Jahren oder mit Geldstrafe wird bestraft, wer

...

7. entgegen § 34 Abs. 1 Satz 1 eine erlaubnispflichtige Schusswaffe oder erlaubnispflichtige Munition einem Nichtberechtigten überlässt,

7a. entgegen § 36 Absatz 1 Satz 1 in Verbindung mit einer Rechtsverordnung nach § 36 Absatz 5 Satz 1 eine dort genannte Vorkehrung für eine Schusswaffe nicht, nicht richtig oder nicht rechtzeitig trifft und dadurch die Gefahr verursacht, dass eine Schusswaffe oder Munition abhandenkommt oder darauf unbefugt zugegriffen wird,

8. einer vollziehbaren Anordnung nach § 41 Abs. 1 Satz 1 oder Abs. 2 zuwiderhandelt,

...

§ 53 Bußgeldvorschriften

(1) Ordnungswidrig handelt, wer vorsätzlich oder fahrlässig

...

3. ohne Erlaubnis nach § 2 Abs. 2 in Verbindung mit Abs. 4, dieser in Verbindung mit Anlage 2 Abschnitt 2 Unterabschnitt 1 Satz 1, mit einer Schusswaffe schießt,

4. ...

8. entgegen § 21 Absatz 6, § 24 Absatz 6, § 27 Absatz 1 Satz 6 oder Absatz 2 Satz 2, § 30 Satz 3, § 34 Absatz 4 oder 5 Satz 1, § 37 Absatz 1 Satz 1, auch in Verbindung mit Satz 2, entgegen § 37a Satz 1, auch in Verbindung mit Satz 3, entgegen § 37a Satz 2, § 37b Absatz 1 Satz 1, Absatz 2 Satz 1 oder Absatz 3, § 37c Absatz 1, § 37d Absatz 1 oder 2, § 40 Absatz 5 Satz 1 oder § 58 Absatz 19 Satz 1 eine Anzeige nicht, nicht richtig, nicht vollständig, nicht in der vorgeschriebenen Weise oder nicht rechtzeitig erstattet,

...

11. ohne Erlaubnis nach § 27 Abs. 1 Satz 1 eine Schießstätte betreibt oder ihre Beschaffenheit oder die Art ihrer Benutzung wesentlich ändert,

12. entgegen § 27 Abs. 3 Satz 1 Nr. 1 und 2 einem Kind oder Jugendlichen das Schießen gestattet oder entgegen § 27 Abs. 6 Satz 2 nicht sicherstellt, dass die Aufsichtsperson nur einen Schützen bedient,

13. entgegen § 27 Abs. 3 Satz 2 Unterlagen nicht aufbewahrt oder entgegen § 27 Abs. 3 Satz 3 diese nicht herausgibt,

14. entgegen § 27 Abs. 5 Satz 2 eine Bescheinigung nicht mitführt,

...

23. einer Rechtsverordnung nach § 15a Absatz 4, § 27 Absatz 7 Satz 2, § 36 Absatz 5, den §§ 39a, 39c Absatz 1 oder 2 Satz 1, § 42 Absatz 5 Satz 1 oder § 42b Absatz 2 Satz 1 oder § 47 oder einer vollziehbaren Anordnung auf Grund einer solchen Rechtsverordnung zuwiderhandelt, soweit die Rechtsverordnung für einen bestimmten Tatbestand auf diese Bußgeldvorschrift verweist.

(2) Die Ordnungswidrigkeit kann mit einer Geldbuße bis zu zehntausend Euro geahndet werden.

...

§ 55 Ausnahmen für oberste Bundes- und Landesbehörden, Bundeswehr, Polizei und Zollverwaltung, erheblich gefährdete Hoheitsträger sowie Bedienstete anderer Staaten

(1) Dieses Gesetz ist, wenn es nicht ausdrücklich etwas anderes bestimmt, nicht anzuwenden auf

1. die obersten Bundes- und Landesbehörden und die Deutsche Bundesbank,

2. die Bundeswehr und die in der Bundesrepublik Deutschland stationierten ausländischen Streitkräfte,

3. die Polizeien des Bundes und der Länder,

4. die Zollverwaltung

und deren Bedienstete, soweit sie dienstlich tätig werden. Bei Polizeibediensteten und bei Bediensteten der Zollverwaltung mit Vollzugsaufgaben gilt dies, soweit sie durch Dienstvorschriften hierzu ermächtigt sind, auch für den Besitz über dienstlich zugelassene Waffen oder Munition und für das Führen dieser Waffen außerhalb des Dienstes.

(2) Personen, die wegen der von ihnen wahrzunehmenden hoheitlichen Aufgaben des Bundes oder eines Landes erheblich gefährdet sind, wird an Stelle einer Waffenbesitzkarte, eines Waffenscheins oder einer Ausnahmebewilligung nach § 42 Abs. 2 eine Bescheinigung über die Berechtigung zum Erwerb und Besitz von Waffen oder Munition sowie eine Bescheinigung zum Führen dieser Waffen erteilt. Die Bescheinigung ist auf die voraussichtliche Dauer der Gefährdung zu befristen. Die Bescheinigung erteilt für Hoheitsträger des Bundes das Bundesministerium des Innern oder eine von ihm bestimmte Stelle.

(3) Dieses Gesetz ist nicht anzuwenden auf Bedienstete anderer Staaten, die dienstlich mit Waffen oder Munition ausgestattet sind, wenn die Bediensteten im Rahmen einer zwischenstaatlichen Vereinbarung oder auf Grund einer Anforderung oder einer allgemein oder für den Einzelfall erteilten Zustimmung einer zuständigen inländischen Behörde oder Dienststelle im Geltungsbereich

dieses Gesetzes tätig werden und die zwischenstaatliche Vereinbarung, die Anforderung oder die Zustimmung nicht etwas anderes bestimmt.

(4) Auf Waffen oder Munition, die für die in Absatz 1 Satz 1 bezeichneten Stellen in den Geltungsbereich dieses Gesetzes verbracht oder hergestellt und ihnen überlassen werden, ist § 40 nicht anzuwenden.

(4a) (aufgehoben)

(5) Die Bundesregierung kann durch Rechtsverordnung, die nicht der Zustimmung des Bundesrates bedarf, eine dem Absatz 1 Satz 1 entsprechende Regelung für sonstige Behörden und Dienststellen des Bundes treffen. Die Bundesregierung kann die Befugnis nach Satz 1 durch Rechtsverordnung, die nicht der Zustimmung des Bundesrates bedarf, auf eine andere Bundesbehörde übertragen.

(6) Die Landesregierungen können durch Rechtsverordnung eine dem Absatz 5 Satz 1 entsprechende Regelung für sonstige Behörden und Dienststellen des Landes treffen. Die Landesregierungen können die Befugnis nach Satz 1 durch Rechtsverordnung auf andere Landesbehörden übertragen.

§ 56 Sondervorschriften für Staatsgäste und andere Besucher

Auf

1. Staatsgäste aus anderen Staaten,

2. sonstige erheblich gefährdete Personen des öffentlichen Lebens aus anderen Staaten, die sich besuchsweise im Geltungsbereich dieses Gesetzes aufhalten, und

3. Personen aus anderen Staaten, denen der Schutz der in den Nummern 1 und 2 genannten Personen obliegt,

sind § 10 und Abschnitt 2 Unterabschnitt 5 nicht anzuwenden, wenn ihnen das Bundesverwaltungsamt oder, soweit es sich nicht um Gäste des Bundes handelt, die nach § 48 Abs. 1 zuständige Behörde hierüber eine Bescheinigung erteilt hat. Die Bescheinigung, zu deren Wirksamkeit es der Bekanntgabe an die betroffene Person nicht bedarf, ist zu erteilen, wenn dies im öffentlichen Interesse, insbesondere zur Wahrung der zwischenstaatlichen Gepflogenheiten bei solchen Besuchen, geboten ist. Es muss gewährleistet sein, dass in den Geltungsbereich dieses Gesetzes verbrachte oder dort erworbene Schusswaffen oder Munition nach Beendigung des Besuches aus dem Geltungsbereich dieses Gesetzes verbracht oder einem Berechtigten überlassen werden. Sofern das Bundesverwaltungsamt in den Fällen des Satzes 1 nicht rechtzeitig tätig werden kann, entscheidet über die Erteilung der

Bescheinigung die nach § 48 Abs. 1 zuständige Behörde. Das Bundesverwaltungsamt ist über die getroffene Entscheidung zu unterrichten.

§ 58 Altbesitz

(...)

(6) Die nach § 40 Abs. 1 des Waffengesetzes in der Fassung der Bekanntmachung vom 8. März 1976 (BGBl. I S. 432) ausgesprochenen Verbote gelten in dem bisherigen Umfang als Verbote nach § 41 dieses Gesetzes.

(7) Besitzt eine Person am 6. Juli 2017 ein Geschoss, das nicht dem bis zum 5. Juli 2017 geltenden Verbot der Anlage 2 Abschnitt 1 Nummer 1.5.4 unterfiel, so wird das Verbot nach Anlage 2 Abschnitt 1 Nummer 1.5.4 gegenüber dieser Person nicht wirksam, wenn

1. sie bis zum 1. Juli 2018 einen Antrag nach § 40 Absatz 4 stellt und

2. ihr daraufhin eine Erlaubnis nach § 40 Absatz 4 erteilt wird.

§ 46 Abs. 3 Satz 2 und Abs. 5 findet entsprechend Anwendung.

(8) Wer eine am 6. Juli 2017 unerlaubt besessene Waffe oder unerlaubt besessene Munition bis zum 1. Juli 2018 der zuständigen Behörde oder einer Polizeidienststelle übergibt, wird nicht wegen unerlaubten Erwerbs, unerlaubten Besitzes, unerlaubten Führens auf dem direkten Weg zur Übergabe an die zuständige Behörde oder Polizeidienststelle oder wegen unerlaubten Verbringens bestraft. Satz 1 gilt nicht, wenn

1. vor der Unbrauchbarmachung, Überlassung oder Übergabe dem bisherigen Besitzer der Waffe die Einleitung des Straf- oder Bußgeldverfahrens wegen der Tat bekannt gegeben worden ist oder

2. der Verstoß im Zeitpunkt der Unbrauchbarmachung, Überlassung oder Übergabe ganz oder zum Teil bereits entdeckt war und der bisherige Besitzer dies wusste oder bei verständiger Würdigung der Sachlage damit rechnen musste.

(9) Besitzt eine Person, die noch nicht das 25. Lebensjahr vollendet hat, am 1. April 2003 mit einer Erlaubnis auf Grund des Waffengesetzes in der Fassung der Bekanntmachung vom 8. März 1976 (BGBl. I S. 432) eine Schusswaffe, so hat sie binnen eines Jahres auf eigene Kosten der zuständigen Behörde ein amts- oder fachärztliches oder fachpsychologisches Zeugnis über die geistige Eignung nach § 6 Abs. 3 vorzulegen. Satz 1 gilt nicht für den Erwerb und Besitz von Schusswaffen im Sinne von § 14 Abs. 1 Satz 2 und in den Fällen des § 13 Abs. 2 Satz 1.

(10) Die Erlaubnispflicht für Schusswaffen im Sinne der Anlage 2 Abschnitt 2 Unterabschnitt 1 *Satz 3* gilt für Schusswaffen, die vor dem 1. April 2008 erworben wurden, erst ab dem 1. Oktober 2008.

(11) Hat jemand am 1. April 2008 eine bislang nicht nach Anlage 2 Abschnitt 1 Nr. 1.2.1.2 dieses Gesetzes verbotene Waffe besessen, so wird dieses Verbot nicht wirksam, wenn er bis zum 1. Oktober 2008 diese Waffe unbrauchbar macht, einem Berechtigten überlässt oder der zuständigen Behörde oder einer Polizeidienststelle überlässt oder einen Antrag nach § 40 Abs. 4 dieses Gesetzes stellt. § 46 Abs. 3 Satz 2 und Abs. 5 findet entsprechend Anwendung.

(12) Besitzt der Inhaber einer Waffenbesitzkarte am 1. April 2008 erlaubnisfrei erworbene Teile von Schusswaffen im Sinne der Anlage 2 Abschnitt 2 Unterabschnitt 2 Nr. 2, so sind diese Teile bis zum 1. Oktober 2008 in die Waffenbesitzkarte einzutragen.

(13) Hat jemand am 1. September 2020 ein erlaubnispflichtiges wesentliches Teil im Sinne von Anlage 1 Abschnitt 1 Unterabschnitt 1 Nummer 1.3.1.2 oder 1.3.1.6 besessen, das er vor diesem Tag erworben hat, so hat er spätestens am 1. September 2021 eine Erlaubnis nach § 10 Absatz 1 Satz 1 oder eine gleichgestellte andere Erlaubnis zum Besitz zu beantragen oder das wesentliche Teil einem Berechtigten, der zuständigen Behörde oder einer Polizeidienststelle zu überlassen. Für die Zeit bis zur Erteilung oder Versagung der Erlaubnis gilt der Besitz als erlaubt. § 46 Absatz 3 Satz 2 und Absatz 5 findet entsprechend Anwendung.

(14) Hat jemand am 1. September 2020 ein nach Anlage 2 Abschnitt 1 Nummer 1.1, 1.2.1.1, 1.2.1.2, 1.2.2, 1.2.3 oder 1.2.5 verbotenes wesentliches Teil im Sinne von Anlage 1 Abschnitt 1 Unterabschnitt 1 Nummer 1.3.1.2 oder 1.3.1.6 besessen, das er vor diesem Tag erworben hat, so wird das Verbot ihm gegenüber in Bezug auf dieses wesentliche Teil nicht wirksam, wenn er spätestens am 1. September 2021 das wesentliche Teil einem Berechtigten, der zuständigen Behörde oder einer Polizeidienststelle überlässt oder einen Antrag nach § 40 Absatz 4 stellt. § 46 Absatz 3 Satz 2 und Absatz 5 findet entsprechend Anwendung.

(15) Hat jemand am 1. September 2020 eine erlaubnispflichtige Salutwaffe im Sinne von Anlage 1 Abschnitt 1 Unterabschnitt 1 Nummer 1.5 besessen, die er vor diesem Tag erworben hat, so hat er spätestens am 1. September 2021 eine Erlaubnis nach § 10 Absatz 1 Satz 1 oder eine gleichgestellte andere Erlaubnis zum Besitz zu beantragen oder die Waffe einem Berechtigten, der zuständigen Behörde oder einer Polizeidienststelle zu überlassen. Für die Zeit bis zur Erteilung oder Versagung der Erlaubnis gilt der Besitz als erlaubt. § 46 Absatz 3 Satz 2 und Absatz 5 findet entsprechend Anwendung.

(16) Hat jemand am 1. September 2020 eine nach Anlage 2 Abschnitt 1 Nummer 1.2.8 verbotene Salutwaffe besessen, die er vor diesem Tag erworben hat, so wird das Verbot ihm gegenüber in Bezug auf diese Waffe nicht wirksam, wenn er bis zum 1. September 2021 die Waffe einem Berechtigten, der zuständigen Behörde oder einer Polizeidienststelle überlässt oder einen Antrag nach § 40 Absatz 4 stellt. § 46 Absatz 3 Satz 2 und Absatz 5 findet entsprechend Anwendung.

(17) Hat jemand am 13. Juni 2017 ein nach Anlage 2 Abschnitt 1 Nummer 1.2.4.3 oder 1.2.4.4 verbotenes Magazin oder ein nach Nummer 1.2.4.5 verbotenes Magazingehäuse besessen, das er vor diesem Tag erworben hat, so wird das Verbot ihm gegenüber in Bezug auf dieses Magazin oder Magazingehäuse nicht wirksam, wenn er den Besitz spätestens am 1. September 2021 bei der zuständigen Behörde anzeigt oder das Magazin oder Magazingehäuse einem Berechtigten, der zuständigen Behörde oder einer Polizeidienststelle überlässt. Hat jemand am oder nach dem 13. Juni 2017, aber vor dem 1. September 2020 ein nach Anlage 2 Abschnitt 1 Nummer 1.2.4.3 oder 1.2.4.4 verbotenes Magazin oder ein nach Nummer 1.2.4.5 verbotenes Magazingehäuse besessen, das er am oder nach dem 13. Juni 2017 erworben hat, so wird das Verbot ihm gegenüber in Bezug auf dieses Magazin oder Magazingehäuse nicht wirksam, wenn er bis zum 1. September 2021 das Magazin oder Magazingehäuse einem Berechtigten, der zuständigen Behörde oder einer Polizeidienststelle überlässt oder einen Antrag nach § 40 Absatz 4 stellt. § 46 Absatz 3 Satz 2 und Absatz 5 findet in den Fällen der Sätze 1 und 2 entsprechend Anwendung.

(18) Hat jemand am 13. Juni 2017 auf Grund einer Erlaubnis nach § 10 Absatz 1 Satz 1 oder einer gleichgestellten anderen Erlaubnis zum Besitz eine nach Anlage 2 Abschnitt 1 Nummer 1.2.6 oder 1.2.7 verbotene Schusswaffe besessen, die er vor diesem Tag erworben hat, so wird das Verbot ihm gegenüber in Bezug auf diese Schusswaffe nicht wirksam. Hat jemand nach dem 13. Juni 2017, aber vor dem 1. September 2021 eine nach Anlage 2 Abschnitt 1 Nummer 1.2.6 oder 1.2.7 verbotene Schusswaffe besessen, die er am oder nach dem 13. Juni 2017 erworben hat, so wird das Verbot ihm gegenüber in Bezug auf diese Schusswaffe nicht wirksam, wenn er bis zum 1. September 2021 die Schusswaffe einem Berechtigten, der zuständigen Behörde oder einer Polizeidienststelle überlässt oder einen Antrag nach § 40 Absatz 4 stellt. Im Fall des Satzes 2 findet § 46 Absatz 3 Satz 2 und Absatz 5 entsprechend Anwendung.

(19) Der Inhaber einer Erlaubnis nach § 21 Absatz 1 Satz 1 hat in seinem Besitz befindliche fertiggestellte Schusswaffen, deren Erwerb oder Besitz der Erlaubnis bedarf und die er vor dem 1. September 2020 erworben hat, bis zum

1. März 2021 elektronisch gemäß § 37 Absatz 2 anzuzeigen. Die wesentlichen Teile dieser Schusswaffen unterfallen dieser Anzeigepflicht nicht.

(20) Hat jemand am 1. September 2020 ein nach Anlage 1 Abschnitt 1 Unterabschnitt 2 Nummer 1.2.3 den Schusswaffen gleichgestelltes Pfeilabschussgerät besessen, das er vor diesem Tag erworben hat, so hat er spätestens am 1. September 2021 eine Erlaubnis nach § 10 Absatz 1 Satz 1 oder eine gleichgestellte andere Erlaubnis zum Besitz zu beantragen oder das Pfeilabschussgerät einem Berechtigten, der zuständigen Behörde oder einer Polizeidienststelle zu überlassen. Für die Zeit bis zur Erteilung oder Versagung der Erlaubnis gilt der Besitz als erlaubt. § 46 Absatz 3 Satz 2 und Absatz 5 findet entsprechende Anwendung.

(21) Bis zum Ablauf des 31. Dezember 2025 kann das Bedürfnis nach § 14 Absatz 4 Satz 1 auch durch eine Bescheinigung des dem Schießsportverband angehörenden Vereins glaubhaft gemacht werden.

(22) Besitzt jemand am 1. September 2020 auf Grund einer Erlaubnis nach § 14 Absatz 6 mehr als zehn Waffen, gilt die Erlaubnis abweichend von § 14 Absatz 6 Satz 1 für die eingetragene Anzahl, solange der Besitz besteht.

(23) Hat eine Landesregierung eine Rechtsverordnung nach § 27a Absatz 4 nicht erlassen, so gilt für das betreffende Land § 12 Absatz 4 bis 6 der Allgemeinen Waffengesetz-Verordnung in der am 19. Februar 2020 geltenden Fassung fort.

Auszug aus der Anlage 1 (zu § 1 Abs. 4)

Abschnitt 1: Waffen- und munitionstechnische Begriffe, Einstufung von Gegenständen

Unterabschnitt 1: Schusswaffen

1. Schusswaffen im Sinne des § 1 Abs. 2 Nr. 1

1.1 Schusswaffen

Schusswaffen sind Gegenstände, die zum Angriff oder zur Verteidigung, zur Signalgebung, zur Jagd, zur Distanzinjektion, zur Markierung, zum Sport oder zum Spiel **bestimmt** sind und bei denen **Geschosse durch einen Lauf getrieben** werden.

1.2 Gleichgestellte Gegenstände

Den Schusswaffen stehen gleich tragbare Gegenstände,

1.2.1 die zum **Abschießen von Munition** für die in Nummer 1.1 genannten Zwecke bestimmt sind,

1.2.2 die in Anhang IV Nummer 18 der Richtlinie 2006/42/EG des Europäischen Parlaments und des Rates vom 17. Mai 2006 über **Maschinen** und zur Änderung der Richtlinie 95/16/EG (Neufassung) (ABl. L 157 vom 9.6.2006, S. 24; L 76 vom 16.3.2007, S. 35), die zuletzt durch die Verordnung (EU) Nr. 167/2013 (ABl. L 60 vom 2.3.2013, S. 1) geändert worden ist, aufgeführt sind und **zum Abschießen von Munition für andere** als die in Nummer 1.1 genannten **Zwecke** (insbesondere **Schlachtzwecke**, technische und industrielle Zwecke) bestimmt sind (tragbare **Befestigungsgeräte** mit Treibladung und andere Schussgeräte), sofern

a) sie nicht die Anforderungen des § 7 des Beschussgesetzes erfüllen und zum Nachweis das Kennzeichen der in § 20 Absatz 3 Satz 1 des Beschussgesetzes bezeichneten Stelle oder ein anerkanntes Prüfzeichen eines Staates, mit dem die gegenseitige Anerkennung der Prüfzeichen vereinbart ist, tragen oder

b) bei ihnen nicht die Einhaltung der Anforderungen nach Anhang I Nummer 2.2.2.1 der Richtlinie 2006/42/EG durch Bescheinigung einer zuständigen Stelle eines Mitgliedstaates oder des Übereinkommens über den Europäischen Wirtschaftsraum nachgewiesen ist,

1.2.3 bei denen bestimmungsgemäß **feste Körper gezielt verschossen** werden, deren Antriebsenergie **durch Muskelkraft oder eine andere Energiequelle** eingebracht und **durch eine Sperrvorrichtung gespeichert oder gehalten** werden kann (zum Beispiel **Armbrüste**, **Pfeilabschussgeräte**). Dies gilt nicht für feste Körper, die mit elastischen Geschossspitzen (zum Beispiel Saugnapf aus Gummi) versehen sind, bei denen eine maximale Bewegungsenergie der Geschossspitzen je Flächeneinheit von 0,16 J/cm2 nicht überschritten wird;

1.3 Wesentliche Teile von Schusswaffen, Schalldämpfer

Wesentliche Teile von Schusswaffen und **Schalldämpfer** stehen, soweit in diesem Gesetz nichts anderes bestimmt ist, den Schusswaffen gleich, für die sie bestimmt sind. Dies gilt auch dann, wenn sie mit anderen Gegenständen verbunden sind und die Gebrauchsfähigkeit als Waffenteil nicht beeinträchtigt ist oder mit allgemein gebräuchlichen Werkzeugen wiederhergestellt werden kann. Teile von Kriegswaffen im Sinne des Gesetzes über die Kontrolle von Kriegswaffen, die nicht vom Gesetz über die Kontrolle von Kriegswaffen erfasst und nachstehend als wesentliche Teile aufgeführt sind sowie Schalldämpfer zu derartigen Waffen werden von diesem Gesetz erfasst;

1.3.1 Wesentliche Teile sind

1.3.1.1 der Lauf oder Gaslauf; der **Lauf** ist ein aus einem ausreichend festen Werkstoff bestehender rohrförmiger Gegenstand, der Ge- schossen, die hindurchgetrieben werden, ein gewisses Maß an Führung gibt, wobei dies in der Regel als gegeben anzusehen ist, wenn die Länge des Laufteils, der die Führung des Geschosses bestimmt, mindestens das Zweifache des Kalibers beträgt; der **Gaslauf** ist ein Lauf, der ausschließlich der Ableitung der Verbrennungsgase dient;

1.3.1.2 der **Verschluss**; der Verschluss ist die **Baugruppe** einer Schusswaffe, welche das Patronen- oder Kartuschenlager nach hinten abschließt; bei **teilbaren Verschlüssen** sind **Verschlusskopf** und **Verschlussträger** jeweils wesentliche Teile; der **Verschlusskopf** ist das unmittelbar das Patronen- oder Kartuschenlager oder den Lauf abschließende Teil; der Verschlussträger ist das Bauteil, welches das Verriegeln und Entriegeln des Verschlusskopfs steuert;

1.3.1.3 das **Patronen- oder Kartuschenlager**, wenn dieses nicht bereits Bestandteil des Laufes ist; das Patronen- oder Kartuschenlager ist ein Hohlkörper aus einem hinreichend festen Material, dessen Abmaße für die Aufnahme von Patronenmunition, Kartuschenmunition oder Ladungen mit oder ohne Geschoss eingerichtet sind und in dem die Munition oder Ladung gezündet wird;

1.3.1.4 bei Schusswaffen, bei denen zum Antrieb ein entzündbares flüssiges oder gasförmiges Gemisch verwendet wird, die **Verbrennungskammer** und die **Einrichtung zur Erzeugung des Gemisches**;

1.3.1.5 bei Schusswaffen mit anderem Antrieb die **Antriebsvorrichtung**, sofern diese fest mit der Schusswaffe verbunden ist;

1.3.1.6 das **Gehäuse**; das Gehäuse ist das Bauteil, welches den **Lauf**, die **Abzugsmechanik** und den **Verschluss aufnimmt**; setzt sich das Gehäuse aus einem **Gehäuseober**- und einem **Gehäuseunterteil** zusammen, sind beide Teile wesentliche Teile; das Gehäuseoberteil nimmt den Lauf und den Verschluss auf; das Gehäuseunterteil nimmt die Abzugsmechanik auf; bei Kurzwaffen wird das Gehäuseunterteil als **Griffstück** bezeichnet;

1.3.1.7 **vorgearbeitete wesentliche Teile** von Schusswaffen sowie **Teile** und **Reststücke** von **Läufen** und **Laufrohlingen**, wenn sie mit allgemein gebräuchlichen Werkzeugen fertiggestellt werden können.

1.3.2 **Führendes wesentliches Teil** ist das Gehäuse; wenn dieses aus Gehäuseober- und Gehäuseunterteil zusammengesetzt ist, das Gehäuseunterteil (Griffstück bei Kurzwaffen); wenn kein Gehäuse vorhanden ist, ist der Verschluss führendes wesentliches Teil; wenn kein Verschluss vorhanden ist, ist der Lauf führendes wesentliches Teil.

1.3.3 **Schalldämpfer** sind Vorrichtungen, die der wesentlichen Dämpfung des Mündungsknalls dienen und für Schusswaffen bestimmt sind;

1.4 Unbrauchbar gemachte Schusswaffen (Dekorationswaffen)

Schusswaffen sind **unbrauchbar** gemacht, wenn die zuständige Behörde eines Mitgliedstaates der Europäischen Union für diese Schusswaffen eine Bescheinigung nach Artikel 3 Absatz 4 der Durchführungsverordnung (EU) 2015/2403 der Kommission vom 15. Dezember 2015 zur Festlegung gemeinsamer Leitlinien über Deaktivierungsstandards und -techniken, die gewährleisten, dass Feuerwaffen bei der Deaktivierung **endgültig unbrauchbar** gemacht werden (ABl. L 333 vom 19.12.2015, S. 62), die zuletzt durch die Durchführungsverordnung (EU) 2018/337 (ABl. L 65 vom 8.3.2018, S. 1) geändert worden ist, ausgestellt hat und die zuständige Behörde die Schusswaffen gemäß Artikel 5 der Durchführungsverordnung (EU) 2015/2403 gekennzeichnet hat.

1.5 Salutwaffen

Salutwaffen sind

1.5.1 veränderte **Langwaffen**, die unter anderem für Theateraufführungen, Foto-, Film- oder Fernsehaufnahmen bestimmt sind, wenn sie die nachstehenden Anforderungen erfüllen:

a) das **Patronenlager** muss dauerhaft so verändert sein, dass **keine** Patronen- oder pyrotechnische **Munition geladen werden kann**,

b) der **Lauf** muss in dem dem Patronenlager zugekehrten Drittel mindestens sechs kalibergroße, offene **Bohrungen** oder andere gleichwertige Laufveränderungen aufweisen und vor diesen in Richtung der Laufmündung mit einem kalibergroßen gehärteten **Stahlstift** dauerhaft **verschlossen** sein,

c) der **Lauf muss mit dem Gehäuse fest verbunden** sein, sofern es sich um Waffen handelt, bei denen der Lauf ohne Anwendung von Werkzeugen ausgetauscht werden kann,

d) die Änderungen müssen so vorgenommen sein, dass sie **nicht** mit allgemein gebräuchlichen Werkzeugen **rückgängig gemacht** und die Gegenstände nicht so geändert **werden können**, dass aus ihnen Geschosse, Patronen- oder pyrotechnische Munition verschossen werden können, und

e) der **Verschluss** muss ein **Kennzeichen** nach Abbildung 11 der Anlage II zur Beschussverordnung tragen;

1.5.2 Schusswaffen, die **vor dem 1. April 1976** entsprechend den Anforderungen des § 3 der Ersten Verordnung zum Waffengesetz vom 19. Dezember 1972 (BGBl. I S. 2522) **verändert** worden sind;

1.6 Anscheinswaffen

Anscheinswaffen sind

1.6.1 Schusswaffen, die ihrer äußeren Form nach im Gesamterscheinungsbild den **Anschein von Feuerwaffen** (Anlage 1 Abschnitt 1 Unterabschnitt 1 Nr. 2.1) hervorrufen und bei denen zum Antrieb der Geschosse **keine heißen Gase** verwendet werden,

1.6.2 Nachbildungen von Schusswaffen mit dem Aussehen von Schusswaffen nach Nummer 1.6.1 oder

1.6.3 unbrauchbar gemachte Schusswaffen mit dem Aussehen von Schusswaffen nach Nummer 1.6.1.

Ausgenommen sind solche Gegenstände, die **erkennbar** nach ihrem Gesamterscheinungsbild **zum Spiel oder für Brauchtumsveranstaltungen bestimmt** sind oder die Teil einer kulturhistorisch bedeutsamen Sammlung im Sinne des § 17 sind oder werden sollen oder Schusswaffen, für die gemäß § 10 Abs. 4 eine Erlaubnis zum Führen erforderlich ist. Erkennbar nach ihrem Gesamterscheinungsbild **zum Spiel bestimmt** sind insbesondere Gegenstände, deren **Größe** die einer entsprechenden Feuerwaffe **um 50 Prozent über- oder unterschreiten**, **neonfarbene Materialien** enthalten oder **keine Kennzeichnungen von Feuerwaffen** aufweisen.

2. Arten von Schusswaffen

2.1 Feuerwaffen; dies sind Schusswaffen nach Nummer 1.1, bei denen ein Geschoss mittels heißer Gase durch einen oder aus einem Lauf getrieben wird.

2.2 Automatische Schusswaffen; dies sind Schusswaffen, die nach Abgabe eines Schusses selbsttätig erneut schussbereit werden und bei denen aus demselben Lauf durch einmalige Betätigung des Abzuges oder einer anderen Schussauslösevorrichtung mehrere Schüsse abgegeben werden können (**Vollautomaten**) oder durch einmalige Betätigung des Abzuges oder einer anderen Schussauslösevorrichtung jeweils nur ein Schuss abgegeben werden kann (**Halbautomaten**). Als automatische Schusswaffen gelten auch Schusswaffen, die mit allgemein gebräuchlichen Werkzeugen in automatische Schusswaffen geändert werden können. Als Vollautomaten gelten auch in Halbautomaten geänderte Vollautomaten, die mit den in Satz 2 genannten Hilfsmitteln wieder in Vollautomaten zurückgeändert werden können.

Double-Action-Revolver sind **keine halbautomatischen Schusswaffen**. Beim Double-Action-Revolver wird bei Betätigung des Abzuges durch den Schützen die Trommel weitergedreht, so dass das nächste Lager mit einer neuen Patrone vor den Lauf und den Schlagbolzen zu liegen kommt, und gleichzeitig die Feder gespannt. Beim weiteren Durchziehen des Abzuges schnellt der Hahn nach vorn und löst den Schuss aus.

2.3 Repetierwaffen; dies sind Schusswaffen, bei denen das Zuführen der Patrone aus einem Magazin, das Abfeuern und das Entfernen der Patrone oder Patronenhülse mit Hilfe eines nur von Hand zu betätigenden Mechanismus erfolgt.

2.4 Einzelladerwaffen; dies sind Schusswaffen ohne Magazin mit einem oder mehreren Läufen, die vor jedem Schuss aus demselben Lauf von Hand geladen werden.

2.5 Langwaffen; dies sind Schusswaffen, deren Lauf und Verschluss in geschlossener Stellung insgesamt länger als 30 cm sind **und** deren kürzeste **bestimmungsgemäß** verwendbare Gesamtlänge 60 cm überschreitet;

Kurzwaffen sind alle anderen Schusswaffen.

2.6 Schreckschusswaffen; dies sind Schusswaffen mit einem Kartuschenlager, die zum Abschießen von Kartuschenmunition bestimmt sind.

2.7 Reizstoffwaffen; dies sind Schusswaffen mit einem Patronen- oder Kartuschenlager, die zum Verschießen von Reiz- oder anderen Wirkstoffen bestimmt sind.

2.8 Signalwaffen; dies sind Schusswaffen mit einem Patronen- oder Kartuschenlager oder tragbare Gegenstände nach Nummer 1.2.1, die zum Verschießen pyrotechnischer Munition bestimmt sind.

2.9 Druckluft- und Federdruckwaffen und Waffen, bei denen zum Antrieb der Geschosse kalte Treibgase verwendet werden; Federdruckwaffen sind Schusswaffen, bei denen entweder Federkraft direkt ein Geschoss antreibt (auch als Federkraftwaffen bezeichnet) oder ein federbelasteter Kolben in einem Zylinder bewegt wird und ein vom Kolben erzeugtes Luftpolster das Geschoss antreibt. Druckluftwaffen sind Schusswaffen, bei denen Luft in einen Druckbehälter vorkomprimiert und gespeichert sowie über ein Ventilsystem zum Geschossantrieb freigegeben wird. Waffen, bei denen zum Antrieb der Geschosse kalte Treibgase Verwendung finden, sind z. B. Druckgaswaffen.

3. Weitere Begriffe zu den wesentlichen Teilen

3.1 Austauschläufe sind Läufe für ein bestimmtes Waffenmodell oder -system, die ohne Nacharbeit ausgetauscht werden können.

3.2 Wechselläufe sind Läufe, die für eine bestimmte Waffe zum Austausch des vorhandenen Laufes vorgefertigt sind und die noch eingepasst werden müssen.

3.3 Einsteckläufe sind Läufe ohne eigenen Verschluss, die in die Läufe von Waffen größeren Kalibers eingesteckt werden können.

3.4 Wechseltrommeln sind Trommeln für ein bestimmtes Revolvermodell, die ohne Nacharbeit gewechselt werden können.

3.5 Wechselsysteme sind Austauschläufe einschließlich des für sie bestimmten Verschlusses sowie der für sie bestimmten Gehäuseteile, sofern diese Gehäuseteile technisch erforderlich sind und Austauschlauf, Verschluss und Gehäuseteile in ihrer Gesamtheit keine bestimmungsgemäß verwendbare Waffe ergeben.

3.6 Einstecksysteme sind Einsteckläufe einschließlich des für sie bestimmten Verschlusses sowie der für sie bestimmten Gehäuseteile, sofern diese Gehäuseteile technisch erforderlich sind und Einstecklauf, Verschluss und Gehäuseteile in ihrer Gesamtheit keine bestimmungsgemäß verwendbare Waffe ergeben.

3.7 Einsätze sind Teile, die den Innenmaßen des Patronenlagers der Schusswaffe angepasst und zum Verschießen von Munition kleinerer Abmessungen bestimmt sind.

4. Sonstige Vorrichtungen für Schusswaffen

4.1 Zielscheinwerfer sind für Schusswaffen bestimmte Vorrichtungen, die das Ziel beleuchten. Ein Ziel wird dann beleuchtet, wenn es mittels Lichtstrahlen bei ungünstigen Lichtverhältnissen oder Dunkelheit für den Schützen erkennbar dargestellt wird. Dabei ist es unerheblich, ob das Licht sichtbar oder unsichtbar (z. B. infrarot) ist und ob der Schütze weitere Hilfsmittel für die Zielerkennung benötigt.

4.2 Laser oder Zielpunktprojektoren sind für Schusswaffen bestimmte Vorrichtungen, die das Ziel markieren. Ein Ziel wird markiert, wenn auf diesem für den Schützen erkennbar ein Zielpunkt projiziert wird.

4.3 Nachtsichtgeräte oder Nachtzielgeräte sind für Schusswaffen bestimmte Vorrichtungen, die eine elektronische Verstärkung oder einen Bildwandler und eine Montageeinrichtung für Schusswaffen besitzen. Zu Nachtzielgeräten zählen auch Nachtsichtvorsätze und Nachtsichtaufsätze für Zielhilfsmittel (Zielfernrohre).

4.4 Magazine sind für die Verwendung in Schusswaffen bestimmte Munitionsbehältnisse, die der Aufbewahrung und Zuführung von Patronen im Rahmen des Ladevorgangs dienen.

4.4.1 Eingebaut sind Magazine, die während ihrer Befüllung bestimmungsgemäß mit der Schusswaffe verbunden bleiben.

4.4.2 Wechselmagazine sind Magazine, die während ihrer Befüllung bestimmungsgemäß von der Schusswaffe getrennt werden.

4.4.3 Magazingehäuse sind diejenigen Bestandteile von Wechselmagazinen, die dazu bestimmt sind, die Patronen aufzunehmen.

5. Reizstoffe sind Stoffe, die bei ihrer bestimmungsgemäßen Anwendung auf den Menschen eine belästigende Wirkung durch Haut- und Schleimhautreizung, insbesondere durch einen Augenreiz ausüben und resorptiv nicht giftig wirken.

6. Nachbildungen von Schusswaffen sind Gegenstände,

- die nicht als Schusswaffen hergestellt wurden,

- die die äußere Form einer Schusswaffe haben,

- aus denen nicht geschossen werden kann und

- die nicht mit allgemein gebräuchlichen Werkzeugen so umgebaut oder verändert werden können, dass aus ihnen Munition, Ladungen oder Geschosse verschossen werden können.

Unterabschnitt 3: Munition und Geschosse

1. Munition ist zum Verschießen aus Schusswaffen bestimmte

1.1 Patronenmunition (Hülsen mit Ladungen, die ein Geschoss enthalten, und Geschosse mit Eigenantrieb),

1.2 Kartuschenmunition (Hülsen mit Ladungen, die ein Geschoss nicht enthalten),

1.3 hülsenlose Munition (Ladung mit oder ohne Geschoss, wobei die Treibladung eine den Innenabmessungen einer Schusswaffe oder eines Gegenstandes nach Unterabschnitt 1 Nr. 1.2 angepasste Form hat),

1.4 pyrotechnische Munition (dies sind Gegenstände, die Geschosse mit explosionsgefährlichen Stoffen oder Stoffgemischen [pyrotechnische Sätze] enthalten, die Licht-, Schall-, Rauch-, Nebel-, Heiz-, Druck- oder Bewegungswirkungen erzeugen und keine zweckbestimmte Durchschlagskraft im Ziel entfalten); hierzu gehört

1.4.1 pyrotechnische Patronenmunition (Patronenmunition, bei der das Geschoss einen pyrotechnischen Satz enthält),

1.4.2 unpatronierte pyrotechnische Munition (Geschosse, die einen pyrotechnischen Satz enthalten),

1.4.3 mit der Antriebsvorrichtung fest verbundene pyrotechnische Munition.

2. Ladungen sind die Hauptenergieträger, die in loser Schüttung in Munition oder als vorgefertigte Ladung oder in loser Form in Waffen nach

Unterabschnitt 1 Nr. 1.1 oder Gegenstände nach Unterabschnitt 1 Nr. 1.2.1 eingegeben werden und

- zum Antrieb von Geschossen oder Wirkstoffen oder

- zur Erzeugung von Schall- oder Lichtimpulsen

bestimmt sind, sowie Anzündsätze, die direkt zum Antrieb von Geschossen dienen.

3. Geschosse im Sinne dieses Gesetzes sind als Waffen oder für Schusswaffen bestimmte

3.1 feste Körper,

3.2 gasförmige, flüssige oder feste Stoffe in Umhüllungen.

Abschnitt 2: Waffenrechtliche Begriffe

Im Sinne dieses Gesetzes

1. **erwirbt** eine Waffe oder Munition, wer die tatsächliche Gewalt darüber erlangt,

2. **besitzt** eine Waffe oder Munition, wer die tatsächliche Gewalt darüber ausübt,

3. **überlässt** eine Waffe oder Munition, wer die tatsächliche Gewalt darüber einem anderen einräumt,

4. **führt** eine Waffe, wer die tatsächliche Gewalt darüber außerhalb der eigenen Wohnung, Geschäftsräume, des eigenen befriedeten Besitztums oder einer Schießstätte ausübt,

7. **schießt**, wer mit einer Schusswaffe Geschosse durch einen Lauf verschießt, Kartuschenmunition abschießt, mit Patronen- oder Kartuschenmunition Reiz- oder andere Wirkstoffe verschießt oder pyrotechnische Munition verschießt,

8.

8.1 werden Waffen oder Munition **hergestellt**, wenn aus Rohteilen oder Materialien ein Endprodukt oder wesentliche Teile eines Endproduktes erzeugt werden oder bei einer Waffe das führende wesentliche Teil durch ein Teil, das noch nicht in einer Waffe verbaut war, ersetzt wird; eine Schusswaffe ist hergestellt, wenn sie weißfertig im Sinne von § 2 Absatz 5 des Beschussgesetzes ist oder der Austausch des führenden wesentlichen Teils abgeschlossen ist; als Herstellen von Munition gilt auch das Wiederladen von Hülsen,

8.1a ist eine Waffe **fertiggestellt**, sobald sie mit dem amtlichen Beschusszeichen nach § 6 des Beschussgesetzes versehen wurde oder, sofern die Waffe nicht der amtlichen Beschussprüfung unterliegt, sobald sie zum Inverkehrbringen bereitgehalten wird,

8.2 wird eine Schusswaffe **bearbeitet**, wenn

8.2.1 sie verkürzt, in der Schussfolge verändert oder so geändert wird, dass andere Munition oder Geschosse anderer Kaliber aus ihr verschossen werden können (**Umbau**),

8.2.2 **wesentliche Teile**, zu deren Einpassung eine Nacharbeit erforderlich ist, **ausgetauscht** werden, sofern nicht Nummer 8.1 zutrifft,

8.2.3 Arbeiten an der Schusswaffe durchgeführt werden, die eine **Beschusspflicht** gemäß § 3 Absatz 2 des Beschussgesetzes auslösen, wenn nicht die Nummern 8.1, 8.2.1 oder 8.2.2 zutreffen (**Instandsetzung**); eine Schusswaffe wird nicht bearbeitet, wenn lediglich geringfügige Änderungen, insbesondere am Schaft oder an der Zieleinrichtung, vorgenommen werden,

8.3 wird eine Schusswaffe **unbrauchbar gemacht**, wenn an ihr die Maßnahmen des Anhangs I Tabelle II bis III der Durchführungsverordnung (EU) 2015/2403 durchgeführt werden,

9. treibt **Waffenhandel**, wer gewerbsmäßig oder selbstständig im Rahmen einer wirtschaftlichen Unternehmung Schusswaffen oder Munition ankauft, feilhält, Bestellungen entgegennimmt oder aufsucht, anderen überlässt oder den Erwerb, den Vertrieb oder das Überlassen vermittelt,

10. sind **Kinder** Personen, die noch nicht 14 Jahre alt sind,

11. sind **Jugendliche** Personen, die mindestens 14, aber noch nicht 18 Jahre alt sind;

12. ist eine Waffe **schussbereit**, wenn sie geladen ist, das heißt, dass Munition oder Geschosse in der Trommel, im in die Waffe eingefügten Magazin oder im Patronen- oder Geschosslager sind, auch wenn sie nicht gespannt ist;

13. ist eine **Schusswaffe zugriffsbereit**, wenn sie unmittelbar in Anschlag gebracht werden kann; sie ist **nicht zugriffsbereit**, wenn sie in einem verschlossenen Behältnis mitgeführt wird; ein **Messer** ist **nicht zugriffsbereit**, wenn es nur mit **mehr als drei Handgriffen erreicht** werden kann,

14. sind **Mitgliedsstaaten** die Mitgliedsstaaten der Europäischen Union und gelten als Mitgliedsstaaten auch die Vertragsstaaten des Schengener Übereinkommens.

Abschnitt 3: Einteilung der Schusswaffen oder Munition in die Kategorien A bis C nach der Richtlinie 91/477/EWG des Rates vom 18. Juni 1991 über die Kontrolle des Erwerbs und des Besitzes von Waffen (ABl. L 256 vom 13.9.1991, S. 51), die zuletzt durch die Richtlinie (EU) 2017/853 des Europäischen Parlaments und des Rates vom 17. Mai 2017 (ABl. L 137 vom 24.5.2017, S. 22) geändert worden ist

1. Kategorie A

1.1 Kriegsschusswaffen der Nummern 29 und 30 der Kriegswaffenliste (Anlage zu § 1 Abs. 1 des Gesetzes über die Kontrolle von Kriegswaffen),
1.2 vollautomatische Schusswaffen,

1.3 als anderer Gegenstand getarnte Schusswaffen,

1.4 Pistolen- und Revolvermunition mit Expansivgeschossen sowie Geschosse für diese Munition mit Ausnahme solcher für Jagd- und Sportwaffen von Personen, die zur Benutzung dieser Waffen befugt sind,

1.5 panzerbrechende Munition, Munition mit Spreng- und Brandsätzen und Munition mit Leuchtspursätzen sowie Geschosse für diese Munition, soweit die Munition oder die Geschosse nicht von dem Gesetz über die Kontrolle von Kriegswaffen erfasst sind,

1.6 automatische Feuerwaffen, die zu halbautomatischen Feuerwaffen umgebaut wurden, unbeschadet des Artikels 7 Absatz 4a der Richtlinie 91/477/EWG des Rates vom 18. Juni 1991 über die Kontrolle des Erwerbs und des Besitzes von Waffen (ABl. L 256 vom 13.9.1991, S. 51), die zuletzt durch die Richtlinie (EU) 2017/853 des Europäischen Parlaments und des Rates vom 17. Mai 2017 (ABl. L 137 vom 24.5.2017, S. 22) geändert worden ist,

1.7 jede der folgenden halbautomatischen Zentralfeuerwaffen:

1.7.1 Kurz-Feuerwaffen, mit denen ohne Nachladen mehr als 21 Schüsse abgegeben werden können, sofern eine Ladevorrichtung mit einer Kapazität von mehr als 20 Patronen in diese Feuerwaffe eingebaut ist oder eine abnehmbare Ladevorrichtung mit einer Kapazität von mehr als 20 Patronen eingesetzt wird,

1.7.2 Lang-Feuerwaffen, mit denen ohne Nachladen mehr als elf Schüsse abgegeben werden können, sofern eine Ladevorrichtung mit einer Kapazität von mehr als zehn Patronen in diese Feuerwaffe eingebaut ist oder eine abnehmbare Ladevorrichtung mit einer Kapazität von mehr als zehn Patronen eingesetzt wird,

1.8 halbautomatische Lang-Feuerwaffen, die ursprünglich als Schulterwaffen vorgesehen sind und die ohne Funktionseinbuße mithilfe eines Klapp- oder Teleskopschafts oder eines ohne Verwendung eines Werkzeugs abnehmbaren

Schafts auf eine Länge unter 60 cm gekürzt werden können,
1.9 sämtliche Feuerwaffen dieser Kategorie, die für das Abfeuern von Platzpatronen, Reizstoffen, sonstigen aktiven Substanzen oder pyrotechnischer Munition oder in Salutwaffen oder akustische Waffen umgebaut wurden.

2. Kategorie B

2.1 kurze Repetierfeuerwaffen,

2.2 kurze Einzellader-Feuerwaffen für Munition mit Zentralfeuerzündung,

2.3 kurze Einzellader-Feuerwaffen für Munition mit Randfeuerzündung mit einer Gesamtlänge von weniger als 28 cm,

2.4 halbautomatische Lang-Feuerwaffen, deren Ladevorrichtung und Patronenlager zusammen bei Randfeuerwaffen mehr als drei Patronen und bei Zentralfeuerwaffen mehr als drei aber weniger als zwölf Patronen aufnehmen können,

2.5 halbautomatische Kurz-Feuerwaffen, die nicht unter Nummer 1.7.1 aufgeführt sind,

2.6 halbautomatische Lang-Feuerwaffen, die unter Nummer 1.7.2 aufgeführt sind, deren Ladevorrichtung und Patronenlager zusammen nicht mehr als drei Patronen aufnehmen können, deren Ladevorrichtung auswechselbar ist oder bei denen nicht sichergestellt ist, dass sie mit allgemein gebräuchlichen Werkzeugen nicht zu Waffen, deren Ladevorrichtung und Patronenlager zusammen mehr als drei Patronen aufnehmen können, umgebaut werden können,

2.7 lange Repetier- und halbautomatische Lang-Feuerwaffen, jeweils mit glattem Lauf, deren Lauf nicht länger als 60 cm ist,

2.8 sämtliche Feuerwaffen dieser Kategorie, die für das Abfeuern von Platzpatronen, Reizstoffen, sonstigen aktiven Substanzen oder pyrotechnischer Munition oder in Salutwaffen oder akustische Waffen umgebaut wurden,

2.9 halbautomatische Feuerwaffen für den zivilen Gebrauch, die wie vollautomatische Waffen aussehen und die nicht unter den Nummern 1.6, 1.7 oder 1.8 aufgeführt sind.

3. Kategorie C

3.1 andere lange Repetier-Feuerwaffen als die, die unter Nummer 2.7 aufgeführt sind,

3.2 lange Einzellader-Feuerwaffen mit gezogenem Lauf/gezogenen Läufen,

3.3 andere halbautomatische Lang-Feuerwaffen als die, die unter Nummer 1 oder Nummer 2 aufgeführt sind,

3.4 kurze Einzellader-Feuerwaffen für Munition mit Randfeuerzündung, ab einer Gesamtlänge von 28 cm,

3.5 sämtliche Feuerwaffen dieser Kategorie, die für das Abfeuern von Platzpatronen, Reizstoffen, sonstigen aktiven Substanzen oder pyrotechnischer Munition oder in Salutwaffen oder akustische Waffen umgebaut wurden,

3.6 Feuerwaffen der Kategorien A oder B oder dieser Kategorie, die gemäß der Durchführungsverordnung (EU) 2015/2403 deaktiviert worden sind,

3.7 lange Einzellader-Feuerwaffen mit glattem Lauf oder glatten Läufen, die am oder nach dem 14. September 2018 in Verkehr gebracht wurden.

Auszug aus der Anlage 2 (zu § 2 Abs. 2 bis 4) Waffenliste

Abschnitt 1: Verbotene Waffen

Der Umgang mit Ausnahme der Unbrauchbarmachung mit folgenden Waffen und Munition ist verboten:

1.1 Waffen (§ 1 Abs. 2), mit Ausnahme halbautomatischer tragbarer Schusswaffen, die in der Anlage zum Gesetz über die Kontrolle von Kriegswaffen (Kriegswaffenliste) in der Fassung der Bekanntmachung vom 22. November 1990 (BGBl. I S. 2506) oder deren Änderungen aufgeführt sind, nach Verlust der Kriegswaffeneigenschaft;

1.2 Schusswaffen im Sinne des § 1 Abs. 2 Nr. 1 nach den Nummern 1.2.1 bis 1.2.3 und deren Zubehör nach Nummer 1.2.4, die

1.2.1

1.2.1.1 **Vollautomaten** im Sinne der Anlage 1 Abschnitt 1 Unterabschnitt 1 Nr. 2.2 sind oder

1.2.1.2 Vorderschaftrepetierflinten, bei denen **anstelle** des Hinterschaftes ein **Kurzwaffengriff** vorhanden ist oder die **Waffengesamtlänge** in der **kürzest möglichen Verwendungsform weniger als 95 cm** oder die **Lauflänge weniger als 45 cm** beträgt, sind;

1.2.2 ihrer Form nach geeignet sind, einen anderen Gegenstand vorzutäuschen oder die mit Gegenständen des täglichen Gebrauchs verkleidet sind (z. B. Koppelschlosspistolen, Schießkugelschreiber, Stockgewehre, Taschenlampenpistolen);

1.2.3 über den für Jagd- und Sportzwecke allgemein üblichen Umfang hinaus zusammengeklappt, zusammengeschoben, verkürzt oder schnell zerlegt werden können;

1.2.4 **für Schusswaffen bestimmte**

1.2.4.1 Vorrichtungen sind, die das Ziel **beleuchten** (z. B. Zielscheinwerfer) oder **markieren** (z.B. Laser oder Zielpunktprojektoren);

1.2.4.2 Nachtsichtgeräte und Nachtzielgeräte **mit Montagevorrichtung für Schusswaffen** sowie Nachtsichtvorsätze und Nachtsichtaufsätze für Zielhilfsmittel (z.B. Zielfernrohre) sind, sofern die Gegenstände einen Bildwandler oder eine elektronische Verstärkung besitzen;

1.2.4.3 **Wechselmagazine** für **Kurzwaffen** für **Zentralfeuermunition** sind, die **mehr als 20 Patronen** des kleinsten nach Herstellerangabe bestimmungsgemäß verwendbaren Kalibers aufnehmen können;

1.2.4.4 **Wechselmagazine** für **Langwaffen** für **Zentralfeuermunition** sind, die **mehr als zehn Patronen** des kleinsten nach Herstellerangabe bestimmungsgemäß verwendbaren Kalibers aufnehmen können; ein Wechselmagazin, das sowohl in Kurz- als auch in Langwaffen verwendbar ist, gilt als Magazin für Kurzwaffen, wenn nicht der Besitzer gleichzeitig über eine Erlaubnis zum Besitz einer Langwaffe verfügt, in der das Magazin verwendet werden kann;

1.2.4.5 **Magazingehäuse für Wechselmagazine** nach den Nummern 1.2.4.3 und 1.2.4.4 sind;

1.2.5 mehrschüssige Kurzwaffen sind, deren Baujahr nach dem 1. Januar 1970 liegt, für **Zentralfeuermunition in Kalibern unter 6,3 mm**, wenn der Antrieb der Geschosse nicht ausschließlich durch den Zündsatz erfolgt;

1.2.6 **halbautomatische Kurzwaffen für Zentralfeuermunition** sind, die über ein **eingebautes Magazin** mit einer Kapazität von **mehr als 20 Patronen** des kleinsten nach Herstellerangabe bestimmungsgemäß verwendbaren Kalibers verfügen;

1.2.7 **halbautomatische Langwaffen für Zentralfeuermunition** sind, die über ein **eingebautes Magazin** mit einer Kapazität von **mehr als zehn Patronen** des kleinsten nach Herstellerangabe bestimmungsgemäß verwendbaren Kalibers verfügen;

1.2.8 nach diesem Abschnitt **verbotene Schusswaffen** sind, die **zu Salutwaffen** im Sinne von Anlage 1 Abschnitt 1 Unterabschnitt 1 Nummer 1.5 **umgebaut** worden sind;

1.5 Munition und Geschosse nach den Nummern 1.5.1 bis 1.5.7

1.5.1 Geschosse mit Betäubungsstoffen, die zu Angriffs- oder Verteidigungszwecken bestimmt sind;

1.5.2 Geschosse oder Kartuschenmunition mit Reizstoffen, die zu Angriffs- oder Verteidigungszwecken bestimmt sind ohne amtliches Prüfzeichen zum Nachweis der gesundheitlichen Unbedenklichkeit;

1.5.3 Patronenmunition für Schusswaffen mit gezogenen Läufen, deren Geschosse im Durchmesser kleiner sind als die Felddurchmesser der dazugehörigen Schusswaffen und die mit einer Treib- und Führungshülse umgeben sind, die sich nach Verlassen des Laufes vom Geschoss trennt;

1.5.4 Munition und Geschosse nach Anlage 1 Abschnitt 3 Nummer 1.5 sowie Munition mit Geschossen, die einen Hartkern (mindestens 400 HB 25 - Brinellhärte - bzw. 421 HV - Vickershärte -) enthalten, sowie entsprechende Geschosse, ausgenommen pyrotechnische Munition, die bestimmungsgemäß zur Signalgebung bei der Gefahrenabwehr dient;

1.5.5 Knallkartuschen, Reiz- und sonstige Wirkstoffmunition nach Tabelle 5 der Maßtafeln nach § 1 Abs. 3 Satz 3 der Dritten Verordnung zum Waffengesetz in der Fassung der Bekanntmachung vom 2. September 1991 (BGBl. I S. 1872), die zuletzt durch die Zweite Verordnung zur Änderung von waffenrechtlichen Verordnungen vom 24. Januar 2000 (BGBl. I S. 38) geändert wurde, in der jeweils geltenden Fassung (Maßtafeln), bei deren Verschießen in Entfernungen von mehr als 1,5 m vor der Mündung Verletzungen durch feste Bestandteile hervorgerufen werden können, ausgenommen Kartuschenmunition der Kaliber 16 und 12 mit einer Hülsenlänge von nicht mehr als 47 oder 49 mm;

1.5.6 Kleinschrotmunition, die in Lagern nach Tabelle 5 der Maßtafeln mit einem Durchmesser P(tief)1 bis 12,5 mm geladen werden kann;

1.5.7 Munition, die zur ausschließlichen Verwendung in Kriegswaffen oder durch die in § 55 Abs. 1 Satz 1 bezeichneten Stellen bestimmt ist, soweit die Munition nicht unter die Vorschriften des Gesetzes über die Kontrolle von Kriegswaffen oder des Sprengstoffgesetzes fällt.

Abschnitt 2: Erlaubnispflichtige Waffen

Unterabschnitt 1: Erlaubnispflicht

Der Umgang, ausgenommen das Überlassen, mit Waffen im Sinne des § 1 Absatz 2 Nummer 1 (Anlage 1 Abschnitt 1 Unterabschnitt 1 **Nummer 1 bis 4.3**) und der dafür bestimmten Munition bedarf der Erlaubnis, soweit solche Waffen oder Munition nicht nach Unterabschnitt 2 für die dort bezeichneten Arten des Umgangs von der Erlaubnispflicht freigestellt sind. In Unterabschnitt 3 sind die Schusswaffen oder Munition aufgeführt, bei denen die Erlaubnis unter erleichterten Voraussetzungen erteilt wird. Ist eine erlaubnispflichtige Feuerwaffe in eine Waffe umgearbeitet worden, deren Erwerb und Besitz unter erleichterten und wegfallenden Erlaubnisvoraussetzungen möglich wäre, so richtet sich die Erlaubnispflicht nach derjenigen für die ursprüngliche Waffe, soweit nicht etwas anderes bestimmt ist.

Unterabschnitt 2: Erlaubnisfreie Arten des Umgangs

1. Erlaubnisfreier Erwerb und Besitz

1.1 **Druckluft-, Federdruckwaffen und Waffen**, bei denen zum Antrieb der Geschosse **kalte Treibgase** Verwendung finden, wenn den Geschossen eine Bewegungsenergie von **nicht mehr als 7,5 Joule** erteilt wird, und die das **Kennzeichen nach Anlage 1 Abbildung 1** zur Ersten Verordnung zum Waffengesetz vom 24. Mai 1976 (BGBl. I S. 1285) in der zum Zeitpunkt des Inkrafttretens dieses Gesetzes geltenden Fassung oder ein durch **Rechtsverordnung nach § 25 Nummer 1 bestimmtes Zeichen** tragen, sofern

a) diese nicht nach ihrer Beschaffenheit in Bezug auf Geschosse mit einer Länge von mehr als 30 mm mehrschüssig sind und

b) die Bestätigung zum Aufbringen des Kennzeichens nach § 11 Absatz 6 Satz 4 der Beschussverordnung oder das Aufbringen des Kennzeichens nach § 11 Absatz 6 Satz 5 der Beschussverordnung nicht vor dem 24. Juli 2025 erfolgt ist;

1.2 Druckluft-, Federdruckwaffen und Waffen, bei denen zum Antrieb der Geschosse kalte Treibgase Verwendung finden, die vor dem 1. Januar 1970 oder in dem in Artikel 3 des Einigungsvertrages genannten Gebiet vor dem 2. April 1991 hergestellt und entsprechend den zu diesem Zeitpunkt geltenden Bestimmungen in den Handel gebracht worden sind;

1.3 **Schreckschuss-, Reizstoff- und Signalwaffen**,

a) die der zugelassenen Bauart nach § 8 des Beschussgesetzes entsprechen und das **Zulassungszeichen** nach Anlage 1 Abbildung 2 zur Ersten Verordnung zum Waffengesetz vom 24. Mai 1976 (BGBl. I S. 1285) in der zum Zeitpunkt des Inkrafttretens dieses Gesetzes gelten- den Fassung oder ein durch Rechtsverordnung nach § 25 Nummer 1 bestimmtes Zeichen tragen oder

b) die den **Rechtsvorschriften eines anderen Mitgliedstaates** entsprechen, die dieser der Europäischen Kommission nach Artikel 4 Absatz 2 der Durchführungsrichtlinie (EU) 2019/69 der Kommission vom 16. Januar 2019 zur Festlegung technischer Spezifikationen für Schreckschuss- und Signalwaffen gemäß der Richtlinie 91/477/EWG des Rates über die Kontrolle des Erwerbs und des Besitzes von Waffen als Maßnahme zur Umsetzung dieser Durchführungsrichtlinie mitgeteilt hat;

1.4 Kartuschenmunition für die in Nummer 1.3 bezeichneten Schusswaffen;

1.5 **einläufige** Einzelladerwaffen mit Zündhütchenzündung (Perkussionswaffen), deren Modell vor dem 1. Januar 1871 entwickelt worden ist;

1.6 Schusswaffen mit Lunten- oder Funkenzündung, deren Modell vor dem 1. Januar 1871 entwickelt worden ist;

1.7 Schusswaffen mit Zündnadelzündung, deren Modell vor dem 1. Januar 1871 entwickelt worden ist;

1.8 Armbrüste;

1.9 Kartuschenmunition für die nach Anlage 1 Abschnitt 1 Unterabschnitt 1 Nummer 1.5 abgeänderten Schusswaffen sowie für Schussapparate nach § 7 des Beschussgesetzes;

1.10 pyrotechnische Munition, die das Zulassungszeichen nach Anlage II Abbildung 5 zur Dritten Verordnung zum Waffengesetz in der Fassung der Bekanntmachung vom 2. September 1991 (BGBl. I S. 1872) mit der Klassenbezeichnung PM I trägt.

2. Erlaubnisfreier Erwerb durch Inhaber einer Waffenbesitzkarte (unbeschadet der Anzeige- und Eintragungspflicht nach § 37a und 37g)

2.1 Wechsel- und Austauschläufe gleichen oder geringeren Kalibers einschließlich der für diese Läufe erforderlichen auswechselbaren Verschlüsse (Wechselsysteme);

2.2 Wechseltrommeln, aus denen nur Munition verschossen werden kann, bei der gegenüber der für die Waffe bestimmten Munition Geschossdurchmesser und höchstzulässiger Gebrauchsgasdruck gleich oder geringer sind;

für Schusswaffen, die bereits in der Waffenbesitzkarte des Inhabers einer Erlaubnis eingetragen sind.

2a. Erlaubnisfreier Erwerb und Besitz durch Inhaber einer Waffenbesitzkarte

Einsteckläufe und dazugehörige Verschlüsse (Einstecksysteme) sowie Einsätze, die dazu bestimmt sind, Munition mit kleinerer Abmessung zu verschießen, und die keine Einsteckläufe sind;

für Schusswaffen, die bereits in der Waffenbesitzkarte des Inhabers einer Erlaubnis eingetragen sind.

2b. Erlaubnisfreier Erwerb und Besitz und erlaubnisfreies Überlassen unbeschadet der Anzeigepflicht nach § 37d von unbrauchbar gemachten Schusswaffen

3. Erlaubnisfreies Führen

3.1 Schusswaffen mit Lunten- oder Funkenzündung, deren Modell vor dem 1. Januar 1871 entwickelt worden ist;

3.2 Armbrüste.

3.3 unbrauchbar gemachte Schusswaffen.

4. Erlaubnisfreier Handel und erlaubnisfreie Herstellung

4.1 Schusswaffen mit Lunten- oder Funkenzündung, deren Modell vor dem 1. Januar 1871 entwickelt worden ist;

4.2 Armbrüste.

5. Erlaubnisfreier Handel

5.1 Einläufige Einzelladerwaffen mit Zündhütchenzündung (Perkussionswaffen), deren Modell vor dem 1. Januar 1871 entwickelt worden ist;

5.2 Schusswaffen mit Zündnadelzündung, deren Modell vor dem 1. Januar 1871 entwickelt worden ist.

5.3 unbrauchbar gemachte Schusswaffen.

6. Erlaubnisfreie nichtgewerbsmäßige Herstellung

6.1 Munition.

7. Erlaubnisfreies Verbringen und erlaubnisfreie Mitnahme in den, durch den oder aus dem Geltungsbereich des Gesetzes

7.1 Druckluft-, Federdruckwaffen und Waffen, bei denen zum Antrieb der Geschosse kalte Treibgase Verwendung finden, sofern sie den Voraussetzungen der Nummer 1.1 oder 1.2 entsprechen;

7.2 Schreckschuss-, Reizstoff- und Signalwaffen,

a) die der zugelassenen Bauart nach § 8 des Beschussgesetzes entsprechen und das Zulassungszeichen nach Anlage 1 Abbildung 2 zur Ersten Verordnung zum Waffengesetz vom 24. Mai 1976 (BGBl. I S. 1285) in der zum Zeitpunkt des Inkrafttretens dieses Gesetzes geltenden Fassung oder ein durch Rechtsverordnung nach § 25 Nummer 1 bestimmtes Zeichen tragen oder

b) die den Rechtsvorschriften eines anderen Mitgliedstaates entsprechen, die dieser der Europäischen Kommission nach Artikel 4 Absatz 2 der Durchführungsrichtlinie (EU) 2019/69 der Kommission vom 16. Januar 2019 zur Festlegung technischer Spezifikationen für Schreckschuss- und Signalwaffen gemäß der Richtlinie 91/477/EWG des Rates über die Kontrolle des Erwerbs und des Besitzes von Waffen als Maßnahme zur Umsetzung dieser Durchführungsrichtlinie mitgeteilt hat;

7.3 unbrauchbar gemachte Schusswaffen;

7.4 Munition für die in Nummer 7.2 bezeichneten Waffen;

7.5 einläufige Einzelladerwaffen mit Zündhütchenzündung (Perkussionswaffen), deren Modell vor dem 1. Januar 1871 entwickelt worden ist;

7.6 Schusswaffen mit Lunten- oder Funkenzündung oder mit Zündnadelzündung, deren Modell vor dem 1. Januar 1871 entwickelt worden ist;

7.7 Armbrüste;

7.8 pyrotechnische Munition, die das Zulassungszeichen nach Anlage II Abbildung 5 zur Dritten Verordnung zum Waffengesetz in der Fassung der Bekanntmachung vom 2. September 1991 (BGBl. I S. 1872) mit der Klassenbezeichnung PM I trägt;

7.9 Kartuschenmunition für Salutwaffen nach Anlage 1 Abschnitt 1 Unterabschnitt 1 Nummer 1.5.1 sowie für Schussapparate nach § 7 des Beschussgesetzes.

10. Erlaubnisfreie Unbrauchbarmachung unbeschadet der Anzeigepflicht nach § 37b Absatz 2

Sämtliche Schusswaffen im Sinne des § 1 Absatz 2 Nummer 1.

Unterabschnitt 3: Entbehrlichkeit einzelner Erlaubnisvoraussetzungen

1. Erwerb und Besitz ohne Bedürfnisnachweis (§ 4 Abs. 1 Nr. 4)

1.1 Feuerwaffen, deren Geschossen eine Bewegungsenergie von nicht mehr als 7,5 Joule erteilt wird und die das Kennzeichen nach Anlage 1 Abbildung 1 der Ersten Verordnung zum Waffengesetz vom 24. Mai 1976 (BGBl. I S. 1285) in der zum Zeitpunkt des Inkrafttretens dieses Gesetzes geltenden Fassung oder ein durch Rechtsverordnung nach § 25 Abs. 1 Nr. 1 Buchstabe c bestimmtes Zeichen tragen;

1.2 für Waffen nach Nummer 1.1 bestimmte Munition.

2. Führen ohne Sachkunde-, Bedürfnis- und Haftpflichtversicherungsnachweis (§ 4 Abs. 1 Nr. 3 bis 5) - Kleiner Waffenschein

2.1 Schreckschuss-, Reizstoff- und Signalwaffen nach Unterabschnitt 2 Nr. 1.3.

Abschnitt 3: Vom Gesetz ganz oder teilweise ausgenommene Waffen

Unterabschnitt 1: Vom Gesetz mit Ausnahme von § 2 Abs. 1 (Mindestalter) und § 41 (Waffenverbot für den Einzelfall) ausgenommene Waffen

Unterwassersportgeräte, bei denen zum Antrieb der Geschosse keine Munition verwendet wird (**Harpunengeräte**),

Unterabschnitt 2: Vom Gesetz mit Ausnahme des § 42a ausgenommene Waffen

1. **Schusswaffen** (Anlage 1 Abschnitt 1 Unterabschnitt 1 Nr. 1.1, ausgenommen Blasrohre),

a) die **zum Spiel bestimmt** sind, wenn aus ihnen nur Geschosse verschossen werden können, denen eine Bewegungsenergie von nicht mehr als 0,5 Joule (J) erteilt wird, es sei denn, sie können mit allgemein gebräuchlichen Werkzeugen so geändert werden, dass die Bewegungsenergie der Geschosse über 0,5 Joule (J) steigt, **oder**

b) die **Spielzeuge** im Sinne von Artikel 2 Absatz 1 der Richtlinie 2009/48/EG des Europäischen Parlaments und des Rates vom 18. Juni 2009 über die Sicherheit von Spielzeug (ABl. L 170 vom 30.6.2009, S. 1) sind, wenn sie

aa) die Anforderungen nach Artikel 10 in Verbindung mit Anhang II Abschnitt I Nummer 8 der Richtlinie 2009/48/EG in der jeweils geltenden Fassung erfüllen und

bb) die nach Artikel 16 Absatz 1 der Richtlinie 2009/48/EG **erforderliche Kennzeichnung** aufweisen.

2. Schusswaffen (Anlage 1 Abschnitt 1 Unterabschnitt 1 Nr. 1.1), bei denen feste Körper **durch Muskelkraft ohne Möglichkeit der Speicherung** der so eingebrachten Antriebsenergie durch eine Sperrvorrichtung angetrieben werden (z. B. Blasrohre).

3. Gegenstände, die **zum Spiel bestimmt** sind, wenn mit ihnen nur Zündblättchen, -bänder, -ringe (Amorces) oder Knallkorken abgeschossen werden können, es sei denn, sie können mit **allgemein gebräuchlichen Werkzeugen** in eine Schusswaffe oder einen anderen einer Schusswaffe gleichstehenden Gegenstand umgearbeitet werden.

4. **Nachbildungen** von Schusswaffen nach Anlage 1 Abschnitt 1 Unterabschnitt 1 Nr. 6.

8.2 Allgemeine Verwaltungsvorschrift zum Waffengesetz (WaffVwV)

Zu § 27: Schießstätten, Schießen durch Minderjährige auf Schießstätten

27.1.4 In der Erlaubnis (nach § 27 Absatz 1 Satz 1) ist darauf hinzuweisen, dass jede wesentliche Änderung der Beschaffenheit, oder der Art der Benutzung der Schießstätte einer erneuten Erlaubnis bedarf. Dies gilt auch, wenn Lehrgänge in der Verteidigung mit Schusswaffen oder Schießübungen dieser Art durchgeführt werden sollen und diese nicht bereits beim Ausgangsbescheid erfasst sind.

(...)

27.1.6 Neben der Überprüfung vor der ersten Inbetriebnahme einer Schießstätte (§ 12 Absatz 1 Satz 1 AWaffV) ist zu unterscheiden zwischen

a) der turnusmäßigen Regelprüfung nach § 12 Absatz 1 Satz 2 und 3 AWaffV und

b) einer anlassbezogenen Überprüfung nach § 12 Absatz 1 Satz 4 AWaffV (Sonderprüfung)

Bei der Regelprüfung nach Satz 1 Nummer 1 obliegt der Prüfauftrag der Behörde, in deren Bezirk die Schießstätte betrieben wird. In der Regel wird sich die zuständige Behörde eines anerkannten Schießstandsachverständigen bedienen, in dem sie den Auftrag zur Prüfung erteilt.

Abweichend hiervon kann bei anlassbezogenen Prüfungen nach Satz 1 Nummer 2 die zuständige Behörde von dem Erlaubnisinhaber nach § 27 Absatz 1 die Vorlage eines Gutachtens eines anerkannten Schießstandsachverständigen verlangen.

8.3 Allgemeine Waffengesetz-Verordnung (AWaffV)

§ 5 Schießsportordnungen

(1) Die Genehmigung einer Sportordnung für das Schießen mit Schusswaffen setzt insbesondere voraus, dass das **Schießen nur auf zugelassenen Schießstätten** veranstaltet wird und

1. jeder Schütze den Regeln der Sportordnung unterworfen ist,

2. ausreichende Sicherheitsbestimmungen für das Schießen festgelegt und dabei insbesondere Regelungen zu den erforderlichen **verantwortlichen Aufsichtspersonen** (§ 10) getroffen sind,

3. mit nicht vom Schießsport ausgeschlossenen Waffen (§ 6) durchgeführt wird,

4. nicht im Schießsport unzulässige Schießübungen (§ 7) durchgeführt werden,

5. jede einzelne Schießdisziplin beschrieben und die für sie zugelassenen Waffen nach Art, Kaliber, Lauflänge und Visierung bezeichnet sind, wobei bei einzelnen Schießdisziplinen auch ausdrücklich festgelegt werden kann, dass nur einzelne oder auch keine speziellen Vorgaben (freie Klassen) erfolgen, und

6. zur Ausübung der jeweiligen Schießdisziplinen **zugelassene Schießstätten** zur regelmäßigen Nutzung **verfügbar** sind.

(2) Dem Antrag auf Genehmigung einer Schießsportordnung sind die zur Prüfung des Vorliegens der Voraussetzungen wesentlichen Regelungen und Angaben, insbesondere auch die Beschreibung des Ablaufs der einzelnen Schießdisziplinen, beizufügen. Die Genehmigung von Änderungen der Schießsportordnung, insbesondere von der Neuaufnahme von Schießdisziplinen, ist vor Aufnahme des jeweiligen Schießbetriebs nach den geänderten Regeln einzuholen. Der Wegfall oder der Ersatz der regelmäßigen Nutzungsmöglichkeit von nach Absatz 1 Nr. 6 angegebenen Schießstätten ist unverzüglich anzuzeigen.

(3) Im Einzelfall kann ein Verband oder ein ihm angegliederter Teilverband zur Erprobung neuer Schießübungen Abweichungen von den Schießdisziplinen der genehmigten Schießsportordnung zulassen. Zulassungen nach Satz 1 sind auf höchstens ein Jahr zu befristen und müssen die Art der Abweichung von der genehmigten Schießsportordnung bezeichnen; sie sind dem Bundesverwaltungsamt vor Beginn der Erprobungsphase anzuzeigen. Das

Bundesverwaltungsamt kann zur Abwehr von Gefahren für die öffentliche Sicherheit oder Ordnung Zulassungen nach Satz 1 untersagen oder Anordnungen treffen.

(4) Für das sportliche Schießen im Training und im Einzelfall für Schießsportveranstaltungen können Schießsportordnungen Abweichungen von den in ihr festgelegten Schießdisziplinen zulassen.

§ 6 Vom Schießsport ausgeschlossene Schusswaffen

(1) Vom sportlichen Schießen sind ausgeschlossen:

1. **Kurzwaffen** mit einer Lauflänge von weniger als 7,62 Zentimeter (drei Zoll) Länge;

2. **halbautomatische Schusswaffen**, die ihrer **äußeren Form** nach den **Anschein einer vollautomatischen Kriegswaffe** hervorrufen, die Kriegswaffe im Sinne des Gesetzes über die Kontrolle von Kriegswaffen ist, **wenn**

a) die **Lauflänge** weniger als 40 Zentimeter beträgt,

b) das **Magazin** sich **hinter der Abzugseinheit** befindet (so genannte Bul-Pup-Waffen)

oder

c) die **Hülsenlänge** der verwendeten Munition **bei Langwaffen** weniger als 40 Millimeter beträgt;

3. **halbautomatische Langwaffen** mit einem **Magazin**, das eine **Kapazität von mehr als zehn Patronen** hat.

(2) Das Verbot des Schießsports mit Schusswaffen und Munition im Sinne der Anlage 2 Abschnitt 1 des Waffengesetzes bleibt unberührt.

(3) Das Bundesverwaltungsamt kann auf Antrag eines anerkannten Schießsportverbandes Ausnahmen von den Verboten des Absatzes 1 zulassen, insbesondere wenn es sich um in national oder international bedeutenden Schießsportwettkämpfen verwendete Schusswaffen handelt.

(4) Zuständige Behörde für die Beurteilung der Schusswaffen nach Absatz 1 ist das Bundeskriminalamt.

§ 7 Unzulässige Schießübungen im Schießsport

(1) Im Schießsport sind die Durchführung von Schießübungen in der Verteidigung mit Schusswaffen (§ 22) und solche Schießübungen und Wettbewerbe verboten, bei denen

1. das Schießen aus Deckungen heraus erfolgt,

2. nach der Abgabe des ersten Schusses Hindernisse überwunden werden,

3. das Schießen im deutlich erkennbaren Laufen erfolgt,

4. das schnelle Reagieren auf plötzlich und überraschend auftauchende, sich bewegende Ziele gefordert wird,

a) ausgenommen das Schießen auf Wurf- und auf laufende Scheiben,

b) es sei denn, das Schießen erfolgt entsprechend einer vom Bundesverwaltungsamt genehmigten Sportordnung,

5. das Überkreuzziehen von mehr als einer Waffe (Cross Draw) gefordert wird,

6. Schüsse ohne genaues Anvisieren des Ziels (Deutschüsse) abgegeben werden, ausgenommen das Schießen auf Wurfscheiben, oder

7. der Ablauf der Schießübung dem Schützen vor ihrer Absolvierung nicht auf Grund zuvor festgelegter Regeln bekannt ist.

Die Veranstaltung der in Satz 1 genannten Schießübungen und die Teilnahme als Sportschütze an diesen sind verboten.

(2) Das Verbot von Schießübungen des kampfmäßigen Schießens (§ 15 Abs. 6 Satz 2 des Waffengesetzes) und mit verbotenen oder vom Schießsport ausgeschlossenen Schusswaffen oder Teilen von Schusswaffen (§ 6), soweit nicht eine Ausnahme nach § 6 Abs. 3 erteilt ist, bleibt unberührt.

(3) Die Ausbildung und das Training im jagdlichen Schießen einschließlich jagdlicher Schießwettkämpfe werden durch die vorstehenden Regelungen nicht beschränkt.

§ 8 Beirat für schießsportliche Fragen

(1) Beim Bundesministerium des Innern wird ein Beirat für schießsportliche Fragen (Fachbeirat) gebildet. Den Vorsitz führt ein Vertreter des Bundesministeriums des Innern. An den Sitzungen des Fachbeirates nehmen Vertreter des Bundesverwaltungsamtes teil.

(2) Der Fachbeirat setzt sich aus dem Vorsitzenden und aus folgenden ständigen Mitgliedern zusammen:

1. je einem Vertreter jedes Landes,

2. einem Vertreter des Deutschen Olympischen Sportbundes,

3. je einem Vertreter der anerkannten Schießsportverbände,

4. einem Vertreter der Deutschen Versuchs- und Prüfanstalt für Jagd- und Sportwaffen e.V.

(3) Die Mitglieder des Fachbeirates sollen auf schießsportlichem Gebiet sachverständig und erfahren sein.

(4) Das Bundesministerium des Innern kann Vertreter weiterer Bundes- und Landesbehörden sowie weitere Sachverständige insbesondere auf schießsportlichem oder waffentechnischem Gebiet zur Beratung hinzuziehen. In den Fällen, in denen der Fachbeirat über die Genehmigung der Schießsportordnung eines nicht anerkannten Schießsportverbandes beraten soll, lädt das Bundesministerium des Innern auch einen Vertreter dieses Verbandes ein.

(5) Das Bundesministerium des Innern beruft

1. die Vertreter jedes Landes einschließlich deren Stellvertreter auf Vorschlag des Landes;

2. die Vertreter der in Absatz 2 Nr. 2, 3 und 4 bezeichneten Verbände und Organisationen nach Anhörung der Vorstände dieser Verbände.

(6) Die Mitglieder des Fachbeirates üben ihre Tätigkeit ehrenamtlich aus, sofern sie keine Behörde vertreten.

§ 9 Zulässige Schießübungen auf Schießstätten

(1) Auf einer Schießstätte ist **unter Beachtung des Verbots des kampfmäßigen Schießens** (§ 27 Abs. 7 Satz 1 des Waffengesetzes) das Schießen mit Schusswaffen und Munition auf der Grundlage der für die Schießstätte erteilten Erlaubnis (§ 27 Abs. 1 Satz 1 des Waffengesetzes) nur zulässig, wenn

1. die Person, die zu schießen beabsichtigt, die Berechtigung zum Erwerb und Besitz von Schusswaffen nachweisen kann und das Schießen mit Schusswaffen dieser Art innerhalb des der Berechtigung zugrunde liegenden Bedürfnisses erfolgt,

2. geschossen wird

a) auf der Grundlage einer genehmigten Schießsportordnung,

b) im Rahmen von Lehrgängen oder Schießübungen in der Verteidigung mit Schusswaffen (§ 22),

c) zur Erlangung der Sachkunde (§ 1 Abs. 1 Nr. 3) oder

d) in der jagdlichen Ausbildung,

oder

3. es sich nicht um Schusswaffen und Munition nach § 6 Abs. 1 handelt.

In den Fällen des Satzes 1 Nr. 1, Nr. 2 Buchstabe c und Nr. 3 gilt § 7 Abs. 1 und 3 entsprechend; beim Schießen nach Satz 1 Nr. 2 Buchstabe a bleibt § 7 unberührt. **Der Betreiber der Schießstätte hat die Einhaltung der Voraussetzungen nach den Sätzen 1 und 2 zu überwachen.**

(2) Die zuständige Behörde kann dem Betreiber einer Schießstätte oder im Einzelfall dem Benutzer Ausnahmen von den Beschränkungen des Absatzes 1 gestatten, soweit Belange der öffentlichen Sicherheit und Ordnung nicht entgegenstehen.

(3) Absatz 1 gilt nicht für Behörden oder Dienststellen und deren Bedienstete, die nach § 55 Abs. 1 des Waffengesetzes oder auf Grund einer nach § 55 Abs. 5 oder 6 des Waffengesetzes erlassenen Rechtsverordnung von der Anwendung des Waffengesetzes ausgenommen sind.

§ 10 Aufsichtspersonen; Obhut über das Schießen durch Kinder und Jugend

(1) Der Inhaber der Erlaubnis für die Schießstätte (Erlaubnisinhaber) hat unter Berücksichtigung der Erfordernisse eines sicheren Schießbetriebs eine oder mehrere verantwortliche Aufsichtspersonen für das Schießen zu bestellen, soweit er nicht selbst die Aufsicht wahrnimmt oder eine schießsportliche oder jagdliche Vereinigung oder ein Veranstalter im Sinne des § 22 durch eigene verantwortliche Aufsichtspersonen die Aufsicht übernimmt. Der Erlaubnisinhaber kann selbst die Aufsicht wahrnehmen, wenn er die **erforderliche Sachkunde** nachgewiesen hat und, sofern es die Obhut über das Schießen durch Kinder und Jugendliche betrifft, die **Eignung** zur Kinder- und Jugendarbeit besitzt. Aufsichtspersonen müssen das 18. Lebensjahr vollendet haben. Der Schießbetrieb darf nicht aufgenommen oder fortgesetzt werden, solange keine ausreichende Anzahl von verantwortlichen Aufsichtspersonen die Aufsicht wahrnimmt. Die zuständige Behörde kann gegenüber dem Erlaubnisinhaber die Zahl der nach Satz 1 erforderlichen Aufsichtspersonen festlegen.

(2) Der Erlaubnisinhaber hat der zuständigen Behörde die Personalien der verantwortlichen Aufsichtspersonen zwei Wochen vor der Übernahme der Aufsicht schriftlich oder elektronisch anzuzeigen; beauftragt eine schießsportliche oder jagdliche Vereinigung die verantwortliche Aufsichtsperson, so obliegt diese Anzeige der Aufsichtsperson selbst. Der Anzeige sind Nachweise beizufügen, aus denen hervorgeht, dass die Aufsichtsperson die erforderliche Sachkunde und, sofern es die Obhut über das Schießen durch Kinder und Jugendliche betrifft, auch die Eignung zur Kinder- und Jugendarbeit besitzt. Der Erlaubnisinhaber hat das Ausscheiden der angezeigten Aufsichtsperson und die Bestellung einer neuen Aufsichtsperson der zuständigen Behörde unverzüglich anzuzeigen.

(3) Bei der Beauftragung der verantwortlichen Aufsichtsperson durch einen schießsportlichen Verein eines anerkannten Schießsportverbandes genügt an Stelle der Anzeige nach Absatz 2 Satz 1 eine Registrierung der

Aufsichtsperson bei dem Verein. Dieser hat bei der Registrierung das Vorliegen der Voraussetzungen der erforderlichen Sachkunde und, sofern es die Obhut über das Schießen durch Kinder und Jugendliche betrifft, auch der Eignung zur Kinder- und Jugendarbeit zu überprüfen und zu vermerken. Der Aufsichtsperson ist durch den Verein hierüber ein Nachweisdokument auszustellen. Die Aufsichtsperson hat dieses Dokument während der Wahrnehmung der Aufsicht mitzuführen und zur Kontrolle Befugten auf Verlangen zur Prüfung auszuhändigen. Für eine Überprüfung nach Satz 4 hat der Verein auf Verlangen Einblick in die Registrierung der Aufsichtsperson zu gewähren. Die Sätze 1 bis 5 gelten entsprechend bei der von einer jagdlichen Vereinigung beauftragten verantwortlichen Aufsichtsperson mit der Maßgabe, dass während der Ausübung der Aufsicht ein gültiger Jagdschein nach § 15 Abs. 1 Satz 1 des Bundesjagdgesetzes mitzuführen ist.

(4) Ergeben sich Anhaltspunkte für die begründete Annahme, dass die verantwortliche Aufsichtsperson die erforderliche Zuverlässigkeit, persönliche Eignung oder Sachkunde oder, sofern es die Obhut über das Schießen durch Kinder und Jugendliche betrifft, die Eignung zur Kinder- und Jugendarbeit nicht besitzt, so hat die zuständige Behörde dem Erlaubnisinhaber gegenüber die Ausübung der Aufsicht durch die Aufsichtsperson zu untersagen.

(5) Die Obhut über das Schießen durch Kinder und Jugendliche ist durch eine hierfür qualifizierte und auf der Schießstätte anwesende Aufsichtsperson auszuüben, die

1. für die Schießausbildung der Kinder oder Jugendlichen leitend verantwortlich ist und

2. berechtigt ist, jederzeit der Aufsicht beim Schützen Weisungen zu erteilen oder die Aufsicht beim Schützen selbst zu übernehmen.

(6) Die Qualifizierung zur Aufsichtsperson oder zur Eignung zur Kinder- und Jugendarbeit kann durch die Jagdverbände oder die anerkannten Schießsportverbände erfolgen; bei Schießsportverbänden sind die Qualifizierungsrichtlinien Bestandteil des Anerkennungsverfahrens nach § 15 des Waffengesetzes.

(7) Die Absätze 1 bis 6 gelten nicht für ortsveränderliche Schießstätten im Sinne von § 27 Abs. 6 des Waffengesetzes.

§ 11 Aufsicht

(1) Die verantwortlichen Aufsichtspersonen haben das Schießen in der Schießstätte ständig zu beaufsichtigen, insbesondere dafür zu sorgen, dass die in der Schießstätte Anwesenden durch ihr Verhalten keine vermeidbaren Gefahren verursachen, und zu beachten, dass die Bestimmungen des § 27 Abs. 3 oder 6 des Waffengesetzes eingehalten werden. Sie haben, wenn dies zur

Verhütung oder Beseitigung von Gefahren erforderlich ist, das Schießen oder den Aufenthalt in der Schießstätte zu untersagen.

(2) Die Benutzer der Schießstätten haben die Anordnungen der verantwortlichen Aufsichtspersonen nach Absatz 1 zu befolgen.

(3) Eine zur Aufsichtsführung befähigte Person darf schießen, ohne selbst beaufsichtigt zu werden, wenn sichergestellt ist, dass sie sich allein auf dem Schießstand befindet.

§ 13 Aufbewahrung von Waffen oder Munition

(1) Schusswaffen, deren Erwerb und Besitz erlaubnispflichtig sind, verbotene Waffen und verbotene Munition sind ungeladen und in einem Behältnis aufzubewahren, das

1. mindestens der Norm DIN/EN 1143-1 (Stand Mai 1997, Oktober 2002, Februar 2006, Januar 2010, Juli 2012 oder Juli 2019) mit dem in Absatz 2 geregelten Widerstandsgrad und Gewicht entspricht und

2. zum Nachweis dessen über eine Zertifizierung durch eine akkreditierte Stelle gemäß Absatz 10 verfügt.

Der in Satz 1 Nummer 1 genannten Norm gleichgestellt sind Normen eines anderen Mitgliedstaates des Übereinkommens über den Europäischen Wirtschaftsraum, die das gleiche Schutzniveau aufweisen. Die zuständige Behörde kann eine andere gleichwertige Aufbewahrung der Waffen und Munition zulassen. Vergleichbar gesicherte Räume sind als gleichwertig anzusehen. Alternative Sicherungseinrichtungen, die keine Behältnisse oder Räume sind, sind zulässig, sofern sie

1. ein den jeweiligen Anforderungen mindestens gleichwertiges Schutzniveau aufweisen und

2. zum Nachweis dessen über eine Zertifizierung durch eine akkreditierte Stelle gemäß Absatz 10 verfügen.

(2) Wer Waffen oder Munition besitzt, hat diese **ungeladen** und unter Beachtung der folgenden Sicherheitsvorkehrungen und zahlenmäßigen Beschränkungen aufzubewahren:

1. mindestens in einem verschlossenen Behältnis: Waffen oder Munition, deren Erwerb von der Erlaubnispflicht freigestellt ist;

2. mindestens in einem Stahlblechbehältnis ohne Klassifizierung mit Schwenkriegelschloss oder einer gleichwertigen Verschlussvorrichtung oder in einem gleichwertigen Behältnis: Munition, deren Erwerb nicht von der Erlaubnispflicht freigestellt ist;

3. in einem Sicherheitsbehältnis, das mindestens der Norm DIN/EN 1143-1 Widerstandsgrad 0 (Stand Mai 1997, Oktober 2002, Februar 2006, Januar 2010, Juli 2012 oder Juli 2019) entspricht und bei dem das Gewicht des Behältnisses 200 Kilogramm unterschreitet:

a) eine unbegrenzte Anzahl von Langwaffen und insgesamt bis zu fünf nach Anlage 2 Abschnitt 1 Nummer 1.1 bis 1.2.3 und 1.2.5 des Waffengesetzes verbotene Waffen und Kurzwaffen (Anlage 1 Abschnitt 1 Unterabschnitt 1 Nummer 2.5 des Waffengesetzes), für deren Erwerb und Besitz es ihrer Art nach einer Erlaubnis bedarf, und

b) zusätzlich eine unbegrenzte Anzahl nach Anlage 2 Abschnitt 1 Nummer 1.2.4 bis 1.2.4.2 und 1.3 bis 1.4.4 des Waffengesetzes verbotener Waffen sowie

c) zusätzlich Munition;

4. in einem Sicherheitsbehältnis, das mindestens der Norm DIN/EN 1143-1 Widerstandsgrad 0 (Stand Mai 1997, Oktober 2002, Februar 2006, Januar 2010, Juli 2012 oder Juli 2019) entspricht und bei dem das Gewicht des Behältnisses mindestens 200 Kilogramm beträgt:

a) eine unbegrenzte Anzahl von Langwaffen und bis zu zehn nach Anlage 2 Abschnitt 1 Nummer 1.1 bis 1.2.3 und 1.2.5 des Waffengesetzes verbotene Waffen und Kurzwaffen (Anlage 1 Abschnitt 1 Unterabschnitt 1 Nummer 2.5 des Waffengesetzes), für deren Erwerb und Besitz es ihrer Art nach einer Erlaubnis bedarf, und

b) zusätzlich eine unbegrenzte Anzahl nach Anlage 2 Abschnitt 1 Nummer 1.2.4 bis 1.2.4.2 und 1.3 bis 1.4.4 des Waffengesetzes verbotener Waffen sowie

c) zusätzlich Munition;

5. in einem Sicherheitsbehältnis, das mindestens der Norm DIN/EN 1143-1 Widerstandsgrad I (Stand Mai 1997, Oktober 2002, Februar 2006, Januar 2010, Juli 2012 oder Juli 2019) entspricht:

a) eine unbegrenzte Anzahl von Lang- und Kurzwaffen (Anlage 1 Abschnitt 1 Unterabschnitt 1 Nummer 2.5 des Waffengesetzes), für deren Erwerb und Besitz es ihrer Art nach einer Erlaubnis bedarf,

b) eine unbegrenzte Anzahl nach Anlage 2 Abschnitt 1 Nummer 1.1 bis 1.4.4 des Waffengesetzes verbotener Waffen sowie

c) Munition.

(3) Bei der Bestimmung der Zahl der Waffen, die nach Absatz 2 in einem Sicherheitsbehältnis aufbewahrt werden dürfen, bleiben außer Betracht:

1. **wesentliche Teile von Schusswaffen und Schalldämpfer** nach Anlage 1 Abschnitt 1 Unterabschnitt 1 Nummer 1.3 bis 1.3.3 des Waffengesetzes,

2. **Vorrichtungen** nach Anlage 2 Abschnitt 1 Nummer 1.2.4.1 des Waffengesetzes, **die das Ziel beleuchten oder markieren**, und

3. **Nachtsichtgeräte, -vorsätze und -aufsätze sowie Nachtzielgeräte** nach Anlage 2 Abschnitt 1 Nummer 1.2.4.2 des Waffengesetzes.

Satz 1 Nummer 1 gilt nur, sofern die zusammen aufbewahrten wesentlichen Teile **nicht zu einer schussfähigen Waffe zusammengefügt** werden können.

(4) In einem **nicht dauernd bewohnten Gebäude** dürfen **nur bis zu drei Langwaffen**, zu deren Erwerb und Besitz es einer Erlaubnis bedarf, aufbewahrt werden. Die Aufbewahrung darf nur in einem mindestens der Norm DIN/EN 1143-1 Widerstandsgrad I entsprechenden Sicherheitsbehältnis erfolgen. Die zuständige Behörde kann Abweichungen in Bezug auf die Art oder Anzahl der aufbewahrten Waffen oder das Sicherheitsbehältnis auf Antrag zulassen.

(5) ...

(6) Die zuständige Behörde kann auf Antrag von Anforderungen an Sicherheitsbehältnisse, Waffenräume oder alternative Sicherungseinrichtungen nach den Absätzen 1 und 2 absehen, wenn ihre Einhaltung unter Berücksichtigung der Art und der Anzahl der Waffen und der Munition und ihrer Gefährlichkeit für die öffentliche Sicherheit und Ordnung **eine besondere Härte** darstellen würde. In diesem Fall hat sie die niedrigeren Anforderungen festzusetzen.

(7) Bestehen begründete Zweifel, dass Normen anderer EWR-Mitgliedstaaten im Schutzniveau den in den Absätzen 1 und 2 genannten Normen gleichwertig sind, kann die Behörde vom Verpflichteten die Vorlage einer Stellungnahme insbesondere des Deutschen Instituts für Normung verlangen.

(8) Die **gemeinschaftliche Aufbewahrung** von Waffen oder Munition durch berechtigte Personen, die in einer **häuslichen Gemeinschaft** leben, ist zulässig.

(9) Bei der **vorübergehenden Aufbewahrung** von Waffen im Sinne des Absatzes 1 Satz 1 oder des Absatzes 2 oder von Munition außerhalb der Wohnung, insbesondere im Zusammenhang mit der Jagd oder dem sportlichen Schießen, hat der Verpflichtete die Waffen oder Munition unter angemessener Aufsicht aufzubewahren oder durch sonstige erforderliche Vorkehrungen gegen Abhandenkommen oder unbefugte Ansichnahme zu sichern, wenn die Aufbewahrung gemäß den Anforderungen des Absatzes 1 und 2 nicht möglich ist.

(10) Die Konformitätsbewertung von Sicherheitsbehältnissen und Sicherungseinrichtungen nach den Absätzen 1 und 2 erfolgt durch akkreditierte Stellen. Akkreditierte Stellen sind Stellen, die

1. Konformitätsbewertungen auf dem Gebiet der Zertifizierung von Erzeugnissen des Geldschrank- und Tresorbaus einschließlich Schlössern zum Schutz gegen Einbruchdiebstahl vornehmen und

2. hierfür über eine Akkreditierung einer nationalen Akkreditierungsstelle nach Artikel 4 Absatz 1 der Verordnung (EG) Nr. 765/2008 des Europäischen Parlaments und des Rates vom 9. Juli 2008 über die Vorschriften für die Akkreditierung und Marktüberwachung im Zusammenhang mit der Vermarktung von Produkten und zur Aufhebung der Verordnung (EWG) Nr. 339/93 des Rates (ABl. L 218 vom 13.8.2008, S. 30) in der jeweils geltenden Fassung verfügen.

Als nationale Akkreditierungsstellen gelten

1. Stellen, die nach § 8 des Akkreditierungsstellengesetzes vom 31. Juli 2009 (BGBl. I S. 2625), das zuletzt durch Artikel 4 Absatz 79 des Gesetzes vom 18. Juli 2016 (BGBl. I S. 1666) geändert worden ist, in der jeweils geltenden Fassung beliehen oder errichtet sind, und

2. jede andere von einem Mitgliedstaat oder einem Staat des Europäischen Wirtschaftsraums nach Artikel 4 Absatz 1 der Verordnung (EG) Nr. 765/2008 als nationale Akkreditierungsstelle benannte Stelle.

§ 14 Aufbewahrung von Waffen oder Munition in Schützenhäusern, auf Schießstätten oder im gewerblichen Bereich

Die zuständige Behörde kann auf Antrag eines Betreibers eines Schützenhauses, einer Schießstätte oder eines Waffengewerbes Abweichungen von den Anforderungen des § 13 Absatz 1, 2 und 4 Satz 1 und 2 zulassen, wenn ihr ein geeignetes Aufbewahrungskonzept vorgelegt wird. Sie hat bei ihrer Entscheidung neben der für die Aufbewahrung vorgesehenen Art und der Anzahl der Waffen oder der Munition und des Grades der von ihnen ausgehenden Gefahr für die öffentliche Sicherheit und Ordnung die Belegenheit und Frequentiertheit der Aufbewahrungsstätte besonders zu berücksichtigen.

§ 34 Ordnungswidrigkeiten

Ordnungswidrig im Sinne des § 53 Abs. 1 Nr. 23 des Waffengesetzes handelt, wer vorsätzlich oder fahrlässig

1. entgegen § 7 Abs. 1 Satz 2 oder § 22 Abs. 1 Satz 3 eine Schießübung veranstaltet oder an ihr teilnimmt,

2. entgegen § 9 Abs. 1 Satz 1 auf einer Schießstätte schießt,

3. entgegen § 9 Abs. 1 Satz 3 die Einhaltung der dort genannten Voraussetzungen nicht überwacht,

4. entgegen § 10 Abs. 1 Satz 4 den Schießbetrieb aufnimmt oder fortsetzt,

5. entgegen § 10 Abs. 2 Satz 1 oder 3, § 22 Abs. 2 Satz 1 oder 3 oder Abs. 3 Satz 3 oder § 25a Absatz 1 Satz 2 eine Anzeige nicht, nicht richtig, nicht vollständig, nicht in der vorgeschriebenen Weise oder nicht rechtzeitig erstattet,

6. entgegen § 10 Abs. 3 Satz 4 oder § 25a Absatz 2 ein dort genanntes Dokument nicht mitführt oder nicht oder nicht rechtzeitig aushändigt,

7. entgegen § 10 Abs. 3 Satz 5 Einblick nicht oder nicht rechtzeitig gewährt,

8. entgegen § 11 Abs. 1 Satz 1 das Schießen nicht beaufsichtigt,

9. entgegen § 11 Abs. 1 Satz 2 das Schießen oder den Aufenthalt in der Schießstätte nicht untersagt,

10. entgegen § 11 Abs. 2 eine Anordnung nicht befolgt,

11. entgegen § 12 Abs. 2 Satz 2 eine Schießstätte betreibt oder benutzt,

12. entgegen § 13 Absatz 2 eine Waffe oder Munition nicht richtig aufbewahrt,

13. entgegen § 13 Absatz 4 Satz 1 oder 2 eine Waffe oder Munition aufbewahrt,

...

18. entgegen § 22 Abs. 2 Satz 2 den Lehrgangsplan oder das Übungsprogramm nicht oder nicht rechtzeitig vorlegt,

19. entgegen § 22 Abs. 2 Satz 4 die Durchführung einer Veranstaltung zulässt,

20. entgegen § 23 Abs. 1 Satz 2 sich vom Vorliegen der dort genannten Erfordernisse nicht oder nicht rechtzeitig überzeugt,

21. entgegen § 24 Abs. 1 ein Verzeichnis nicht, nicht richtig, nicht vollständig oder nicht in der vorgeschriebenen Weise führt,

22. entgegen § 24 Abs. 4 Satz 1 das Verzeichnis nicht oder nicht mindestens fünf Jahre aufbewahrt,

23. entgegen § 25 Abs. 2 Satz 1 die Durchführung eines Lehrgangs oder einer Schießübung nicht oder nicht rechtzeitig einstellt,

...

9 Ältere Fassungen von WaffG und AWaffV

9.1 WaffG

§ 36 Aufbewahrung von Waffen oder Munition (gültig vor 6.7.2017)

(1) Wer Waffen oder Munition besitzt, hat die erforderlichen Vorkehrungen zu treffen, um zu verhindern, dass diese Gegenstände abhanden kommen oder Dritte sie unbefugt an sich nehmen. Schusswaffen dürfen nur getrennt von Munition aufbewahrt werden, sofern nicht die Aufbewahrung in einem Sicherheitsbehältnis erfolgt, das mindestens der Norm DIN EN 1143-1 Widerstandsgrad 0 (Stand Mai 1997) oder einer Norm mit gleichem Schutzniveau eines anderen Mitgliedstaates des Übereinkommens über den Europäischen Wirtschaftsraum (EWR-Mitgliedstaat) entspricht.

(2) Schusswaffen, deren Erwerb nicht von der Erlaubnispflicht freigestellt ist, und verbotene Waffen sind mindestens in einem der Norm DIN EN 1143-1 Widerstandsgrad 0 (Stand Mai 1997) entsprechenden oder gleichwertigen Behältnis aufzubewahren; als gleichwertig gilt insbesondere ein Behältnis der Sicherheitsstufe B nach VDMA 24992 (Stand Mai 1995). Für bis zu zehn Langwaffen gilt die sichere Aufbewahrung auch in einem Behältnis als gewährleistet, das der Sicherheitsstufe A nach VDMA 24992 (Stand Mai 1995) oder einer Norm mit gleichem Schutzniveau eines anderen EWR-Mitgliedstaates entspricht. Vergleichbar gesicherte Räume sind als gleichwertig anzusehen.

(3) Wer erlaubnispflichtige Schusswaffen, Munition oder verbotene Waffen besitzt oder die Erteilung einer Erlaubnis zum Besitz beantragt hat, hat der zuständigen Behörde die zur sicheren Aufbewahrung getroffenen oder vorgesehenen Maßnahmen nachzuweisen. Besitzer von erlaubnispflichtigen Schusswaffen, Munition oder verbotenen Waffen haben außerdem der Behörde zur Überprüfung der Pflichten aus Absatz 1 und Absatz 2 Zutritt zu den Räumen zu gestatten, in denen die Waffen und die Munition aufbewahrt werden. Wohnräume dürfen gegen den Willen des Inhabers nur zur Verhütung dringender Gefahren für die öffentliche Sicherheit betreten werden; das Grundrecht der Unverletzlichkeit der Wohnung (Artikel 13 des Grundgesetzes) wird insoweit eingeschränkt.

(4) Entspricht die bisherige Aufbewahrung von Waffen oder Munition, deren Erwerb und Besitz ihrer Art nach der Erlaubnis bedarf, nicht den in diesem Gesetz oder in einer Rechtsverordnung nach Absatz 5 festgelegten

Anforderungen, so hat der Besitzer bis zum 31. August 2003 die ergänzenden Vorkehrungen zur Gewährleistung einer diesen Anforderungen entsprechenden Aufbewahrung vorzunehmen. Dies ist gegenüber der zuständigen Behörde innerhalb der Frist des Satzes 1 anzuzeigen und nachzuweisen.

(5) ...

(6) Ist im Einzelfall, insbesondere wegen der Art und Zahl der aufzubewahrenden Waffen oder Munition oder wegen des Ortes der Aufbewahrung, ein höherer Sicherheitsstandard erforderlich, hat die zuständige Behörde die notwendigen Ergänzungen anzuordnen und zu deren Umsetzung eine angemessene Frist zu setzen.

9.2 Auszug aus der AWaffV, ältere Fassungen

§ 12 Überprüfung der Schießstätten (gültig vor 1.9.2020)

(1) Schießstätten sind vor ihrer ersten Inbetriebnahme hinsichtlich der sicherheitstechnischen Anforderungen zu überprüfen. In regelmäßigen Abständen von mindestens vier Jahren sind sie von der zuständigen Behörde zu überprüfen, wenn auf ihnen mit erlaubnispflichtigen Schusswaffen geschossen wird. Ist das Schießen auf einer Schießstätte nur mit erlaubnisfreien Schusswaffen zulässig, so ist eine Überprüfung mindestens alle sechs Jahre erforderlich. Falls Zweifel an dem ordnungsgemäßen Zustand oder den erforderlichen schießtechnischen Einrichtungen bestehen, kann die zuständige Behörde die Schießstätte in sicherheitstechnischer Hinsicht überprüfen oder von dem Erlaubnisinhaber die Vorlage eines Gutachtens eines anerkannten Schießstandsachverständigen verlangen. Die Kosten hierfür sind von dem Erlaubnisinhaber zu tragen.

(2) Werden bei der Überprüfung Mängel festgestellt, die eine Gefährdung der Benutzer der Schießstätte oder Dritter befürchten lassen, kann die zuständige Behörde die weitere Benutzung der Schießstätte bis zur Beseitigung der Mängel untersagen. Der weitere Betrieb oder die Benutzung der Schießstätte ist im Falle der Untersagung nach Satz 1 verboten.

(3) Die sicherheitstechnischen Anforderungen, die an Schießstätten zu stellen sind, ergeben sich aus den „Richtlinien für die Errichtung, die Abnahme und das Betreiben von Schießständen (Schießstandrichtlinien)". Das Bundesministerium des Innern erstellt die Schießstandrichtlinien nach Anhörung von Vertretern der Wissenschaft, der Betroffenen und der für das Waffenrecht zuständigen obersten Landesbehörden als dem Stand der

Sicherheitstechnik entsprechende Regeln und veröffentlicht diese im Bundesanzeiger.

(4) Anerkannte Schießstandsachverständige nach Absatz 1 sind

1. öffentlich bestellte und vereidigte Sachverständige für das Fachgebiet „Sicherheit von nichtmilitärischen Schießständen", die auf der Grundlage der in Absatz 3 genannten Schießstandrichtlinien in der jeweils geltenden Fassung von Lehrgangsträgern ausgebildet sind,

2. auf der Basis polizeilicher oder militärischer Regelungen als Schießstandsachverständige ausgebildete Personen, die auf der Grundlage der in Absatz 3 genannten Schießstandrichtlinien in der jeweils geltenden Fassung regelmäßig fortgebildet worden sind.

(5) Eine Bestellung darf erfolgen, wenn die fachlichen Bestellungsvoraussetzungen auf dem Sachgebiet „Sicherheit von nichtmilitärischen Schießstätten" (herausgegeben vom Institut für Sachverständigenwesen e.V., Köln) in einer Prüfung nachgewiesen worden sind. § 16 findet entsprechende Anwendung.

(6) Als anerkannte Schießstandsachverständige gelten auch diejenigen, die bis zum 31. März 2008 auf der Grundlage bisheriger Schießstandrichtlinien ausgebildet und regelmäßig fortgebildet worden sind. Die Anerkennung nach Satz 1 erlischt zum 1. Januar 2015, sofern keine öffentliche Bestellung für das Fachgebiet „Sicherheit von nichtmilitärischen Schießständen" erfolgt ist.

§ 13 Aufbewahrung von Waffen oder Munition (gültig vor 6.7.2017)

(1) In einem Sicherheitsbehältnis, das der Norm DIN EN 1143-1 Widerstandsgrad 0 (Stand: Mai 1997) oder einer Norm mit gleichem Schutzniveau eines anderen Mitgliedstaates des Übereinkommens über den Europäischen Wirtschaftsraum (EWR-Mitgliedstaat) oder der Sicherheitsstufe B nach VDMA 24992 (Stand: Mai 1995) entspricht, dürfen nicht mehr als zehn Kurzwaffen (Anlage 1 Abschnitt 1 Unterabschnitt 1 Nr. 2.6, dritter Halbsatz zum Waffengesetz), zu deren Erwerb und Besitz es einer Erlaubnis bedarf, oder zehn nach Anlage 2 Abschnitt 1 Nr. 1.1 bis 1.2.3 zum Waffengesetz verbotene Waffen aufbewahrt werden; unterschreitet das Gewicht des Behältnisses 200 Kilogramm oder liegt die Verankerung gegen Abriss unter einem vergleichbaren Gewicht, so verringert sich die Höchstzahl der aufzubewahrenden Waffen auf fünf. Wird die in Satz 1 genannte Anzahl überschritten, so darf die Aufbewahrung nur in einem

Sicherheitsbehältnis, das mindestens der Norm DIN EN 1143-1 Widerstandsgrad I (Stand: Mai 1997) oder einer Norm mit gleichem Schutzniveau eines anderen EWR-Mitgliedstaates entspricht, oder in einer entsprechenden Mehrzahl von Sicherheitsbehältnissen nach Satz 1 erfolgen.

(2) Werden mehr als zehn Langwaffen (Anlage 1 Abschnitt 1 Unterabschnitt 1 Nr. 2.6, erster und zweiter Halbsatz zum Waffengesetz), zu deren Erwerb und Besitz es einer Erlaubnis bedarf, aufbewahrt, so darf die Aufbewahrung nur in einem Sicherheitsbehältnis, das mindestens einer der in Absatz 1 Satz 1 genannten Normen entspricht, oder in einer entsprechenden Mehrzahl von Sicherheitsbehältnissen nach § 36 Abs. 2 Satz 2 des Waffengesetzes erfolgen.

(3) Munition, deren Erwerb nicht von der Erlaubnispflicht freigestellt ist, darf nur in einem Stahlblechbehältnis ohne Klassifizierung mit Schwenkriegelschloss oder einer gleichwertigen Verschlussvorrichtung oder in einem gleichwertigen Behältnis aufbewahrt werden.

(4) Werden Langwaffen, zu deren Erwerb und Besitz es einer Erlaubnis bedarf, in einem Sicherheitsbehältnis, das der Sicherheitsstufe A nach VDMA 24992 (Stand: Mai 1995) entspricht, aufbewahrt, so ist es für die Aufbewahrung von bis zu fünf Kurzwaffen, zu deren Erwerb und Besitz es einer Erlaubnis bedarf, und der Munition für die Lang- und Kurzwaffen ausreichend, wenn sie in einem Innenfach erfolgt, das den Sicherheitsanforderungen nach Absatz 1 Satz 1 entspricht; in diesem Fall dürfen die Kurzwaffen und die Munition innerhalb des Innenfaches zusammen aufbewahrt werden. Im Falle der Aufbewahrung von Schusswaffen in einem Sicherheitsbehältnis der Sicherheitsstufe A oder B nach VDMA 24992 ist es für die Aufbewahrung der dazugehörigen Munition ausreichend, wenn sie in einem Innenfach aus Stahlblech ohne Klassifizierung mit Schwenkriegelschloss oder einer gleichwertigen Verschlussvorrichtung erfolgt; nicht zu den dort aufbewahrten Waffen gehörige Munition darf zusammen aufbewahrt werden.

(5) Die zuständige Behörde kann eine andere gleichwertige Aufbewahrung der Waffen zulassen. Insbesondere kann von Sicherheitsbehältnissen im Sinne des § 36 Abs. 1 und 2 des Waffengesetzes oder im Sinne der Absätze 1 bis 3 abgesehen werden, wenn die Waffen und die Munition in einem Waffenraum aufbewahrt werden, der dem Stand der Technik entspricht.

(6) In einem nicht dauernd bewohnten Gebäude dürfen nur bis zu drei Langwaffen, zu deren Erwerb und Besitz es einer Erlaubnis bedarf,

aufbewahrt werden. Die Aufbewahrung darf nur in einem mindestens der Norm DIN EN 1143-1 Widerstandsgrad I entsprechenden Sicherheitsbehältnis erfolgen. Die zuständige Behörde kann Abweichungen in Bezug auf die Art oder Anzahl der aufbewahrten Waffen oder das Sicherheitsbehältnis auf Antrag zulassen.

(7) Die zuständige Behörde kann auf Antrag bei einer Waffen- oder Munitionssammlung unter Berücksichtigung der Art und der Anzahl der Waffen oder der Munition und ihrer Gefährlichkeit für die öffentliche Sicherheit und Ordnung von den Vorgaben der Absätze 1 bis 6 insbesondere unter dem Gesichtspunkt der Sichtbarkeit zu Ausstellungszwecken abweichen und dabei geringere oder höhere Anforderungen an die Aufbewahrung stellen; bei Sammlungen von Waffen, deren Modell vor dem 1. Januar 1871 entwickelt worden ist, und bei Munitionssammlungen soll sie geringere Anforderungen stellen. Dem Antrag ist ein Aufbewahrungskonzept beizugeben.

(8) Die zuständige Behörde kann auf Antrag von Anforderungen an die Sicherheitsbehältnisse nach § 36 Abs. 1 und 2 des Waffengesetzes oder nach den Absätzen 1 bis 3 oder an einen Waffenraum nach Absatz 5 Satz 2 absehen, wenn ihre Einhaltung unter Berücksichtigung der Art und der Anzahl der Waffen und der Munition und ihrer Gefährlichkeit für die öffentliche Sicherheit und Ordnung eine besondere Härte darstellen würde. In diesem Fall hat sie die niedrigeren Anforderungen festzusetzen.

(9) Bestehen begründete Zweifel, dass Normen anderer EWR-Mitgliedstaaten im Schutzniveau den in § 36 Abs. 1 und 2 des Waffengesetzes oder in den Absätzen 1 bis 4 genannten Normen gleichwertig sind, kann die Behörde vom Verpflichteten die Vorlage einer Stellungnahme insbesondere des Deutschen Instituts für Normung verlangen.

(10) Die gemeinschaftliche Aufbewahrung von Waffen oder Munition durch berechtigte Personen, die in einer häuslichen Gemeinschaft leben, ist zulässig.

(11) ...

Schlagwortverzeichnis